高等院校精品课系列教材

National Accounts

国民经济核算

第二版

王德发　靳俊娇　主编

上海财经大学出版社

图书在版编目(CIP)数据

国民经济核算 / 王德发,靳俊娇主编. —2 版. —上海:上海财经大学出版社,2017.9
高等院校精品课系列教材
ISBN 978-7-5642-2628-2/F.2628

Ⅰ.①国… Ⅱ.①王…②靳… Ⅲ.①国民经济核算-高等学校-教材 Ⅳ.①F222.33

中国版本图书馆 CIP 数据核字(2017)第 196991 号

□ 责任编辑　吴晓群
□ 封面设计　杨雪婷

GUOMIN JINGJI HESUAN
国 民 经 济 核 算
(第二版)
王德发　靳俊娇　主编

上海财经大学出版社出版发行
(上海市中山北一路 369 号　邮编 200083)
网　　址:http://www.sufep.com
电子邮箱:webmaster @ sufep.com
全国新华书店经销
上海华业装潢印刷厂印刷装订
2017 年 9 月第 2 版　2017 年 9 月第 1 次印刷

787mm×1092mm　1/16　19.5 印张　499 千字
印数:4 001—7 000　定价:45.00 元

第二版前言

本教材作为上海财经大学精品课程"国民经济核算"的专用教材,出版后不仅满足了本校的教学需求,而且得到了许多以本教材为教学用书的兄弟院校的好评,在此表示感谢!

本教材第一版已经出版 11 年了,在历年的教学使用过程中发现了一些错误和不当之处需要纠正。更重要的是,自 20 世纪 90 年代前期联合国发布 SNA1993(《国民经济核算体系(1993)》)以来,许多国家的经济环境发生了显著变化,而且,近二十余年,针对该账户体系中一些组成部分,相关的方法论研究在核算方法改进方面已取得许多成果。在 2003 年第 33 届大会上,联合国统计委员会决定对 SNA1993 予以更新,以便使国民经济核算框架与数据用户的需要联系起来,并于 2009 年颁布了 SNA2008(《国民经济核算体系(2008)》)。2014 年,我国国家统计局开始制定修订《中国国民经济核算体系(2002)》的初步计划和初步框架。按照工作计划,于 2014 年下半年提出初稿,之后征求有关部门和专家的意见,进行论证和修改,2015 年初形成最终文本,并按程序对外公布。但工作进程表明,修订任务比预料的更复杂,最终形成的新版本即《中国国民经济核算体系(2016)》在 2017 年 7 月经国务院同意正式推出。再者,2007 年联合国统计委员会建议启动第二次修订 SEEA2003(《环境与经济综合核算体系(2003)》),对其中认识与处理不一致的特定内容进行重点修订,并将达成一致的内容整理成中心框架。2012 年,联合国第 43 届统计委员会会议通过了基于 SNA2008 的 SEEA2012(《环境与经济综合核算体系(2012)》)。

鉴于上述原因,非常有必要对本教材进行修订。经过近两年的努力,在不改变原书结构的宗旨下,终于完成了本书第二版的修订。修订内容如下:

第一,对全书进行校阅,纠正了原书中的错字、标点以及语法错误。

第二,依据 SNA2008 对第一章至第八章的一些章节内容进行了更新(包括基本概念、分类和方法等),以满足国民经济核算教学的最新需求。其中,第一章"绪论"增加了 SNA2008 在资产、金融部门、全球化及相关问题、一般政府和公共部门、非正规部门的变化,同时介绍了 SNA2008 未完成的研究领域;第二章根据 SNA2008 对经济生产的概念以及国民经济核算体系中生产核算的范围进行了更新;第四章对相关收入分配与使用的概念及分类进行了更新;第六章在对资产概念的界定中,提出了经济所有者与法定所有者的区别以及资产物量其他变化概念的更新;第七章增加了日益重要的国际投资头寸核算内容;第八章更新了相关价格的概念；第九章介绍了SEEA2012的新变化；第十章增加了SDDS Plus(数据公布特殊标准增强版)的内容以及与原有的SDDS(数据公布特殊标准)的区别。

第三，第九章增加了SEEA2012的相关内容，以符合环境经济核算教学的最新需求。

第四，删除与全书主题不太切合的第十一章中不同国家国民经济的比较，以使全书主题更加明确。

第二版由上海财经大学浙江学院统计系的教师完成，具体分工如下：

主编：王德发、靳俊娇。章节安排为：王德发负责第一章，靳俊娇负责第二、三、四、五、六、七、十章，刘琦璐负责第八章，孔晓瑞负责第九章。在本书修订过程中，我们还得到了统计系其他老师的帮助。最要感谢的是上海财经大学出版社的王芳，她对本教材的出版给予了最大的帮助，也正因为她的支持，促成了本教材的修订。

期望本教材的出版能满足相关院校的教学之需，当然本教材也可作为相关专业高校教师和研究人员的参考资料。同时希望各位读者在使用过程中发现问题及时反馈，以便以后修订予以纠正。

编 者

2017年8月

第一版前言

国民经济核算是对一个国家一定时期社会再生产的全过程的宏观经济核算,它通过一系列科学的核算原则和方法,把描述国民经济各个方面的基本指标有机地组织起来,为复杂的国民经济运行过程勾画出一幅简明的图像,以反映国民经济运行的过程和全貌,以及国民经济的主要比例和平衡关系等。核算结果产生的经济总量和结构等方面数据一方面能为制定和检验宏观经济政策提供重要依据,另一方面能用于国际比较,以决定我国承担的国际义务和享受的优惠待遇,确定我国的国际地位。

国民经济核算起源于国民收入统计,最早可追溯到1665年英国经济学家威廉·配第对英国当时国民收入的估算。经过数百年的发展,至第二次世界大战结束后,世界上逐步形成两大核算体系:物质产品平衡表体系(The System of Material Product Balances,MPS)和国民经济核算体系(System of National Accounts,SNA)。

物质产品平衡表体系以苏联为中心,适用于计划经济。20世纪90年代,随着苏联的政治解体、东欧国家的政治体制变化,以及我国的经济体制的转化,该体系逐渐退出历史舞台。

国民经济核算体系由联合国制定颁布,适用于市场经济;1953年颁布的《国民核算表及补充表体系》(简称旧SNA),是以国民收入的生产、分配和使用过程为基础来描述国民经济运行的国民经济核算体系成熟发展的重要标志。1968年公布的《国民经济核算体系》(简称新SNA)于1970年在世界各国推行实施。1993年联合国第27届统计委员会会议通过了关于国民经济核算体系的修改方案,在总结各国国民经济核算体系实践和应用的基础上,进一步改进和完善了国民经济核算体系。目前世界上170多个国家实施国民经济核算体系。我国自1985年起试行国民经济核算体系,1992年提出中国国民经济核算体系的试行方案,2003年编制推行《中国国民经济核算体系(2002)》。

由于国民经济核算在国民经济宏观调控中的重要作用,自中华人民共和国成立以来,我国经济类院校的统计专业就设立了各类部门统计学。自1985年以来,为了适应我国经济体制由计划经济向市场经济转化的要求,经济类院校的统计专业开始设置一些与国民经济核算相关的课程,如综合平衡统计、经济统计学和宏观经济统计学等。特别是自20世纪90年代以来,随着物质产品平衡表体系逐渐退出历史舞台,我国财经类院校的统计专业纷纷把"国民经济核算"设置为核心课程。上海财经大学统计学系也不例外,从1985年以后就开始调整专业课程设置，逐步摒弃了原有课程设置中的各类部门统计学，至今仅保留了作为宏观经济统计主体的国民经济核算和以微观经济统计学为主体的企业统计学。1999年由郑菊生、卞祖武主编的上海财经大学统计学系第一本国民经济核算教材——《国民经济核算体系原理——宏观经济统计》(于2000年由上海财经大学出版社出版)，满足了上海财经大学统计学系专业教学的需要，取得了很好的效果。经过之后几年的教学实践，2005年"国民经济核算"课程被批准为上海财经大学精品课程，本书是该精品课程的使用教材。为了满足教学需要，该精品课程还配置了辅助教材——《学习指导手册(含案例和习题集)》。与国内同类教材相比，本书有以下特点：

第一，及时引进了当前核算理论中的前沿成果，如环境与经济综合核算体系(SEEA)和统计数据公布标准系统(GDDS & SDDA)等，使得内容更新颖，具备一定的前瞻性。

第二，以国民经济核算体系为主体，结合国内核算的实践，重点介绍国民生产、国民收入的分配和使用、资金流量、国际收支、价格、国民财富和人力资源核算等内容。

第三，以广义核算为对象，涵盖了当前核算理论的主要内容，在国民经济核算体系的基础上增加了两个卫星核算体系，即环境与经济综合核算体系和社会核算矩阵(SAM)，以及国民经济核算体系以外的政府财政统计核算体系(GFS)和统计数据公布标准系统。

第四，突出重点，上述新增内容不是在原有基础上的简单相加，而是有重点地把环境与经济综合核算单列一章，替代原有的自然资源与环境核算；其余新增内容合并为一章。

本书以满足统计专业的本科教学之用为主，设计的课时为每周3课时，一学期17周共51课时；也可作为非统计专业研究生的学习参考书。

作为上海财经大学精品课程"国民经济核算"的专用教材，本书由课程建设组成员共同完成，主编为王德发、朱建中，负责全书的框架设计、章节安排、提出编写要求，总纂定稿。各章的执笔者分别为：第一章王德发、龚媛媛；第二章王德发、汤宏波；第三章王德发、马秋艳、蒋大为；第四章朱建中；第五章陈慧琴；第六章李晓玉(第一至四节)、王德发(第五节)；第七章王德发、成瑾、蔡莉霞；第八章张鸣芳；第九章王德发；第十章陈杏根(第一节)、朱荣明(第二节)、常宁(第三节)；第十一章王海霞、张洁(第一节)，王德发、常宁(第二节)。

本书的编写参考了郑菊生、卞祖武所编写的教材中的相关内容，借鉴了兄弟院校所编写的优秀教材和我国国民经济核算理论研究的优秀成果中的有关内容，在此表示诚挚的敬意，也向为教材编写提供过帮助的上海财经大学有关部门、统计学系的领导和同仁表示衷心的感谢。最后，敬请读者和有关专家对本书存在的错误和不足之处提出宝贵意见。

编　者
2006年5月

目　　录

第二版前言 ··· 001
第一版前言 ··· 001

第一章　绪论 ·· 001
　学习目标 ··· 001
　第一节　国民经济核算概述 ··· 001
　第二节　国民经济核算体系的基本原理与方法 ································ 018
　第三节　国民经济核算的基本分类 ··· 021
　本章小结 ··· 025
　思考与练习 ··· 026

第二章　生产核算 ··· 027
　学习目标 ··· 027
　第一节　生产和生产核算的基本概念 ·· 027
　第二节　国内生产总值核算 ··· 029
　第三节　生产账户 ··· 046
　本章小结 ··· 054
　思考与练习 ··· 054

第三章　中间消耗与投入产出核算 ··· 057
　学习目标 ··· 057
　第一节　中间消耗与投入产出核算的基本原理 ································ 057
　第二节　消耗系数 ··· 062
　第三节　投入产出表的编制 ··· 066
　第四节　投入产出法的应用 ··· 076
　本章小结 ··· 083
　思考与练习 ··· 084

第四章　收入分配与使用核算 ·· 087
　学习目标 ··· 087
　第一节　收入分配核算的基本理论 ··· 087
　第二节　收入初次分配核算和账户 ··· 092

第三节　收入再分配核算和账户 ··· 097
　　第四节　收入使用核算的基本理论 ··· 100
　　第五节　消费核算 ·· 103
　　本章小结 ·· 108
　　思考与练习 ·· 109

第五章　资金流量与金融交易核算 ·· 110
　　学习目标 ·· 110
　　第一节　资金流量核算的基本原理 ··· 110
　　第二节　资金流量核算表式的构架 ··· 114
　　第三节　资金流量核算分析 ·· 128
　　本章小结 ·· 133
　　思考与练习 ·· 133

第六章　资产负债与人力资源核算 ·· 136
　　学习目标 ·· 136
　　第一节　资产负债核算的有关概念 ··· 136
　　第二节　国民资产负债账户、资产负债表及核算 ························ 143
　　第三节　资产负债变动核算 ·· 148
　　第四节　资产负债表数据的应用分析 ·· 154
　　第五节　人力资源核算 ··· 157
　　本章小结 ·· 161
　　思考与练习 ·· 162

第七章　国际收支及国际投资头寸核算 ··· 164
　　学习目标 ·· 164
　　第一节　国际收支核算基本原理 ··· 164
　　第二节　国际收支平衡表 ··· 167
　　第三节　国际收支平衡表及其编制方法 ······································ 175
　　第四节　国际收支平衡表中的平衡关系 ······································ 177
　　第五节　国际投资头寸及其核算 ··· 180
　　本章小结 ·· 181
　　思考与练习 ·· 182

第八章　国民经济价格与指数核算 ·· 184
　　学习目标 ·· 184
　　第一节　国民经济价格与指数核算的基本原理 ··························· 184
　　第二节　国内生产总值指数 ·· 193
　　第三节　其他国民经济指数 ·· 197
　　第四节　购买力平价 ·· 203

本章小结 ·· 214
　　思考与练习 ·· 215

第九章　环境与经济综合核算 ·· 217
　　学习目标 ·· 217
　　第一节　环境与经济综合核算体系 ·· 217
　　第二节　SEEA 的核算总量和基本框架 ······································· 223
　　第三节　SEEA 中环境存量和流量的估价 ···································· 242
　　第四节　SEEA2012 ·· 247
　　本章小结 ·· 251
　　思考与练习 ·· 252

第十章　社会核算矩阵、政府财政核算和统计数据公布系统 ················ 253
　　学习目标 ·· 253
　　第一节　社会核算矩阵 ··· 254
　　第二节　政府财政核算 ··· 267
　　第三节　国民经济数据公布的国际标准 ······································ 284
　　本章小结 ·· 296
　　思考与练习 ·· 297

参考文献 ··· 299

第一章 绪 论

学习目标

1. 了解国民经济核算的含义和作用;
2. 了解国民经济核算体系的形成与发展;
3. 掌握国民经济核算体系的基本原理与方法;
4. 理解国民经济核算的基本分类。

国民经济核算是对一个国家、一定时期社会再生产的全过程的宏观经济核算,起源于国民收入统计,最早可追溯到 1665 年英国经济学家威廉·配第对英国当时国民收入的估算。经过数百年的发展,至第二次世界大战结束后,世界上逐步形成两大核算体系:国民经济核算体系(The System of National Accounts,SNA)和物质产品平衡表体系(The System of Material Product Balances,MPS)。前者以英美为代表,由联合国制定颁布,适用于市场经济国家;后者以苏联为中心,适用于计划经济国家。20 世纪 90 年代,随着苏联的解体、东欧国家政治体制的变化,以及我国经济体制的转化,物质产品平衡表体系逐渐退出历史舞台,目前世界上 170 多个国家实施国民经济核算体系。本章主要阐述国民经济核算体系的概念、形成与发展、基本原理与方法,以及基本分类。

第一节 国民经济核算概述

一、国民经济核算的含义

(一) 国民经济

国民经济可以从结构和运行过程两个方面来理解:

从结构上看,国民经济是指社会物质生产和非物质生产各部门的总和,它由一个国家或地区各行各业的有经济利益中心的各单位构成,基本构成细胞是各个企业、事业、行政单位以及居民住户。各单位分属不同的部门,如农业、工业、建筑业、商业、运输、邮电、财政、金融、文化、教育、科研、卫生以及信息等部门。

从运行过程上看,国民经济的运行经过两种运动:实物运动与价值运动。国民经济的实物运动是指社会再生产的各个环节,即社会产品,包括货物(物质产品)和服务(劳务产品)依次从生产开始,经过分配、流通的循环过程,形成"社会总供给";价值运动则伴随实物运动的价值形态的初次分配、再分配和最终使用。其中,生产领域的初次分配构成包括:劳动手段的补偿(C1)、劳动对象的补偿(C2)、劳动者的原始收入(V)和社会纯收入(M)。而作为生产成果使用权的利益调整的一次次的再分配包括:劳动者和各部门的可支配总收入。与之相对应,可支配总收入的使用包括消费和储蓄。其中的消费,包括生产消费和生活消费,都是对产品或收入的使用;而储蓄又转化为投资和资金余缺调剂(金融交易),最终形成"社会总需求"。一定时期的国民经济运行过程以一定的经济存量为基础,又以一定的经济存量为结果,后者又构成下一时期国民经济运行过程的基础。

国民经济的运行和结构之间是交叉、结合的。社会再生产是在各个部门中进行的,部门结构则反映了经济运行的性质和特点。

(二) 经济核算与国民经济核算

经济核算作为一种社会经济活动,是对各种经济事物或现象进行计量和分析,其范围有狭义微观与广义宏观之分。狭义微观的经济核算,是以一个企业或事业单位为范围所进行的核算,也称微观经济核算,如企事业单位中的业务核算、会计核算和统计核算等;广义宏观的经济核算是以地区或国家为范围的核算,也称宏观经济核算。

国民经济运动过程表现为产品实物运动和货币资金运动对立统一的过程。实物运动体现为产品的生产、流通和使用过程,资金运动体现为收入的分配和资金融通的过程。资金运动既伴随着实物运动而产生,又可以脱离实物运动而存在,具有相对的独立性。因此,国民经济核算就是以整个国民经济运行(即社会再生产的全过程)为对象,从生产到分配、交换直至最终使用的周而复始的经济循环等多角度进行的宏观经济核算;并在整体结构上把国民经济循环中实物运动与资金运动、经济流量与经济存量以及国内交易与国外交易紧密联系起来,并进行系统的反映和完整的描述。

由于国民经济核算是一个地区或一个国家的核算,是以国民经济为范围的整体核算,因此属于宏观经济核算的范畴。

(三) 国民经济核算体系

开展国民经济核算,首先需要建设一套方法制度,包括设计完整的指标体系和科学的核算模式,制定统一的分类标准,建立统计、会计及其他核算互相衔接和结合的体制,采用科学的收集、整理和分析数据的方法等。其次需要遵循全国统一甚至国际统一的方法制度开展核算活动,包括利用微观核算数据和专门组织调查取得数据,按各种表格要求汇总数据,编制账户表和综合平衡表等。国民经济核算的成果,就是一个能从数量上描述和分析国民经济活动全貌的统计信息系统。上述方法制度和统计信息系统是一个庞大的体系。所以,开展国民经济核算所遵循的方法制度及其成果——统计信息系统,统称国民经济核算体系。

国民经济核算体系的具体内容包括:国民生产核算、国民收入分配核算、国民收入使用核算、资金流量核算、国际收支核算、价格核算、国民财富和人力资源核算、自然资源环境和环境保护核算。

目前,世界上除了通用的国民经济核算体系之外,还有以下几种:(1)附属于国民经济核算体系的两个卫星核算体系,即环境与经济综合核算体系(SEEA)、社会核算矩阵(SAM);(2)政府财政统计核算体系(GFS);(3)统计数据公布标准系统(GDDS & SDDS)。

二、国民经济核算的作用[①]

第一,国民经济核算是反映国民经济运行状况的有效工具。它通过一系列科学的核算原则和方法,把描述国民经济各个方面的基本指标有机地组织起来,为复杂的国民经济运行过程勾画出一幅简明的图像。它既反映了国民经济运行的过程和全貌,又反映了国民经济的主要比例和平衡关系等。

第二,国民经济核算可以有效地协调经济统计,并在一定程度上起到数据检验的作用。国民经济核算对各种不同类型经济统计的基本概念、基本分类和指标设置提出了统一的要求,因而能够提高各种不同类型经济统计之间的衔接程度。同时,当各种不同类型经济统计数据放在国民经济核算这个统一的基本框架下时,这些数据之间存在的矛盾就容易发现,因而能够起到协调各种类型经济统计数据的作用。

第三,国民经济核算是制定和检验宏观经济政策的重要依据。国民经济核算科学、系统地反映了国民经济主要指标之间的内在联系,提供了整个国民经济运行状况的全面、详细的数据。它包括有关生产、收入分配、消费、投资、对外经济往来等方面的基础数据,既是中长期规划、年度计划、产业政策、收入分配政策及财经等宏观经济决策的重要依据,也是检验过去的宏观经济政策科学性的手段。

第四,国民经济核算影响我国的经济利益和政治利益,关系到党和政府的声誉。国民经济核算数据在一定程度上决定了我国承担的国际义务和享受的优惠待遇,决定了我国在国际社会所能发挥的作用。同时,如果国民经济核算数据不准确,存在虚报浮夸等不真实的因素,将影响国家的形象。

第五,国民经济核算是进行国际比较的工具。世界上绝大多数国家按照国际通用的标准进行国民经济核算,这样产生的经济总量和结构等方面的数据可广泛用于国际比较。

三、两大核算体系的形成和发展

(一)国民经济核算体系的形成、发展和现状

1. 国民经济核算体系的形成与发展

国民经济核算是国民收入统计的演化结果。国民收入统计的产生可追溯到 1665 年英国经济学家威廉·配第对英国当时国民收入的估算工作。

法国的 A. I. 拉瓦锡于 1791 年估算当时法国国民收入时,为了避免重复计算,首次提出了中间产品和最终产品的概念。

澳大利亚统计学家 T. 柯格兰在 1886 年对国民收入做统计研究时,提出了从国民收入的生产、分配和使用(或消费)三个方面进行反映,即从生产方面反映国民收入来自何种产业,也就是制造业、农业、商业等各生产了多少国民收入;从分配方面反映支付各生产要素的报酬,也

---

① 许宪春:《国民经济核算的作用》,《中国统计》2001 年第 12 期。

就是工资、租金、利息、利润等的份额;从使用方面反映国民收入用于消费、私人投资、政府支出和出口的数量。

国民经济核算是指对国民经济运行过程的系统描述。它最早是由荷兰经济学家范·克利夫于1941年先后在荷兰《经济学家》杂志第7期和第10期上发表的题为《论国民核算：荷兰1938年年度调查的经验》和《论国民核算的意义和组织》两篇文章中首先提出的,其中还公布了他采用会计账户形式和方法编制的1938年荷兰国民经济核算表。

1941年,英国经济学家J.米德和R.斯通发表了他们在J.凯恩斯指导下采用会计账户形式和方法对1938年和1940年英国国民收入和产出核算的结果。这标志着国民收入统计向国民经济核算的过渡。

在国民经济核算发展史上,英国经济学家R.斯通和美国经济学家S.库兹涅茨做出了重要贡献,前者主持了联合国国民经济核算的研究和统计制度制定工作,后者以美国全国经济研究所(NBER)为基础创立和发展了美国国民经济核算理论方法和实际统计工作。

联合国1947年公布的《国民收入的计量和社会核算表的编制》和1953年公布的《国民核算表及补充表体系》(简称旧SNA),是以国民收入生产、分配和使用过程为基础来描述国民经济运行的国民经济核算体系成熟发展的重要标志。1957~1969年,采用联合国国民经济核算体系的国家或地区从70个发展到120个。

20世纪60年代中期,以R.斯通为组长的联合国国民经济核算体系研究小组对国民经济核算体系的发展进行了深入的研究,在国民收入生产、分配和使用核算的基础上,引入了投入产出核算、资金流量核算、国际收支核算和资产负债及国民财富的核算,从而在内容上更适应市场经济过程的描述和国民经济管理的要求。这标志着国民经济核算体系的发展进入了新的重要阶段。联合国于1968年公布了《国民经济核算体系》(The System of National Accounts,简称新SNA),并于1970年在世界各国推行实施,目前已有170多个国家采用该体系。

1993年联合国第27届统计委员会会议通过了关于SNA的修改方案(即SNA1993),在总结各国SNA实践和应用的基础上,进一步改进和完善了国民经济核算体系。

国民经济核算体系的发展过程一方面决定于市场经济的发展,即新的经济活动或经济联系方式的出现以及新经济关系的形成等,这都要求国民经济核算体系给予准确的描述;另一方面,这个发展过程取决于经济理论的发展,即人们对客观经济过程认识的概念、关系等方面的理论创新。从目前和未来的发展来看,追求统计时间、计量标准、价格、分类等方面在描述国民经济运行过程中的系统一致的国民经济核算方法也遇到实际统计核算资料使用要求的挑战。例如,在实际应用中常需要对一种经济现象采用多种不同的计量或统计,而这与国民经济核算体系一致的统计核算方法要求相矛盾。再如,环境统计核算很重要,但具体核算内容、方法、指标的设计十分困难,难以将其全部内容有机地纳入国民经济核算。SNA1993提出建立若干附属账户核算,来解决这些不能系统纳入国民经济核算循环体系但又很重要的统计内容,同时也将附属核算与国民经济核算体系的联系作为进一步发展研究的重要题目。

在2003年第33届大会上,联合国统计委员会决定对SNA1993予以更新,以便使国民经济核算框架与数据用户的需要联系起来。自SNA1993发布以来,许多国家的经济环境发生了显著变化,而且,针对该账户体系中的一些组成部分,相关的方法论研究在核算方法改进方面已取得许多成果。根据联合国统计委员会的授权,SNA2008公布但并没有进行根本性或综合性的变动,以免给依据早期版本实施国民经济核算的国家(其中包括采用SNA1968且至今仍然以此为其国民经济核算框架的国家)的顺利转型带来困难,并且与相关统计核算制度(如国际收支统计、政府财政统计、货币金融统计)保持一致。

2. 国民经济核算体系的现行体系——SNA2008[①]

SNA2008是SNA1993的更新版本，也是国民经济核算体系的第五个版本，是在国民经济核算秘书处工作组(ISWGNA)的支持下完成的。该工作组由五个国际组织组成：欧盟委员会统计办公室(Eurostat)、国际货币基金组织(IMF)、经济合作与发展组织(OECD)、联合国统计司和联合国地区委员会、世界银行。

SNA2008[②]由29章组成，第1至17章阐述核算规则、账户和表；第18至29章进一步对账户的各个细节进行详细阐述，并提出一些可能的扩展，以便在一个宽泛的目标下提升账户的可行性。

SNA2008的创新之处在于：核算体系中引入了近年来越来越重要的经济特征，对一些日益成为分析热点的观点进行了详细阐述，提出一系列澄清这些观点在国民经济核算中的处理方法，涉及研究、实践经验，以及企业和公共核算的国际标准。具体包括五个方面：资产、金融部门、全球化及其相关问题、一般政府和公共部门、非正规部门。

(1) 资产

"无形生产资产"改称"知识产权产品"。对其核算处理进行了澄清和扩展，如改进了数据库、原件与拷贝的处理方法，把研究与开发支出作为资本形成处理等。

重新规定了资产的一般定义，以便能够将有关资产纳入资产核算中。根据该一般定义，完善了有关非生产性非金融资产的处理，包括有形资产(如自然资源)和无形资产(合约、租约和许可，在特定情况下可以视为资产)。

对于符合一般资产定义的武器系统的支出，被重新归类为固定资本形成。引入了"资本服务"这一分析性概念。对市场生产者，在附属表中列出了详细的说明，由此将近几十年在增长和生产率领域的研究进展纳入了国民经济核算体系，从而有助于满足大多用户的分析需求。

(2) 金融部门

更新了金融部门的定义，以反映该部门在众多经济领域中快速变化的进展。同时，对金融服务概念给出了一个更加综合的内涵。

为适应20世纪90年代在金融衍生产品方面的进展，联合国统计委员会曾对SNA1993进行过修改。1999年5月，联合国统计委员会批准关于改进金融衍生产品处理方法的决定。其中最显著的两点是：

第一，金融资产的外延被扩展至包括金融衍生产品的合同约定中，无论其是否"交易"或"交换"，都被认定为"金融资产"。

第二，与利率延期有关的流量被记录为"金融交易"而不是"利息流量"。

此外，引入了一些新的功能分类；改进了非寿险服务的核算方法，以适应为一些会导致巨额保险赔付的重大事项提供更显著真实的估计；详细解释了受损(不良)贷款的处理方法等。

---

① 本小节内容参考：
(1) European Commission, International Monetary Fund, Organisation for Economic Co-operation and Development, United Nations, World Bank, *System of National Accounts 2008*, Preface pp.xlvii～lvi, New York, 2009, ISBN978-92-1-161522-7.
(2) 联合国、欧盟委员会、经济合作与发展组织、国际货币基金组织和世界银行编，中国国家统计局国民经济核算司、中国人民大学国民经济核算研究所译：《国民经济核算体系(2008)》中译本序。

② SNA2008分为两卷。第1卷包括17章，第2卷包括12章和4个附录。第1卷已在2008年2月26～29日纽约召开的联合国统计委员会第39届会议上原则通过。为此，联合国统计委员会向联合国经济与社会理事会建议，SNA2008应作为新的编辑国民经济核算统计数据的国际标准使用。第2卷已在2009年2月24～27日纽约召开的联合国统计委员会第40届会议上通过，建议终止"第1卷"和"第2卷"的提法，提出SNA2008应作为一个统一的国际标准发布。

在SNA1993实施经验的基础上,改进了间接测算的金融中介服务(FISIM)的计算方法。

金融领域的最大变化,是针对养老金权益记录方法给出了新的导向。无论养老金基金是否存在,国民经济核算体系都要识别雇主养老金计划的负债。关于政府提供的养老金,各国在具体处理上有一些灵活性,可以在核算主表体系的原则基础上予以调整。但是,用于养老金综合分析所需要的一套完整信息,应该在基于一套新制定的标准表式基础上提供。在该套表式中,要显示其负债及有关所有私人和公共养老金计划的其他流量,无论是否设立了养老金基金、是否包括在社会保障体系中。

（3）全球化及其相关问题

澄清了全球化及其相关问题,并详细解释了针对显示经济全球化特征的存量和流量的处理方法。

扩展了来自国外移民汇款的处理方法,覆盖了更接近于经济实际的流量。

普遍采用货物所有权变更原则,改变了发包加工(海外加工以及在国内加工)然后返回其所有者的货物的贸易记录方法。这些变更转换了关注问题的焦点,不再关注货物的实物运动,而是关注产品所有者和加工者对经济的影响,从而使核算结果与国际金融交易(在全球化经济中越来越重要)的处理保持一致。

为了识别许多国家不断变化的生产和金融结构,针对由公司或政府创建的"特殊目的实体"("壳"公司或"铜牌"公司),建议作为机构单位处理,还为如何对其进行归类、核算处理提出了建议。

（4）一般政府和公共部门

为了制定政府的核算标准,澄清并改进了若干条原则;澄清了政府和公共部门与经济体其他部门之间的界限;澄清了关于公营公司支付的超级红利、对公共企业的注资等项目的处理方法;澄清了几类贷款担保的核算方法,并在诸如出口信贷担保和学生贷款担保等标准化担保中引入了新的核算方法。

为公私合伙企业的处理提供了框架,详细阐明了重组机构的处理方法。

为改进、完善一些可能会显著影响政府债务项目的记录,澄清了对一般政府部门与有关公营公司之间的交易,以及通过证券化工具所完成的交易的核算方法。

此外,还澄清了何谓附属单位和控股公司,引入了对雇员股票期权的核算(雇员股票期权于20世纪90年代在一些国家广泛采用)。

在既有的坚实框架之上,SNA2008的新特点在一个经济和制度急剧变迁的时代具有重要意义。SNA2008针对核算规则、账户与表式及其综合所提供的指导,与各国落实SNA1993的持续努力是一致的。从这个意义上说,SNA1993序言中指出的关于国民经济核算体系的综合性、应用的广泛性等四点概括不仅仍然成立,而且在SNA2008中得到了强化。

（5）非正规部门

SNA2008专门设置了一章来阐述如何测算在住户内部进行的非正规活动(即非正规部门)和游离于正规统计测量之外的活动(即未观测经济)有关的问题。

3. 国民经济核算体系与其他核算体系

国民经济核算体系为国民经济核算提供了几乎全球普适的指导,SNA1993实施的最后阶段适逢20世纪90年代初期到中期一些国家由计划经济向市场经济转型之时。自那时以来,国民经济核算体系在该类经济体中的适用性和稳定性已被认定经得起实践检验。《欧洲核算体系1995》的设计框架在定义、核算规则与分类等方面与SNA1993保持高度一致,而其修订版本则采纳SNA2008所提出的已取得国际共识的建议和澄清。关于货物加工与国外工人汇款所提出的新核算方法,对于那些正在融入全球经济发展中的经济体具有重要价值。此外,关于公私合伙企业以及非常住单位使用自然资源的核算方法所提出的新指南,在许多国家具有普遍意义。

SNA2008承认需要灵活应用SNA1993并采纳了卫星账户的概念,由此在提高国民经济核算体系灵活性方面迈出了一大步。卫星账户有望继续为一些具有挑战性的测算(如环境核算问题中的测算)提供有用的解决方案,并赋予更高的可信度。利用卫星账户还可以扩展相关国民经济核算账户,同时又不影响用于经济决策的中心框架的可比性,这一做法已经被用来开发和检验各种新的数据来源与方法。另外,SNA2008还引入了"补充"项目与"补充"表。当国民经济核算体系认为某些项目仅在某些国家才有意义或者仅具有某种分析意义而无法使一张表达到与中心系列账户相同的精度时,就会采用此类"补充"形式。

SNA2008加强了国民经济核算体系在统计核算体系中的中心地位。SNA2008使用的概念和分类与其他国际统计标准和手册是协调一致的,其协调程度比SNA1993有过之而无不及。特别需要指出的是,《国际收支手册》的修订与SNA2008的更新是同步进行的,两个过程之间存在密切协作关系。SNA2008关于"价格与物量测算"的内容得益于自SNA1993发布以来在国际比较项目以及消费者价格和生产者价格指数方面《国际收支手册》所取得的进展。

SNA2008与国际劳工统计学家大会决议中所给出的建议也保持高度一致。其中专门设置一章用于阐述非营利机构在经济中的作用,汇集了自SNA1993发布以来在该领域所取得的各项成果。对于环境账户,已经奠定了与经过修订的《国民经济核算手册:综合环境·经济核算》(该手册有望成为一个国际标准)保持一致的基础。同样,SNA2008与各类重要的分类体系也保持了一致,其中最为重要的有《全部经济活动的国际标准产业分类》(第4版)和《主产品分类》(第2版)。

4. 国民经济核算标准未来的发展方向

联合国第一套综合国民经济核算标准即旧SNA于1953年发布,随后在1968年、1993年和2008年经过三次大的修订。不过,国民经济核算标准的发展显然不是每隔15~20年才修订、晋升一个台阶的,因此尽管全面修订是间断的,但确认其所需要的更新却是一个连续的过程。国民经济核算标准的发展应该是经济发展(如出现新的金融工具)、统计估计和测量技术进展以及数据收集手段完善等综合作用的产物。

SNA2008的修订过程中考虑了一些有争议的议题,并根据目前所能得到的最好的信息与技术,就这些议题做出了最终决定。但是,还有某些方面的研究在国民经济核算标准的更新过程中尚未完成,基于这些未完成研究的某些结果,可能在国民经济核算标准的下一次修订之前就需要做出调整。

国民经济核算秘书处工作组已经指出许多此类未完成的研究领域,并建议将这些主题包括在国民经济核算的研究议程中。有待考虑的项目清单,即在更新过程结束时识别出来的项目。该工作组将负责推进这些议题(以及任何其他已知的重要问题)的研究进展,但是需要得到全世界其他负责国民经济核算的机构的支持。有了这些研究成果,才有可能在下一次重大更新之前将研究结果整合进国民经济核算体系中。

5. SNA2008未完成的研究领域[①]

国民经济核算体系的功能是对经济运行过程进行现实而综合的观察,从而适合政策和分

---

① 参考资料:(1) European Commission, International Monetary Fund, Organisation for Economic Co-operation and Development, United Nations, World Bank, *System of National Accounts 2008*, Preface pp. xlvii~lvi, New York, 2009, ISBN978-92-1-161522-7.
(2) 联合国、欧盟委员会、经济合作与发展组织、国际货币基金组织和世界银行编,中国国家统计局国民经济核算司、中国人民大学国民经济核算研究所译:《国民经济核算体系(2008)》中译本序,第38~42页。

析之用。随着经济环境的变化、政策与分析需求的演进,必须对国民经济核算体系予以检视,以判断该体系是否能满足这些目的。经济环境变化的最典型的例子是2008年下半年以来的金融危机,该危机促使人们重新评估国民经济核算体系的充分性。经济观点很少像2007~2008年这样变化得如此迅速、如此剧烈。不过,总会出现一些新兴特征促使国民经济核算人员重新评价现有的方法。其中一个例子是为了遏制全球气候变暖而推行的可交易的排污许可。如何记录此类交易,在SNA2008中尚未得到充分的解决,并且,由于此类交易激增且交易额巨大,显然,这一缺陷需要尽快得到补救。虽然SNA2008已经解决了有关全球化的一些问题,但是把那些在不久的将来会出现的所有议题全都罗列出来是不可能的。这里主要列出那些在目前的修订过程中已经出现,然而受时间限制尚需进一步议论的议题。其中有些议题可能不会引起国民经济核算体系的变动,而仅仅是对某些核算点的澄清。这份清单将挂在联合国统计司的网站上,一旦出现新项目,或者关于现有项目达成共识,清单就会被更新。

在评估一个项目的优先性时,需要回答三个问题:(1)为了确保国民经济核算体系仍然对用户有用,该议题有多迫切和多重要?(2)变动的影响有多广泛,以及实施这些变动有多难?(3)该议题是全新的吗?或者,与该项目有关的准备工作是否大多已经完成?

所有更新国民经济核算体系的努力(包括1993年和2008年修订的经历在内)都表明,即使只对核算体系的部分内容进行更新也是非常困难的,皆因账户规则具有综合性质。下述议题清单根据主题领域进行了大体的分组,但是一开始就应该指出,每个议题都可能有超乎其主题之外的影响。

目前确认的主题被分为以下四个大类:

(1)基本核算规则

① 国民经济核算体系与国际会计准则委员会的关系

国际会计准则委员会(IASB)是一个独立的、私人资助的会计准则制定者。其成员来自9个国家,并且有不同的职能背景。该委员会承诺要为了公众利益而制定一套高水准的、通俗易懂的、可执行的全球会计准则。这些准则要求一般目的的财务报表应当提供透明和可比的信息。

国际会计准则委员会与各国的商业会计准则制定者一起致力于实现会计准则的全球一致性。目前已经有近100个国家要求采用或允许采用国际财务报表准则(IFRS),或者其政策与国际财务报表准则一致。国际财务报表准则的发展反映了全球经济的需求和环境的变化,这些变化与国民经济核算体系的应用和要求直接相关。公司采用国际财务报表准则可能会对公司会计和从公司账户中采集的数据产生重大影响。

国际会计准则委员会建立一套新准则要经历三个阶段:一是邀请讨论(ITC)稿,二是征求意见稿(ED)同时邀请讨论,三是建立新准则。在每一个阶段,议题的背景要得到清晰的解释,并给出推荐选择的理由。在前两个阶段,会邀请来自其他利益方的成员进行讨论。在各国国民经济核算团体与国际会计准则委员会之间进行经常性对话,既是保证将各国核算人员的需求反映给国际会计准则委员会的途径,也是保证各国核算人员知晓数据来源的可能变化的途径。在SNA2008修订规程中,向国际会计准则委员会及与其相应的公共会计准则(国际公共部门会计准则委员会,IPSASB)的咨询受益颇丰。因此,为了使修订的国民经济核算体系能够适时遵循新会计准则,建立并保持与国际会计准则委员会的对话是值得的。

对国际会计感兴趣的领域之一,是与跨国企业问题有关的兼并与收购。除了可以吸收经济合作与发展组织发布的《外国直接投资的基准定义》中的信息,也应当跟踪国际会计准则委员会在该领域的进展,看看是否需要对相关建议进行修订。

② 信托机构

国民经济核算体系建议将信托机构视为准公司。但在某些情况下,如果一个信托机构事实上充当了公司的特殊项目实体(SPE)时,只要该信托机构与其母公司是同一经济体的常住单位,就不能将其视为一个单独的机构单位,而应与其母公司合并。除了被公司所有之外,有些信托机构还会被住户和非营利机构(NPI)所有。尽管如此,国民经济核算体系并没有对信托机构给予详细描述。进一步澄清信托机构的特征,以及其资产何时应视为独立单位、何时应与其所有者资产进行合并,将会有助于其核算。

③ 公司的最终消费

一般认为公司不是货物和服务的最终消费者,因此在国民经济核算体系中,除了为生产目的而获得的资本品(贵重物品除外)以外,不会记录公司的最终消费。然而,大公司常常赞助文化和体育赛事。目前,国民经济核算体系将此类活动涉及的支付视为广告形式的支付,但有不同观点认为,此类支付是个人消费形式的支付,因此可以记入公司的最终消费支出,以及向住户的实物社会转移。进而言之,通过对诸如环境标准等施加管理,政府可能产生如下效应:类似于征税,政府会将其收入用于环境保护,而这种支出会被视为公共消费。因此,在某些情形下,可能更适于将公司的某些支出计入最终消费。

④ 测算政府服务的产出

国民经济核算体系建议,对于免费或以不具有显著经济意义的价格提供的非市场生产的价值,应当按照生产总成本来估计。这一建议的前提是没有非市场生产的市场价格。但是,不断有研究试图找到测算政府产出的其他方法。

⑤ 对国外的实物社会转移的处理

在国民经济核算体系中,实物社会转移仅发生在政府单位和为住户服务的非营利机构(NPISH)与住户之间。这样处理的假定前提是,对国外的实物社会转移可能是微不足道的,而且无论如何会与来自国外的类似给付相抵消。在某些情况下,这些假定可能是不对的,因此应当阐明记录这些转移的方法。为此可能不得不考虑这种做法带来的后果,即消费支出总计不等于实际最终消费总计。

⑥ 国民经济核算体系对基层单位的处理

目前国民经济核算体系出于两个原因保留了基层单位这一概念。第一个原因是,如果数据从基层单位收集,则可以提供与基础数据的联系。如果基础数据是从企业收集的,则这个原因不成立。第二个原因是为了在投入产出表中使用。历史地看,根本原因在于需要找到一个与仅在一个地点、仅从事一种活动的单位尽可能接近的单位,从而使与生产的物理过程的联系尽可能清晰。随着投入产出的重点从物理观点向经济观点的转变,以及从产品—产品矩阵向产业—产业矩阵的转变,在国民经济核算体系中保持基层单位概念的必要性实际上已经不那么显著了。

⑦ 在国民经济核算体系中包括国际组织

在国民经济核算体系中,国际组织被视为国外部门的常住单位。原则上,可以将国际组织视为国外部门的一个标准子部门,并为其实际编制一整套账户。

(2) 收入概念

① 澄清国民经济核算体系中的收入概念

国民经济核算体系中的收入概念有别于经济学中通常所理解的收入概念。特别地,在国民经济核算体系中并不把持有损益视为收入的一部分。不仅经济学理论主张将持有损益包括在收入中，而且企业会计准则也如此。国民经济核算体系将持有损益排除在生产之外，推而广之，大多数收入流量也将其排除在外，不过利息不同，利息仍然按照名义价值记录。对国民经济核算体系中收入概念以及各种财产收入流量的含义做一个透彻的评述是大有裨益的。下面有关各项目的某些内容会解释其中的某些方面。

② 基本价格 GDP

国内生产总值(GDP)等于一经济领土内所有从事生产活动的常住机构单位的总增加之和(即基本价格增加值)，加上没有包含在其产出价值中的产品税减产品补贴；也等于一经济领土内所有常住机构单位的最终支出之和减去进口支出。对于生产法 GDP，其"自然"估价则是基本价格。在国民经济核算体系中，通过调整生产法 GDP(即加产品税减产品补贴)来保持估计的一致性。这种做法的隐含之意为：产品税减产品补贴是收入的一种形式，而不仅仅是收入的再分配。

如果决定以基本价格对 GDP 估价，则需要对系列账户进行调整，至于如何调整，有多种可能的做法。这会导致分别显示政府的两种主要功能，即非市场服务的生产和国民收入再分配。

③ 国民经济核算体系中税收的作用

产品税在国民经济核算体系中被视为一种收入。但是，绝大部分经济学家倾向于将这些税视为消费税。在国民经济核算体系中并无此类税，也没有消费补贴。对金融交易征收的税(如对发行、购买和销售证券所征收的税)被视为生产税，尽管这些活动通常并不涉及服务成分。可能需要评估国民经济核算体系中各种税和补贴的核算方法，以确保其符合用户的理解和需求，倘若不符合，则应明确阐述采用不同做法的原因。

④ 人寿保险

目前在国民经济核算体系中，关于定额福利计划下养老金受益人应计财产收入的核算不同于其他形式的人寿保险。对于养老金受益人，不会考虑基金来源是否来自持有收益而对财产收入进行扣减，这些财产收入都会增加其权益。对于寿险保单，保险公司会留存部分来自准备金的持有收益，这些持有收益是属于投保人的，但并不将保险公司留存的收益视为保险公司收费的一部分。这样就会低估保险公司的产出。这个问题有待解决，此外，如果出现持有损失，也需要进行适当的处理。

⑤ 再投资收益

国民经济核算体系建议对外国直接投资企业的留存收益做如下核算：这部分收益是按照属于外国直接投资者的股权比例计算的，并已分配给外国直接投资者，然后又由外国直接投资者进行再投资，从而增加其股权，这些再投资要记入金融账户。这部分金额是在对可分配收入的实际分配之外发生的。对投资基金收益的核算也采用该方法。

有人建议将该核算方法扩展到其他类型的单位，尤其是公营公司。如果将留存收益归于公司所有者，则意味着在初始收入分配账户中，红利将被再投资收益所取代，同时，应将该总额减去实际支付的红利之后的部分在金融账户中记录为股权的增加(某些情况下则为股权收回)。这就意味着，公司收益分配是基于严格的权责发生制而记录的，但同时也意味着公司的储蓄永远为零。这样的变动会对账户的解释具有重大影响，因为对红利及公司储蓄的核算将不同于现今的方法。

⑥ 中性和实际持有损益的测算

国民经济核算体系建议，应将记录在重估价账户中的名义持有损益分解为中性和实际持有损益。SNA2008 建议使用一个覆盖尽可能多的货物、服务和资产的综合价格指数。有些国民经济核算人员建议，对不同种类的资产应当使用不同的价格指数。对这一建议应当考察其全面影响。

⑦ 资产带来的收入

国民经济核算体系确认了如下事实：增加值的一部分来源于固定资产和其他非金融资产在生产过程中对收入形成的贡献。因此产生了一个问题：增加值的一部分是否也应归因于生产者所获得的金融资源？

⑧ 从事非正规经济活动所产生的收入

SNA2008 的一大贡献是建立了在非正规部门工作与国民经济核算体系之间的联系。对该领域的研究引起了持续的关注，尤其是发展中国家。

(3) 与金融工具有关的议题

金融危机对国民经济核算体系的稳健性及其所提建议的充分性构成了重大检验。在 2008 年金融危机的所有后果全部显现之前，实际上也包括显现之后，需要不断检视为应对危机而采取的措施，以确保国民经济核算体系充分反映这些措施及其后果。

① 对贷款更多地使用公允价值

国民经济核算体系建议，在债权人和债务人的资产负债表中，按照名义价值记录贷款价值，即按照贷款到期时，债务人理论上有义务偿还给债权人的本金数额来记录。但是，出于多方面的原因，贷款的公允价值往往不同于其名义价值。目前，国民经济核算体系建议仅仅针对具有不良贷款性质的贷款设立备忘项目并加以记录。可以考虑在更大范围内以公允价值取代名义价值的可能性。

② 拨备

在企业会计中，"承诺"的等级有三种：负债、拨备和或有负债。其定义如下：负债是指企业因过去的事项而发生的现时义务，预计该义务的履行会导致含有经济收益或服务能力的资源流出企业；拨备是指时间或金额不确定的负债；或有负债是指过去的事项形成的潜在义务，其存在须通过一项或多项未来不确定事项的发生或不发生予以证实，这些事项不完全由该企业所控制。

在国民经济核算体系中，对于与金融工具有关的负债和拨备，只有在交易对方持有对应的等值金融资产的情况下，才在中心账户中加以确认。但是，SNA2008 建议，对于某些不满足该条件的拨备，如不良贷款拨备，应当记录为备忘项目。除标准化担保之外，中心账户根本不对或有负债加以确认。

问题在于，确认国民经济核算体系中一项资产价值的减少必然意味着相应的负债价值减少，但是资产持有者可能不希望向对方披露如下的事实，即它们认定某些权利是不可履行的。然而，如果不这样做就会高估资产的价值。

(4) 与非金融资产有关的议题

① 可交易的排污许可

可交易的排污许可是一种相对较新的现象，但其重要性遽然显现。国民经济核算体系中并未明确解释对所有类型许可的全面核算，为了减少不确定性，应当尽快解决这一问题。

② 扩展固定资产的边界（包括其他知识产权资产在内）

A. 创新

对国民经济核算体系中固定资产边界的扩展，将研究与开发（R&D，简称研发）的产出包括在内，这符合关于资产的一般定义。显然，研发涵盖了创新过程的一部分，但不是全部。它没有包括由企业生产部门和工程部门所做的很多支出。这些部门也可能负责识别潜在的新产品，将其提交给研发部门从而使其开发其背后的科学知识。此外，企业在新产品上市之前也可能发生其他的支出，其中包括为确定新产品的需求而进行的市场调研，以及为了推销产品而发生的营销支出。

B. 营销资产

营销资产包括品牌名、报头、商标、标识和域名。营销是形成品牌价值的关键动因，大公司通过广告、赞助和其他手段大力投资于品牌的建立和支撑，从而在客户中建立正面形象。国民经济核算体系将营销资产视为非生产资产，将其创建过程中所发生的支出视为中间消耗，只有当这些资产被出售时，才会出现在资产负债表中。不把营销资产视为固定资产的主要原因在于很难测算其价值。

C. 人力资本

除了将新产品推向市场所需的职员培训外，创新支出与从事创新人员的培养无关。因此，创新支出在很大程度上不包括人力资本投资。

人力资本投入是大多数生产过程的主要投入，该投入价值在很大程度上取决于由人力带入生产过程中的知识。大多数国家普遍认为，受教育人口对于经济福利至关重要。虽然关于如何测算受教育劳动力的价值尚存在一些重大的理论和实践上的问题，但是人们再三要求在国民经济核算体系中解决这一问题。

D. 贵重物品和非生产资产的所有权转移费用

国民经济核算体系对获得和处置非金融资产时发生的所有权转移费用与获得和处置金融资产时发生的所有权转移费用进行了区分。在非金融资产交易时所发生的所有权转移费用被记入固定资本形成总额，而在金融资产交易时所发生的所有权转移费用被记入中间消耗。这一不同处理的原因在于，非金融资产是在生产过程中使用的，从生产中产生的收入应当足以覆盖使用这些资产的费用，包括所有权转移费用。金融资产并不用于生产过程，而是作为价值贮藏手段持有——是为了赚取财产收入或期望获得持有收益。对于金融资产和负债，所有权的频繁易手也是很普遍的。

贵重物品是非金融资产，是作为价值贮藏手段而持有，而不是用于生产过程。因此，它们更类似于金融资产，而不是类似于非金融资产。于是，关于是否应将贵重物品所有权转移费用记录为中间消耗，而不是按照现行的方法记入固定资本形成总额，是可以商榷的。

固定资产的所有权转移费用没有单独记录，在获得和处置价值时，要加在购买者支付的价格之上，而从出售者售出的价格中减去。非生产资产的所有权转移费用记入固定资本形成的一个单独类别。对于土地要做特殊处理，按照惯例，其所有权转移费用被记录为土地改良。

③ 经常维修与资本修理之间的区别

国民经济核算体系对固定资产的普通维修与其重大更新、重建或扩建做了区别，但承认这一区别并不清晰。前者记入中间消耗，后者则记入固定资本形成总额。

重大更新或扩建会提高现有固定资产的功能或性能，或者显著延长原先预计的服务寿命。为了在预计的整个服务寿命内利用一项资产，需要进行普通的维修。如果所有者忽视维修，则预计的服务寿命有可能会大大缩短，而这些未预计的报废必须记入资产其他物量变化。

如果记入固定资本的依据是避免缩短而不必是延长服务寿命，则普通维修和重大改良之间的区别就消失了,而且也可避免出现未将忽视维修的后果反映在国内生产净值减少中的问题。

(二) 物质产品平衡表体系的形成与现状

物质产品平衡表体系发源于苏联,社会化大生产要求国民经济各部门保持一定比例关系和社会再生产各环节的平衡关系。为适应这个要求,推行计划经济,为适应国民经济综合平衡的需要,提出了编制国民经济和各部门经济平衡表的任务。1920年公布的电气化计划中就包括电气化事业物质平衡表和财政收支平衡表,1926年公布的"苏联1923—1924年国民经济平衡表"反映了当时苏联国民经济各部门之间的相互联系,并采取棋盘式的表达方式,与里昂惕夫的投入产出表有着很密切的联系。

1950年苏联中央统计局统一制定和颁布了一系列国民经济平衡表,主要有国民经济综合平衡表、国民经济劳动资源平衡表、社会产品生产/消费和积累平衡表、社会产品分配平衡表、财政平衡表、固定资产平衡表等。这些表相互配套形成了以国民经济综合平衡表为中心的,包括人、财、物平衡表的物质平衡表体系。1957年,全苏联统计工作者大会召开,上述平衡表体系经大会讨论通过并全面推行,积极向原经济互助委员会(简称"经互会")国家推广。

物质产品平衡表体系以限制性生产——物质生产为基点,而这正是它的最大缺陷和不足。随着社会经济技术的发展,三次产业中的第三产业迅速发展和扩大,并且有着继续扩大的趋势。1984年经互会统计常设委员会对物质产品平衡表体系进行重大修订,形成所谓新物质产品平衡表体系——《编制国民经济统计平衡表的基本方法原则》,主要表现之一是增加了非物质服务平衡表,并且增加了部门联系平衡表、居民的收入和消费指标,这有利于物质产品平衡表体系和国民经济核算体系两大体系进行沟通和换算。但由于物质产品平衡表体系的先天不足,以及苏联解体和东欧国家转型等原因,1993年联合国第27届统计委员会全体会议通过决议,确定取消物质产品平衡表体系,而统一为国民经济核算体系。

(三) 两大核算体系的比较:理论依据、特点和适用范围

物质产品平衡表体系以限制性生产——物质生产作为它最大特征,与综合性生产——国民经济核算体系存在巨大差别,因统计口径不同,统计数据存在巨大差别,无法进行直接比较。联合国统计委员会出面协调,并于1971年出版了《国民经济平衡表体系的基本原理》专辑,1977年出版了《国民经济账户体系与国民经济平衡表体系的比较》。

物质产品平衡表体系在计算范围上有其不可克服的缺陷,但其方法表示仍有一些值得借鉴和吸取之处,即存在使国民经济核算体系更加科学、系统的地方。例如,国民经济综合平衡表的组织内容比较严谨而科学。

国民经济核算体系是以全面生产作为其理论依据,既包括物质生产又包括非物质的服务生产。它在发展过程中,参照企业会计的原理和方法,把国民(内)生产总值统计纳入国民经济账户体系,形成的是一种具有会计特点的国民经济核算体系。在这个体系中建立了一系列国民经济范围的生产、消费、积累和国外(即对外经济往来)等综合账户及其分支账户,编制了一整套T字式平衡表、矩阵式平衡表和其他形式的平衡表,除了应用统计和数学方法外,还利用会计的借贷原理和复式记账方法搜集和记录各个账户的数据,以反映国民(内)生产总值的来龙去脉,从而使国民经济核算体系得以深化。

四、我国国民经济核算体系的发展与现状[①]

(一) 我国国民经济核算体系的建立与发展过程

我国原来实行的国民经济核算体系基本上是计划经济条件下的物质产品平衡表体系,自十一届三中全会以后逐步实行国民经济核算体系。纵观我国国民经济核算体系的建立和发展过程,经历了以下四个阶段:

第一,1952~1984年,适应计划经济体制的需要,重点采用了物质产品平衡表体系中的内容。

第二,1985~1992年,自十一届三中全会以来,随着改革开放和社会主义市场经济的形成与发展,物质产品平衡表体系表现出明显的不足,为适应经济体制向着计划商品经济体制转换的需要,试行对国民经济核算体系与物质产品平衡表体系兼收并蓄的我国国民经济核算体系。这方面的改革使两条线并进:一是全面介绍联合国的国民经济核算体系和西方市场经济国家的国民核算,然后在此基础上研究、吸收和利用;二是循着国民经济物质产品平衡统计逐步向全面生产的国民经济核算体系发展。

第三,1992~1998年,经过几年的努力,我国终于在1992年提出了适应社会主义市场经济体制需要的《中国国民经济核算体系(试行方案)》,这标志着我国国民经济核算体系工作正式步入国际一体化的国民经济核算体系行列,并确定在1992~1995年间分两步实施。1998年国家统计局在总结多年实践经验的基础上,制定了新的国民经济核算体系,并自1998年起在《中国统计年鉴》中正式定期公布国民经济核算体系统计数据。

第四,1999年后,针对国内外客观情况的不断变化,国家统计局决定对《中国国民经济核算体系(试行方案)》进行修订,在征求了各方面的意见和建议,总结了多年来我国国民经济核算实践经验和理论研究成果,采纳了SNA1993的基本核算原则、内容和方法后,最终出台了《中国国民经济核算体系(2002)》。修订后的我国国民经济核算体系还需要在实践中不断发展和完善。

《中国国民经济核算体系(2002)》由基本核算表、国民经济账户和附属表三部分构成(详见图1-1)。基本核算表包括国内生产总值表、投入产出表、资金流量表、国际收支表和资产负债表;国民经济账户包括经济总体账户、国内机构部门账户和国外部门账户;附属表包括自然资源实物量核算表和人口资源与人力资本实物量核算表。基本核算表和国民经济账户是该体系的中心内容,它通过不同的方式对国民经济运行过程进行全面的描述。附属表是对基本核算表和国民经济账户的补充,它对国民经济运行过程所涉及的自然资源和人口资源与人力资本进行描述。

[①] 本小结参考:
许宪春,《关于我国国民经济核算体系的修订》,《全球化》2014年第1期。
许宪春,《我国国民经济核算工作的回顾与展望》,《统计研究》2002年第7期,第10页。
陈梦根,《SNA2008实施与国家统计发展战略》,《统计研究》2012年第3期,第14~21页;李金华、李苍舒:《SNA2008对中国住户核算理论的若干启示》,《经济学动态》2011年第11期。
刘伟,《SNA2008对非金融资产的修订及影响分析》,《统计研究》2010年第11期。
魏和清,《SNA2008关于R&D核算变革带来的影响及面临的问题》,《统计研究》2012年第11期。
谢俊云,《SNA2008与SNA1993的比较研究》,《广东商学院》2012年。

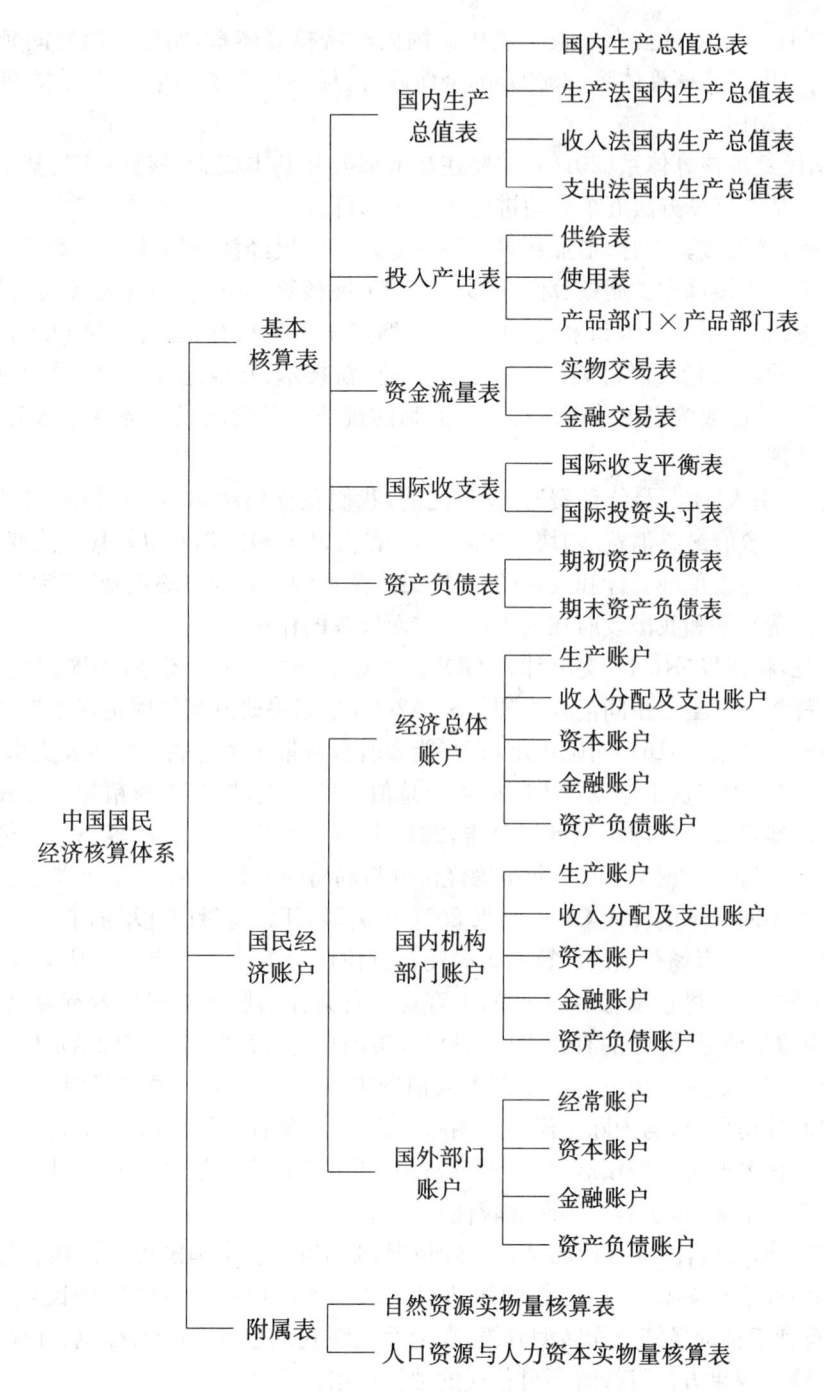

```
                                    ┌─ 国内生产总值总表
                        ┌─ 国内生产 ─┼─ 生产法国内生产总值表
                        │   总值表    ├─ 收入法国内生产总值表
                        │            └─ 支出法国内生产总值表
                        │
                        │            ┌─ 供给表
                        ├─ 投入产出表 ┼─ 使用表
              ┌─ 基本   │            └─ 产品部门×产品部门表
              │  核算表 │
              │         ├─ 资金流量表 ┬─ 实物交易表
              │         │             └─ 金融交易表
              │         │
              │         ├─ 国际收支表 ┬─ 国际收支平衡表
              │         │             └─ 国际投资头寸表
              │         │
              │         └─ 资产负债表 ┬─ 期初资产负债表
              │                       └─ 期末资产负债表
              │
              │                       ┌─ 生产账户
              │                       ├─ 收入分配及支出账户
              │         ┌─ 经济总体   ├─ 资本账户
              │         │  账户       ├─ 金融账户
  中国国民    │         │             └─ 资产负债账户
  经济核算 ───┤         │
  体系        │         │             ┌─ 生产账户
              │         │             ├─ 收入分配及支出账户
              ├─ 国民经 ┼─ 国内机构   ├─ 资本账户
              │  济账户 │  部门账户   ├─ 金融账户
              │         │             └─ 资产负债账户
              │         │
              │         │             ┌─ 经常账户
              │         │             ├─ 资本账户
              │         └─ 国外部门   ┼─ 金融账户
              │            账户       └─ 资产负债账户
              │
              └─ 附属表 ┬─ 自然资源实物量核算表
                        └─ 人口资源与人力资本实物量核算表
```

图 1-1 中国国民经济核算体系的基本框架

第五,根据 SNA2008 的变化和我国经济社会发展中出现的新情况,为了更好地落实十八届三中全会精神,2014 年,国家统计局结合实际情况,开始制定修订《中国国民经济核算体系(2002)》的初步计划和初步框架。按照工作计划,于 2014 年完成中国国民经济核算体系新文本的初稿。工作进程表明,国民经济核算体系的修订任务比预料的更复杂。2015 年,中国采纳国际货币基金组织的数据公布特殊标准(SDDS)。这是一次被称为中国"统计入世"的事件。在采纳该标准的 70 多个经济体中,多数实施的是基于 SNA2008 的国民经济核算体系。基于此,原计划2015年初对外公布新修订的中国国民经济核算体系,实际推出时间延迟两年多。通过对《中国国民经济核算体系(2002)》的全面修订,最终形成了一个新的版本,即《中国国民经济核算体系(2016)》。

《中国国民经济核算体系(2016)》主要在基本框架和基本概念、核算范围、基本分类、基本核算指标以及基本核算方法五个方面进行了系统修订。

亮点之一,扩展核算内容,增加新兴经济核算。新国民经济核算体系调整了基本框架,将核算体系分为基本核算和扩展核算两大部分。在扩展核算部分,将自然资源实物量核算表延伸到资源环境核算,调整了人口和劳动力核算,增加了卫生核算、旅游核算和新兴经济核算。新兴经济核算的增加尤其值得关注。随着新产业、新技术、新业态和新模式的不断涌现和发展,新兴经济核算已成为世界范围统计部门面临的挑战。新的国民经济核算体系对此提出了新的原则和处理方法。

亮点之二,引入"实际最终消费"概念。之前,我们在支出法GDP统计中,将消费分为"居民最终消费"和"政府最终消费"两块。实际上,一部分政府最终消费以转移方式变化为居民的实际最终消费。过去单纯统计和发布的"居民最终消费"和"政府最终消费"实际上压低了我国居民的真实消费水平和我国政府在改善民生方面发挥的作用。

亮点之三,将研发(R&D)支出计入GDP。无论是SNA1993还是《中国国民经济核算体系(2002)》,都将研发当作中间消耗处理。SNA2008主张将研发当作固定资本形成处理。《中国国民经济核算体系(2016)》明确规定,那些能为所有者带来经济利益的研发支出不再作为中间投入,而是作为固定资本形成计入国内生产总值。实际上,按照该新精神计算我国GDP的工作这两年已经开展。据国家统计局公告,2015年我国GDP因此"扩容"8 798亿元,相当于老口径当年GDP的1.28%。2013年美国经济分析局将研发投入和娱乐、文学、艺术产业的支出等原本纳入中间成本的计入GDP,结果2012年美国GDP总量因此增加了3.6%。

亮点之四,采用市场租金法计算城镇居民自有住房服务产出。自有住房服务是国民经济核算中的特殊内容。尽管没有市场交易,但客观上自有住房服务对居住者有着收入效应和消费效应,作为增加值是GDP的有效组成。目前,美国自有住房服务形成的增加值在GDP中占7%以上,自有住房服务虚拟消费在全部个人消费中占11%以上。过去我国采用成本法计算城镇居民自有住房服务,与国际主流不尽相同。这里,的确存在统计口径和方法的问题。新的国民经济核算体系改进了城镇居民自有住房服务产出的计算方法,将使我国居民自有住房服务的统计更符合实际,也更具有国际比较性。

SNA2008印发后,国家统计局结合实际情况,制定实施《中国国民经济核算体系(2016)》的时间表和路线图。具体统计工作的跟进还需要多年的磨合。《中国国民经济核算体系(2016)》更有利于推动经济全面转型升级,在全面反映我国创新、协调、绿色、开放和共享新发展理念的实践和成果方面发挥着不可替代的独特作用。

(二) 我国国民经济核算体系的现状

目前,我国GDP核算主要是建立在SNA1993的基础上,但在近年的GDP核算方法改革中有限度地吸收了部分SNA2008的方法,主要是在间接计算的金融中介服务的核算上已经与SNA2008接轨,其他方面还保留SNA1993的方法,具体体现在以下几个方面:

1. 研究与开发支出

SNA2008把研究与开发支出作为资本形成的一部分计入GDP,这种处理方法的变化会使 GDP 核算的结果增大。在目前的我国 GDP 核算中，将研究与开发支出作为中间消耗处理。如果采用 SNA2008 推荐的方法，我国的 GDP 会有一定程度的上升，同时，投资率会上升，消费率会下降。

此外，由于研究与开发支出占 GDP 的比重在年度之间的变化不会特别快，因此对 GDP 的实际增长速度不会产生特别大的影响。

在澳大利亚，将研究与开发支出资本化导致 2002～2008 年 GDP 现价总量平均增加 1.43%。在加拿大，将研究与开发支出资本化导致 2007～2011 年 GDP 现价总量平均增加 1.29%。在美国，将研究与开发支出资本化导致 2002～2012 年 GDP 现价总量平均增加 2.38%。

近年来，我国研究与开发经费支出不断增长，已经从 2000 年的 895.7 亿元增长到 2014 年的 13 312 亿元，占 GDP 的比重也逐渐增大，从 2000 年的 0.90% 上升到 2014 年的 2.09%。

2. 武器系统支出

我国在固定资产投资统计中，没有将武器系统支出包括在内，如果要把武器系统支出纳入资本形成核算，我国的 GDP 会有一定程度的上升，同时，投资率会上升，消费率会下降。但是由于数据的敏感性，加上国家统计局无法获取该数据，因此，我国不会将其纳入 GDP。

武器系统支出作为资本形成对 GDP 的影响程度比较有限。在澳大利亚，将军事武器系统支出纳入固定资本形成导致 GDP 现价总量增加不到 0.25%。在加拿大，将军事武器系统支出纳入固定资本形成导致 GDP 现价总量增加不到 0.1%。其他大多数国家平均影响大概在 0.5% 左右。一般而言，该方法对自研武器比重大的国家影响更大些。

3. 所有预期在生产中使用 1 年以上的数据库支出

将所有预期在生产中使用 1 年以上的数据库作为固定资产处理，将减少中间投入，增加值，导致 GDP 增加。

目前，我国在计算固定资本形成时，已经将计算机软件支出单独作为一类计算。但是，由于受基础资料的限制，没有将数据库支出包括在固定资本形成中，而且，计算机软件支出只包括企业从市场上购买软件的支出，没有包括企业内部开发软件的支出。如果将这两项计入 GDP，将会导致我国 GDP 增加。

4. 知识产权产品

我国暂时不会将知识产权产品计入 GDP。美国将娱乐、文学和艺术品原件支出作为固定资本形成处理，使其 2012 年 GDP 现价总量增加了 0.47%。英国将娱乐、文学和艺术品原件支出作为固定资本形成处理，使其近年来 GDP 现价总量平均增加了 0.3% 左右。

5. 间接计算的金融中介服务

在 SNA1993 中，间接计算的金融中介服务（FISIM）的计算方法为：

$$FISIM = 应收利息收入 - 应付利息收入 + 红利等其他财产收入$$

在 SNA2008 中，间接计算的金融中介服务用更贴近其定义的参考利率法计算，公式为：

$$FISIM = 存款额 \times (参考利率 - 存款利率) + 贷款额 \times (贷款利率 - 参考利率)$$
$$= 应收利息收入 - 应付利息收入 + (存款额 - 贷款额) \times 参考利率$$

一般而言，两种方法计算的结果不会完全相等，但差距不会过大。总体而言，GDP 会变大，但幅度远小于间接计算的金融中介服务的变化幅度。

我国在 2008 年第二次全国经济普查后，对 GDP 核算方法进行了系统性的修订，其中主要的改进之一就是用参考利率法计算间接计算的金融中介服务,在此之前,间接计算的金融中介服务的计算采用 SNA1993 推荐的方法。

6. 非寿险服务产出

SNA2008 建议的这种计算方法,对于发生巨灾的年份,GDP 会大于采用 SNA1993 方法计算的结果,但对于相邻几个年份的数据而言,GDP 会小于按 SNA1993 计算方法得到的结果。

我国目前采用的是 SNA1993 推荐的方法,按照实收保费加追加保费减实际赔付计算非寿险服务产出。从近年的数据来看,保险赔付和投资收入较为平稳,没有大的波动。在这种情况下,采用 SNA2008 推荐的方法不会对现有结果产生明显影响。

7. 雇员股票期权

我国还没有开展过关于雇员股票期权的调查,也没有这方面的基础数据,因此,不会在 GDP 核算中单独考虑雇员股票期权的处理。如果将雇员股票期权计入劳动者报酬,那么我国 GDP 的总量不会改变,但劳动者报酬在 GDP 中所占比重会有所上升,营业盈余所占比重会有所下降。

8. 自有住房服务支出

采用市场公允价格核算自有住房服务支出,这是 SNA1993 推荐的方法,不属于 SNA2008 修订的内容。

第二节 国民经济核算体系的基本原理与方法

一、国民经济核算体系的理论基础

国民经济核算体系的内容及其指标、核算模式和分析方法等,都取决于社会再生产的性质和特点以及开展国民经济核算的任务。开展国民经济核算,对社会再生产进行定量分析,必须与定性分析相结合。马克思在分析资本运动过程时,揭示了再生产的一般规律,提出了一系列再生产的基本原理,包括:关于社会再生产过程是包括生产、分配、流通和消费在内的统一过程的原理,关于简单再生产和扩大再生产及其相互关系的原理,关于社会生产划分为两大部类——生产资料生产和消费品生产以及两大部类产品增长对比关系的原理,关于社会总产品从价值角度划分为生产资料的转移价值(c)、支付劳动报酬的价值(u)和剩余产品的价值(n)三个部分以及国民收入的形成与分配的原理,关于社会总产品从使用角度划分为补偿基金、消费基金和积累基金以及三者之间必须保持一定比例的原理,关于社会产品的实物运动和货币运动互相统一、互相平衡的原理,关于社会总产品各个组成部分的实物替换和价值补偿是社会再生产的核心问题的原理等。这些基本原理既适用于论证资本主义再生产,也适用于分析社会主义再生产。

上述一系列社会再生产的基本原理是国民经济核算体系中指标体系、核算模式和数量分析方法等的理论依据。

二、国民经济核算体系的编制原则

国民经济核算体系的编制原理是国民经济核算体系重要的组成部分,它对国民经济核算体系的设计、范围确定、核算的系统一致性等具有直接的指导或决定作用。主要的编制原理有

以下四个原则:

(一) 市场原则

国民经济核算的根本目的是反映人类的经济活动。在现代社会中,人们的经济活动都是以市场出发,考虑市场过程和市场活动以及市场发展变化等就成为确定国民经济核算范围、分类、账户划分等方面的重要原则,这就是所谓的市场原则。凡是为市场交换目的所组织的生产活动,不论其产出在市场上销售还是自用,都统计为生产的产出。例如,农民自产自用粮食等农产品、自建住房自己使用,这些活动的成果虽没有通过市场实现,但它们的生产过程所消耗的中间投入等都来自市场,它们的使用也是市场需求的组成部分,所以必须统计在生产内。

此外,国民经济核算的概念和分类等方面也以市场原则为基础。例如,经济变量的概念,包括经济流量和存量,也是以市场交易为定义和分类的依据。对国民经济产业部门分类和国民经济机构部门分类是从市场经济活动的交易出发进行研究的结果。

(二) 所有权原则

所有权原则是确定国民经济核算中资产和负债范围的基本原则。国民经济核算中把资产界定为机构单位或机构部门能够行使所有权的统计范围,负债与资产相对应。从内容上说,拥有所有权的资产主要是固定资产、流动资产、无形资产和金融资产。那些非生产的自然资产,如土地、矿藏、非培育的森林或其他植物和野生动物,如果在社会中能归属具体机构单位或部门所有,也就是具有所有权特征,那么也包括在资产的统计范围内。大气或公海因无法行使所有权,不在资产统计范围内。教育形成的人力资本由于缺乏机构单位的所有权特征,也无法统计为资产。

(三) "三等价"原则

国民经济活动是一个不断循环的过程,"三等价"原则就是描述这个循环过程的。所谓"三等价"原则,是指国民经济运行过程中国民生产、国民(原始或可支配)收入、国民(最终)支出之间的总量平衡关系的等价统计原则。在一个封闭的经济条件下,一国常住机构单位所生产的全部增加值总量与经过初次分配、再分配后的国民原始收入或国民可支配收入总量相等,因为在初次分配、再分配中虽然改变了机构单位之间收入比例关系,但并不改变其价值总量,它们与最终使用在消费和积累上的国民最终支出总量是相等的,因最终支出所购买的最终产品就是生产的总成果,即生产总量(如图1-2所示)。

"三等价"原则是确定国民经济生产、收入分配、消费和积累核算一致性的重要原则。生产核算范围和原则决定收入分配和消费、积累的核算。例如,生产范围不包括个人或家庭成员为自己所做的维修车辆、清扫住处、培养儿童的活动,所以消费原则上不包括这些活动所产生的效用。但为了保证消费与生产的一致性,应将这些活动中所使用的货物,如清洁材料等支出,列入消费支出核算之内。

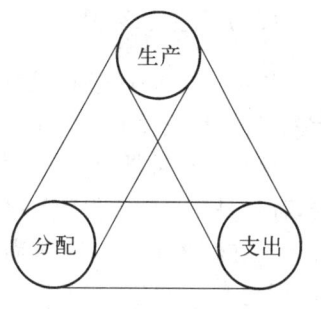

图1-2 国民经济循环过程示意图

(四) 核算统计原则

国民经济核算的统计原则首先是权责发生制。所谓权责发生制,是指对经济活动中机构单位之间交易按照其债权债务发生时,或生产活动中价值转移或新价值形成或取消时进行统计的原则。在实际核算中,将权责发生制与国民经济核算账户表示方法相结合,一笔交易活动或生产活动将涉及实物流量与金融流量的同时发生,并且涉及两个交易的机构单位,共四笔账目的统计处理问题,这些都应遵循权责发生制原则统计,这种记账原则称为四式记账。除货物和服务内容外,实物资产、金融资产的交易也必须遵循四式记账和权责发生制原则进行统计。

此外,国民经济核算的统计原则还包括现行价格的核算原则,即国民经济核算中按核算时期或时点的当时市场价格,对包括生产、收入分配、消费、积累和资产负债内容进行记账的核算原则。未经过市场交易的产出或资产等,按同类市场交易的产出或资产的市场价格进行核算。

三、国民经济核算的基本概念

(一) 常住单位

国民经济活动是由各个基本单位的经济活动组成的,它们构成国民经济的细胞,是进行经济交易的主体。为了界定交易主体的范围,确定生产和使用核算的口径,区分国内交易和国外交易,国民经济核算中采用了"常住单位"概念,是指在一国经济领土上具有经济利益中心的单位。我国的经济领土主要由我国控制的地理领土组成,还包括我国在国外的领土"飞地"(如驻外使领馆等),不包括外国在我国的领土"飞地"。一个经济单位在我国经济领土上拥有一定活动场所,长期(通常为1年以上)从事一定规模的经济活动,这个单位就是我国具有经济利益中心的常住单位。它包括我国经济领土内的企业(含外商投资企业)、事业、行政单位和居民,不包括我国在境外投资的企业。

常住单位是按机构单位确定的。在国民经济核算体系中,机构单位是指拥有资产、承担债务、独立从事经济活动并与其他单位进行交易的经济实体。我国明确规定以法人单位和住户作为机构单位,法人单位是具有财务决策权的独立核算单位,包括企事业单位、机关、社会团体等。法人单位应同时具备以下条件:(1)依法成立,有自己的名称、组织机构和场所,能够承担民事责任;(2)独立拥有和使用资产、承担债务,有权与其他单位签订合同;(3)独立核算盈亏,能够编制资产负债表。住户是指共同居住、共享全部或部分收入和财产,并在一起消费的个人群体,包括住户所拥有的个体经营单位。

(二) 流量和存量

流量是指按一定时期测量的量,它具有时间量纲,如收入、产值等。存量是指在一定时点上测量的量,它没有时间量纲,如期初资产、负债等。

流量和存量是国民经济核算中一对十分重要的概念,两者相互依存、缺一不可。一般来说,存量是流量的前提和基础,同时又是流量发生的结果。期初存量与本期流量之和便是期末存量。在经济中,许多流量都有与其直接对应的存量,如固定资本形成总额与固定资产相对应;但也有一些流量没有直接对应的存量,如进出口、工资等。

四、国民经济核算体系的主要方法

国民经济核算的发展一直伴随着国民经济核算方法的发展。两大核算体系的核算方法是不同的:物质产品平衡表体系运用的是较为系统的平衡表体系方法,即运用一系列相互关联的平衡表来系统描述国民经济运行过程。平衡表的特点是抓住所反映对象的两个相互对应的平衡方面，如收入与支出、来源与使用、资源与使用、调入与调出、供给与需求、增加与减少等设计统计表。国民经济核算体系从20世纪40年代形成开始就明确指出运用会计账户方法来描述国民经济运行过程。SNA1993在基本的国民经济账户方法的基础上，有些方面也吸收和直接使用了平衡表方法。例如，在国民经济综合账户、交易账户等账户上引入了收付式平衡表，但指标及平衡项等内容核算仍采用账户方法。

作为国民经济核算的根本方法——国民经济核算账户，是应用会计账户的基本原理描述国民经济运行过程的核算方法。它运用会计借贷的复式账户核算原理，建立核算科目和借贷关系，但相对于会计账户方法，它又具有以下明显的特点：

第一，账户中所设的科目均为统计指标，用以反映经济活动的交易内容和资产负债状况。其中的交易包括市场上供求方式实现的部分，也包括非市场上所发生的生产、分配和使用等内容。账户设置的体系是根据国民经济运行过程的各个阶段分设账户并连为整体的，包括期初资产负债账户（或称期初资产负债表）、生产账户、收入分配及使用账户、积累账户和期末资产负债账户（或表）。上述账户可归为经常账户、积累账户和资产负债表三类账户，其中经常账户包括生产和收入分配及使用的账户。经常账户和积累账户均以流量核算，因此也称流量账户。资产负债表以存量核算，故也称存量账户。

第二，账户根据平衡关系设置平衡项，保证账户左边合计等于右边合计的剩余项，在经济内容上反映由账户其他各指标共同决定的变量，账户之间的联系主要是通过平衡项连接的。

第三，账户及账户体系的主要作用是反映市场运行中的经济联系，因此核算对象主要是在机构单位基础上，揭示机构部门之间在生产、收入分配和消费、积累使用及资产负债等方面的有机联系。

第四，对双边交易实施四式记账核算。因为一笔经济交易涉及两个机构单位，所以这笔经济交易要同时在这两个机构单位采用一致的复式记账核算，每个机构单位均复式记账，所以两个机构单位合起来就构成四式记账。例如，某企业从另一企业购入原材料，购入的企业原材料增加、现金或银行存款减少，卖方企业原材料减少、现金或银行存款增加，这四项记录反映一笔交易的完成，在具体的国民经济核算时，应同时遵循权责发生制原则，按照四式记账方法进行统计核算。

在国民经济核算体系发展过程中，也引入和发展了许多其他方法，主要有矩阵方法、方程式方法和图解法。例如，投入产出分析采用矩阵方法，对资金流量或金融流量的三维（部门之间和金融手段的三维）分析也可用矩阵方法来解决。方程方法是将国民经济核算指标与经济变量对应起来，用方程的等式关系把各指标间的数量关系反映出来，这是在国民经济核算体系基础上建立经济计量模型体系的基础。图解法是用图示方法反映国民经济核算指标体系的方法，它具有一目了然地考察国民经济运行过程的功能。

第三节 国民经济核算的基本分类[①]

国民经济分类的标志主要有经济活动性质、产品经济用途、产业等，各种分类标志的内容与作用具体如下：

一、国民经济的结构和部门分类

国民经济核算体系除了从数量上反映国民经济的运行以外，还要从数量上反映国民经济

---

① 郑菊生、卞祖武：《国民经济核算体系原理——宏观经济统计》，上海财经大学出版社2000年版，第9页。

的结构。

国民经济运行的性质、特点,可以通过国民经济的结构反映出来。国民经济结构,就是国民经济的各种组成部分,如经济活动部门(产业)、社会总产品、经济类型、收入、消费、投资或地区等的组成部分。国民经济有多种多样的结构,如产业结构、产品结构、所有制结构、分配结构、消费结构、投资结构和地区结构等。国民经济结构中的各个组成部分之间既有性质上的区别,又有数量上的关系。科学划分性质不同的组成部分是正确界定它们之间数量关系的前提。

从数量上反映国民经济结构,常用的方法是:首先,把组成国民经济的实体,即经济活动单位以及它们的生产要素和生产成果等,根据它们的属性和特征,划分为一系列不同的组成部分,形成分类;其次,把有关数据按类归纳,形成分类(组)数列;最后,计算各类(组)数值在总体合计数中所占的比重,形成各个组成部分之间的数量比例关系,据以反映总体的数量结构。采用上述方法的前提是要有科学的国民经济分类。

国民经济分类的对象是组成国民经济实体的经济活动单位以及它们的生产要素和生产成果。分类的根据是分类对象所具有的属性和特征,也就是分类标志。由于分类对象的属性和特征是多种多样的,人们的研究目的也是不相同的,因此,对国民经济可以做多种分类,反映多种数量结构。在国民经济核算体系中应用的分类主要是:(1)对经济活动单位,根据生产性质划分的产业部门分类;(2)对经济活动单位,根据有无财务决策权划分的机构部门分类;(3)对产品和劳务,根据用途、原材料和工艺技术的同质性划分的产品部门分类。以上三种国民经济核算体系中的主要分类统称为国民经济部门分类。

二、产业部门分类

产业部门分类的对象是产业活动单位。所谓产业活动单位,就是位于一个地点,从事一种或主要从事一种经济活动的单位。此外,产业活动单位还应该单独组织生产经营或业务活动,并在法人单位(机构单位)内部单独核算收入和支出。

产业部门分类,就是按照从事经济活动的同质性,对产业活动单位所做的部门分类。凡是主要产品或主要成果相同的经济活动单位,就归入同一个产业部门,如分别归入种植业、畜牧业、炼钢业、电力生产业、国内零售商业、金融业等部门。在发展联合经营和综合利用的企业中,除了提供本部门的专业产品或专业成果外,还提供属于其他部门的次要产品(或成果)和副产品,如炼钢厂生产并出售电力。因此,在按产业部门分类的总产值数据中,会包含一部分与本部门专业性质根本不同的成果价值。

为了便于国际、国内的比较,联合国等国际组织以及我国有关部门都制定了标准产业(行业)分类目录作为各国汇总统计资料的依据。在标准分类目录中,一般对国民经济做四个层次的划分,即门类、大类、中类、小类。为了利用计算机处理数据,在标准产业(行业)分类目录中,对全部类目进行编码,其中,排列部门次序的原则是:(1)物质生产在前,非物质生产在后;(2)反映社会生产发展的历史过程,即按农、牧、林、渔、采掘、制造、建筑、商业、运输、邮电、金融、保险、教育、科研、文化、卫生等行业排列;(3)有的沿用过去习惯的次序。

部门分类不是固定不变的,而是会随着经济、技术的发展而变化。

产业部门分类主要用于核算各产业部门的生产活动、收入形成、固定资产形成、库存增加额和固定资产存量,反映各产业经济活动的结果以及产业结构的变化。所以,国内生产总值核算和经济循环账户中的产业部门账户都使用这种分类。

在产业部门分类的基础上,可以进一步做三次产业的划分。所谓三次产业,就是根据经济

发展阶段来划分的部门集团,具体如下:

第一次产业:农业(包括种植业、畜牧业、林业、渔业等)。

第二次产业:工业(包括采掘业、制造业、电力、自来水、煤气等)和建筑业。

第三次产业:除上述第一次和第二次产业外的其他各业,包括商业、运输、邮电、金融、保险、房地产、旅游、信息服务、技术服务、教育、科研、文化、卫生和社会福利等行业,还有党政机关、社会团体、军队和警察等部门。

三次产业之间存在相互依存关系。第一次和第二次产业是第三次产业发展的基础,第三次产业是第一次和第二次产业发展的必要条件。发展第三次产业能够促进物质生产、改善人民生活、促进科学技术进步、提高人员素质和扩大劳动力就业。国民经济按三次产业分类,可以为了解、研究和指导第三次产业的发展提供必要的统计数据。

由于第三产业包括的行业多、范围广,根据我国的实际情况,可分为两大部分:流通部门和服务部门,具体又可分为四个层次。

第一层次:流通部门,包括交通运输、仓储及邮电通信业,批发和零售贸易、餐饮业。

第二层次:为生产和生活服务的部门,包括金融、保险业,地质勘查业,水利管理业,房地产业,社会服务业,农、林、牧、渔服务业,交通运输辅助业,综合技术服务业等。

第三层次:为提高科学文化水平和居民素质服务的部门,包括教育、文化艺术及广播电影电视业,卫生、体育和社会福利业,科学研究业等。

第四层次:为社会公共需要服务的部门,包括国家机关、政党机关和社会团体以及军队、警察等。

三次产业是根据社会生产活动历史发展的顺序对产业结构的划分,产品直接取自自然界的部门称为第一产业,对初级产品进行再加工的部门称为第二产业,为生产和消费提供各种服务的部门称为第三产业。它是世界上较为通用的产业结构分类,但各国的划分不尽一致。

三、机构部门分类

机构部门分类的对象是机构单位。机构单位是指能以自己的名义拥有资产、发生负债、从事经济活动并与其他实体进行交易的经济实体。根据机构单位在生产、消费、融资活动中所起的不同作用,资金流量核算将常住单位区分为如下5类机构单位:非金融企业、金融机构、政府单位、住户和国外。

在联合国国民经济核算体系中,对机构单位所下的定义是:能以自己的名义拥有资产、承担债务、从事经济活动并与其他单位进行交易的经济实体。我国明确规定:以法人单位和住户作为机构单位。法人单位是具有财务决策权的独立核算单位,包括具有财务决策权的企事业单位、机关、社会团体等。住户是指共同居住、共享全部或部分收入和财产,并在一起消费的个人群体。住户还包括个体经营单位。

一个机构单位如果只有一个场所并从事一种或主要从事一种生产活动,那么这个机构单位同时也是一个产业活动单位。规模较大的机构单位往往从事几种性质不同的生产活动,或有几处生产场所,那么这个机构单位就要按其生产活动的不同性质、不同地点和能否单独提供核算资料划分为几个产业活动单位。

将相同性质的机构单位归并在一起,就形成机构部门。而机构部门分类,就是按经济活动的性质,对机构单位所做的部门分类。SNA1993将机构部门分为如下5个部门:

(一) 非金融企业与非金融企业部门

非金融企业是指主要从事市场货物生产和提供非金融市场服务的常住企业,主要包括各类法人企业。所有非金融企业归并在一起,就形成非金融企业部门。

(二) 金融机构与金融机构部门

金融机构是指主要从事金融中介以及与金融中介密切相关的辅助金融活动的常住单位,主要包括中央银行、商业银行和政策性银行、非银行信贷机构和保险公司。所有金融机构归并在一起,就形成金融机构部门。

(三) 政府单位与政府部门

政府单位是指在我国境内通过政治程序建立的,在特定区域内对其他机构单位拥有立法、司法和行政权的法律实体及其附属单位。政府单位的主要职能是利用征税和其他方式获得的资金向社会和公众提供公共服务,通过转移支付,对社会收入和财产进行再分配,主要包括各种行政单位和事业单位。所有政府单位归并在一起,就形成政府部门。

(四) 住户与住户部门

住户是指共享同一生活设施、部分或全部收入和财产集中使用、共同消费住房/食品和其他消费品与消费服务的常住个人或个人群体。所有住户归并在一起,就形成住户部门。

(五) 非常住单位与国外部门

所有不具有常住性的机构单位都是非常住单位。将所有与我国常住单位发生交易的非常住单位归并在一起,就形成国外部门。

根据需要,以上 5 个部门可进一步细分为若干子部门。

机构部门分类主要用于资金流量核算和资产负债核算。通过机构部门分类数据,可以反映各机构部门的收入与分配、金融交易和资产负债,以及各机构部门之间的相互关系。

四、产品部门分类

产品部门分类的对象是产品。不同性质的产品归入不同的产品部门。产品的性质主要取决于经济用途、原材料和工艺技术。产品部门分类,就是按经济用途、原材料和工艺技术的同质性,对产品所做的部门分类。

产品部门分类主要用于投入产出核算。在编制投入产出表和进行投入产出分析时,有两个基本要求:(1) 同一部门内的产品在用途上可以互相代替,而不同部门的产品一般不能互相代替;(2) 根据投入产出表上的数据计算的物质消耗系数能准确反映产品之间的经济技术联系。因此,在投入产出核算的部门分类数据中,各个部门包含的产品必须是同质的或"纯粹"的。而在产业部门分类中的各个产业活动单位或机构部门分类中的各个机构单位,都可能生产几种产品,从而每个产业部门或机构部门的数据中就混合了几种性质不同的产品。就产品是"混合"还是"纯粹"而言,产业部门和机构部门属于"混部门",而产品部门属于"纯部门"。

本章小结

1. 国民经济可以从结构和运行过程两方面来理解

从结构上看,国民经济是指社会物质生产和非物质生产各部门的总和,它由一个国家或地区的各行各业的有经济利益中心的各单位构成,基本构成细胞是各个企业、事业、行政单位以及居民住户。

从运行过程来看,国民经济的运行经过两种运动:实物运动与价值运动。一定时期的国民经济运行过程以一定的经济存量为基础,又以一定的经济存量为结果,后者又构成下一时期国民经济运行过程的基础。

开展国民经济核算所遵循的方法制度及其成果——统计信息系统,统称国民经济核算体系,内容包括:国民生产核算、国民收入分配核算、国民收入使用核算、资金流量核算、国际收支核算、价格核算,以及人力资源、自然环境和环境保护核算。

2. 国民经济核算是国民收入统计的演化结果

国民收入统计的产生可追溯到1665年英国经济学家威廉·配第对当时英国国民收入的估算工作。联合国1947年公布的《国民收入的计量和社会核算表的编制》和1953年公布的《国民核算表及补充表体系》,是以国民收入生产、分配和使用过程为基础来描述国民经济运行的国民经济核算体系成熟发展的重要标志。1993年联合国第27届统计委员会会议通过了关于SNA的修改方案,在总结各国SNA实践和应用的基础上,进一步改进和完善了国民经济核算体系。

物质产品平衡表体系源于苏联。1926年公布的"苏联1923~1924年国民经济平衡表",采取棋盘式的表达方式,与里昂惕夫的投入产出表有着很密切的联系,以后逐步形成平衡表体系,于1957年全面推行,并向原经互会国家推广。由于物质产品平衡表体系的先天不足、苏联解体以及东欧国家转型等原因,1993年联合国第27届统计委员会全体会议通过决议,确定取消该核算体系,统一采用国民经济核算体系。

3. 我国实行的国民经济核算体系

1949年以后,我国实行的是计划经济条件下的物质产品平衡表体系,十一届三中全会后逐步实行国民经济核算体系。

中国国民经济核算体系由基本核算表、国民经济账户和附属表三部分构成。基本核算表包括国内生产总值表、投入产出表、资金流量表、国际收支表和资产负债表;国民经济账户包括经济总体账户、国内机构部门账户和国外部门账户;附属表包括自然资源实物量核算表和人口资源与人力资本实物量核算表。

4. 国民经济核算体系的基本原理

国民经济核算体系的内容及其指标、核算模式和分析方法等都取决于社会再生产的基本原理,是国民经济核算体系中指标体系、核算模式和数量分析方法等的理论依据。

国民经济核算的基本概念有:常住单位、流量和存量。

国民经济核算体系的主要方法有:国民经济核算账户、矩阵方法、方程式方法和图解法。

国民经济核算的基本分类标志：经济活动性质、产品经济用途、产业等。

思考与练习

1. 试述国民经济核算体系的含义。
2. 简述国民经济核算体系的形成与发展过程。
3. 国民经济核算体系的主要内容有哪些？
4. 国民经济核算体系的主要方法有哪些？
5. 试述国民经济产业部门分类的依据、内容以及作用。
6. 试述国民经济机构部门分类的依据、内容以及作用。
7. 试述国民经济产品部门分类的依据和作用。

第二章
生 产 核 算

学习目标

1. 了解生产和生产核算的基本概念;
2. 掌握国内生产总值及其相关总量核算的基本原理与方法;
3. 理解生产账户的主要内容与基本结构。

社会再生产是一个从生产经分配、交换到消费的循环往复、连续不断的过程。其中,生产是起点,是基础。国民经济核算从生产核算开始。生产核算包括生产总量核算和生产结构核算。本章阐述生产核算的基本概念、国内生产总值及其相关总量核算的基本原理与方法,以及生产账户的主要内容与基本结构。

第一节 生产和生产核算的基本概念

一、生产的概念和生产核算的范围

生产,是一个耳熟能详的词语。农民种植粮食是农业生产活动,钢铁厂炼钢是工业生产活动,运输公司跑运输是运输服务生产活动……将这些经验上升为一个理论性的定义,生产是指利用投入获得产出的过程。但是,要在国民经济核算中实现生产的计量,还需要对生产概念进行具体定义,并要具体确定生产核算范围。由于国民经济从生产到分配,再到消费、投资,是一个循环过程,生产的结果构成了收入分配以及消费、投资的对象,因此,关于生产概念的定义和核算范围的确定,不仅关系到生产的计量,而且在很大程度上限定了整个国民经济核算的范围,不仅是生产核算的基本问题,而且是国民经济核算的基本问题。

(一) 经济生产的定义

国民经济核算所讨论的生产是指经济生产。经济生产就是在机构单位控制和负责下,利用劳动、资本、货物和服务作为投入以生产货物或服务的活动。因此,必须有一个机构单位对生产过程负责任,并拥有作为产出的货物或知识载体产品,或者有权因其提供变化促成服务或增值服务而得到付款或其他补偿。没有人类参与或管理的纯自然过程不是经济意义上的生产。例如,国际水域中鱼类资源的自然生长不是生产,而渔业养殖活动则是生产。

尽管货物的生产过程不难确认,但是要把服务生产与其他重要而有益的活动区分开来却并非总是那么容易。经济意义上的非生产性活动包括吃饭、喝水、睡觉、锻炼等基本的人类活动,这些个人的基本活动无法由他人代替进行,付钱雇他人进行锻炼不能使自己身体健康。另外,洗衣、做饭、照看儿童、看护病人、照顾老人等活动都可以由其他单位提供,因此在一般生产范围内,许多住户雇用付酬家政人员为他们提供这些服务。

综上可以看出,经济生产所覆盖的范围是比较宽泛的,无论是物品的生产,还是服务的提供,都属于生产活动。这就是经济学中的综合生产观概念。

(二) 生产核算的范围

国民经济核算体系的生产或者说统计口径的生产是以经济学的生产为基础的,只有划定为经济学的生产活动,才有可能成为国民经济核算体系的生产,不是经济学的生产不可能构成国民经济核算体系的生产,这是最基本的前提。理论上,国民经济核算体系的生产范围应该与经济生产的范围一致。事实上,受核算目的和核算手段的影响,并不是所有符合上述经济生产一般定义的生产活动都能够包括在核算范围内。因此,国民经济核算体系的生产范围要比经济意义的生产范围窄。从这个角度上看,国民经济核算体系关于生产范围的界定其实是一种妥协。

按照一般定义,经济生产是指其产出可以提供给他人使用的活动。在一个市场经济体系中,将产出提供给其他单位使用,最典型的方式是通过市场销售,这样的生产就是市场化生产。但是,整个经济的生产不仅仅限于市场化生产,理由有二:第一,提供给其他单位使用还有其他方式,比如有些生产者可能免费或以无经济意义的价格向使用者提供产出,政府及非营利机构的生产常常属于这种方式;第二,还存在生产者自产自用的情况,产出没有提供给其他部门,比如企业自己制造生产用设备,农民生产供自己消费的粮食。这些统称为非市场化生产,其中后者是为自己最终使用的生产,前者是其他非市场化生产。

如果我们无视非市场化生产,国民经济核算就无法全面度量国民经济生产总量,但是,毕竟国民经济核算是针对市场经济而设定的核算体系,宏观管理的目标主要是市场经济活动,至少是与市场具有联系的活动。因此,生产核算是一个折中的结果:(1) 所有货物的生产,包括市场化生产和非市场化生产,都在核算范围之内;(2) 服务的生产,包括市场化生产和非市场化这两种方式下的生产,除了住户自有住房服务外,基本上不包括为自己最终使用的服务。其中排除在外的主要是发生在住户内部的、由家庭成员完成的家务活动,即住户内部自给性服务生产。

二、生产核算的时空边界

生产活动是分区域、分时期进行的,如何确定这一时空边界是另一个重要问题。

(一) 生产核算的空间界定

生产核算的基本统计单位可以是基层单位及机构单位,但并不是所有的基层单位及机构单位都在本国生产核算的统计范围内,只有一国的常住单位才被统计。也就是说,统计单位只有具备常住性,才是国内单位,才成为生产核算的统计单位。

(二) 生产核算的时间界定

时间界定是指所核算的生产活动的起止时间。生产核算是一个流量核算,一般而言,最常见的是年度核算,通常以自然年份为起止点。当然,为了更好地服务于宏观管理,季度核算、月度核算也非常重要,此时生产核算的核算期间就小得多了。

在核算过程中,还有一个生产成果在什么时间被记录的问题。按照权责发生制的要求,生产核算要在经济价值创造、转换、交换、转移或消失时记录经济流量。这个原则对于一个连续的、跨越多个核算期的生产过程非常重要。在这个原则下,产品按其制造时间进行统计,而不论其是否销售出去、是否收到货款。同样,根据这一原则,在某一时期生产核算的对象不仅包括当期完成的产品,而且应该包括半成品和在制品中的当期生产完成情况。

第二节 国内生产总值核算

一、国内生产总值的概念

国内生产总值(Gross Domestic Products,GDP)是国民经济核算体系的核心指标。它是指以货币形式表现的一个国家(或地区)所有常住单位在一定时期内生产活动的最终成果。经济领土是指由一国政府控制或拥有的地理领土,也就是在本国的地理范围基础上,还应包括该国驻外使领馆、科研站和援助机构等,并相应地扣除外国驻本国的上述机构(国际机构不属于任何国家的常住单位,但其雇员则属于所在国家的常住居民)。经济利益中心是指某一单位或个人在一国经济领土内拥有一定活动场所,从事一定生产和消费活动,并持续经营或居住1年以上的单位或个人。一个机构或个人只能有一个经济利益中心。一般就机构(单位)而言,不论其资产和管理归属哪个国家控制,只要符合上述标准,该机构在所在国就具有了经济利益中心。就个人而言,不论其国籍属于哪个国家,只要符合上述标准,该居民在所在国就具有经济利益中心。因为常住单位的概念严格地规定了一个国家的经济主体范围,所以其对于确定国内生产总值的计算口径,明确国内与国外的核算界限以及各种交易量的范围都具有重要意义。[①]

国内生产总值核算是指在一个完整的理论框架下围绕国内生产总值而进行的一系列核算活动。国内生产总值核算从核算时间上可以分为年度核算和季度核算。从核算使用的价格上可以分为现价核算和不变价核算。

二、国内生产总值指标的作用

国内生产总值指标的作用具体体现在以下五个方面:

第一,国内生产总值指标能综合反映国民经济活动的总量,表明国民经济发展全貌,特别是能反映第三产业活动状况。

第二,国内生产总值指标是衡量国民经济发展规模、速度的基本指标。

第三,国内生产总值指标是分析经济结构和宏观经济效益的基础数据。

---

① 陈允明:《国民经济统计概论》(第2版),中国人民大学出版社2000年版,第319页。

第四，国内生产总值指标有利于分析研究社会最终产品（包括劳务）的生产、分配和最终使用情况，能较全面地反映国家、集体和个人三者之间的分配关系。

第五，国内生产总值指标有利于进行国际对比。

三、国内生产总值的计算方法

国内生产总值有三种表现形态，即价值形态、收入形态和产品形态。从价值形态看，它是所有常住单位在一定时期内生产的全部货物和服务的价值超过同期投入的全部非固定资产货物和服务价值的差额；从收入形态看，它是所有常住单位在一定时期内创造并分配给常住单位和非常住单位的初次分配收入之和；从产品形态看，它等于最终使用的货物和服务减去进口的货物和服务。

计算国内生产总值的方法有三种：生产法、收入法和支出法[①]。

生产法和收入法须先计算全社会各个常住单位的增加值，然后把全社会所有常住单位的增加值加总求和，即得国内生产总值，计算公式为：

$$国内生产总值 = 全社会所有常住单位增加值的总和$$

支出法是从全社会的角度计算常住单位最终使用货物和服务价值的方法，所以可直接核算国内生产总值。

（一）生产法

生产法是从生产的角度衡量常住单位在核算期内新创造价值的一种计算方法，即从生产的全部货物和服务总产品的价值中扣除生产过程中投入的中间产品的价值，计算公式为：

$$增加值 = 总产出 - 中间投入（中间消耗）$$

生产法核算消除了生产各环节之间的重复计算，从全社会角度看，不同产业部门增加值加总的结果是社会最终产品。产业部门增加值反映一个产业部门在国民经济中的地位和本部门对国民经济的贡献。

（二）收入法

收入法也称分配法，是从生产过程创造收入的角度，根据生产要素在生产过程中应得的收入份额反映最终成果的一种计算方法。按照这种计算方法，增加值由劳动者报酬、生产税净额、固定资本消耗和营业盈余四部分组成，计算公式为：

$$增加值 = 劳动者报酬 + 生产税净额 + 固定资本消耗 + 营业盈余$$

收入法反映了增加值的价值构成。其中，劳动者报酬是雇员对生产单位提供劳动获得的工资和各种形式的报酬，固定资本消耗是生产中使用的房屋和机器设备等固定资产在核算期内磨损的价值，生产税净额是企业因从事生产活动向政府支付的税金（不包括所得税）与政府对企业的政策性亏损补贴的差额，营业盈余主要是企业从事经营活动所获得的经营利润。

（三）支出法

支出法是从常住单位对货物和服务最终使用的角度，也就是从最终需求的角度来计算国

[①] 国家统计局网页，http://www.stats.gov.cn/tjdt/gmjjhs/t20030527_80234.htm；统计动态，中国国民经济核算体系（2002）。

内生产总值的一种方法。常住单位用于国内最终使用的货物和服务,包括常住单位生产的国内生产总值减去出口,加上从国外进口的所有货物和服务。这些货物和服务在最终使用中,一部分被用于满足常住居民个人的生活需要和公共需要,形成最终消费,另一部分被用于常住单位的积累,形成资本形成总额,因此有以下等式关系:

$$国内生产总值-出口+进口=最终消费+资本形成总额$$

上式可以转换为:

$$国内生产总值=最终消费+资本形成总额+(出口-进口)$$

也就是说,支出法下国内生产总值由最终消费、资本形成总额和出口减进口的差额三个部分组成。最终消费反映消费需求;资本形成总额反映投资需求;出口减进口的差额又称净出口,反映货物和服务的贸易顺差或逆差产生的国外需求。

支出法从国民经济整体的角度反映核算期内一个国家最终需求的总规模和结构,最终消费和资本形成总额反映了国内的消费需求和投资需求,货物和服务净出口是国外对我国货物和服务的需求。

以上三种方法计算出的国内生产总值,从理论上讲应当相等,称为"三面等值";但是,由于资料来源不同,实际上三种结果往往会存在差异,这种差异属统计误差,在可接受的范围内允许存在。

【例2-1】设某地区某年的有关资料如表2-1所示[①]。

表2-1　　　　　　　　某地区某年国民经济资料表　　　　　　　　单位:亿元

生　　产		使　　用	
总产出	28 229.3	居民消费	6 537.3
中间消耗	15 662.9	政府消费	1 463.0
固定资本消耗	1 322.2	固定资产形成总额	4 183.3
劳动者报酬	6 476.8	库存增加	627.0
生产税	1 560.8	出口	1 728.1
补贴	689.7	进口	1 972.3
营业盈余	3 886.3		

试根据上述资料,用三种方法计算国内生产总值。

(1) 生产法

国内生产总值=总产出-中间消耗
　　　　　　=28 229.3-15 662.9
　　　　　　=12 566.4(亿元)

(2) 收入法

国内生产总值=固定资本消耗+劳动者报酬+生产税净额+营业盈余
　　　　　　=1 332.2+6 476.8+(1 560.8-689.7)+3 886.3
　　　　　　=12 566.4(亿元)

[①] 陈允明:《国民经济统计概论》(第2版),中国人民大学出版社2000年版,第321～322页。

(3) 支出法

国内生产总值＝总消费＋总投资＋净出口
　　　　　　＝(6 537.3＋1 463)＋(4 183.3＋627)＋(1 728.1－1 972.3)
　　　　　　＝12 566.4(亿元)

四、国内生产总值核算的记录时间和估价原则[①]

国内生产总值核算以权责发生制原则作为货物和服务记录时间的依据。以市场价格对货物和服务进行估价，在没有市场交易的情况下，按类似货物和服务的市场价格或生产过程中发生的费用估价。每笔交易都要在交易双方按相同的时间和价值记录、估价。

(一) 产出、中间投入和增加值的记录时间和估价

产出在货物和服务于生产过程中出现的时间记录，按照当时市场上通行的生产者价格估价，生产周期超过一个核算期的产品的生产，其产出应视作不断生产的在制品，每一个核算期都应该记录当期生产的在制品的价值，而不是在产品的整个生产活动完成时一次性记录。在制品的估价可以是当期的生产成本，也可以在当期生产成本的基础上加上与该在制品对应的预期的营业盈余。

中间投入在货物和服务实际进入生产过程的时间记录，按当时市场上通行的购买者价格估价。

增加值的构成项目的记录时间和估价原则与产出和中间投入的记录时间和估价原则一致。例如，生产税应该按照与当期的产出相对应的应缴生产税而不是实缴生产税记录。

(二) 最终使用的货物和服务的记录时间

货物的最终使用在货物的所有权发生变更时记录，按照当时实际发生或通行的购买者价格估价。货物的购买者价格既包括货物本身的价值，也包括购买者支付的运输费和交通费。服务的最终消费在服务提供的时间记录；居民消费按市场价格计算，即按居民实际支付的购买者价格计算；政府消费按照服务提供过程中发生的成本估价。居民的虚拟消费支出按照同类产品的市场价格或者成本价格估价。固定资产在其所有权变更时记录，按照当时的市场价格估价。存货按照当时的市场价格或成本价格估价。原则上，入库货物的价值按入库发生时的市场价格估价，出库货物的价值按出库发生时的市场价格估价。

五、现行价格核算的国内生产总值[②]

按现行价格(即现价)计算国内生产总值，就是按核算期通行的市场价格计算国内生产总值。从时间序列的变动看，现价国内生产总值中包含了价格变动因素的影响，因此，它又称名义国内生产总值。现价国内生产总值根据生产法、收入法和支出法计算的公式分别为：

(生产法或收入法)国内生产总值＝全社会所有常住单位增加值的总和

---

① 国家统计局网页，http：//www.stats.gov.cn/tjdt/gmjjhs/t20030527_80234.htm：统计动态，中国国民经济核算体系(2002)。
② 同注释①。

其中：

(生产法)常住单位增加值 = 常住单位(总产出 — 中间投入)
(收入法)常住单位增加值 = 劳动者报酬 + 生产税净额 + 固定资本消耗 + 营业盈余
(支出法)国内生产总值 = 最终消费 + 资本形成总额 + (出口 — 进口)

采用这三种方法核算时需要用到以下统计指标：

(一) 总产出

总产出是指常住单位从事生产活动产生的货物和服务的总价值。货物和服务的总价值既包括新创造的价值，又包括转移价值。它反映常住单位生产成果的总规模。

总产出一般按生产者价格计算。生产者价格，是生产者就其生产的每单位货物或服务产出从购买者那里所获得的、扣除了向购买者开列的所有增值税或类似可抵扣税后的金额。它不包括生产者在发票上单列的任何运输费用。[①]

1. 总产出的计算方法

(1) 通过产品产量和单位价格进行计算，公式为：

$$总产出 = 产品产量 \times 单位价格$$

这种方法的应用前提是必须掌握各种产品的产量及其单价。目前我国农、林、牧、渔业和工业常采用这种方法。

(2) 根据货物和服务的销售收入及存货变动的价值进行计算，公式为：

$$总产出 = 销售收入 + 存货增加$$

式中，销售收入既包括生产单位销售货物和服务的应收货币收入，又包括通过易货贸易的方式，用本单位生产的货物和服务交换而来的其他单位的货物和服务的价值，还包括把本单位生产的货物和服务直接支付给雇员的实物报酬；存货增加不包括由于价格变化带来的持有收益，它不同于会计上的存货增加。

这种方法根据会计资料进行计算，只要能搜集到生产单位的有关会计资料，就可以使用。目前我国大多数服务业采用这种方法。

由于服务业的生产和销售同时进行，没有存货增加，因此，它们的总产出等于销售收入或营业收入。

根据生产活动的特殊性，少数产业部门采用一些特定的计算方法，如批发零售业的"毛利额"计算方法、金融业的"间接"计算方法、政府部门的"经常性支出"计算方法等。

2. 主要产业部门总产出的计算方法

(1) 农、林、牧、渔业总产出

农、林、牧、渔业总产出采用产品法进行计算。其中，农业总产出包括种植业产出和野生植物采集等其他农业产出；林业总产出包括人工造林产出、林果产品产出和竹木采伐产出；牧业总产出包括牲畜饲养产出、家禽饲养产出、活的禽畜产品产出、捕猎野兽野禽产出和其他动物饲养产出；渔业总产出包括海水产品产出和淡水产品产出。需要注意的是，按实际收获的产品计算总产出会在一定程度上扭曲核算期真实的产出价值。因为农、林、牧、渔业产品的生长期

[①] SNA2008，6.51.

一般较长,有些产品的生产过程往往要跨越1年或更长的时间,生产的投入期和收获期处在不同的季节,导致年度或季度核算中同一核算期内的投入与产出不匹配,这种现象对于核算期较短的季度核算影响更大。对于1年生的农作物,其大部分成本发生在播种的时候和收获的时候。在计算年内不同时期(分月或分季)的产出时,需要将农作物的价值在1年内分摊,并作为在制品处理。农作物的最终价值通常不等于年内早些时候估计的价值和收获前对农作物的估计价值。在这种情况下,需要对先前的估值进行修正,以反映实际结果。农作物收获后,在制品的累计价值就转化为制成品的存货,然后,随着生产者的使用、出售或虫害损失等逐渐被消耗掉。

对于多年生的植物和动物,需要将其价值的增加反映在各核算期的产出中,并根据该植物或动物是否能够重复生产来决定是将所增加的价值作为固定资本还是作为存货。植物或动物一旦成熟,其价值就会下降,下降的价值应记录为固定资本消耗。[①]

(2) 工业总产出

工业总产出是生产单位从事自然资源开采、产品制造以及电力、燃气和水的生产和供应活动生产的货物和服务的总价值。工业总产出一般采用"工厂法"计算,也就是把每一个工业企业作为整体,对企业从事工业生产活动的最终成果进行计算,同一企业内部不同车间相互之间提供的中间产品不允许重复计算。例如,纺织厂用棉花纺纱,然后织成布对外出售,按照工厂法核算原则,该纺织厂的总产出只核算棉布的产出价值,而不单独核算棉纱的产出价值。

工业总产出包括产成品价值、工业性作业价值、自制半成品和在制品期末减期初差额的价值。产成品价值等于实际产量乘以单位产品出厂价格,出厂价格就是生产者价格;工业性作业价值按加工费计算,不包括被修理、加工产品的价值,但包括在工业性作业过程中消耗的材料和零件的价值;自制半成品和在制品期末减期初差额按实际成本计算。

(3) 建筑业总产出

建筑业总产出是建筑安装企业和自营建设单位完成的建筑工程、安装工程以及从事装饰装修活动和建筑物修理活动的价值。

由于建筑业具有生产企业不断流动、建筑产品不可移动的特点,建筑业总产出既可以像其他行业一样从企业的角度来计算,也可以直接从建筑产品的角度来计算。

从企业的角度计算,是以建筑安装企业为基本统计单位来计算每一个企业的建筑业活动成果。从建筑产品的角度计算,是直接从核算期完成的建筑产品入手计算建筑业总产出,而不管它们究竟是由哪些建筑安装企业完成的。

从建筑产品的角度计算的总产出主要由生产单位完成的建筑安装工程的价值构成,包括建筑工程产出、机械设备安装工程产出、房屋构筑物修理产出、装修装饰业产出和非标准件制造产出。

按照国民经济核算的原则,企业在异地开展的生产周期为1年以上的建筑活动应纳入建筑活动所在地的生产中,而不属于本地的生产。由于建筑安装企业跨国家、跨地区开展建筑业活动的现象比较普遍,在地区核算中,如果从企业的角度计算总产出,不仅需要扣除本地企业在外地的产出,而且需要加上外地企业在本地的产出,处理起来比较复杂,因此,从建筑产品的角度计算总产出显得更加可行。

---

① 蒋萍、徐强、杨仲山:《国民经济核算初级教程》,中国统计出版社2014年版,第137页。

(4) 交通运输仓储和邮政业总产出

交通运输是通过各种运输工具和方式把货物和旅客由一个地方运送到另一个地方，实现运送对象空间转移的服务活动。相同货物在不同地点的品质是不同的，不同品质的货物可视为不同的产品，所以，将货物从一个地方运输到另一个地方视为生产过程。例如，黑龙江出产的大米在产地黑龙江与在销售地浙江视为不同品种的大米，从黑龙江运输到浙江视为在浙江销售大米的生产过程。运输业的产出按运送货物或旅客的应收额计算。运输服务量可以用吨千米等指标衡量。其总产出是铁路、公路、水运、航空、管道等运输及其辅助活动的营运收入。其中，铁路运输总产出主要包括客运票价收入、货运收入、行包收入、邮运收入、铁路建设基金收入、保价运输收入及其他收入等；公路运输总产出包括货物运输收入和旅客运输收入；水上运输总产出包括运输收入、装卸收入、堆存收入及外轮代理收入等；航空运输总产出包括运输收入、通用航空收入及地面服务收入等；管道运输总产出等于管道运输收入；仓储是对货物进行储存和保管，使货物的性能得以延续而进行的服务活动，其总产出是货物由于储存而增加的价值或仓储企业的营业收入；邮政是寄送信函、包裹等邮件的服务活动，总产出是邮政企业的业务收入。

(5) 批发和零售业总产出

由于批发和零售商为销售而购买商品，通过提供流通服务来实现商品的使用价值，因此批发和零售业总产出不是销售商品的全部收入，而是购销活动中提供服务的所得，是商业毛利总额，即商品销售收入减去相应的购进成本的差额。

(6) 金融业总产出

金融业总产出是银行、证券和保险等金融机构提供融资及其辅助服务和保险服务所获得的收入，计算公式分别为：

银行、证券业总产出 = 虚拟服务收入 + 实际收费服务收入
= 利息收入 − 利息支出 + 金融机构往来收支差 + 手续费收入 + 证券发行收入 + 自营证券差价收入 + 买入返售证券收入 + 租赁收益 + 汇兑收益 + 投资收益 − 自营证券跌价损失 − 卖出回购证券支出

保险服务总产出 = 保险业务收入 − 赔款支出 − 退保金及各种给付 − 分保费支出 − 分保赔款及费用支出 − 准备金提转差 + 利息收支差 + 汇兑收益 + 投资收益

(7) 房地产业总产出

房地产业总产出是指从事房地产开发经营、物业管理、房地产中介服务和居民自有住房服务活动的产出。其中，房地产开发经营业总产出是房地产企业经营房屋买卖交易的差价收入和从事房地产租赁活动获得的租金收入；物业管理总产出等于物业管理部门提供房屋维修和管理服务的经营收入；房地产中介服务总产出是中介部门从事房地产经纪与代理中介活动取得的收入；居民自有住房服务被看作拥有自有住房的居民为自己提供住房服务，原则上，居民自有住房服务产出按市场上同类房屋的租金计算虚拟租金，如果没有合适的房租可以参考，则应按房屋的维护修理成本和房屋折旧等支出计算。

(8) 其他服务业总产出

这是指除上述产业外的其他服务业，按照其服务产出是否进入市场分为市场性服务总产出和非市场性服务总产出。其中，市场性服务总产出等于生产单位实现的营业收入；非市场性服务总产出按生产成本计算，等于生产单位经常性业务支出加虚拟折旧，没有营业盈余。

（二）中间投入

中间投入也称中间消耗，是指生产单位在生产过程中消耗和使用的货物和服务的价值，但不包括生产过程中投入的固定资产和购买的珍贵物品的价值。这些货物或服务在生产过程中或被改变形态，或被耗尽。有些投入在改变实物形态融入产品后又重新出现，例如，谷物可以被碾成面粉，随后面粉可以做成面包。其他投入则被完全消耗或用尽，例如，电力和大部分服务。中间投入反映用于生产过程中货物和服务的转移价值，这些货物和服务的价值一般按购买者价格计算。在计算各产业部门的中间投入时应该注意以下几点：

第一，用于中间投入的货物和服务应该在它们实际进入生产过程的时候记录，而不是在买时记录。

第二，要注意中间投入和劳动者报酬之间的区别。雇员在生产过程中为了完成工作而必须使用的货物和服务，应作为中间消耗。例如：

（1）专门或主要在工作中使用的工具或设备。

（2）普通消费者一般不会选购或穿戴的、专门或主要在工作中穿着的衣物或鞋类，如防护服、工作服或制服。

（3）雇员家人不能使用的、在工作场所提供的住宿服务，如军营、舱位、集体宿舍、棚屋等。

（4）特殊工作条件下所必需的专用膳食或饮料，向现役军人和其他正在执行公务的人员提供的膳食或饮料。

（5）对因公出差的雇员提供的交通和住宿服务以及伙食补助。

（6）因工作性质所需的更衣设施、厕所、淋浴、浴缸等。

（7）因工作性质所需的急救设施、医疗检查或其他健康检查。如果雇员可以在自己支配的时间里自主地使用它们，那这些货物和服务就被看作实物报酬，而不是中间投入。例如，食品厂为职工发放的食品、工作时间以外使用的车辆、普通住房服务等。

第三，生产单位对生产设备进行定期的保养和修理的支出是中间投入；但对固定资产进行重大更新和改造的支出则不是中间投入，而是固定资本形成。

第四，中间投入不包括企业用于贵重物品的支出，这些贵重物品包括艺术品、贵金属和宝石以及由其加工而成的时尚珠宝。贵重物品是作为价值贮藏而获取的资产，不会在生产中被消耗，在物理上也不随着时间而发生退化。贵重物品支出记录在资本账户中。中间消耗也不包括企业所拥有固定资产逐渐磨损而引起的成本：核算期内固定资产价值的下降额被记录为固定资本消耗。但是，无论是通过经营租赁从其他单位租借的设备或厂房，还是上述许可协议中应付的服务费、佣金和版税等，都包括在中间投入内。[①]

（三）增加值

总产出减去中间投入的差额是生产法增加值，它反映一定时期内生产单位通过生产活动新创造的价值和固定资产的转移价值。各产业部门生产法增加值加总就是生产法国内生产总值，用公式表示为：

（生产法）国内生产总值＝各产业部门生产法增加值之和

[①] SNA2008，6.214.

产业部门增加值的基本计算方法如下:
(1) 农、林、牧、渔业增加值等于农、林、牧、渔业总产出减去农、林、牧、渔业中间投入。
(2) 工业增加值等于工业总产出减去工业中间投入。
(3) 建筑业增加值等于建筑业总产出乘以建筑业增加值率。采用这种方法的原因是：建筑业无法得到中间投入的详细资料，不能直接按生产法公式计算。建筑业增加值一般根据增加值率进行推算，增加率是指利用有关调查资料所确定的增加值占总产出的比重。其计算公式为：

$$建筑业增加值 = 总产出 \times 增加值率$$

式中，总产出等于企业完成的房屋构筑物修理产值、非标准件制造产值和装修装饰业产值。

据此，反过来可以推算出以下公式：

$$建筑业中间投入 = 建筑业总产出 - 建筑业增加值$$

(4) 交通运输仓储和邮政业增加值等于交通运输仓储和邮政业总产出减去交通运输仓储和邮政业中间投入。

(5) 批发和零售业增加值、房地产业增加值和其他服务业增加值，由于其经营业务过程具有与建筑业相同的特点，因此其增加值也分别通过各自总产出乘以各自相应的增加值率计算。它们的中间投入也采用与建筑业相同的推算方法，分别等于各自总产出减去各自相应的增加值。

(6) 金融业增加值等于金融业总产出减去金融业中间投入。

(四) 劳动者报酬

劳动者报酬是指劳动者从事生产活动应该得到的全部报酬，包括货币形式的工薪收入、非货币形式的实物报酬以及生产单位为劳动者支付的社会福利缴款三部分。

货币形式的工薪收入是指现金或类似现金形式的工资、奖金、津贴和其他劳务收入。

实物报酬是生产单位提供的、劳动者可以在自己的时间里享用的货物和服务的价值，如发放的实物商品、公费医疗和医药卫生费、上下班交通服务等。实物报酬不仅是指实物产品形式的报酬，而且包括不直接以现金形式提供的所有非货币形式的报酬。

生产单位为劳动者支付的社会福利缴款是为了保障劳动者未来的福利水平，生产单位替劳动者在当期所做的各种支付，包括劳动保险、失业保险、社会保险费等。

计算劳动者报酬时，需要注意以下几个问题：

第一，生产者个人没有明确的工资标准，劳动报酬和经营利润混在一起，不易区分，因此，通常把劳动报酬和经营利润合在一起的混合收入全部作为劳动者报酬处理。

第二，要正确把握实物报酬与中间投入的界限。如果生产单位向劳动者免费或低价提供的货物或服务，可以按照劳动者的意愿，在他们可以支配的时间里使用，并可改善和提高他们的实际生活水平，那么，这部分货物或服务就属于实物报酬。免费提供的价值等于货物或服务的全价；低于市场价格提供的实物，其价值按差价计算。如果生产单位为了生产能够正常进行，为劳动者购买的货物或提供的服务，如特殊工种所需的服装或鞋帽，或因公出差的运输和旅馆服务费用等，只能在工作时间使用，属于中间投入。

第三，劳动者报酬与会计上的应付工资不同，它比应付工资的内涵更广泛。以会计核算科目来说,劳动者报酬除了应付工资外,还包括应付福利费(不含职工困难补助)、管理费用中的劳动保险等社会福利缴款、管理费用中的住房公积金以及以实物商品形式发放的工资。就劳动者的范围来说,劳动者报酬不仅包括在职劳动者的报酬,而且包括离退休人员的工资。

(五) 生产税净额

生产税净额是指生产税减去生产补贴的剩余差额。

生产税是生产单位在生产、销售、转移或以其他方式处理货物和服务时应缴纳的产品税,以及因从事生产活动拥有和使用固定资产、土地和劳动力等生产要素应缴纳的其他生产税,具体包括增值税、消费税、烟酒专卖上缴政府的专项收入、进口税、固定资产使用税、车船使用税、印花税、排污费、教育费附加和水电费附加等。

生产补贴与生产税相反,是政府为了影响生产单位的生产水平和产品价格水平,对生产单位做出的无偿转移支出。它通常被看作负生产税,包括政策性亏损补贴等,不包括政府对生产单位固定资产投资的补助,也不包括对消费者的转移支付。

计算各产业部门生产税净额时,需要注意与计算总产出时使用的估价原则保持一致,即各个产业部门的生产税中包括应交增值税,而批发零售业的生产税中包括进口税。

(六) 固定资本消耗

固定资本消耗是指在核算期内由于自然退化、正常淘汰或正常事故损坏而导致的、生产者拥有和使用的固定资产存量现期价值的下降。通常用"折旧"一词代替固定资本消耗,但在国民经济核算体系中不应这样替换,因为商业会计中的折旧通常用于历史成本的核销,而国民经济核算体系中的固定资本消耗则取决于资产的现期价值。[1] 为了更好地理解固定资本消耗,应注意以下几点:

第一,固定资本消耗是针对生产者所拥有的全部固定资产计算的,但不针对贵重物品(贵金属、宝石等)计算,因为,生产者之所以获取这些贵重物品,是因为它们的实际价值不会随时间推移而降低。固定资产肯定是在国民经济核算体系所定义的生产过程中作为产出而生产出来的,因此,固定资本消耗中不包括自然资产(如土地、矿物或其他矿藏、煤炭、石油或天然气)或者合约、租约和许可等的耗减或退化。[2]

第二,资产价值不仅可能因为自然退化而下降,而且可能因为技术进步和新替代品的出现导致对其服务需求减少而下降。实践中,包括公路和铁路轨道在内的许多构筑物会由于遭淘汰而被废弃或拆毁。即使诸如道路、桥梁、水坝之类的建筑物,其预计使用年限可能很长,但也不能认为是无限的。因此,所有类型的建筑物(包括由政府单位拥有和维护的)以及机器和设备都需要计算资本消耗。[3]

第三,由正常或预料之内的意外损坏所导致的固定资产损失,也就是说,由于火灾、风暴和人为失误等致使生产中所使用的固定资产发生的损坏,也应包含在固定资本消耗中。如果这些事故的发生有一定的规律性,则在计算该固定资产的平均使用年限时就应该将其考虑在内。[4]

---

[1] SNA2008,6.240.
[2] SNA2008,6.241.
[3] SNA2008,6.242.
[4] SNA2008,6.243.

第四,固定资本消耗不包括战争或严重自然灾害造成的损失。战争或严重自然灾害,如大地震、火山爆发、潮汐等,不包括在固定资本消耗中,因为这些损失是偶然发生的,不可预知的。这些损失不能作为生产成本列入生产账户,由此形成的损失应计入资产物量其他变化账户中。

上述定义的固定资本消耗计算比较复杂,不具有可操作性,因此在实际中,一般按照核定的固定资产折旧率提取固定资产折旧,或按国民经济核算统一规定的折旧率虚拟计算固定资产折旧,如政府机关、非企业化管理的事业单位和居民住房则按照统一规定的折旧率和固定资产原值计算虚拟折旧。这样提取的固定资产折旧价值只反映固定资产在当期生产中的转移价值,一般可直接利用会计上的固定资产折旧,加上固定资产虚拟折旧进行近似计算。这种计算方法无须对固定资产进行重置估价,没有考虑固定资产效率变化对固定资产折旧的影响。

(七) 营业盈余

营业盈余是指生产单位创造的增加值扣除劳动者报酬、生产税净额和固定资本消耗后的余额。它是生产单位在生产过程中产生的盈余收入,不包括生产单位提供金融资产和出租土地等获得的利息、红利和地租等财产收入。

营业盈余与会计上的营业利润有三个差异:

第一,营业盈余不包括企业库存货物由于价格变化带来的持有收益或损失,也就是低价入库的货物被高价出售时获得的价格收益,或是高价入库的货物被低价抛售时遭受的价格损失。

第二,按固定资产存量的现值计算的固定资本消耗与会计上计提的折旧对营业盈余的影响不同。

第三,营业盈余是从当期生产的货物和服务价值出发,不管它们是否被销售,扣除有关成本费用等支出得到的;而营业利润是从当期的销售收入出发,扣除有关成本费用等支出的结果。

(八) 最终消费

最终消费是指为直接满足居民个人的生活需要和社会成员的公共需要,常住居民和政府部门花费在货物和服务上的支出。

1. 居民消费

居民消费是指常住居民为了直接满足生活需要在国内外市场上购买和使用货物及服务的消费支出。从消费主体上讲,它是常住居民在任何地方发生的消费支出,既包括在国内的支出,也包括在国外的支出,但不包括非常住居民在我国的消费支出,非常住居民在我国的消费支出被看作出口;从消费用途上讲,它是为直接满足常住居民当期生活需要的消费支出,不包括居民购买的作为固定资产的住房;从获得货物和服务的形式上讲,居民消费既包括直接用货币购买的货物和服务,也包括通过实物报酬和实物转移的形式得到的货物和服务以及居民自产自用的货物,还包括虚拟计算的自有住房服务、银行和保险部门的金融中介服务的支出;从估价原则上讲,居民消费按购买者价格计算。

根据我国城乡居民的消费特点,城镇居民和农村居民消费的货物和服务可分为以下几种:

(1) 食品消费,指居民消费的主食、副食、其他食品和在外饮食以及加工食品时支付的食品加工费。除了居民购买的食品外,还包括以实物报酬的形式获得的食品和自产自用的产品。

(2) 衣着消费,指居民的各种穿着用品和加工衣着品的各种材料及衣着加工服务费。除了居民购买的衣着外,还包括以实物报酬的形式获得的衣着。

(3) 家庭设备、用品及服务消费,指居民消费的耐用消费品、室内装饰品、床上用品、家庭日用杂品、家具材料和家庭服务的支出。它也包括以实物报酬的形式获得的家庭设备、用品及服务。

(4) 医疗保健消费,指居民购买医疗保健药品、用品和医疗保健服务的支出,以及居民享受的、由单位支付的公费医疗支出。

(5) 交通和通信消费,指居民家庭购买交通工具、通信工具,支付各种交通和通信服务费、交通工具维修服务费和油料费等的支出。它也包括以实物报酬的形式获得的交通和通信消费支出。

(6) 教育文化娱乐消费,指居民购买教材、参考书、文娱用品,支付各种学杂费、成人教育费、托幼费、文娱、体育服务的支出。

(7) 住房服务消费,指居民在维修住房时购买建筑材料和支付人工费的支出,租赁公房和私房支付的租金、水电和燃料支出,居民租住公房从单位获得的住房补贴以及居民自有住房的虚拟租金。

(8) 集体福利服务消费,指国有单位、城镇集体单位和其他各种类型单位为提高本单位职工的福利,以低价或免费的形式直接向职工提供的生活性服务,如单位浴室、理发室、哺乳室、托儿所等集体福利设施对职工提供的免费或优惠服务。

(9) 金融媒介服务和保险服务消费,指居民由于在银行存贷资金、在保险部门投保所消费的由金融部门提供的金融中介服务。

(10) 其他商品和服务消费,即除上述支出以外的其他商品和服务的支出。

2. 政府消费

这是指政府部门为全社会提供公共服务发生的消费支出和免费或以无显著经济意义的价格向居民提供的个人货物和服务的净支出。

(1) 公共服务,指社会公众能够非排他地、没有竞争地、共同地从政府部门获得的服务。公共服务支出等于政府在国防费、行政管理费、事业费、社会文教费等方面的支出加上固定资产虚拟折旧。

(2) 免费或以无显著经济意义的价格提供给个人的货物和服务,指政府为居民个人承担的支出,等于政府部门所提供的货物和服务的市场价值减去向住户收取价值的差额。

政府消费支出是国家财政支出的重要部分,主要是指财政支出中的经常性支出。

(九) 资本形成总额

资本形成总额是常住单位在核算期非金融生产资产的积累,它是常住单位在核算期新形成的固定资产和增加的库存货物和贵重物品的价值。新形成的固定资产是固定资本形成总额,增加的库存货物的价值是存货增加,获得减处置的贵重物品是贵重物品的净增加。因此,资本形成总额等于固定资本形成总额加上存货增加额和贵重物品的净增加。

1. 固定资本形成总额

这是指常住单位在核算期获得减处置的固定资产的价值总额,加上对附着于非生产资产价值上的某些服务的特定支出。[①] 固定资产是通过生产活动生产出来的,且使用年限在1年以上、单位价值在规定标准以上的资产,不包括耐用消费品以及小型工器具。固定资本形成是

---

① SNA2008,10.32.

核算期内通过经济交易在固定资产上发生的积累,也可以定义为生产者对耐用性资本货物的支出价值。

按照固定资产的含义和分类,固定资本形成包括以下内容:(1)住宅资本形成;(2)其他建筑物和构筑物资本形成;(3)机器和设备资本形成;(4)武器系统资本形成;(5)培育性生物资源资本形成;(6)知识产权产品资本形成。

固定资本形成总额应该按获得固定资产时的购买者价格计算,而获得固定资产的时间,一般以获得固定资产所有权的时间为准,只有固定资产的所有权转移到购买者手中,购买者才能计算固定资本形成总额。但有两个例外:(1)培育性的生物资源;(2)需要花费一定的时间才能生产出来的资产,如建筑工程。一般而言,未完工的建筑工程、未成熟的动物和人工林应视为在制品。当完工和成熟并交付给决定将其用作固定资产的单位时,它们将被重新归类,从存货变为固定资产。但是,如果资产是自产自用的,则处于加工中的半成品产品应直接作为固定资本形成。如果是先签订销售协议后开工生产的资产,生产者应像正常情况一样,将其记为在制品;但在分期付款的情况下,如果本期付款超过了已完成工作量的价值,那就应将其视为购买了(部分)固定资产或视为提前交易。对于后一种情形,在分期付款结清之前,工程进展过程中投入的工作量都应视为交付给最终所有者的固定资本。如果没有事先商定的销售合同,施工企业必须根据完工与否,将其所生产的产出记为在制品或产成品存货的增加。例如,根据市场预测建造的已经竣工的住宅在以出售或者其他方式被用户获得前,仍然视为生产者产品存货的增加。[①]

对于一个常住单位来说,固定资本形成总额不仅包括新建的固定资产,而且包括从其他单位购买或转移的、以前时期形成的已有固定资产。由于一个单位的固定资产转入是相应的另一个单位的固定资产转出,因此,对于一个国家来说,常住单位之间买卖已有固定资产,除了买卖过程中发生的佣金和税金等所有权转移费外,固定资产本身的价值实际上并没有发生变化,只是不同单位的固定资产价值发生变化而已。

2. 存货变化

这是指常住单位在核算期入库货物与出库货物价值的差额。存货变化可以是正值,也可以是负值,分别表示存货上升和下降。存货变化对应于常住单位在一定时期内存货实物量变动的市场价值,即期末价值减期初价值的差额,再扣除当期由于价格变动而产生的持有收益。其中,入库货物的价值按货物入库时的市场价格计算,出库货物的价值按货物出库时的市场价格计算。

存货变化包括以下内容:材料和用品存货变化、在制品存货变化、制成品存货变化、军事存货变化和供转销的货物存货变化。

在不考虑存货价格变动的情况下,核算期期初期末存货之间存在以下关系:

$$期初存货 + 本期入库货物 - 本期出库货物 = 期末存货$$
$$存货增加 = 本期入库货物 - 本期出库货物$$
$$= 期末存货 - 期初存货$$

因此,存货增加可以根据会计核算中的期末、期初存货价值进行估算。但是,由于在会计核算中,出库货物的价值通常是按照货物入库时的进价计算,而不是按照出库时的市场价格计算,如果货物出库时的市场价格与入库价格恰好相同,那么,会计核算的存货增加等于国民经

[①] SNA2008, 10.54, 10.33.

济核算的存货增加。但如果货物出库时的市场价格与入库价格不同,如货物出库时的市场价格高于入库价格,那么,按照国民经济核算的存货计价要求会计核算的存货由于低估了出库货物的价值,导致存货增加高估,使会计上的存货增加中包含了由于价格变化带来的存货持有收益。因此,在利用会计资料计算存货增加时,应扣除这部分。在存在价格变动因素的情况下,存货增加通过以下公式计算:

$$存货增加 = 期末存货 - 期初存货 - 存货持有收益$$

存货增加可能大于 0,也可能小于 0。存货增加大于 0,表示存货价值比期初增加;存货增加小于 0,表示存货价值比期初减少。

由于在生产过程中企业货物出库和入库频繁发生,许多企业的存货变动数据往往搜集不到,很难全面地掌握所有企业的存货变动情况,尤其是不容易得到由于价格变化带来的存货变化的数据,因此,在许多国家的国民经济核算中,不直接计算存货增加,而是把它作为支出法国内生产总值的一个平衡项,以简化核算,即

$$存货增加 = 生产法国内生产总值 - 最终消费 - 固定资本形成总额 - 净出口$$

(十) 净出口

货物和服务净出口是货物和服务出口减去货物和服务进口的差额,其中,出口是常住单位向非常住单位出售或无偿转让的各种货物和服务的全部价值,进口是常住单位从非常住单位购买或无偿得到的各种货物和服务的价值。货物的出口和进口都按离岸价格计算。

进出口反映的是常住单位和非常住单位之间的往来交易,不完全以是否跨越边境作为衡量标准。常住单位在公海等国际水域对非常住单位的货物销售,非常住单位在所在国购买货物并就地消费掉,尽管没有跨越国境,但都被看作出口。服务的提供与使用通常在同一时间进行,也不发生出入境现象,常住单位在国外从非常住单位得到的服务被看作进口,非常住单位在所在国从常住单位得到的服务被看作出口。另外,进出口也不管进行交易的渠道是否合法,走私物品不管被海关稽查到与否,原则上都应记在进出口中。

海关统计的进口和出口数据,由于在范围上不包括服务贸易,在估价方面进口货物按到岸价格计算,因此,在利用这一资料计算净出口时,必须在上述两个方面进行相应的补算和调整后,才能符合国民经济核算的要求。

六、不变价国内生产总值[①]

根据价值等于单位价格乘以数量的关系 ($V = PQ$),在时间序列的纵向比较中,价值的变化由价格变化和物量变化两个部分组成。价格变化反映同一货物或服务在不同时期没有任何质量变化情况下的价值变化,它是纯粹的价格因素的变化。物量变化反映货物或服务在不同时期数量上的变化,包括新产品的产生和同一产品在不同时期质量上的变化。产品质量变化除了体现在性能和功能等品质的提高外,还表现在销售时间、销售地点和销售环境等方面的改变,也就是说,同样一种产品在高档商场的价格高于在低档商场的价格,属于产品质量的变化,而不是纯粹的价格变化。不变价核算是把按当期价格计算的国内生产总值及其构成项目折算成按某个固定期价格计算的价值,从而使两个不同时期的价值在做比较时,能够剔除价格变化

---

① 有关价格指数的编制方法详见本书第八章第二节内容。

的影响,以反映物量变化,反映生产活动成果的真实变动。在国内生产总值的三种计算方法中,生产法和支出法可以进行不变价核算,收入法由于不能区分营业盈余中的价格变化和物量变化,因此一般不能进行不变价核算。

(一) 生产法不变价国内生产总值

与现价国内生产总值生产核算相对应,不变价国内生产总值生产核算也是分产业部门计算的,即先分别计算各产业部门的不变价增加值,然后加总得到不变价国内生产总值。目前实际核算中主要产业部门不变价增加值的具体计算方法如下:

1. 农、林、牧、渔业增加值

核算采用双缩法,先利用农产品生产者价格指数和农业生产资料价格指数分别对现价总产出和中间消耗进行缩减,换算出不变价的总产出和中间消耗。不变价总产出减不变价中间消耗,得出不变价增加值。

2. 工业增加值

核算采用单缩法,利用工业品出厂价格指数对现价增加值直接缩减,计算不变价增加值。

3. 建筑业增加值

核算采用单缩法,利用固定资产投资价格指数中的建筑安装工程价格指数对现价增加值直接缩减,计算不变价增加值。

4. 交通运输仓储和邮政业增加值

核算采用外推法,以能够反映行业变动趋势的物量指标的增长速度作为不变价增加值的增长速度,利用这一增长速度乘以基期不变价增加值,推算出核算期不变价增加值。交通运输业的物量指标是旅客周转量和货物周转量,邮政业的物量指标是邮电业务总量。

5. 批发和零售业、住宿和餐饮业增加值

核算采用单缩法,利用商品零售价格指数直接对现价增加值进行缩减,计算不变价增加值。

6. 金融业增加值

核算采用单缩法,利用居民消费价格指数与固定资产投资价格指数的加权指数直接对现价增加值进行缩减,计算不变价增加值。

7. 房地产业增加值

核算采用单缩法,利用不同的价格指数对固定资产折旧和净增加值分别缩减。固定资产折旧利用固定资产投资价格指数,净增加值利用房地产价格指数。

8. 除上述产业部门以外的其他服务业增加值

核算均采用单缩法,利用居民消费价格指数及其他指数直接对现价增加值进行缩减,得出不变价增加值。

在进行不变价国内生产总值生产核算时,产业部门划分越细,反映产业部门价格变化的价格指数就越接近实际,不变价的核算结果也就越准确。但是,由于实际中受可利用资料的限制,目前不变价的计算只限定在大类的层次上。

(二) 支出法不变价国内生产总值

先通过缩减法或直接计算法分别计算出不变价的居民消费、政府消费、固定资本形成总额、存货增加和净出口,再按支出法计算公式核算国内生产总值。目前,实际核算中各支出项目不变价的计算方法如下：

1. **居民消费**

采用缩减法，按照居民不同种类的消费支出，分别采用相应的价格指数缩减计算不变价值，其中：

（1）居民在食品、衣着、家庭设备用品、医疗保健用品、交通和通信工具、文化教育娱乐用品上的消费支出，采用居民消费价格指数中的食品、衣着、家庭设备用品、医疗保健用品、交通和通信工具、文化教育娱乐用品类的指数缩减。

（2）居民对住房服务的消费支出，按照房租支出和私人自有住房服务两部分分别计算。房租支出使用房租价格指数缩减，不变价私人自有住房服务等于当期新增住房服务不变价值，加上上期不变价自有住房服务，减去本期废弃的自有住房服务不变价值。新增住房服务不变价值用固定资产投资价格指数缩减。

（3）金融媒介服务和保险服务的消费支出，利用居民消费价格指数和固定资产投资价格指数的加权平均数缩减。

（4）居民享受的集体福利服务消费支出，利用居民消费服务价格指数缩减。

2. **政府消费**

采用缩减法，按照政府消费构成的不同，把政府消费分为货物支出、工资支出、服务支出和固定资产虚拟折旧四个部分，其中，货物支出是政府部门为其经常性业务需要在购买货物上的支出，工资支出是政府部门对其工作人员所支付的劳动报酬，服务支出是政府部门为其经常性业务需要花费在有关服务上的支出。这三个部分分别用商品零售价格指数、城市居民消费品价格指数和居民消费服务价格指数缩减计算各部分的不变价格。

固定资产虚拟折旧利用其他服务业固定资产投资价格指数缩减先计算出当期新增固定资产的虚拟折旧，再加上上期不变价固定资产虚拟折旧，减去本期废弃的固定资产不变价值。

3. **固定资本形成总额**

采用缩减法，利用固定资产价格指数直接缩减现价固定资本形成总额计算其不变价值。

4. **存货**

增加采用直接计算法和缩减法，其中，农、林、牧、渔业存货增加中的猪、羊、粮食、家禽和其他家养动物的不变价值采用直接计算法，即利用基期的单位价格乘以核算期库存增加的数量进行计算；除农、林、牧、渔业以外的其他存货增加，采用缩减法计算。

存货增加按照用途划分为生产资料、生活资料和收购的农副产品三类，分别用生产资料出厂价格指数、生活资料出厂价格指数和农副产品收购价格指数缩减得到不变价值。

5. **货物和服务净出口**

采用缩减法，利用出口货物价格指数、进口货物价格指数分别缩减货物和服务出口总额与进口总额，计算出不变价出口总额与进口总额，然后计算不变价净出口。

七、国民生产总值以及在国民经济核算体系中与国内生产总值有关的总量指标[①]

（一）国民生产总值

国民生产总值（Gross National Product，GNP）是指一定时期内国内生产总值与来自国外

---

① 陈允明：《国民经济统计概论》（第2版），中国人民大学出版社2000年版，第322~324页。

的要素净收入之和。来自国外的要素净收入,就是本国从国外(非常住单位)获得的劳动报酬和财产收入(如利息、红利、租金等),减去国外(非常住单位)从本国获得的劳动报酬和财产收入的净额,它与国内生产总值的关系可用公式表示如下:

$$国民生产总值 = 国内生产总值 + 来自国外的劳动者报酬和财产收入 - 国外从本国获得的劳动者报酬和财产收入$$

或

$$国民生产总值 = 国内生产总值 + 国外要素收入净额$$

其中:

$$国外要素收入净额 = 来自国外的劳动者报酬和财产收入 - 国外从本国获得的劳动者报酬和财产收入$$
$$= 来自国外的劳动者报酬净额 + 来自国外的财产收入净额$$

式中,来自国外的劳动者报酬净额是指常住居民从非常住单位获得的劳动者报酬与非常住居民从常住单位获得的劳动者报酬相抵后的差额;来自国外的财产收入净额是指常住单位从非常住单位获得的财产收入与非常住单位从常住单位获得的财产收入相抵后的差额。

国民生产总值反映了本国常住单位原始收入的总和,因此,国民生产总值不是一个生产概念,而是一个收入概念。所以,国民生产总值在国民经济核算体系中被称为国民总收入。

(二) 与国内生产总值、国民生产总值有关的总量指标及其相互关系

$$国内生产净值 = 国内生产总值 - 固定资本消耗$$
$$国民净收入(国民生产净值) = 国民总收入(国民生产总值) - 固定资本消耗$$
$$国民可支配总收入 = 国民生产总值(国民总收入) - 来自国外的经常转移净额$$
$$国民可支配净收入 = 国民生产净值(国民净收入) - 来自国外的经常转移净额$$

式中,国民可支配收入是指本国在一定时期内获得的原始收入的基础上,经过与国外的经常转移收支相抵后可最终用于消费和投资的收入;来自国外的经常转移净额是指常住单位与非常住单位之间单方面收入转移相抵后的差额,即来自国外的经常转移减去支付国外的经常转移之差,包括与国际组织往来、无偿援助与捐赠、侨汇以及征收或缴纳的国外收入税等。

关于总投资和总消费指标的内容,前面已述,此处从略。

下面举例说明各总量指标的关系。

【例 2-2】 设某地区某年国民经济有关总量指标之间的关系如表 2-2 所示。

表 2-2 　　　　　　　某地区某年国民经济有关总量指标　　　　　　　单位:万元

指　　　标	总　　值	净　　值
1. 国内生产总值	12 566.4	
2. 固定资本消耗	1 322.2	
3. 国内生产净值(1-2)		11 244.2
4. 来自国外的要素净收入	-6.6	
5. 国民生产总值(国民总收入)(1+4)	12 559.8	

续表

指　　标	总　值	净　值
6. 国民生产净值(国民净收入)(3＋4 或 5－2)		11 237.6
7. 来自国外的经常转移净额	－8.8	
8. 国民可支配总收入(5＋7)	12 568.6	
9. 国民可支配净收入(6＋7)		11 246.4
10. 总消费	8 000.3	
11. 总储蓄(8－10)	4 568.3	
12. 净储蓄(9－10)		3 246.1
13. 总投资	4 810.3	
14. 净投资(13－2)		3 488.1
15. 储蓄与投资差(11－13 或 12－14)	－242.0	－242.0

由表中资料可见，能用于投资的储蓄小于实际投资支出，这部分差额通过国外金融交易弥补(净收入)达到平衡。

第三节　生　产　账　户[①]

在国民经济核算体系中，需要设置国民经济范围的生产、收入分配、投资和国际往来(国外)等综合性账户，编制 T 字形或矩阵式平衡表，利用会计核算的借贷原理和复式记账法，系统记录国内生产总值和国民收入，以反映生产、分配和使用过程中的各种流量以及资产、负债的存量的增减变化、相互联系和比例关系。

国民经济核算以国内生产总值作为衡量国民经济生产与使用的核心指标。反映生产过程的账户具体表现为国内生产总值及其使用表，包括国内生产总值及其使用总表、生产法国内生产总值及其使用表、收入法国内生产总值及其使用表和支出法国内生产总值及其使用表。

国内生产总值及其使用总表以国内生产总值为核心，通过一系列宏观总量指标，对国民经济的生产和使用进行全面系统的核算。

生产法国内生产总值及其使用表、收入法国内生产总值及其使用表和支出法国内生产总值及其使用表分别从不同的角度描述国内生产总值的价值构成、行业分布、要素收入形成和最终使用去向，相互之间既独立，也存在联系，它们共同构成国内生产总值及其使用总表的基础。

一、国内生产总值及其使用总表

根据总供给等于总需求的原理，国内生产总值及其使用总表把国内生产总值的生产法、收入法和支出法三种计算方法有机地连接在一起，从不同的角度反映国内生产总值及其构成，并可在核算过程中比较验证三种方法的计算结果。

---

① 国家统计局网页，http://www.stats.gov.cn/tjdt/gmjjhs/t20030527_80234.htm；统计动态，中国国民经济核算体系(2002)。

(一) 国内生产总值及其使用总表的基本结构

按照借贷原理和复式记账法,国内生产总值及其使用总表(见表2-3)的左边是生产方,反映生产活动的成果,构成总供给;右边是使用方,反映生产成果的最终使用,构成总需求。

生产方按生产法计算国内生产总值,核算内容包括总产出和中间投入;鉴于生产与收入之间的有机联系,本方还按收入法计算国内生产总值,核算内容包括劳动者报酬、生产税净额、固定资产消耗和营业盈余。

表2-3　　　　　　　　　　国内生产总值及其使用总表　　　　　　　　　单位:亿元

生　产	金　额	使　用	金　额
一、生产法国内生产总值	340 903	一、支出法国内生产总值	348 775
(一) 总产出	1 014 035	(一) 最终消费	169 275
(二) 中间投入(一)	673 132	居民消费	123 585
二、收入法国内生产总值	340 903	农村居民消费	29 006
(一) 劳动者报酬	166 469	城镇居民消费	94 579
(二) 生产税净额	41 963	政府消费	45 690
生产税		(二) 资本形成总额	164 463
生产补贴(一)		固定资本形成总额	156 480
(三) 总营业盈余(含固定资本消耗)	132 471	存货增加	7 783
		(三) 净出口	15 037
		出口	91 076
		进口(一)	76 039
		二、统计误差	−7 872

注:表中为假设数据,下同。

使用方是按支出法计算国内生产总值的指标,包括最终消费、资本形成总额和净出口。其中,最终消费细分为居民消费和政府消费;资本形成总额细分为固定资本形成总额和存货增加;净出口下设出口和进口。另外,考虑到实际核算中基础资料不充分等因素,在本方设置了统计误差,作为生产方和使用方的平衡项。表式如表2-1所示。

(二) 国内生产总值及其使用总表的平衡关系

下面以表2-3中的数据为例,说明国内生产总值及其使用总表的平衡关系。

生产方:

生产法国内生产总值＝总产出 − 中间投入
　　　　　　　　　　＝1 014 035 − 673 132
　　　　　　　　　　＝340 903(亿元)
收入法国内生产总值＝劳动者报酬＋生产税净额＋固定资产消耗＋营业盈余
　　　　　　　　　　＝166 469＋41 963＋132 471
　　　　　　　　　　＝340 903(亿元)

$$生产法国内生产总值 = 收入法国内生产总值$$
$$340\,903 = 340\,903(亿元)$$

使用方：

$$支出法国内生产总值 = 最终消费 + 资本形成总额 + 净出口$$
$$= 169\,275 + 164\,463 + 15\,037$$
$$= 348\,775(亿元)$$
$$统计误差 = 生产法国内生产总值 - 支出法国内生产总值$$
$$= 340\,903 - 348\,775$$
$$= -7\,872(亿元)$$

二、生产法国内生产总值及其使用表

生产法国内生产总值及其使用表分行业按生产法计算国内生产总值，用于描述各个行业的增加值、总产出和中间投入，反映国内生产总值的行业分布以及投入产出情况。

(一) 生产法国内生产总值及其使用表基本结构

生产法国内生产总值及其使用表(见表2-4)的主栏是产业部门，宾栏是增加值、总产出和中间投入，主栏的产业部门分类由粗到细有三个层次：第一层为三次产业分组，第二层把三次产业进一步划分为21个产业部门，第三层又在第二层分类的基础上再细分出9个次级产业部门。

表2-4　　　　　　　　　生产法国内生产总值及其使用表　　　　　　　　单位：亿元

产业部门 \ 增加值及其构成项目	增加值	总产出	中间投入
合　计	89 468	260 713	171 245
一、第一产业(农、林、牧、渔业)	14 628	24 916	
(一) 农业			
(二) 林业			10 288
(三) 畜牧业			
(四) 渔业			
二、第二产业	44 935	179 423	134 488
(一) 工业			
采矿业			
制造业			
电力、燃气及水的生产和供应业			
(二) 建筑业			

续 表

产业部门＼增加值及其构成项目	增加值	总产出	中间投入
三、第三产业	29 905	56 374	26 469
（一）农、林、牧、渔服务业			
（二）交通运输、仓储和邮政业			
交通运输和仓储业			
邮政业			
（三）信息传输、计算机服务和软件业			
（四）批发和零售业			
（五）住宿和餐饮业			
（六）金融业			
银行业			
证券业			
保险业			
其他金融活动			
（七）房地产业			
（八）租赁和商务服务业			
（九）科学研究、技术服务和地质勘查业			
（十）水利、环境和公共设施管理业			
（十一）居民服务和其他服务业			
（十二）教育			
（十三）卫生、社会保障和社会福利业			
（十四）文化、体育和娱乐业			
（十五）公共管理和社会组织			

注：为简便起见，表中数据只列到三次产业。

（二）生产法国内生产总值及其使用表的平衡关系

下面以表 2-4 中的数据为例，说明生产法国内生产总值及其使用表的平衡关系。

总产出合计－中间投入合计＝国内生产总值
    260 713 － 171 245 ＝ 89 468（亿元）

第一产业增加值＋第二产业增加值＋第三产业增加值＝国内生产总值
    14 628 ＋ 44 935 ＋ 29 905 ＝ 89 468（亿元）

第一产业增加值＝第一产业总产出－第一产业中间投入
　　　　　　＝24 916－10 228
　　　　　　＝14 628(亿元)
第二产业增加值＝第二产业总产出－第二产业中间投入
　　　　　　＝179 423－134 488
　　　　　　＝44 935(亿元)
第三产业增加值＝第三产业总产出－第三产业中间投入
　　　　　　＝56 374－26 469
　　　　　　＝29 905(亿元)

三、收入法国内生产总值及其使用表

收入法国内生产总值及其使用表(见表2-5)分行业按收入法计算国内生产总值,具体描述各个行业的增加值、劳动者报酬、生产税净额、固定资产折旧和营业盈余,反映国内生产总值的收入构成。

表2-5　　　　　　　　　收入法国内生产总值及其使用表　　　　　　　　单位:亿元

产业部门 \ 增加值及其构成	增加值	劳动者报酬	生产税净额	固定资产折旧	营业盈余
合　计	89 468	42 568	16 388	13 650	16 862
一、第一产业(农、林、牧、渔业)	14 628	12 890	423	585	730
(一)农业					
(二)林业					
(三)畜牧业					
(四)渔业					
二、第二产业	44 935	15 802	11 076	7 574	10 483
(一)工业					
采矿业					
制造业					
电力、燃气及水的生产和供应业					
(二)建筑业					
三、第三产业	29 905	13 876	4 889	5 491	5 649
(一)农、林、牧、渔服务业					
(二)交通运输、仓储和邮政业					
交通运输和仓储业					
邮政业					
(三)信息传输、计算机服务和软件业					

续 表

产业部门 \ 增加值及其构成	增加值	劳动者报酬	生产税净额	固定资产折旧	营业盈余
(四)批发和零售业					
(五)住宿和餐饮业					
(六)金融业					
银行业					
证券业					
保险业					
其他金融活动					
(七)房地产业					
(八)租赁和商务服务业					
(九)科学研究、技术服务和地质勘查业					
(十)水利、环境和公共设施管理业					
(十一)居民服务和其他服务业					
(十二)教育					
(十三)卫生、社会保障和社会福利业					
(十四)文化、体育和娱乐业					
(十五)公共管理和社会组织					

注：为简便起见，表中数据只列到三次产业。

(一) 收入法国内生产总值及其使用表的结构

收入法国内生产总值及其使用表的主栏是产业部门，分类由粗到细有三个层次：第一层为三次产业分组，第二层把三次产业进一步划分为21个产业部门，第三层又在第二层分类的基础上再细分出9个次级产业部门；宾栏包括增加值、劳动者报酬、生产税净额、固定资产折旧和营业盈余。

(二) 收入法国内生产总值及其使用表的平衡关系

下面以表 2-5 中的数据为例，说明收入法国内生产总值及其使用表的平衡关系。

国内生产总值＝劳动者报酬合计＋生产税净额合计＋固定资产消耗合计＋营业盈余合计
　　　　　　＝42 568＋16 388＋13 650＋16 862
　　　　　　＝89 468(亿元)
国内生产总值＝第一产业增加值＋第二产业增加值＋第三产业增加值
　　　　　　＝14 628＋44 935＋29 905
　　　　　　＝89 468(亿元)

第一产业增加值＝第一产业劳动者报酬＋第一产业生产税净额＋第一产业固定资产消耗＋
          第一产业营业盈余
        ＝12 890＋423＋585＋730
        ＝14 628(亿元)

第二产业增加值＝第二产业劳动者报酬＋第二产业生产税净额＋第二产业固定资产消耗＋
          第二产业营业盈余
        ＝15 802＋11 076＋7 574＋10 483
        ＝44 935(亿元)

第三产业增加值＝第三产业劳动者报酬＋第三产业生产税净额＋第三产业固定资产消耗＋
          第三产业营业盈余
        ＝13 876＋4 889＋5 491＋5 649
        ＝29 905(亿元)

四、支出法国内生产总值及其使用表

支出法国内生产总值及其使用表从货物和服务最终使用的角度计算国内生产总值的核算,具体描述各类最终支出,反映需求构成。

(一) 支出法国内生产总值及其使用表的结构

支出法国内生产总值及其使用表(见表2-6)的主栏由最终支出项目组成,大类项目包括最终消费、资本形成总额、净出口三项支出。其中,最终消费按消费性质、消费主体和消费对象由大到小又分为三个层次24个支出项目,资本形成总额按资本性质和特点分为两个层次6个支出项目,净出口下分列出口与进口。宾栏为支出金额。

表 2-6 支出法国内生产总值表 单位：亿元

最 终 支 出 项 目	金 额
国内生产总值	89 341
一、最终消费	54 601
(一) 居民消费	42 896
农村居民消费	19 197
食品	
衣着	
家庭设备用品及服务	
医疗保健	
交通和通信	
文化教育娱乐用品及服务	
住房服务	

续表

最 终 支 出 项 目	金 额
金融媒介服务及保险服务	
集体福利服务	
其他商品和服务	
城镇居民消费	23 699
食品	
其他商品和服务	
(二) 政府消费	11 705
二、资本形成总额	32 500
(一) 固定资本形成总额	32 624
建筑安装工程	
其中：住宅	
设备工器具购置	
土地改良	
其他	
(二) 存货增加	−124
三、净出口	2 240
(一) 出口	23 143
(二) 进口	20 903

注：为简便起见，表中数据只列到支出大项。

(二) 支出法国内生产总值及其使用表的平衡关系

下面以表2-6中的数据为例，说明支出法国内生产总值及其使用表的平衡关系。

国内生产总值＝最终消费＋资本形成总额＋净出口
89 341(亿元)＝54 601＋32 500＋2 240

最终消费＝居民消费＋政府消费
　　　　＝42 896＋11 705
　　　　＝54 601(亿元)

居民消费＝农村居民消费＋城镇居民消费
　　　　＝19 197＋23 699
　　　　＝42 896(亿元)

资本形成总额＝固定资本形成总额＋存货增加
　　　　　　＝32 624−124
　　　　　　＝32 500(亿元)

净出口＝出口－进口
　　　＝23 143－20 903
　　　＝2 240(亿元)

本章小结

1. 生产概念有狭义和广义之分

狭义的生产是指只有为社会创造物质产品的活动才是生产活动,只有为社会创造物质产品的部门才是生产部门,只有物质生产部门才创造价值、提供国民收入;广义的生产是指为社会创造物质产品的部门和提供服务的部门均是生产部门,它们都能创造价值、提供国民收入。国民经济核算体系中的生产核算是根据广义生产概念来确定核算范围的。

2. 国内生产总值的定义

国内生产总值是按市场价格计算的一个国家(地区)所有常住单位在一定时期内生产活动的最终成果。

国内生产总值有三种表现形态,即价值形态、收入形态、产品形态,相应地形成三种基本计算方法,即生产法、收入法和支出法。

3. 国内生产总值的分类

根据不同的价格,可核算现价国内生产总值和不变价国内生产总值。

国内生产总值核算所需的统计指标有总产出、中间投入、增加值、劳动者报酬、生产税净额、固定资产折旧、营业盈余、最终消费、居民消费、政府消费、资本形成总额、固定资本形成总额、存货增加和货物和服务净出口,并且介绍了这些指标的含义、性质、特点、作用以及计算方法。

国民生产总值是按市场价值计算的一个国家的国民在一定时期内所生产的最终产品和劳务的总量。它比国内生产总值多一项"国外要素收入净额",用以反映一个国家的非常住单位的原始收入之和,它是一个收入概念,不是生产概念。

4. 与国内生产总值相关的总量指标

这类指标主要有国内生产净值、国民生产净值、国民可支配总收入和国民可支配净收入。

5. 生产账户

生产账户是综合性账户体系中的第一个账户。它的设置可以反映生产成果的来源和使用。生产账户具体表现为国内生产总值及其使用表,包括总表、生产法国内生产总值及其使用表、收入法国内生产总值及其使用表和支出法国内生产总值及其使用表。

思考与练习

1. 两种生产概念的主要区别是什么?

2. 什么是国内生产总值？它有哪三种表现形态？有几种核算方法？如何核算？

3. 核算现价国内生产总值有哪些方法？如何核算不变价国内生产总值？核算过程中要用到哪些统计指标？

4. 为什么说国民生产总值实质上是一个收入指标？

5. 在国民经济核算体系中，与国内生产总值、国民生产总值相关的总量指标还有哪些？它们之间的关系如何？

6. 简述设置生产账户的基本原理。

7. 国民经济核算体系中，生产账户具体表现为什么表式？试述它们的基本结构和平衡关系。

8. 某地区工商银行年末储蓄存款余额为110亿元，该年度应支出利息10.5亿元，贷款70亿元，该年度利息收入15亿元，提供各种金融服务收取手续费、服务费2亿元，投资收益12亿元，其中自有资金投资收益8亿元。试计算该地区本年度工商银行总产出。

9. 某地区教育部门全年支出各种办公、教学材料费用0.53亿元，支付教师、职工工资、奖金和福利性费用1.63亿元，虚拟固定资产折旧0.84亿元。试计算该教育部门本年度总产出和增加值。

10. 已知金融部门生产总产出350亿元，中间投入128亿元，劳动者报酬120亿元，固定资产折旧15亿元，生产税净额12亿元。试计算增加值和营业盈余，并根据有关数据编制金融部门生产账户。

11. 已知某地区某年的总产出与中间投入的有关资料如下：

部　　门	产出（亿元）	中间投入率（％）
农业	766.20	34.29
工业	2 392.40	69.53
建筑业	304.30	71.17
货运邮电	153.50	40.20
商业饮食业	171.39	58.58
非物质生产部门	433.55	37.41

试计算国内生产总值。

12. 某地区某年国民经济有关资料如下：

项　　目	金额（万元）
工资收入	29 184
利润	8 180
税金总额	6 614
其中：	
工商税	3 000

续表

项　　目	金额(万元)
所得税	1 380
调节税	808
奖金税	406
折旧额	4 860
居民个人购买支出	24 016
社会集团购买支出	13 500
其他收入	538
全社会增加固定资产和储备的投资	2 884
各单位福利基金按工资总额11%提取	
产品出口价值	4 768
产品进口价值	36

试分别采用收入法和支出法计算国内生产总值。

第三章
中间消耗与投入产出核算

学习目标

1. 理解中间消耗与投入产出核算的基本原理；
2. 掌握直接消耗、间接消耗和完全消耗的计算方法；
3. 了解投入产出表的编制方法；
4. 掌握投入产出表的应用分析方法。

投入产出核算是国民经济生产总量核算的延伸和发展，它侧重于中间产品的核算，能提供更为丰富、详细的信息，是国民经济核算体系中实物流量核算的一种重要而有效的方法。本章主要阐述中间消耗与投入产出核算的基本原理，直接消耗、间接消耗和完全消耗系数的计算方法，以及投入产出表的编制原理、基本方法及其应用分析。

第一节 中间消耗与投入产出核算的基本原理

一、中间消耗和投入产出的含义

中间消耗反映各部门之间的技术经济联系。在我国以前沿用的物质产品平衡表体系中，只计算物质生产，中间消耗只限于物质消耗。但现在所采用的国民经济核算体系不仅包括物质生产，而且还包括服务生产，从而中间消耗也得到了拓展，既包括物质消耗，又包括生产中的各种劳务消耗。

中间消耗是指生产过程中作为投入所消耗的货物和服务的价值，但这里的投入不包括固定资产，对后者的消耗要记录为固定资本消耗。这些货物或服务在生产过程中或被改变形态，或被耗尽。有些投入在改变实物形态融入产品后又重新出现，例如，谷物可被碾成面粉，随后面粉可以做成面包。其他投入则被完全消耗或用尽，如电力和大部分服务。

理解中间消耗应注意以下几点：

（1）中间消耗不包括贵重物品支出。艺术品、贵金属、宝石等属于贵重物品，企业根据需要会购置或持有一些贵重物品,如企业展示厅、会议厅、会客厅等悬挂的名人字画及摆放的艺术品等。用于贵重物品的支出不是中间投入,不能汇总到中间消耗价值中。因为贵重物品是作为价值储藏手段而获取的资产,它们不会在生产过程中消耗掉,在物理形态上也不随时间变化而发生退化。贵重物品的支出记录在资本账户中。

(2) 中间消耗不包括固定资产。中间消耗是在核算期内全部使用或消耗掉的,如材料、燃料等。企业所拥有的固定资产是逐渐磨损的,它不能一次性计入生产成本,固定资产价值的下降是在若干年内分别记录的,所以,它只能记录为固定资本消耗。

(3) 中间消耗包括为使用固定资产所支付的租金。使用固定资产支付的租金,无论是通过经营租赁从其他单位租借的设备、厂房,还是应付的服务费、佣金、版税等,都包括在中间消耗中。

(4) 中间消耗包括辅助活动的投入。如果辅助活动未构成一个独立的基层核算单位,则说明该类活动所消耗的货物和服务与该生产单位主要活动所消耗的货物和服务无法区分,因此,要将辅助活动所消耗的所有货物和服务包括在中间消耗中。例如,从投入到购置、销售、会计核算、数据加工、运输、仓储、维护、安全保卫等辅助活动中的货物和服务都要包括在中间消耗中。[①]

投入分初始投入(即增加值投入)和中间投入(即中间消耗)。因此,投入具体是指生产中投入的各种原材料、燃料、劳务,以及固定资产。产出指的是生产活动中所生产的产品——货物和服务。

投入产出核算就是应用投入产出方法编制投入产出表,建立投入产出模型来分析国民经济中各部门之间经济和技术关系的宏观数量方法。它是美国经济学家 W. 列昂惕夫在 1931 年提出的,1936 年,他撰写了《美国经济制度中投入产出数量关系》一文,由此创立了投入产出分析方法,并因此获得了 1973 年的第五届诺贝尔经济学奖。整个投入产出核算包括投入产出调查、编制投入产出表、建立投入产出模型和投入产出的分析应用。其中,投入产出调查是基础,它是编制投入产出表的重要资料来源;编制科学的投入产出表是关键,它决定了能否正确揭示国民经济各部门间相互依存的内在经济技术联系;建立投入产出模型为投入产出分析提供了有效的数理工具,通过投入产出分析可以为宏观经济调控和决策提供有力的技术支持。微观上的投入产出分析也可以为企业的管理和预算提供重要依据。

部门分类是编制投入产出表、建立投入产出模型首先要遇到的问题。本书第二章曾介绍国民经济核算中所涉及的两类部门:机构部门和产业部门。机构部门基于机构单位来定义,一般分为非金融企业、金融机构、政府、住户和为住户服务的非营利机构等部门,这与以产品分类为基础的投入产出表无关;投入产出核算应用于产业部门,但不是一般意义上的产业部门,而是更具有同质性的产品部门。

产业部门基于基层单位来界定,在 SNA2008 中,基层单位的定义为:"基层单位可以是企业,也可以是企业的一部分,它具有单独的场所,只从事一种生产活动,或者其主要生产活动在其全部增加值中占有绝大部分。"一组从事相同或相似活动的基层单位构成一个产业部门。产品部门的基础则是同质生产单位。同质生产单位与基层单位的区别在于:后者既包括主要生产活动,又包括次要生产活动,而前者只包括一种生产活动。例如,一家企业在从事主要生产活动——炼焦的同时,还从事其他两项次要生产活动,即发电和供热。只要次要生产活动的规

---

① 蒋萍、徐强、杨仲山:《国民经济核算初级教程》,中国统计出版社 2014 年版,第 153 页。

模较小,则这家企业在整体上仍是一个基层单位,而不是一个同质生产单位,因为根据定义,其主要生产活动将单独构成一个同质生产单位,两项次要生产活动也应分别作为两个同质生产单位,因此,这家企业应分解为三个同质生产单位。从事相同活动的同质生产单位合起来即构成一个产品部门。[①]

二、投入产出表和投入产出数学模型

投入产出表和投入产出数学模型是投入产出分析的工具。投入产出表是直观地反映社会生产中各部门之间的经济和技术关系的一种统计表格。广义的投入产出表包括产品投入产出表、产业投入产出表、供给和使用表,以及劳动投入产出表。其中,产品投入产出表和产业投入产出表是对称型投入产出表。我们使用最广泛的是产品投入产出表。投入产出数学模型是投入产出表的数学表示形式,是应用线形模型进行投入产出分析的工具。

(一) 投入产出表的基本表式结构

投入产出表是由纵、横两条粗实线为界分成四大块,每块称为一个象限(见表3-1)。

表的左上方是第一象限,又称中间产品或中间消耗象限,它具有严格的棋盘式结构,是投入产出表最基本的核心部分。该象限的横行标题与纵栏标题是名称相同、排序也相同的产品部门,横行是提供中间产品部门,纵栏是消耗中间产品部门,表中每个数据都具有"产出"与"消耗"的双重含义,借以反映各部门之间相互提供和相互消耗中间产品的复杂数量关系。综合起来看,各行数据所表明的则是某个部门生产的产品分配给有关各部门(包括本部门)作为中间产品使用的情况;各列数据所表明的则是某个部门为生产产品而消耗有关各部门(包括本部门)中间产品的情况。通过部门间的产品流量,可以深刻反映国民经济内部的技术经济联系。

第二象限是最终产品或最终使用象限,在表的右上方,反映各部门产品供全社会最终使用的情况。横栏是各生产部门,纵栏是包括消费、投资和净出口等最终使用情况。因此,这部分既反映了最终产品的实物构成,又反映了最终产品中用于消费、固定资产形成、存货增加、出口的数量和结构等情况。描述了各社会部门之间的经济联系,一定程度上反映了国家经济政策和制度。

第三象限是增加值象限,在表的左下方,该象限的横行标题为最初投入(增加值)及其各组成部分,纵栏标题为各产品部门,表明各部门的最初投入(增加值)数量及其构成。

第四象限位于投入产出表的右下方,但在投入产出核算中暂时空缺。理论上说,借用投入产出表的框架结构和分析思路对该象限做出适当扩充和处理后,可以反映国民经济原始收入分配、收入再分配和资本金融往来等情况,但这些本身已不属于投入产出分析的内容,故此处从略,后面有关章节将会有所涉及。

(二) 投入产出表的两个恒等关系

横向来看,第一象限和第二象限反映社会生产各部门产品的实物使用状况和最终去向。一部分是提供给生产部门继续生产的中间产品,另一部分是提供给社会最终使用。因此,横向来看的经济意义是:

[①] 高敏雪、李静萍、许健:《国民经济核算原理与中国实践》,中国人民大学出版社2013年版,第79~80页。

表 3-1　投入产出表

投入 \ 产出		中间产品						最终产品					总产出
		部门1	部门2	部门3	……	部门n	小计	居民消费	政府消费	固定资产形成总额	存货增加	净出口	小计	
中间投入	部门1	x_{11}	x_{12}	x_{13}	……	x_{1n}	$\sum_{j=1}^{n} x_{1j}$						Y_1	X_1
	部门2	x_{21}	x_{22}	x_{23}	……	x_{2n}	$\sum_{j=1}^{n} x_{2j}$						Y_2	X_2
	部门3	x_{31}	x_{32}	x_{33}	……	x_{3n}	$\sum_{j=1}^{n} x_{3j}$						Y_3	X_3
	……	……	……	……		……								
	部门n	x_{n1}	x_{n2}	x_{n3}	……	x_{nn}	$\sum_{j=1}^{n} x_{nj}$						Y_n	X_n
	小计	$\sum_{i=1}^{n} x_{i1}$	$\sum_{i=1}^{n} x_{i2}$	$\sum_{i=1}^{n} x_{i3}$	……	$\sum_{i=1}^{n} x_{in}$	$\sum_{i=1}^{n}\sum_{j=1}^{n} x_{ij}$						$\sum_{i=1}^{n} Y_i$	$\sum_{i=1}^{n} X_i$
最初投入	固定资本消耗	d_1	d_2	d_3	……	d_n	$\sum_{j=1}^{n} d_j$							
	劳动者报酬	v_1	v_2	v_3	……	v_n	$\sum_{j=1}^{n} v_j$							
	营业盈余	m_1	m_2	m_3	……	m_n	$\sum_{j=1}^{n} m_j$							
	生产税净额	s_1	s_2	s_3	……	s_n	$\sum_{j=1}^{n} s_j$							
	小计 N_j	N_1	N_2	N_3	……	N_n	$\sum_{j=1}^{n} N_j$							
总投入		X_1	X_2	X_3	……	X_n	$\sum_{j=1}^{n} X_j$							

中间产品＋最终产品 ＝ 总产品

纵向来看，第一象限和第三象限反映生产要素的消耗情况，第一象限是中间产品的消耗情况，第三象限是最初投入（增加值投入）。因此，纵向的经济意义是：

中间消耗＋最初投入（增加值）＝ 总投入

（三）投入产出数学模型

投入产出数学模型是在部门分类的基础上编制的。设国民经济有 n 个部门；由投入产出表的结构，设 X_i 是第 i 部门的总产出，Y_i 是其最终产品；x_{ij} 表示的是第 j 部门在生产中消耗的第 i 部门的产品数量；d_j, v_j, m_j, s_j 分别为第 j 部门的固定资本消耗、劳动者报酬、营业盈余和生产税净额。

因此，根据投入产出表的结构和上述两个恒等模型可以建立两大基本方程：

1. 由横向恒等式建立的行模型（实物模型）

$$\begin{cases} x_{11}+x_{12}+\cdots+x_{1n}+Y_1 = X_1 \\ x_{21}+x_{22}+\cdots+x_{2n}+Y_2 = X_2 \\ \quad\quad\quad\quad\vdots \\ x_{n1}+x_{n2}+\cdots+x_{nn}+Y_n = X_n \end{cases} \quad (3-1)$$

对第 i 部门有：

$$x_{i1}+x_{i2}+\cdots+x_{in}+Y_i = X_i \quad (i=1,2,\cdots,n) \quad (3-2)$$

行模型还可以简写为：

$$\sum_{j=1}^{n} x_{ij} + Y_i = X_i \quad (i=1,2,\cdots,n) \quad (3-3)$$

所有部门综合，得：

$$\sum_{i=1}^{n}\sum_{j=1}^{n} x_{ij} + \sum_{i=1}^{n} Y_i = \sum_{i=1}^{n} X_i \quad (i,j=1,2,\cdots,n) \quad (3-4)$$

上述方程从不同角度反映了投入产出表横向各部门的总产出等于它们向所有部门提供的中间产品和最终产品之和，称为实物平衡方程（产出方程）。

2. 由纵向恒等式建立的列模型（价值模型）

$$\begin{cases} x_{11}+x_{21}+\cdots+x_{n1}+d_1+v_1+m_1+s_1 = X_1 \\ x_{12}+x_{22}+\cdots+x_{n2}+d_2+v_2+m_2+s_2 = X_2 \\ \quad\quad\quad\quad\vdots \\ x_{1n}+x_{2n}+\cdots+x_{nn}+d_n+v_n+m_n+s_n = X_n \end{cases} \quad (3-5)$$

对第 j 部门有：

$$x_{1j}+x_{2j}+\cdots+x_{nj}+d_j+v_j+m_j+s_j = X_j \quad (3-6)$$

列模型还可以简写为：

$$\sum_{i=1}^{n} x_{ij}+d_j+v_j+m_j+s_j = X_j \quad (j=1,2,\cdots,n) \quad (3-7)$$

对所有部门有：

$$\sum_{j=1}^{n}\sum_{i=1}^{n}x_{ij} + \sum_{j=1}^{n}(d_j + v_j + m_j + s_j) = \sum_{j=1}^{n}X_j \quad (i,j = 1,2,\cdots,n) \tag{3-8}$$

3. 推论

$$当 i = j 时, X_i = X_j$$

它的经济意义是任何一个部门的总投入等于总产出，因此又可以得出全社会的总投入等于总产出的结论。

把行模型和列模型进行比较又可以得出：

$$\sum_{i=1}^{n}Y_i = \sum_{j=1}^{n}(d_j + v_j + m_j + s_j) = \sum_{j=1}^{n}N_j \tag{3-9}$$

即全社会的总增加值等于最终产品的总价值，但是具体某一部门最终产品的价值一般与其增加值不相等。

通过上面对产品投入产出表及其数学模型的叙述，说明了国民经济各部门之间的经济、技术联系，为宏观经济决策提供了依据。

第二节 消耗系数

投入产出分析的另一个重要任务就是确定各部门之间多次消耗的数量关系，即确立部门之间两个重要的消耗系数：直接消耗系数和完全消耗系数。

在生产中，各种产品除了直接消耗其他部门的中间产品外，还间接地消耗其他各部门的中间产品，间接消耗可以通过很多环节构成。直接消耗系数和间接消耗系数合称完全消耗系数。

一、直接消耗系数的定义及其计算方法

直接消耗系数也称投入系数，记作 $(i,j=1,2,\cdots,n)$，它是指在生产经营过程中第 j 产品（或产业）部门的单位总产出所直接消耗的第 i 产品部门货物或服务的价值量，将各产品（或产业）部门的直接消耗系数用表的形式表现出来，就是直接消耗系数表或直接消耗系数矩阵，通常用字母 A 表示。

直接消耗系数的计算方法为：用第 j 产品（或产业）部门的总投入 X_j 去除该产品（或产业）部门生产经营中所直接消耗的第 i 产品部门的货物或服务的价值量 x_{ij}，用公式表示为：

$$a_{ij} = \frac{x_{ij}}{X_j} \quad (i,j=1,2,3,\cdots,n) \tag{3-10}$$

计算出每一种产品对其他产品的直接消耗系数后，就可以构造直接消耗系数矩阵，记作：

$$A = \begin{bmatrix} a_{11} & a_{12} & \cdots & a_{1n} \\ a_{21} & a_{23} & \cdots & a_{2n} \\ & & \vdots & \\ a_{n1} & a_{n2} & \cdots & a_{nn} \end{bmatrix}$$

由定义和计算公式可以看出直接消耗系数有两个重要性质：

(1) $0 \leqslant a_{ij} < 1$，(2) $0 < \sum_{i=1}^{n} a_{ij} \leqslant 1$，$(i,j=1,2,3,\cdots,n)$。

(一) 产品实物平衡方程

把 $x_{ij} = a_{ij}X_j$ 代入模型(3-3)得：

$$\sum_{j=1}^{n} a_{ij}X_j + Y_i = X_i \tag{3-11}$$

写成矩阵形式：

$$AX + Y = X \tag{3-12}$$

其中：

$$X = \begin{bmatrix} X_1 \\ X_2 \\ \vdots \\ X_n \end{bmatrix}, Y = \begin{bmatrix} Y_1 \\ Y_2 \\ \vdots \\ Y_n \end{bmatrix}$$

这就是产品实物平衡模型的重要变形，整理之后为：

$$Y = (I-A)X \tag{3-13}$$

其中，I 为单位阵，而 $(I-A)$ 是一个特殊的矩阵形式：

$$(I-A) = \begin{bmatrix} 1-a_{11} & -a_{12} & \cdots & -a_{1n} \\ -a_{21} & 1-a_{23} & \cdots & -a_{2n} \\ & & \vdots & \\ -a_{n1} & -a_{n2} & \cdots & 1-a_{nn} \end{bmatrix}$$

此矩阵有明确的经济含义，从矩阵的列来看，说明了每种产品投入与产出的关系。若用"负号"表示投入，"正号"表示产出，则矩阵的每一列含义说明，为生产一单位的各种产品需要消耗(投入)其他产品(包括自身产品)的数量。主对角线上的元素则表示产品扣除自身消耗的净产出比重。矩阵的行元素则没有什么经济含义。

根据直接消耗系数的性质，可以看出 $(I-A)$ 为一非奇异矩阵，故它是可逆的，因此式(3-13)可变形为：

$$(I-A)^{-1}Y = X \tag{3-14}$$

式(3-14)建立了总产品与最终产品之间的联系。在已知总产品的情况下可以通过式(3-14)计算出一定生产技术结构下各种产品用于最终产品的数量；同时，在知道最终产品的情况下可以求出一定技术条件下该产品的总产量。

(二) 产品价值平衡方程

将直接消耗系数代入式(3-7)，可得：

$$\sum_{i=1}^{n} a_{ij}X_j + d_j + v_j + m_j + s_j = X_j \quad (j=1,2,\cdots,n) \tag{3-15}$$

于是,得到价值平衡方程:

$$\begin{cases} a_{11}X_1 + a_{21}X_1 + \cdots + a_{n1}X_1 + d_1 + v_1 + m_1 + s_1 = X_1 \\ a_{12}X_2 + a_{22}X_2 + \cdots + a_{n2}X_2 + d_2 + v_2 + m_2 + s_2 = X_2 \\ \vdots \\ a_{1n}X_n + a_{2n}X_n + \cdots + a_{nn}X_n + d_n + v_n + m_n + s_n = X_n \end{cases} \quad (3-16)$$

写成矩阵形式为:

$$\begin{pmatrix} \sum_{i=1}^{n} a_{i1} & 0 & \cdots & 0 \\ 0 & \sum_{i=1}^{n} a_{i2} & \cdots & 0 \\ & & \vdots & \\ 0 & 0 & \cdots & \sum_{i=1}^{n} a_{in} \end{pmatrix} \begin{pmatrix} X_1 \\ X_2 \\ \vdots \\ X_n \end{pmatrix} + \begin{pmatrix} d_1 + v_1 + m_1 + s_1 \\ d_2 + v_2 + m_2 + s_2 \\ \vdots \\ d_n + v_n + m_n + s_n \end{pmatrix} = \begin{pmatrix} X_1 \\ X_2 \\ \vdots \\ X_n \end{pmatrix} \quad (3-17)$$

令 $A_1 = \begin{pmatrix} \sum_{i=1}^{n} a_{i1} & 0 & \cdots & 0 \\ 0 & \sum_{i=1}^{n} a_{i2} & \cdots & 0 \\ & & \vdots & \\ 0 & 0 & \cdots & \sum_{i=1}^{n} a_{in} \end{pmatrix}$, $D+V+M+S = \begin{pmatrix} d_1 + v_1 + m_1 + s_1 \\ d_2 + v_2 + m_2 + s_2 \\ \vdots \\ d_n + v_n + m_n + s_n \end{pmatrix}$

则该矩阵方程可写为:

$$A_1 X + (D + V + M + S) = X \quad (3-18)$$
$$(I - A_1) X = D + V + M + S \quad (3-19)$$

由于矩阵 $(I - A_1)$ 可逆,于是式(3-19)可改写为:

$$(I - A_1)^{-1} (D + V + M + S) = X \quad (3-20)$$

于是,在增加值已知的情况下,可以求出总产出。

二、完全消耗系数的定义及其计算方法

一般来说,任何产品在生产过程中,除了各种直接消耗关系外(直接联系),还有各种间接消耗关系(间接联系)。完全消耗系数则是这种包括所有直接联系、间接联系的全面反映,是指增加某一个部门单位总产出需要完全消耗各部门产品和服务的数量。完全消耗系数等于直接消耗系数和全部间接消耗系数之和,它是全面揭示国民经济各部门之间技术经济的全部联系和相互依赖关系的主要指标。在国民经济各部门和各产品的生产中,几乎都存在这种间接消耗和完全消耗的关系,而充分理解各种间接消耗关系是充分理解宏观经济问题复杂性的有力工具。

下面通过一个图形来介绍各种间接消耗(见图 3-1)。

图 3-1 说明了汽车制造业对电力的第一次、第二次、第三次的间接消耗。

可以知道,$\sum_{k=1}^{n} a_{ik} a_{kj}$ 为第 j 种产品对第 i 种产品的第一次间接消耗总量;$\sum_{k=1}^{n} \sum_{s=1}^{n} a_{ik} a_{ks} a_{sj}$

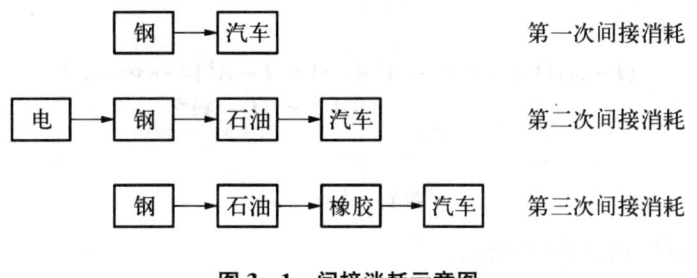

```
钢 → 汽车                  第一次间接消耗

电 → 钢 → 石油 → 汽车       第二次间接消耗

钢 → 石油 → 橡胶 → 汽车     第三次间接消耗
```

图 3-1　间接消耗示意图

为第 j 种产品对第 i 种产品的第二次间接消耗总量；$\sum_{k=1}^{n}\sum_{s=1}^{n}\sum_{t=1}^{n}a_{ik}a_{ks}a_{st}a_{tj}$ 为第 j 种产品对第 i 种产品的第三次间接消耗总量；依次类推，第 j 种产品对第 i 种产品的所有间接消耗系数为：

$$l_{ij} = \sum_{k=1}^{n}a_{ik}a_{kj} + \sum_{k=1}^{n}\sum_{s=1}^{n}a_{ik}a_{ks}a_{sj} + \sum_{k=1}^{n}\sum_{s=1}^{n}\sum_{t=1}^{n}a_{ik}a_{ks}a_{st}a_{tj} + \cdots$$

则第 j 种产品对第 i 种产品的完全消耗系数为：

$$b_{ij} = a_{ij} + \sum_{k=1}^{n}a_{ik}a_{kj} + \sum_{k=1}^{n}\sum_{s=1}^{n}a_{ik}a_{ks}a_{sj} + \sum_{k=1}^{n}\sum_{s=1}^{n}\sum_{t=1}^{n}a_{ik}a_{ks}a_{st}a_{tj} + \cdots$$

计算出每一种产品的完全消耗系数，就可以得到完全消耗系数矩阵：

$$B = \begin{pmatrix} b_{11} & b_{12} & \cdots & b_{1n} \\ b_{21} & b_{22} & \cdots & b_{2n} \\ & & \vdots & \\ b_{n1} & b_{n2} & \cdots & b_{nn} \end{pmatrix}$$

完全消耗系数矩阵是一个 $n \times n$ 方阵。

假设经济中只存在两种产品部门，从完全消耗系数矩阵得到的过程可以看出，直接消耗系数矩阵为：

$$A = \begin{pmatrix} a_{11} & a_{12} \\ a_{21} & a_{22} \end{pmatrix}$$

一次间接消耗系数矩阵为：

$$A^2 = \begin{pmatrix} a_{11}^2 + a_{12}a_{21} & a_{11}a_{12} + a_{12}a_{22} \\ a_{21}a_{11} + a_{22}a_{21} & a_{21}a_{12} + a_{22}^2 \end{pmatrix}$$

二次间接消耗系数矩阵为：

$$A^3 = \begin{pmatrix} a_{11}^3 + 2a_{11}a_{12}a_{21} + a_{12}a_{21}a_{22} & \Delta \\ \Delta & \Delta \end{pmatrix}$$

依次类推，可以得到完全消耗系数矩阵公式：

$$B = A + A^2 + A^3 + \cdots \tag{3-21}$$

式(3-21)在经济意义上与完全消耗系数的定义完全吻合，即完全消耗系数是直接消耗系数和所有的间接消耗系数之和。又因为：

$$B + I = I + A + A^2 + A^3 + \cdots$$

则，
$$(I-A)(I+A+A^2+A^3+\cdots)=I-A^k(k\to\infty)\approx I$$
$$B+I=(I-A)^{-1} \tag{3-22}$$

因此得到：
$$B=(I-A)^{-1}-I \tag{3-23}$$

这就是完全消耗系数的计算公式。

一般把矩阵 $(I-A)^{-1}$ 中的元素 $\bar{b}_{ij}$ 称为最终产品系数，最终产品系数矩阵为：

$$(I-A)^{-1}=\begin{pmatrix} \bar{b}_{11} & \bar{b}_{12} & \cdots & \bar{b}_{1n} \\ \bar{b}_{21} & \bar{b}_{22} & \cdots & \bar{b}_{2n} \\ & & \vdots & \\ \bar{b}_{n1} & \bar{b}_{n2} & \cdots & \bar{b}_{nn} \end{pmatrix}$$

$(I-A)^{-1}$ 又被称为列昂惕夫逆阵，式(3-22)建立起了直接消耗系数与完全消耗系数的关系，$(I+B)$ 通常被称为完全需要系数矩阵，有：

$$(I+B)=\begin{pmatrix} 1+b_{11} & b_{12} & \cdots & b_{1n} \\ b_{21} & 1+b_{22} & \cdots & b_{2n} \\ & & \vdots & \\ b_{n1} & b_{n2} & \cdots & 1+b_{nn} \end{pmatrix}=(I-A)^{-1}=\begin{pmatrix} \bar{b}_{11} & \bar{b}_{12} & \cdots & \bar{b}_{1n} \\ \bar{b}_{21} & \bar{b}_{22} & \cdots & \bar{b}_{2n} \\ & & \vdots & \\ \bar{b}_{n1} & \bar{b}_{n2} & \cdots & \bar{b}_{nn} \end{pmatrix}$$

由上式可以看出，最终产品系数矩阵主对角线上的元素都大于1，这表明一部门要生产一单位最终产品，其部门的生产总量必须达到的数量。而完全需要系数矩阵的主对角线元素上的1就是指其所生产的一单位最终产品，其中的 b_{ii} 反映了其对自身的中间投入需求，即此矩阵既反映了对中间产品的需求，又反映了对最终产品的需求，因此称为完全需求，所以，$(I+B)$ 被称为完全需要系数矩阵。

第三节　投入产出表的编制

为了得到一张实际的投入产出表，就要研究投入产出表的编制方法。依据投入产出表的基本原理编制投入产出表需要重点解决以下几个问题：（1）如何既能拥有使用产业部门分类替代产品部门分类的方便性，又能同时保证这种替代的准确度？（2）投入产出表的计价标准问题。（3）有些项目的调整与区分。

通过编制投入产出表并且建立相关模型，能够清晰地揭示国民经济各部门、产业结构之间的内在联系，特别是能够反映国民经济中各部门、各产业之间在生产过程中的直接联系与间接联系，以及各部门、各产业生产与分配使用、生产与消耗之间的平衡（均衡）关系。正因为如此，投入产出法又称为部门联系平衡法。投入产出表的编制方法有两种：直接分解法和间接推导法。两者根本的区别在于是否从纯产品部门出发来搜集数据。

一、直接分解法

（一）直接分解法的主要原理

根据投入产出表对产品部门分类的需要，表中的每一个部门都是"纯"部门，是按照相同产品属性即产品或服务的消耗结构、生产工艺、使用用途基本相同而划分的,而实际生活中的企业往往生产多种不同的产品,其产出和消耗包括多种产品。直接分解法就是把基层单位的商品和劳务,按投入产出的产品部门分类标准,分别划归若干个不同的产品部门,这样各部门就被调整为纯部门。

(二)直接分解法的步骤

1. 对总产品的分解

先将一个企业在报告期内的总产值列出,然后根据投入产出的分类原则分别计算产出,并划归到各有关产品的"纯部门"下,再将基层调查资料进行汇总推算,就得到编制投入产出表所需的产品部门的总产值数据资料。

2. 对中间投入的分解

这是投入产出基层调查最为复杂和最耗时间、精力的一项工作。根据投入产出表的部门分类原则,将生产部门产品所耗用的实物产品和劳务,包括直接投入和间接投入,按标准细分为几类,然后再按各产出之间的实际消耗情况进行分摊,从而得到一项项"纯产品"的投入,即投入产出表中中间投入的数据。

3. 对最初投入(增加值)的分解

增加值构成要素包括固定资产折旧、劳动报酬、生产税净额和营业盈余,这一步骤就是将增加值的构成要素逐一分解为各单位生产的各种产品的最初投入。通常的做法是:能明确属于某个产品的可直接归入该产品,属于若干产品共同的按比例进行分摊;对固定资产折旧的分解是根据各种固定资产的实际使用情况,利用工时比例、直接费用比例或产值比例进行计算,进而分摊到各有关产品中去;对劳动报酬的分解,可以通过生产工时的比例等方法加以分解和分摊,归结到各个部门的劳动投入中去;对生产税净额和营业盈余的分解,可按产值、工时、费用比例等进行分摊处理,归结到各有关产品部门中去。

4. 对最终使用的分解

最终产品包括消费、投资和出口产品净额等内容。消费分为个人消费与政府消费,投资包括固定资产形成和库存增加,其投资总量利用固定资产投资统计和有关资料加以平衡和推算,而库存增加总量包括各个部门的库存以及国家储备增加额等。净出口为出口产品总值减去进口产品总值,可以利用海关统计进出口商品资料进行加工和计算。

5. 将上述资料根据对称表的原理编制总表

先将分解汇总的各产品部门的中间投入、最初投入(增加值)、最终使用等资料,按照投入产出表的结构有机地结合在一起,但是由于上述分解工作中所得资料有很多是推算的结果,因此在最后编表的时候会遇到不平衡的情况,所以要从经济联系入手,找出不平衡的原因,确定调整的方法和途径,进行多次调整,反复平衡。

直接分解法严格遵循投入产出表的纯部门要求,在基层单位展开纯部门的分解。如果分解资料的质量较高,具有较强的代表性,那么由此编制的投入产出表会有较高的准确性和可靠性,从而可以满足投入产出分析的需要。

但如果基层单位没有健全的原始记录,造成分解的资料口径误差较大,则限制了直接编表法的优点,使表的质量难以保证。另外,直接分解法的工作量大、时间长、时效性差,这是其最大缺点。

鉴于以上原因,需要引入一种节省费用、时效性强、不需要具备健全的原始记录的编表方法,即间接推导法。

二、间接推导法

由于基层企业很难提供与各类产出相对应的中间消耗资料,因此,间接推导法不要求基层企业提供这类资料,而只需基层企业提供其各类中间消耗数量的资料,无须对中间消耗做不同产出的分解。

在中间消耗上,存在这样一种对应关系:每个产业部门在生产中使用了各类产品部门的产品,由此形成一个"产品部门×产业部门"的矩阵,矩阵中的元素反映了各个产业部门在生产中使用的产品部门的产品数量,通常该矩阵被称为投入矩阵或消耗矩阵,也叫 U 表。另外,基层单位在反映产出时还有这样的对应关系:每个产业部门生产了不同产品部门的产品,由此形成了一个"产业部门×产品部门"的矩阵,矩阵中的元素反映了各个产业部门所生产的不同产品部门的产品名数量,通常该矩阵被称为制造矩阵,也叫 V 表。

间接推导法在 U 表、V 表的基础上,依据一定的前提条件,对它们进行转换,推导出纯部门投入产出数据。

(一) 间接推导法投入产出表

1. 基本投入产出表

应用推导法首先编制的"产品部门×产业部门"投入表(U 表)和"产业部门×产品部门"产出表(V 表)的表式如表 3-2 和表 3-3 所示。

表 3-2　　　　　　　　　　　　　　投入表(U 表)

项　目	部　门	最终产品	总产品
产品	U	Y	X
最终产品	$\tilde{N}^T$		
总产品	G^T		

表 3-3　　　　　　　　　　　　　　产出表(V 表)

项　目	产品	总产品
部　门	V	G
总产品	X^T	

表中,U 是投入矩阵,元素 U_{ij} 表示生产第 j 产业部门总产品过程中对于第 i 种产品的消耗量;Y 是最终产品列向量,y_i 表示第 i 种产品用于最终产品的数量;X 是总产品列向量,x_i 表示第 i 种产品的总量;$\tilde{N}^T$ 是最终产值行向量,$\tilde{n}_j$ 表示第 j 产业部门的最终产值;V 是产出矩阵或制造矩阵,U_{ij} 表示第 i 产业部门产出第 j 种产品的数量;G 是总产品列向量,g_i 表示第 i 部门生产的产品总量。

2. 推导投入产出表

推导的投入产出表也有两张,即产品×产品表和部门×部门表,表式如表 3-4 和表 3-5 所示。

表 3-4　　　　　　　　　　　　　　　产品×产品表

项　目	产　品	最终产品	总产品
产　品	$[x_{ij}]$	Y	X
最终产值	N^T		
总产品	X^T		

表 3-5　　　　　　　　　　　　　　　部门×部门表

项　目	部　门	最终产品	总产品
部　门	$[\widetilde{x}_{ij}]$	$\widetilde{Y}$	G
最终产值	$\widetilde{N}^T$		
总产品	G^T		

表中,$[x_{ij}],[\widetilde{x}_{ij}]$ 分别是产品×产品表和部门×部门表中的流量矩阵;$\widetilde{Y}$ 是部门×部门表的最终产品列向量,N^T 是产品×产品表的最终产值行向量。

把两张基本投入产出表和两张推导投入产出表归并在一张总表上,即推导法投入产出表 (见表 3-6)。

表 3-6　　　　　　　　　　　　　　　投入产出表

项　目		产　品 $1,2,\cdots,n$	产业部门 $1,2,\cdots,n$	最终产品	总产品
产　品	1 2 ⋮ n	$[x_{ij}]$	U	Y	X
产业部门	1 2 ⋮ n	V	$[\widetilde{x}_{ij}]$	$\widetilde{Y}$	G
最终产值		N^T	$\widetilde{N}^T$		
总产值		X^T	G^T		

推导法投入产出表中产业部门的划分,一般应与现行统计口径保持一致,这样就可以充分利用现有统计资料,再兼以必要的基层调查,较容易地编制两张基本表。

根据上面的投入产出表材料进行间接推算,推导产品×产品和部门×部门投入产出表,此过程需要借助六个关系式和两个假定前提,下面将分别加以阐明。

3. **投入产出关系式**

投入产出表可以建立六个关系式:

(1) $X = U_i + Y$

其中,i 是每个分量的列向量,显然,U_i 为 U 的行总和。该方程表示各类产品的总量等于中间产品与最终产品的和。

(2) $X = V_i^T$

该方程说明每类产品的总量分别等于所有产业部门生产的该类产品的总和。

(3) $G = V_i$

该方程说明各产业部门的总产品等于它生产的各类产品的总和。

(4) $U = B\hat{G}$ 或 $B = U\hat{G}^{-1}$

式中，$\hat{G}$ 是一个对角线上填有 G 分量的对角矩阵，B 是一个产品×部门的直接消耗系数（或投入系数）矩阵，元素 b_{ij} 是第 j 产业部门生产一单位产品对于第 i 类产品的消耗量。

(5) $V^T = C\hat{G}$ 或 $C = V^T\hat{G}^{-1}$

式中，C 称为产品比例系数（或产出系数）矩阵，其中的元素 C_{ij} 表示产业部门生产的第 i 类产品占第 j 部门总产品的比例。显然，$C = V^T\hat{G}^{-1}$。

(6) $V = D\hat{X}$ 或 $D = V\hat{X}^{-1}$

式中，D 为供应系数（或市场份额系数）矩阵，元素 d_{ij} 是第 i 部门生产的第 j 类产品占第 j 类产品的比例。

前三式为数学上的恒等关系，后三式是关于生产技术条件的假定。

4. 产品×产品和部门×部门投入产出表的推导

一般来说，各个产业部门不仅生产本部门的特征产品，即主要产品，而且生产次要产品和副产品。因此，在产品×部门的直接消耗系数 b_{ij} 中，有绝大多数部门用以生产 j 部门的特征产品，还有相当数量的部门用来生产次要产品和副产品。间接推导法推导投入产出表的核心在于转移基本投入产出表中次要产品、副产品的投入和产出。

为了转移各产业部门次要产品和副产品的投入和产出，推导投入产出表需要引入两个假定：一是产品技术假定，即一种产品不论在哪个产业部门生产都具有相同的投入结构；二是产业技术假定，即一个产业部门所生产的各种产品都具有相同的投入结构。

下面将通过具体的数值例子来理解各部分的联系以及投入产出表的推导过程。

【例 3-1】 假设投入产出表（UV 表）如表 3-7 所示。

表 3-7　　　　　　　　　　　投入产出表　　　　　　　　　　单位：亿元

项目		产品 1	产品 2	产品 3	产业部门 1	产业部门 2	产业部门 3	最终产品	总产品
产品	1				40	160	10	190	400
	2				80	70	60	690	900
	3				30	160	40	210	440
产业部门	1	400	100	0					500
	2	0	760	40					800
	3	0	40	400					440
最终产值					350	410	330		
总产值		400	900	440	500	800	440		

(1) 部门消耗系数矩阵 B

该系数反映企业部门消耗各种产品的情况，其经济含义为某部门每生产一单位的混合产

品或产出所消耗的各种产品的数量。其计算公式以表3-7中的数据代入,则构成下面的矩阵计算公式:

$$B = U\hat{G}^{-1} = \begin{pmatrix} 40 & 160 & 10 \\ 80 & 70 & 60 \\ 30 & 160 & 40 \end{pmatrix} \begin{pmatrix} 500 & & \\ & 800 & \\ & & 440 \end{pmatrix}^{-1} = \begin{pmatrix} 0.080\,0 & 0.200\,0 & 0.022\,7 \\ 0.160\,0 & 0.087\,5 & 0.136\,4 \\ 0.060\,0 & 0.200\,0 & 0.090\,9 \end{pmatrix}$$

(2) 产品比例系数矩阵 C(又称产出系数矩阵或生产构成系数矩阵)

该系数反映同一企业部门生产的不同产品的比例情况,其经济含义为某部门生产的各种产品占其总产出的比重。其计算公式以表3-7中的数据代入,即得下面的矩阵计算公式:

$$C = V^T \hat{G}^{-1} = \begin{pmatrix} 400 & 0 & 0 \\ 100 & 760 & 40 \\ 0 & 40 & 400 \end{pmatrix} \begin{pmatrix} 500 & & \\ & 800 & \\ & & 440 \end{pmatrix}^{-1} = \begin{pmatrix} 0.800 & 0 & 0 \\ 0.200 & 0.950 & 0.091 \\ 0 & 0.050 & 0.909 \end{pmatrix}$$

(3) 市场份额系数 D(又称供应系数矩阵)

该系数反映不同部门所生产的同一种产品在其市场中的比重,其经济含义为在某产品的市场中各部门所生产的份额数量。其计算公式以表3-7中的数据代入,即得下列矩阵计算公式:

$$D = V\hat{X}^{-1} = \begin{pmatrix} 400 & 100 & 0 \\ 0 & 760 & 40 \\ 0 & 40 & 400 \end{pmatrix} \begin{pmatrix} 400 & & \\ & 900 & \\ & & 440 \end{pmatrix}^{-1} = \begin{pmatrix} 1.000\,0 & 0.111\,1 & 0 \\ 0 & 0.844\,4 & 0.090\,9 \\ 0 & 0.444\,4 & 0.909\,1 \end{pmatrix}$$

(4) 运用产品技术假定编制投入产出表

产品技术假定的内容上已经提及,即同一种产品无论是在哪个部门生产,其投入结构都是相同的,所以在产品技术假定下,只要计算出某个部门生产的产品的投入结构,就能够以此作为该种产品的社会投入结构。下面介绍通过上述投入产出表的6个关系式来推导在产品技术假定下的直接消耗系数矩阵。

根据关系式有:

$$\begin{aligned} X &= U_i + Y \\ &= BG + Y \\ &= BC^{-1}X + Y \\ &= (I - BC^{-1})^{-1}Y \end{aligned} \tag{3-24}$$

若以 A 表示产品×产品的直接消耗系数矩阵,对产品×产品表有:

$$X = (I - A)^{-1}Y \tag{3-25}$$

两个等式对照,易得产品×产品直接消耗系数矩阵:

$$A = BC^{-1}$$

最终产品列向量为:

$$\tilde{Y} = C^{-1}Y$$

就部门来看,部门的消耗系数与部门所生产的产品的消耗系数之间存在一定的数量关系,即部门 j 对 i 产品的单位消耗是该部门所生产的各种产品对产品 i 的单位消耗的加权平均数,权数则是该部门的生产构成系数。具体公式如下:

$$b_{ij} = a_{i1}c_{1j} + a_{i2}c_{2j} + \cdots + a_{in}c_{nj} \quad (i,j = 1,2,\cdots,n) \qquad (3-26)$$

将前面的数据代入,则得产品系数假定下的直接消耗系数为:

$$A = BC^{-1} = \begin{pmatrix} 0.080\,0 & 0.200\,0 & 0.022\,7 \\ 0.160\,0 & 0.087\,5 & 0.136\,4 \\ 0.060\,0 & 0.200\,0 & 0.090\,9 \end{pmatrix} \begin{pmatrix} 0.800 & 0 & 0 \\ 0.200 & 0.950 & 0.091 \\ 0 & 0.050 & 0.909 \end{pmatrix}^{-1}$$

$$= \begin{pmatrix} 0.047\,4 & 0.210\,3 & 0.003\,9 \\ 0.178\,8 & 0.084\,7 & 0.141\,6 \\ 0.023\,4 & 0.206\,4 & 0.079\,3 \end{pmatrix}$$

流量矩阵为:

$$[x_{ij}] = A\hat{X} = \begin{pmatrix} 19 & 189 & 2 \\ 72 & 76 & 62 \\ 9 & 186 & 35 \end{pmatrix}$$

最终产值系数行向量为:

$$n^T = \tilde{n}^T C^{-1}$$

最终产值行向量为:

$$N^T = n^T \hat{X} = (300 \quad 449 \quad 341)$$

于是可以得到产品×产品投入产出表。

同理,根据各关系式可以得到部门×部门投入产出表。

(5) 运用产业技术假定编制投入产出表

在产业技术假定下,一个产业部门生产的任何产品的消耗结构都可用该部门的消耗结构来代替。下面同样运用6个关系式来推导在产业技术假定下的直接消耗系数矩阵。

根据关系式有:

$$X = U_i + Y = BG + Y = BDX + Y = (I - DB)^{-1}Y \qquad (3-27)$$

同理,将上式与投入产出表的基本数学模型相对照,不难看出,直接消耗系数矩阵为:

$$A = BD$$

具体写成公式:

$$a_{ij} = b_{i1}d_{1j} + b_{i2}d_{2j} + \cdots + b_{in}d_{nj} \quad (i,j = 1,2,\cdots,n) \qquad (3-28)$$

最终产品列向量为:

$$\tilde{Y} = DY$$

再将表中数据代入,先求出直接消耗系数矩阵A,再求出对称性产品的中间消耗流量与增加值,然后编制投入产出表,计算方法与上述在产品技术假定下的相同,此处不再详述。

产品技术假定或产业技术假定都是极端情形,在现实生活中,多数产品可能更适合产品技术假定,少数产品可能更适合产业技术假定。比较理想的方法是把两个假定有效地结合起来,这就是混合假定,感兴趣的读者可以查阅有关资料。

5. 直接分解法与间接推导法的比较

这两种方法各有利弊。在直接分解法下,"纯部门"数据直接来自基层,比较准确,但要花费较多的人力、物力和时间。应用这种方法得到的只有一张纯部门投入产出表,且由于计划统计口径不一致,因此实际部门使用时困难较多。在间接推导法下,既有两张基础的投入表和产出表,又有两张推导的产品表和部门表,表的计算口径与计划统计口径基本一致,因此实际部门使用时比较方便。不过在此方法下,产品×产品和部门×部门投入产出表是根据一定的技术假定推导而得,虽然编制时省时省力,但数据的准确性可能比前一种方法差些。

(二) 直接消耗系数修正法——RAS 法

对静态投入产出分析来说,一张投入产出表的直接消耗系数只是反映一个特定时间生产中的直接消耗结构。但由于编制投入产出表要花费大量的人力、财力、物力,所以绝大部分国家目前都未实现一年编一张表。随着经济技术的不断发展,各种投入消耗系数经常在变动,这样在编制新表之前,若一成不变地使用旧表的消耗系数来表示各年的消耗结构,就会产生误差,需要及时进行调整和修订。

直接消耗系数修正法按修正的全面程度,可分为全面修正法和局部修正法。全面修正法通过重新编制投入产出表来全面修正直接消耗系数;局部修正法只选择变化较大的直接消耗系数,根据技术、经济、自然等因素和有关统计资料,局部进行调整。世界上大部分国家一般在 5 年左右重新编制表格,在编制新表期间则采取局部调整,而 RAS 法是一种对直接消耗系数进行局部调整的常用方法。RAS 法也称适时修正法,是英国经济计量学家 R. 斯通提出的。它的基本原理是假设部门间消耗系数矩阵 A 的每一个元素 a_{ij} 受两个方面的影响:一是替代的影响,即在生产中作为中间消耗的一种产品,代替其他产品或被其他产品所替代的影响,它体现在流量表的行乘数 R 上;二是制造的影响,即产品在生产中所发生的中间投入对总投入比例变化的影响,它体现在列乘数 S 上。

设基期的直接消耗系数矩阵为 A_0,以后年份的直接消耗系数矩阵为 A_1,则:

$$A_1 = \hat{R} A_0 \hat{S}$$

式中,R、S 均为对角矩阵,可分别表示为:

$$\hat{R} = \begin{pmatrix} r_1 & 0 & \cdots & 0 \\ 0 & r_2 & \cdots & 0 \\ & & \vdots & \\ 0 & 0 & \cdots & r_n \end{pmatrix} \qquad \hat{S} = \begin{pmatrix} s_1 & 0 & \cdots & 0 \\ 0 & s_2 & \cdots & 0 \\ & & \vdots & \\ 0 & 0 & \cdots & s_n \end{pmatrix}$$

然而在矩阵 $A_1 = \hat{R} A_0 \hat{S}$ 中,只有 A_0 是已知量,求解比较困难,需要用多次迭代法进行求解。求解的前提条件是已知其直接消耗系数矩阵 A,本期总产出列向量 X,本期中间消耗矩阵行合计数 U^* 和列合计数 V^*。

下面通过具体的例子来说明如何进行消耗系数的修正,最终得到调整后的直接消耗系数矩阵。

【例 3-2】 假设基年的投入产出表如表 3-8 所示,现年的投入产出表中已搜集的数据如表 3-9 所示。[①]

---

① 参考资料:钟契夫,《经济计划方法概论》,全国高等院校计划学研究会,1985 年。

表 3-8　　　　　　　　　　　　　　基年投入产出表　　　　　　　　　　　　　　单位：元

项目	部门 农业	部门 工业	部门 其他	部门 小计	最终产品	总产品 (X_0)
农业	40	70	10	120	130	250
工业	30	250	60	340	260	600
其他	5	20	10	35	125	160
小计	75	340	80	495	515	1 010
最终产值	175	260	80	515		
总产值(X_0)	250	600	160	1 010		

表 3-9　　　　　　　　　　　　　　现年投入产出表　　　　　　　　　　　　　　单位：元

项目	部门 农业	部门 工业	部门 其他	部门 小计(U^*)	最终产品	总产品 (X_1)
农业				160	190	350
工业				565	435	1 000
其他				50	150	200
小计(V^*)	115	550	110	775	775	1 550
最终产值	235	450	90	775		
总产值(X_1)	350	1 000	200	1 550		

根据基年投入产出表,得到基年的直接消耗系数矩阵 A_0 如下：

$$A_0 = [x_{ij}]_0 \hat{X}_0^{-1} = \begin{pmatrix} 0.160\ 0 & 0.116\ 7 & 0.062\ 5 \\ 0.120\ 0 & 0.416\ 7 & 0.375\ 0 \\ 0.020\ 0 & 0.033\ 3 & 0.062\ 5 \end{pmatrix}$$

目的是根据现年投入产出表中的已知数据来修正基年的直接消耗系数,使之适用于现年。修正时采用迭代法,其步骤如下：

第一步：根据基年的直接消耗系数矩阵 A_0 和现年的总产品对角阵 $\hat{X}_1$,计算流量矩阵 $[x_{ij}] = A_0 \hat{X}_1$;然后按行相加,得到中间产品合计列向量 $U^{(1)}$,按列相加,得到劳动对象消耗合计行向量 $V^{(1)}$;再把它们分别与现年实际的中间产品合计列向量和劳动对象消耗合计行向量 V^* 相比较,如果不相等,就对 A_0 进行调整。如果先按行调整,则需要计算第一次行乘数列向量 $R^{(1)}$,其中第 i 行乘数 $r_i = U_i^* / U^*$。

表 3-10　　　　　　　　　　　　　　RAS 法过程一

$A_0 \hat{X}_1$			$U^{(1)}$	U^*	$R^{(1)} = U^{(1)}/U^*$
56	116.7	12.5	185.2	160	0.863 9
42	416.7	75.0	533.7	565	1.058 6
7.0	33.3	12.5	52.8	50	0.946 9

续表

	$A_0\hat{X}_1$		$U^{(1)}$	U^*	$R^{(1)} = U^{(1)}/U^*$
$V^{(1)}$	105	566.7	100		
V^*	115	550	110		

第二步：以对角矩阵 $\hat{R}^{(1)}$（对角线上元素为第一次行乘数）左乘 $A_0\hat{X}_1$，即在 $[A_0\hat{X}_1]$ 的每行上分别乘以各行乘数，得矩阵 $[\hat{R}^{(1)} \quad A_0\hat{X}_1]$，再按列相加，得行向量 $V^{(1)}$，并与现年的劳动对象消耗合计行向量 V^* 相比较，计算第一次列乘数行向量 $S^{(1)}$，其中第 j 个列乘数 $S_j = V_j^*/V_j^{(1)}$。

表 3-11　　　　　　　　　　　　RAS 法过程二

$[\hat{R}^{(1)} \quad A_0\hat{X}_1]$	48.378 4	100.817 1	10.798 7
	44.461 2	441.118 6	79.395 0
	6.628 3	31.531 7	11.836 2
$V^{(1)}$	99.467 9	573.467 4	102.029 9
V^*	115	550	110
$S_j = V_j^*/V_j^{(1)}$	1.156 1	0.959 0	1.078 1

第三步：以第一次列乘数对角矩阵 $\hat{S}^{(1)}$ 右乘上一步所得的流量矩阵，即在矩阵 $[\hat{R}^{(1)} \quad A_0\hat{X}_1]$ 的每列上分别乘以相对应的第一项列乘数，得到新的流量矩阵 $[\hat{R}^{(1)} \quad A_0\hat{X}_1\hat{S}^{(1)}]$，然后再按行相加，计算第二次行乘数向量 $R^{(2)}$。

表 3-12　　　　　　　　　　　　RAS 法过程三

	$[\hat{R}^{(1)} \quad A_0\hat{X}_1\hat{S}^{(1)}]$		$U^{(2)}$	U^*	$R^{(2)}$
55.930 2	96.683 6	11.642 1	164.255 9	160	0.974 1
51.401 6	423.032 7	85.595 7	560.030 0	565	1.008 9
7.663 0	30.238 9	12.760 6	50.662 5	50	0.986 9

第四步：以 $R^{(2)}$ 左乘 $[\hat{R}^{(1)} \quad A_0\hat{X}_1\hat{S}^{(1)}]$，计算列乘数向量 $S^{(2)}$。

第五步：以 $\hat{S}^{(2)}$ 右乘 $[\hat{R}^{(2)}\hat{R}^{(1)} \quad A_0\hat{X}_1\hat{S}^{(1)}]$，计算行乘数向量 $R^{(3)}$。

据此，按各行各列逐步进行按比例的调整，一直进行到收敛，即 $U=U^*$、$V=V^*$ 为止。

经验证明，上述迭代法在求解中很快会收敛。本例迭代结果，现年的部门间流量矩阵 $[x_{ij}]=\hat{R}A_0X_1\hat{S}$ 和行乘数列向量、列乘数行向量为：

表 3-13　　　　　　　　　　　　RAS 法过程五

	$\hat{R}A_0X_1\hat{S}$			行乘数[R]
	54.9	93.8	11.3	0.839 4
	52.4	426.4	86.2	1.068 8
	7.7	29.8	12.5	0.934 6
列乘数[S]	1.168 1	0.957 4	1.074 9	

075

其中，第 i 个行乘数 $r_i = r_i^{(1)} \times r_i^{(2)} \times r_i^{(3)} \times \cdots$

第 j 个列乘数 $s_j = s_j^{(1)} \times s_j^{(2)} \times s_j^{(3)} \times \cdots$

$$\hat{R} = \cdots \hat{R}^{(3)} \times \hat{R}^{(2)} \times \hat{R}^{(1)} \tag{3-29}$$

$$\hat{S} = \hat{S}^{(1)} \times \hat{S}^{(2)} \times \hat{S}^{(3)} \cdots \tag{3-30}$$

于是，可得到经过修正的现年直接消耗系数矩阵：

$$A_1 = [\hat{R} A_0 X_1 \hat{S}] \hat{X}_1^{-1}$$

$$= \begin{pmatrix} 0.1569 & 0.0938 & 0.0565 \\ 0.1497 & 0.4264 & 0.4310 \\ 0.0220 & 0.0298 & 0.0625 \end{pmatrix}$$

由此可见，现年的直接消耗系数矩阵 A_1 是由行乘数对角矩阵 $\hat{S}$ 和列乘数对角矩阵 $\hat{S}$ 对基年的直接消耗系数矩阵 A_0 进行双边调整而得。这就是 RAS 法的来历。

由于 RAS 法的替代假定和制造假定在很大程度上脱离实际，修订的系数出现较大的误差，因此提出了改进的 RAS 法。它将以后年份已知的一些中间流量从第一象限中取出，在表中写上 0，对余下的直接消耗系数矩阵应用 RAS 法进行修订，当第一象限平衡后，原来为 0 的元素最后仍然为 0，就可以将取出的已经确定的流量填入，得到完整的修订后的 A'，再补充该年的最终产品和增加价值，就可编制出一张投入产出表。

第四节 投入产出法的应用

投入产出法在经济中应用极其广泛，可以据以进行各种有价值的分析，如分析经济增长与经济增长因素，分析分配、再分配与国民经济各部门的比例关系。另外，还可以利用投入产出模型分析不同国家的经济结构和技术结构，研究其变化对国民经济的影响；研究消费投资需求对生产量和就业量的关系；研究各种产品之间价格变化的相互影响；等等。

【例 3-3】 假设已知 t 年的国民经济情况如表 3-14 所示。

表 3-14　　　　　　　　　　　　t 年投入产出表　　　　　　　　　　　单位：亿元

项目		中间产品				最终产品			总产品
		农业	工业	其他	合计	积累	消费	合计	
生产部门	农业	60	190	30	280	40	280	320	600
	工业	90	1 520	180	1 790	500	1 510	2 010	3 800
	其他	30	95	60	185	75	340	415	600
	合计	180	1 805	270	2 255	815	2 130	2 745	5 000
增加值	工资	320	1 200	180	1 700				
	纯收入	100	795	150	1 045				
	合计	420	1 995	330	2 745				
总投入		600	3 800	600	5 000				

以上投入产出表的数据是假定并简化了的。假定国民经济分为三个物质生产部门，即农

业、工业和其他,三者之间的数据关系如表 3-14 所示。

从表 3-14 可以看出所建立的各种平衡关系:

(1) 每一行的总计等于每一列的总计,这说明各部门生产的产品和分配使用的产品在总量上是相等的。例如,农业部门生产 600 亿元的产品,分配使用也是 600 亿元的产品。

(2) 最终产品合计等于新创造价值合计,这说明社会生产的国民收入和社会最终使用的国民收入在总量上是相等的。

直接消耗系数的计算方法是用各部门的总产量(价值)去除该部门消耗的其他部门的产品数量(价值),即:

$$a_{ij} = X_{ij}/X_j \quad (i,j = 1,2,\cdots,n)$$

完全消耗系数矩阵 B 按公式 $B = (I-A)^{-1} - I$ 计算。

把直接消耗系数和完全消耗系数的计算结果列表(见表 3-15)。

表 3-15　　　　　　　　　　　消耗系数表

项 目	直接消耗系数 A			完全消耗系数 B		
	农 业	工 业	其 他	农 业	工 业	其 他
农 业	0.1	0.05	0.05	0.132 9	0.097 2	0.100 9
工 业	0.15	0.4	0.3	0.319 7	0.710 9	0.622 6
其 他	0.05	0.025	0.1	0.073 0	0.039 9	0.194 8

一、供给与需求预测

投入产出表揭示了国民经济各部门之间的消耗结构和各种经济联系,因此,根据已知年份的投入产出数据,可以预测总产出、GDP、最终产品和中间消耗之间的供给与需求。

(一) 根据给定的最终产品供给量,预测对总产出和中间产品的需求

此种情况下需要使用的公式为:$(I+B)Y = X$。

先确定 $t+1$ 年的农业、工业和其他部门的最终产品供给量分别增长 4%、11%、15%,预测 $t+1$ 年国民经济各部门的总产出和中间消耗的需求量各为多少。

首先,预测 $t+1$ 年各部门最终产品的供给量。

$Y_1 = 320 \times (1+4\%) = 332.8(亿元)$
$Y_2 = 2\ 010 \times (1+11\%) = 2231.1(亿元)$
$Y_3 = 415 \times (1+15\%) = 477.25(亿元)$

接着,根据已知的投入产出表,预测为保证上述最终产品的供给,对各部门总产出的需求量 X。

$X = (I+B)Y$

$$\begin{pmatrix} X_1 \\ X_2 \\ X_3 \end{pmatrix} = \begin{pmatrix} 1.132\ 9 & 0.097\ 2 & 0.100\ 9 \\ 0.319\ 7 & 1.710\ 9 & 0.622\ 6 \\ 0.073\ 0 & 0.039\ 9 & 1.194\ 8 \end{pmatrix} \begin{pmatrix} 332.8 \\ 2231.1 \\ 477.25 \end{pmatrix} = \begin{pmatrix} 446.87 \\ 785.25 \\ 603.41 \end{pmatrix}$$

从计算结果可以看出,农业、工业及其他部门对总产出的需求量分别达到 446.87 亿元、785.25 亿元和 603.41 亿元。

最后,预测为保证上述最终产品的供给,各部门对各种中间产品的需求量 x_{ij},即计算 $A\hat{X}$。

$$[x_{ij}] = A\hat{X} = \begin{pmatrix} 0.1 & 0.05 & 0.05 \\ 0.15 & 0.4 & 0.3 \\ 0.05 & 0.025 & 0.1 \end{pmatrix} \begin{pmatrix} 446.87 & 0 & 0 \\ 0 & 785.25 & 0 \\ 0 & 0 & 603.41 \end{pmatrix}$$

$$= \begin{pmatrix} 44.7 & 39.3 & 30.2 \\ 67.0 & 314.1 & 181.0 \\ 22.3 & 19.6 & 60.3 \end{pmatrix}$$

根据此计算结果便可得中间产品需求表(见表 3-16)。

表 3-16　　　　　　　　　　　　　中间产品需求表　　　　　　　　　　　　单位:亿元

项目	农业	工业	其他	合计
农业	44.7	39.3	30.2	114.2
工业	67.0	314.1	181.0	562.1
其他	22.3	19.6	60.3	102.2
合计	134.0	373	271.5	778.5

至此,对总产品和中间产品的需求预测完成。

(二) 根据给定的 GDP,预测对总产出、最终产品和中间产品的需求

先确定 $t+1$ 年 GDP 为 3 187.5 亿元,其中农业、工业、其他部门的增加值分别为 600 亿元、2 137.5 亿元和 450 亿元,预测 $t+1$ 年的国民经济总产出、最终产品与中间产品的需求各为多少。

这种情况是将增加值作为外生变量进行求解。

首先,预测 $t+1$ 年各部门总产出的需求量,使用的公式为: $(I-A_C)^{-1}(D+V+M+S) = X$。

A_C 矩阵算法是将 A 的列各元素相加,将所得各列数据之和放在对角线上。

$$A_C = \begin{pmatrix} 0.3 & 0 & 0 \\ 0 & 0.475 & 0 \\ 0 & 0 & 0.45 \end{pmatrix}$$

$$X = (I-A_C)^{-1}(D+V+M+S) = \begin{pmatrix} \dfrac{1}{0.3} & 0 & 0 \\ 0 & \dfrac{1}{0.475} & 0 \\ 0 & 0 & \dfrac{1}{0.45} \end{pmatrix} \begin{pmatrix} 600 \\ 2\,137.5 \\ 450 \end{pmatrix} = \begin{pmatrix} 2\,000 \\ 4\,500 \\ 1\,000 \end{pmatrix}$$

接着,预测 $t+1$ 年各部门最终产品需求量,使用的公式为: $Y = (I-A)X$。

$$Y = (I-A)X = \begin{pmatrix} 0.9 & -0.05 & -0.05 \\ -0.15 & 0.6 & -0.3 \\ -0.05 & -0.025 & 0.9 \end{pmatrix} \begin{pmatrix} 2\,000 \\ 4\,500 \\ 1\,000 \end{pmatrix} = \begin{pmatrix} 1\,525 \\ 2\,100 \\ 687.5 \end{pmatrix}$$

最后,预测各部门对中间产品的需求量。

$$[x_{ij}] = A\hat{X} = \begin{pmatrix} 0.1 & 0.05 & 0.05 \\ 0.15 & 0.4 & 0.3 \\ 0.05 & 0.025 & 0.1 \end{pmatrix} \begin{pmatrix} 2\,000 & 0 & 0 \\ 0 & 4\,500 & 0 \\ 0 & 0 & 1\,000 \end{pmatrix} = \begin{pmatrix} 200 & 225 & 50 \\ 300 & 1\,800 & 300 \\ 100 & 112.5 & 100 \end{pmatrix}$$

各步骤结果整理如表3-17所示。

表3-17　　　　　　　　　　　　　需求预测表　　　　　　　　　　　　　单位:亿元

项目	中间产品需求量				最终产品需求量	总产品需求量
	农业	工业	其他	合计		
农业	200	225	50	475	1 525	2 000
工业	300	1 800	300	2 400	2 100	4 500
其他	100	112.5	100	312.5	687.5	1 000
合计	600	2 137.5	450	3 187.5	4 312.5	7 500

(三) 根据给定的总产出供给量,预测对中间产品和最终产品的需求

这时的外生变量为总产出,使用的公式为 $Y=(I-A)X$,具体步骤可参照上述内容。

二、研究生产要素的综合平衡

任何事物的发展都要求其要素比例协调,社会再生产也不例外。通过投入产出模型可以研究各生产要素的投入比例,这对国家进行生产要素及资源的合理配置起到了重要的作用。

(一) 劳动力数量在各部门之间的分配

不同部门生产的产品结构不同,产出水平不同,对劳动力的需求也不一致。在这部分分析中,我们假设:在劳动生产率和工资水平保持不变的情况下,劳动力数量与劳动报酬成正比,而劳动报酬又与总产出成正比。

在此假设下,利用投入产出分析法可以研究在一定产量下各部门对劳动力的需求量。

若假定工业部门的最终产品供给量将增加150亿元,分析各部门应配置的劳动力数量。

若劳动报酬系数 $a_{vj}=v_j/X_j$,表示第 j 部门生产单位总产出支付的劳动报酬,则有 $v_j=a_{vj}X_j$。

通过劳动报酬系数便能求出在一定产量下的劳动报酬 V_j,进而通过劳动报酬求得各部门所需要的劳动力人数。具体做法如下:

首先,根据公式计算各部门劳动报酬系数 a_{vj}。

$a_{v1}=v_{j1}/X_1=320/600=0.533$

$a_{v2}=v_{j2}/X_2=1\,200/3\,800=0.316$

$a_{v3}=v_{j3}/X_3=180/600=0.3$

接着,计算各部门劳动报酬数量。

已知工业部门的最终产品供给量增加150亿元,通过模型 $(I+B)Y=X$ 可以求得各部门总产品 X,再通过 $v_j=a_{vj}X_j$ 求得各部门劳动报酬。计算公式为:

$$\Delta V = \hat{A}_{vj}(I+B)\Delta Y$$

式中，$\hat{A}_{vj}$ 为劳动报酬系数对角矩阵，代入数据，计算如下：

$$V = \hat{A}_{vj}(I+B)\Delta Y = \begin{pmatrix} 0.533 & 0 & 0 \\ 0 & 0.316 & 0 \\ 0 & 0 & 0.3 \end{pmatrix} \begin{pmatrix} 1.132\,9 & 0.097\,2 & 0.100\,9 \\ 0.319\,7 & 1.710\,9 & 0.622\,6 \\ 0.073\,0 & 0.039\,9 & 1.194\,8 \end{pmatrix} \begin{pmatrix} 0 \\ 150 \\ 0 \end{pmatrix} = \begin{pmatrix} 7.77 \\ 81.10 \\ 1.80 \end{pmatrix}$$

计算结果表明，农业、工业及其他部门的劳动报酬在 $t+1$ 年将分别增加 7.77 亿元、81.10 亿元和 1.8 亿元。

最后，计算各部门所需要的劳动力数量。

现假设农业、工业及其他部门每年的工资水平分别为 5 000 元/人、10 000 元/人和 10 000 元/人，则各部门在 $t+1$ 年应增加的劳动力人数为：

$\Delta L = 7.77(亿元)/0.5(万元) = 15.54(万人)$

$\Delta L = 81.80(亿元)/1(万元) = 81.80(万人)$

$\Delta L = 1.80(亿元)/1(万元) = 1.80(万人)$

计算结果表明，虽然只是工业部门增加了最终产品的供给量，但是各个部门都要增加劳动配置。工业部门增加的劳动配置最多，其次是农业部门，再次是其他部门，这种结果与部门之间的消耗结构和经济联系有关，工业产品有一部分是以农产品为主要原料，工业部门的产品增产大量增加了农产品的直接消耗量和间接消耗量。农业部门为了满足工业部门的增产必须增加劳动力的投入，以增加农业产品的供给，而其他部门劳动力的投入增加也是因为社会生产体系中各部门的紧密联系而导致的，所以工业部门的最终产品的增加带动了整个国民经济各部门产品的增加，并促进了就业。但这种增加并不是每个部门都增加总产出，并且也不是对其他各部门都能起到促进作用，社会经济大生产中的各元素也要协调发展，单个部门畸形发展会对其他部门产生不利影响，从而对整个社会产生负面作用。具体参见以下分析。

(二) 分析一个部门总产出的变化对各个部门产生的影响

假定农业增加总产出 ΔX，由于农业部门的生产需要消耗各部门的各种产品，农业产量增加必然会影响对其他各部门产品的中间需求，模型如下：

$$\Delta Y = (I-A)\Delta X = \begin{pmatrix} 1-a_{11} & -a_{12} & \cdots & -a_{1n} \\ -a_{21} & 1-a_{22} & \cdots & -a_{2n} \\ & & \vdots & \\ -a_{n1} & -a_{n2} & \cdots & 1-a_{nn} \end{pmatrix} = \begin{pmatrix} (1-a_{11})\Delta X_1 \\ -a_{21}\Delta X_1 \\ \vdots \\ -a_{n1}\Delta X_1 \end{pmatrix} \quad (3-31)$$

计算结果表明，除了农业的最终产品将增加 $(1-a_{11})\Delta X_1$，其他部门的最终产品都将减少。这揭示了一个道理：任何一个部门的供给或需求的变动，都会对其他各个部门产生广泛的有利或不利的影响。每个部门的生产都不能只考虑为了自己部门产出的增加而增加对中间产品的消耗，这样必然会导致其他部门最终产品供给的减少，各个部门的生产不协调发展会产生各种各样的需求与供给缺口，进而导致整个社会产量的减少。这就启示我们，必须全面考虑，正确制定各部门的发展速度，因为它们是一个有机的整体，存在相互制约、相互依存的密切关系。

（三）分析一个部门最终产品的变动对各个部门产生的影响

这里仍假设农业部门的最终产品增加 ΔY_1，根据下式可分析对各部门的影响：

$$\Delta X = (I+B)\Delta Y = \begin{pmatrix} 1+b_{11} & b_{12} & \cdots & b_{1n} \\ b_{21} & 1+b_{22} & \cdots & b_{2n} \\ & & \vdots & \\ b_{n1} & b_{n2} & \cdots & 1+b_{nn} \end{pmatrix} \begin{pmatrix} \Delta Y_1 \\ 0 \\ \vdots \\ 0 \end{pmatrix} = \begin{pmatrix} (1+b_{11})\Delta Y_1 \\ b_{21}\Delta Y_1 \\ \vdots \\ b_{n1}\Delta Y_1 \end{pmatrix} \quad (3-32)$$

计算结果表明，一个部门增加最终产品的供给，全社会各个部门对总产品的需求都将增加，因为，为了满足农业部门要增加产量 ΔY_1 的需要，其他部门就要增加中间产品的供给，如果实际供给增加不能满足农业产量增加的消耗，同样会出现供不应求即供给缺口的情况。

三、研究社会生产中各部门之间的比例关系与结构关系

（一）研究国民经济各部门的比例关系

通过投入产出表可以计算农业、工业以及其他部门之间的比例关系，具体方法是：通过从总产出、增加值等方面来计算农业、工业以及其他部门之间的比例关系，并通过计算得出的结果分析国民经济中各部门的比例结构是否合理。该方法比较简单，读者可以自行计算，这里不再详述。

（二）部门之间的影响程度分析

部门之间的影响用影响力系数（或后联系系数）来度量，记作 F_j，它反映某个部门对整个国民经济的推动作用。其计算公式为：

$$F_j = \frac{\sum_{i=1}^{n} \bar{b}_{ij}}{\frac{1}{n}\sum_{i=1}^{n}\sum_{j=1}^{n} \bar{b}_{ij}} \quad (3-33)$$

式中，$\bar{b}_{ij}$ 为完全需要系数，即 $I+B=[\bar{b}_{ij}]n\times n$，$n$ 为部门数，分子为完全需要系数矩阵各列元素之和，分母为完全需要系数矩阵各列元素之和的平均数。因此，影响力系数反映了第 j 部门最终需求增加一单位时对各部门产生的需求影响程度。

F_j 处于不同的值，反映的经济情况也不同，具体如下：当 $F_j>1$ 时，表明第 j 部门生产对国民经济的影响程度超过各部门影响力的平均水平；F_j 越大，对各部门产出的拉动作用越大。

通过本节开始所给的数例，可以计算农业、工业和其他部门的影响力系数如下：

$F_1=1.525\ 6/1.764\ 0=0.865$

$F_2=1.848/1.764\ 0=1.048$

$F_3=1.918\ 3/1.764\ 0=1.087$

计算结果表明，农业对各部门的影响力较小，而工业和其他部门的影响力较大。

（三）部门之间的感应程度分析

一个部门对国民经济发展的感应程度用感应度系数（或向前联系系数）来度量，记作 E_i。其计算公式为：

$$E_i = \frac{\sum_{j=1}^{n} \bar{b}_{ij}}{\frac{1}{n} \sum_{i=1}^{n} \sum_{j=1}^{n} \bar{b}_{ij}} \tag{3-34}$$

式中,分子为完全需要系数矩阵各行元素之和,分母为完全需要系数矩阵各列元素之和的平均数。

感应系数表示,如果各个部门都增加一单位最终产品,第 i 部门首次感应而产生的需求影响程度。

E_i 处于不同的值,反映的经济情况也不同,具体如下：当 $E_i > 1$ 时,表明各部门的生产使第 i 部门受到的感应影响高于国民经济的平均感应程度；E_i 越大,表明第 i 部门承受的需求压力越大。

仍以本节开始所给的数例,可以计算农业、工业和其他部门的感应系数如下：

$E_1 = 1.331/1.764\ 0 = 0.755$

$E_2 = 2.653\ 2/1.764\ 0 = 1.504$

$E_3 = 1.307\ 7/1.764\ 0 = 0.741$

计算结果表明,工业对国民经济的感应度较大,农业和其他部门的感应度较小。

以上对计算结果的分析,都是基于本节开始所假设的例子中的数据,在应用中,可以根据实际情况进行分析。

四、研究价格变动及其影响

价格变动会影响国民经济各个方面,合理的价格体系是保证国民经济持续、快速、健康发展的重要条件。价格杠杆是进行宏观调控的一个重要工具,因此利用投入产出模型对价格体系进行研究,对国家制定合理的价格政策和价格标准发挥着重要的作用。

下面将通过价格模型进行价格分析。

(一) 价格模型

通过投入产出表的平衡关系,可以测算各类产品的价格。在国民经济核算体系中,统一计算出各类产品的价格,即为价格体系。

用投入产出模型计算各类产品的价格,需要具备的条件有：

第一,编制出扩展的事务性投入产出表。此表的主栏是各类事务性的产品,除了与实物表一样有横表外,还要像价值表一样,第三象限要有各类产品所需劳动报酬的数量。

第二,有反映单位产品提供利润和税金的资料。单位产品可提供的税金可以根据工资税率、成本税率或资金税率来计算。

第三,提供了各类产品部门生产过程中所需提取折旧的数量。

在上述条件下,可以建立价格模型：

$$P = [(I - A)^{-1}]^T (\bar{d} + \bar{v} + \bar{m} + \bar{s}) \tag{3-35}$$

式中,$\bar{d}, \bar{v}, \bar{m}, \bar{s}$ 是单位产品固定资本消耗、劳动报酬、营业盈余和生产税净额列向量。

(二) 分析一种产品价格变动对其他产品价格的影响

通过投入产出表,研究一种产品价格变动对其他产品的直接影响或间接影响,需要做如下假设：

第一,只考虑产品价格变动对其他产品消耗成本费用的变化影响,而不考虑由于价格变动而可能影响工资与利税的变化,即假设工资与税率不变。

第二,价格变动时,部门的消耗系数不变。

第三,不考虑价格变动与需求之间的相互影响。

第四,假设折旧率不变。

在上述假设条件下,建立一种产品价格变动对其他产品价格影响的模型如下:

$$\begin{pmatrix} \Delta p_1 \\ \Delta p_2 \\ \vdots \\ \Delta p_{n-1} \end{pmatrix} = \begin{pmatrix} \dfrac{\overline{b}_{n1}}{\overline{b}_{nn}} \\ \dfrac{\overline{b}_{n2}}{\overline{b}_{nn}} \\ \vdots \\ \dfrac{\overline{b}_{n,n-1}}{\overline{b}_{nn}} \end{pmatrix} \Delta p_n \qquad (3-36)$$

具体可以根据式(3-35)代入数据进行计算,此处不再举例说明。

实际上,投入产出模型不但可以应用于经济分析,而且可以运用于其他非经济部门的分析研究中,如人口的投入产出、环境的投入产出等。

本章小结

1. 投入产出的分析方法

这是一种分析经济体系的结构、生产过程中生产要素的投入消耗与产出的数量关系的方法。

在国民经济核算中,投入产出核算采用三种分类:一是产品部门分类,用以编制产品投入产出表;二是产业部门分类,用以编制产业投入产出表;三是产品部门与产业部门交叉分类,用以编制供给表和使用表。

2. 产品投入产出表与产业投入产出表为对称型表

直接消耗系数矩阵 A 反映了各种产品在生产中直接的技术经济联系和直接消耗结构。RAS法是一种在静态分析时修订直接消耗系数的有用方法。完全消耗系数反映了产品之间全部各轮次消耗的情况。行模型与列模型是产品投入产出表的两大基本模型。行模型也称产品实物平衡方程,列模型也称产品价值平衡方程。

3. 供给表和使用表为非对称型表

供给表反映各种产品、各个部门的产出供应情况,产品供给方程和部门产出方程为其两大基本方程,产品比例系数和市场份额系数为其重要系数。使用表反映各种产品、各项生产要素在各部门的使用情况,产品使用方程和部门消耗方程为其两大基本方程,部门消耗系数为其重要系数。

4. 编制对称型投入产出表方法

可以采用直接分解法,也可利用供给表和使用表的模型,在产品技术假定和产业技术假定的前提条件下,将非对称型表转换为对称型表。

5. 投入产出分析的重要应用

投入产出分析的主要应用为:进行供给与需求预测,研究生产要素的综合平衡,分析部门之间的比例、结构、影响程度与感应程度等。

思考与练习

1. 试述对称型投入产出表的结构及其经济内容。
2. 试述非对称型投入产出表的结构及其经济内容。
3. 试述 RAS 法的基本思路。
4. 试述直接消耗系数 a_{23},a_{44} 的含义及两者之间的关系,并分别写出它们的具体计算过程及其相应的经济内容。
5. 如何将非对称型投入产出表转换为对称型投入产出表?
6. 已知实物投入产出表,其直接消耗系数矩阵为:

$$A = \begin{bmatrix} \frac{1}{6} & 0 & \frac{1}{4} \\ 0 & \frac{1}{6} & \frac{1}{4} \\ \frac{1}{4} & 0 & \frac{1}{6} \end{bmatrix}$$

其最终产品列向量为:$Y = \begin{bmatrix} 50 \\ 40 \\ 30 \end{bmatrix}$

求总产量 X,并根据所给出的条件,绘制简单实物投入产出表,求出其完全消耗系数矩阵。

7. 试证明 $a_{cj} + a_{vj} + a_{mj} + a_{sj} = 1$ $(j=1,2,\cdots,n)$,并说明其经济含义。
8. 根据投入产出法基本模型,试推出反映劳动报酬和净产值与积累和消费之间数量联系的数学模型。
9. 现有消耗系数数据如下表所示。

项目	直接消耗系数				完全消耗系数			
	农业	轻工业	重工业	其他	农业	轻工业	重工业	其他
农 业	0.06	010	0.10	0.10	0.109 0	0.235 6	0.172 5	0.187 7
轻工业	0.01	0.30	0.10	0.10	0.046 4	0.501 8	0.113 4	0.197 2
重工业	0.20	0.15	0.20	0.20	0.411 4	0.560 8	0.828 4	0.514 3
其 他	0.03	0.15	0.10	0.10	0.090 4	0.320 5	0.227 8	0.207 4

请根据对称型投入产出表的基本原理完成下面对称型投入产出表的编制工作(填出空格中的数据)。

简化的产品投入产出表　　　　　　　　　　　　　　　　单位：亿元

项目	中间消耗					最终产品	总产出
	农业	轻工业	重工业	其他	小计		
农业							
轻工业						1 315	
重工业						560	
其他							
小计							8 000
增加值			800				
总投入							

注：写出计算过程，结果取整数。

10. 已知简化的国民经济产品投入产出表如下：

简化的国民经济产品投入产出表　　　　　　　　　　　　单位：亿元

项目	中间消耗				最终产品	总产出
	A	B	C	D		
A	80	0	80	60	180	400
B	0	192	120	75	1 314 125	8 020
C	120	160	100	0	560 120	500
D	40	112	100	0	48	300
增加值	160	336	100	165	761	
其中：V	40	64	45	33		
总投入	400	800	500	300		2 000

(1) 若确定计划期各部门的最终产品分别为 198 亿元、445 亿元、144 元和 58 亿元，试求总产出和中间产品的需求量。

(2) 若确定计划期 A、B、C、D 部门的总产出分别为 440 亿元、880 亿元、575 亿元、360 亿元，试求对最终产品和中间产品的需求量。

(3) 若确定计划期 A、B、C、D 部门的增加值分别为 176 亿元、369 亿元、6 115 亿元、198 亿元，试求对最终产品的需求量。

(4) 若 B 部门计划增加 50 亿元最终产品，其他各部门最终产品量不变，全社会各部门每个劳动力的年平均劳动报酬为 8 000 元，试求各部门需增加的劳动力。

(5) 计算各部门的影响力系数和感应度系数。

11. 请根据供给表与使用表的基本原理完成下列两张表，并分别按产品技术假定和产业技术假定推导编制出对称型产品投入产出表。

供给表

单位：亿元

项目		产业部门			总供给
		A	B	C	
产品部门	A				
	B		200		200
	C	50			
总产出			200		

使用表

单位：亿元

项目		产业部门			总供给	总使用
		A	B	C		
产品部门	A	20		20		150
	B	40		30	100	
	C		100		50	
增加值		140	70			
总产出				200		600

第四章
收入分配与使用核算

学习目标

1. 了解收入分配核算的基本理论；
2. 掌握收入初次分配核算的内容及其账户的编制方法；
3. 掌握收入再分配核算的内容及其账户的编制方法；
4. 理解收入使用核算的基本理论；
5. 理解消费核算的基本理论。

生产、收入、分配与使用，体现了社会经济运动的循环过程。收入分配是这个过程的中间环节，承前启后。因此，收入分配核算构成了国民经济核算的重要组成部分之一，涉及多个账户，核算内容较多，计算也较复杂。本章主要阐述国民收入的初次分配、再分配、可支配收入和使用核算的原理，以及相应账户的编制方法。

第一节　收入分配核算的基本理论

一、收入分配和收入分配核算

(一) 收入分配的概念

收入分配是指以当期生产成果的价值分配给社会各方面所形成的所有收支活动，通常是指生产过程所创造的总价值（一般用国内生产总值，总增加值表示）在参与生产活动过程的要素之间进行的第一次分配以及要素收入在不同的部门、单位和个人之间的收支转移产生的二次分配，前者称为收入初次分配，后者称为收入再分配。

(二) 收入初次分配和收入初次分配核算

收入初次分配是指国内生产总值在参与生产活动过程的生产要素之间进行的分配。收入初次分配体现了生产者对社会生产总成果的贡献份额，收入初次分配与生产活动有关。收入初次分配是在社会生产部门内部进行的收入分配，反映企业、居民和政府部门之间的基本利益分配关系。

初次分配收入按直接还是间接参与生产活动，可分为收入形成和财产收入两种形式。基于增加值核算的初次分配收入，称为收入形成，是直接参与生产过程的生产者要素收入。基于资本利得、财产收益核算的初次分配收入，称为财产收入，反映间接参与生产过程的资本要素收入。收入形成和财产收入都是对生产成果的分配，都是收入初次分配的内容，其总和称为初次分配总收入（初始收入）。

1. 收入形成

收入形成即增加值的分配，主要表现为非金融公司、金融公司、住户和政府部门的增加值形成额。此外，还包括生产者要素之间的收支流量，具体如下：

（1）雇员报酬流量

雇员报酬是指核算期内企业按雇员在生产活动中的贡献支付给雇员的全部现金和实物报酬，主要包括应付工资或薪金和雇主应付的社会缴款。

（2）生产税流量

政府部门通过收取生产税获得政府财政的来源，即企业和居民部门从获得的增加值中向政府部门支付的生产税。企业和居民部门中享受政府补贴的部分则形成政府部门支付的反向生产税流量。政府部门实际获得生产税净额，即收到的生产税减去政府补贴。

（3）营业盈余/混合收入

营业盈余是增加值扣除雇员报酬与生产和进口税净额之后的差额。它是生产单位在生产过程中产生的盈余收入，反映了增加值中分配给资本要素所有者的部分。

混合收入是指对拥有非法人企业的住户所设计的收入项目。非法人企业的住户，一方面，作为所有者，是资本要素的提供者，他们获得的收入是营业盈余；另一方面，作为劳动力所有者，在经营过程中提供的劳动力所获得的收入是劳动者报酬。在国民经济核算实践中，很难严格区分这两种性质的收入，因此将两者作为一个整体核算，称为混合收入。[①] 中国没有引入混合收入的概念，使用劳动者报酬而未使用联合国国民经济核算体系中雇员报酬的概念。中国国民经济核算中的劳动者报酬既包括雇员报酬，也包括作为混合收入的自雇者报酬。因此，中国劳动者报酬的口径要大于联合国国民经济核算体系中雇员报酬的口径。

2. 财产收入

财产收入是指由于资产的所有者将其所拥有资产的使用权让渡给其他单位使用而从对方获得的报酬。并不是所有资产都能为其所有者带来财产收入。只有当金融资产和自然资源的所有者将其资产交由其他机构单位支配时，才会产生财产收入。如果生产资产（如建筑物、机器设备）让渡给其他单位使用，这被认为是所有者向承租方提供了营业租赁服务，要作为生产活动予以核算，资产所有者收取的租金作为服务产出，承租方支付的租金作为中间消耗处理。

财产收入表现为以下类型：

（1）利息

财产收入的一种形式，它是某种类型的金融资产，即存款、债券、贷款和其他应收账款（有可能）的所有者因将其金融资产交由另一机构单位支配而应得的财产收入。

[①] 蒋萍、徐强、杨仲山：《国民经济核算初级教程》，中国统计出版社2014年版，第212页。

(2) 公司已分配收入

包括红利和准公司收入提取。红利是股东因将其资金交由公司支配而有权获得的财产收入；准公司收入提取是指所有者从准公司所提取的可分配收入，这种提取的收入相当于以红利的形式分配的公司收入。

(3) 外国直接投资的再投资收益

将外国直接投资者的留存收益看成按外国投资者所有的权益比例已分配并汇给外国投资者，然后由外国投资者将其再投资到企业中。它是针对外国投资者直接投资企业的财产收入虚拟的流量，并未形成外商实际的财产收入。

(4) 投资收入

投资收入包括属于投保人的投资收入、养老金权益的应付投资收入和属于投资基金股东集体的投资收入。其中，属于投保人的投资收入是指保险企业用保险准备金进行各种投资所得的收入，然后将其收入支付给投保人的收入。

(5) 地租

自然资源的所有者(出租人或地主)因将自然资源交由另一机构单位(承租人或佃户)支配供其在生产中使用而应得的收入，针对地下资产的租金常称为特许权使用费。如果土地上的一些建筑物或固定设备随同土地出租，则应区分土地出租所产生的租金与建筑物等出租产生的租金，前者是财产收入，后者是提供服务的产出，不属于收入分配。

收入初次分配核算是以收入初次分配过程为依据所进行的核算，要计算各机构部门的收入形成、初始总收入等统计指标，编制收入形成账户和原始收入分配账户，以此反映生产成果在初次分配过程中的数量表现及其构成。

收入初次分配核算包括两个层次，即收入形成核算和初次分配总收入(初始收入)核算。

(三) 收入再分配和收入再分配核算

收入再分配是指不同的部门、单位和个人在初次分配获得的初次分配总收入(原始收入)的基础上，通过非交易性的转移收支而形成的分配活动。非交易性的分配活动是指一个机构单位向另一个机构单位提供货物、服务或资产等各种资源，而不从后者收取任何资源作为对等回报的行为。因此，它是单方面的交易活动。由单方面交易活动所产生的收支即为转移收支。收入再分配是在整个社会范围内多层次、多方面进行的分配。

1. 收入再分配的原因

(1) 满足社会公平发展和均衡发展的需要。通过再分配，把某些部门创造的一部分原始收入转给另外一些部门作为收入，用以满足文化教育、医疗卫生、国家行政和国防治安等部门发展的需要和支付这些部门的劳动者劳动报酬的需要。

(2) 加强重点建设，保证国民经济协调发展。国家必须从宏观全局出发，将集中的纯收入，通过再分配，在不同部门、地区和企业之间以及不同经济形式之间调节使用，以加强重点建设，克服薄弱环节，使社会生产力在全国范围内得到合理配置。

(3) 设立社会保证基金。对于丧失劳动能力的社会成员的赡养，对生活困难的劳动者及其家属的救济，以及举办各种社会集体福利事业的费用，要通过再分配，设立社会保证基金来解决。

2. 收入再分配的方式——经常转移

(1) 经常转移

转移是交易的一种形式，是单方面的交易，指一个机构单位向另一个机构单位提供货物、服务或资产,而不从后一个机构单位获得任何货物、服务或资产作为回报的一种交易。转移包括经常转移和资本转移。

经常转移是这样一种形式的交易:在交易中,一个机构单位向另一个机构单位提供货物、服务或资产但又不向后者索取任何货物、服务或资产作为与之直接对应的回报,并且交易的一方或双方无须获得或处置资产。经常转移会经常和有规律地发生,并会影响转移双方的现期收入水平和消费水平。

(2) 经常转移的形式

经常转移主要包括所得税、社会保障缴款和社会福利(包括社会保险福利和社会救济福利)、其他经常转移三种。

所得税又称收入税,是政府针对住户和企业的收入所征收的税,包括个人所得税、企业所得税、资本收益税等。还有一些经常征收的以资产或投资为基础的税也常常作为经常转移核算。所得税收入是政府提供公共服务的重要资金来源,但是缴纳所得税与享受公共服务之间没有必然的数量关系,因此所得税不应视为与公共服务的交换行为,而应视为经常转移。

社会保障缴款和社会保险福利是围绕政府组织实施的社会保险计划(如失业保险、退休保险和医疗保险计划)所发生的经常性转移支出。社会保障缴款是住户部门为保证在未来某个时期能够获取社会保险福利给付而向政府缴纳的保费。社会保险福利是社会保险计划向投保人支付的保险金,如失业金、退休金和报销医疗费等。从表面上看,社会保险福利的获得以社会保障缴款的发生为条件,两者构成交换关系,但由于社会保险计划的保险金支付具有不确定性,而且它与社会保障缴款之间没有严格的数量关系,因此在国民经济核算中将两者分别作为经常转移处理:前者是住户部门对政府部门的转移支付,后者是政府部门对住户部门的转移支付。

社会救济福利是通过社会福利计划向符合条件的住户做出的支付,如住户从政府及相关机构单位领取的各种困难补助、救济金和助学金等。此项目在中国国民经济核算中称为社会补助,包括政府财政用于抚恤和社会福利的支出、财政对市镇居民的肉食价格补贴,以及企业支付的社会福利救济费。

社会救济福利与社会保险福利的区别在于,前者不要求住户事先向社会福利计划缴款。

其他经常转移是指除上述各项之外的经常性转移活动,包括政府部门内部的转移、各国政府间的转移、政府向国际组织缴纳的会费、各种罚没、住户间的转移、抽彩赌博以及赔偿等。[①]

二、收入分配核算的主体和客体

(一) 收入分配核算的主体

参与收入分配的主体是具有独立财务决策能力的机构部门,即非金融企业和公司、金融机构、政府、为居民服务的非营利机构、居民以及国外等机构部门。根据分配关系形成的层次性还可在上述机构部门之下设置子部门。

收入分配核算主体划分的依据是对生产成果的占有权和处分权。占有权确定初次分配主体,处分权确定再分配主体。

(二) 收入分配核算的客体

分配客体是指被分配的对象。收入分配核算的客体是当期的生产成果,即以价值形态表

---

① 高敏雪、李静萍、许健:《国民经济核算原理与中国实践》,中国人民大学出版社 2013 年版,第 128~129 页。

现的国民经济增加值(国内生产总值),重点是其中的国内生产净值部分(不包括折旧)。

三、收入分配核算的原理

(一) 收入分配核算的基本内容

收入分配核算包括初次分配核算和再分配核算两大块内容。

收入分配核算首先要计算一系列的分配统计指标,包括初次分配总收入(原始收入)、再分配收入与支出(经常转移收入与支出)、可支配收入等,以此完整地反映分配过程的不同层次数量表现,并借助于收入分配账户的具体描述反映分配过程的各种数量关系和平衡关系。

(二) 收入分配核算的基本流程

国民收入分配流程包括初次分配和再分配两个层次。国民经济生产过程结束后,首先在生产领域进行初次分配,然后在全社会进行再分配,初次分配和再分配叠加在一起,形成国民收入分配的最终格局。从总体上看,初次分配属于微观分配行为,主要由营利性部门自主进行,使市场机制对要素价格的形成起到基础性作用,政府通过生产税引导和调节资源的合理配置,以提高经济增长的效率;再分配属于宏观分配行为,主要由政府以收入税等形式对各个经济主体的初次分配所得进行调节,着重解决社会发展和社会协调问题。需要明确的是,现实经济活动中的收入分配过程是连续不断地进行的,初次分配和再分配交织在一起,难以从时间顺序上分清谁先谁后。所以,国民收入初次分配和再分配的划分并不是就分配的时间顺序而言的。国民收入初次分配和再分配的划分是对分配过程所体现的分配层次和逻辑关系的科学划分。

收入分配过程表现为各种错综复杂的收支活动。分配自各部门的增加值开始。首先是收入初次分配阶段,要对生产的参与者分配收入,包括劳动报酬、生产税、财产收入,分配结果形成各部门的初次分配总收入(原始收入),根据相关内容编制成收入形成账户和原始收入分配账户;然后是收入再分配阶段,要在各部门间进行各种收入转移核算,结果形成各部门的可支配收入和调整后可支配收入,由此编制出收入再分配账户和实物收入再分配账户(如表 4-1 所示)。

表 4-1　　　　　　　　　　收入分配核算基本账户流程

收 入 分 配	使 用 方	来 源 方
收入初次分配	财产收入的支付 初始收入(原始收入)	增加值 财产收入的获得
收入再分配	经常转移支出 可支配收入及调整后可支配收入	初始收入(原始收入) 经常转移收入

(三) 收入分配核算的主要总量指标

1. **国民总收入(GNI)和国民净收入**

国民总收入是以国内生产总值为基础形成的总量指标,反映一国经济总体当期所得到的生产性收入总量。国民总收入扣除当期固定资本消耗的净额就是国民净收入。国民总收入是在国内生产总值的基础上,加减国内常住单位与国外之间发生的原始收入分配收支流量而形成的。

2. 初始收入(原始收入)

初次分配是指生产活动形成的收入在参与生产活动的生产要素的所有者及政府之间的分配。生产要素包括劳动力、土地、资本。劳动力所有者因提供劳动而获得劳动报酬;土地所有者因出租土地而获得地租;资本的所有者因资本的形态不同而获得不同形式的收入:借贷资本所有者获得利息收入,股权所有者获得红利或未分配利润。政府因对生产活动或生产要素征税而获得生产税或因对生产进行补贴而支付生产补贴。初次分配的结果形成各个机构部门的初始收入(原始收入),各机构部门的初始收入(原始收入)之和就等于国民总收入。

初始收入(原始收入)是反映各机构部门初次分配结果的收入总量指标,由各部门增加值加上财产收入的获得减去财产收入的支付计算而得。国内各机构部门初始收入(原始收入)的合计即该国国民总收入。国外的原始收入即来自国外的要素收入和财产收入。

3. 经常转移(再分配)收入与经常转移(再分配)支出

所谓转移,是这样一种形式的交易:在交易中,一个机构单位向另一个单位提供货物、服务或资产但又不向后者索取任何货物、服务或资产作为与之直接对应的回报。因此,它是"单方面"的交易行为。在收入分配领域所产生的转移收支称为经常转移收支(再分配收支)。机构部门把本部门形成的部分原始收入以无偿的方式提供给其他部门,即该部门的经常转移(再分配)支出;机构部门通过"单方面"的交易,把其他部门的部分初始收入(原始收入)以无偿的方式转移过来,即该部门的经常转移(再分配)收入。经常转移的主要形式包括所得税、财产税等经常税,社会保障缴款和社会福利、其他经常转移等。

转移分为经常转移和资本转移。资本转移也是无回报的转移,认定转移是资本转移的条件:或是支付转移方通过处置资产(不含现金或存货)来实现资助,或是接受转移方不得不将资助用于形成资产(不含现金),或是两者都满足。资本转移是发生在使用领域的转移收支,经常转移则是发生在分配领域的转移收支。资本转移通常规模大、频率低、发生没有规律性,而经常转移通常规模小、频率高、常常定期发生。资本转移的交易方资产数量发生变化,经常转移的交易方则资产数量不变。

4. 可支配总收入

在初次分配总收入的基础上,通过经常转移的形式对初次分配总收入进行再次分配。再分配的结果形成各个机构部门的可支配总收入,即机构部门的初次分配总收入(原始收入)加上经常转移收入减去经常转移支出的结果。各机构部门的可支配总收入之和称为国民可支配总收入,即国民总收入加上来自国外的经常转移收入减去支付国外的经常转移支出的结果。

第二节 收入初次分配核算和账户

一、收入初次分配核算

收入初次分配核算就是根据各生产要素在商品、劳务的生产和流通中的投入比例及贡献大小来分配生产总成果的价值。

生产要素包括劳动、资本和土地三大类,其代表者为劳动者、国家政府和生产企业。对增加值的初次分配,劳动者可获取劳动报酬,政府可获取生产税净额,企业可获取营业盈余和固定资产折旧,从而得到各自的收入形成。对资本利得的初次分配,资产所有者可获取出让资产使用权的财产收入,分配的结果是在增加值的基础上进一步形成各部门的初始收入(原始收入)。收入分配核算就是要核算在此阶段发生的收入流量和支出流量,并把这些分配流量和结果编制成账户,具体有收入形成账户和原始收入分配账户。

(一) 国内生产总值(增加值)的分配核算

对增加值的直接分配,就是收入的初次分配。

国内生产总值分配核算的基本项目为:固定资本消耗、雇员报酬、生产税净额和营业盈余/混合收入。

1. 固定资本消耗

固定资本消耗是指在核算期内由于自然退化、正常淘汰或正常事故损坏而导致的、生产者拥有和使用的固定资产存量现期价值的下降。固定资本消耗是固定资产在生产过程中损耗和转移的价值,是核算期内生产单位为补偿生产活动中所耗用的固定资产而提取的价值。[1]

2. 雇员报酬

雇员报酬是指核算期内企业按雇员在生产活动中的贡献支付给雇员的全部现金或实物报酬。雇员报酬主要由两个项目构成:一是应付工资或薪金,可以是现金形式也可以是实物形式;二是雇主应付的社会缴款。[2]

3. 生产税净额

生产税净额是指生产税总额扣除了政府发放的生产补贴后的余额。

4. 营业盈余/混合收入

营业盈余是指生产单位的增加值中扣除固定资本消耗、雇员报酬、生产税净额后的余额。它是生产单位再生产过程中产生的营业盈余,反映了增加值中分配给资本要素所有者的部分。

混合收入是针对拥有非法人企业的住户所设计的收入项目。详见本书第88页的解释。

(二) 国民总收入、国民净收入及其初次分配核算

1. 国民总收入及其初次分配核算

国民总收入,是指在一定时期内,一个国家(或地区)的国民在国民经济初次分配中获得的原始收入总和。国民总收入过去称国民生产总值(Gross National Products, GNP)。在联合国统计委员会1993年通过的SNA修订稿上指出:"以市场价格计算的国民总收入,在1953年的SNA中被称为国民生产总值,它与国内生产总值不同,不是一个增加值概念,并且表现为原始收入。"所以,SNA1993已正式将国民生产总值指标改为国民总收入(Gross National Income, GNI)指标。因此,国民总收入是与国内生产总值相对应的分配指标。

国民总收入的核算公式如下:

---

[1] SNA2008, 6.240.
[2] SNA2008, 7.5.

国民总收入 ＝ 国内生产总值 ＋（来自非常住单位的要素收入 － 非常住单位从常住单位获得的要素收入）
　　　　　＝ 国内生产总值 ＋ 来自非常住单位的要素收入净额

式中，来自非常住单位的要素收入净额，是指来自非常住单位的劳动者报酬和财产收入与非常住单位从常住单位获得的劳动者报酬和财产收入的差额，也是指来自非常住单位的劳动者报酬净额与来自非常住单位的财产收入净额的差额。

2. 国民净收入及其初次分配核算

国民净收入（Net National Income，NNI）等于国民总收入减去固定资产消耗后的余额。也就是说，国民总收入包括折旧提取的收入，而国民净收入则把折旧扣除了。国民总收入与国内生产总值相对应，而国民净收入则与国内生产净值相对应，计算公式如下：

国民净收入 ＝ 国民总收入 － 固定资本消耗
　　　　　＝ 劳动者报酬 ＋ 生产税净额 ＋ 营业盈余
　　　　　＝ 国内生产净值 － 来自非常住单位的要素收入净额

3. 财产收入和初始收入核算

财产收入是指由于资产的所有者将其所拥有资产的使用权让渡给其他单位使用而从对方获得的回报。并不是所有资产都能为所有者带来财产收入。只有当金融资产和自然资源的所有者将其资产交由其他机构单位支配时，才会产生财产收入。[①]

初始收入（原始收入），是指各部门在初次分配过程中最终取得的生产性收入。机构部门的初始收入等于其增加值的分配额与财产收入净额之和。一国所有机构部门初始收入的合计即国民总收入：

机构部门的初始收入 ＝ 增加值的分配额 ＋ 财产收入净额
财产收入净额 ＝ 得到的财产收入 － 支付的财产收入

从全社会看，各机构部门合计的财产收入总和等于支付的财产收入总和，两者将抵消。若不考虑与国外部门发生的财产收支，则国内各机构部门合计的初始收入等于全社会增加值（国内生产总值）。但是现实中并不存在完全封闭的国家，尤其在经济全球化时代，生产要素的跨国流动规模越来越大，导致大量的收入分配发生在国内机构部门与国外之间，使各部门初始收入形成过程中的各个收支流量合计起来不能完全抵消，造成国民总收入与国内生产总值之间的不一致。因此，可以得到这样的平衡关系[②]：

国民经济的初始总收入 ＝ 国民总收入 ＝ 国内生产总值 ＋ 来自国外的初始收入分配流量净额
　　　　　　　　　　＝ 国内生产总值 ＋（常住单位从非常住单位应收的初始收入 －
　　　　　　　　　　　常住单位应付给非常住单位的初始收入）

二、收入形成账户核算

（一）收入形成账户的核算内容

收入形成账户从生产者角度记录了直接与生产过程相联系的分配交易。该账户记录了政府部门和那些直接参与生产活动的初始收入。收入形成账户是生产账户的进一步延伸或者说

[①] 蒋萍、徐强、杨仲山：《国民经济核算初级教程》，中国统计出版社 2014 年版，第 212 页。
[②] 蒋萍、徐强、杨仲山：《国民经济核算初级教程》，中国统计出版社 2014 年版，第 214 页。

细化,同时也是收入分配账户的基础。如同生产账户一样,收入形成账户既可以按产业活动单位和产业部门编制,也可以按机构单位和机构部门编制。在收入形成账户中,各个机构部门、机构子部门或产业部门的初始收入指的是它们所创造的初始收入,而非所获的初始收入。例如,在住户部门的收入形成账户中,有一个雇员报酬项目,其含义是非法人企业的住户应付的雇员报酬,而不是住户部门应得的雇员报酬,后者在初始收入分配账户中记录。[①]

(二)收入形成账户的结构

来源方列示在收入形成账户的右方,只包含一个项目,即由生产账户结转而来的平衡项——增加值。增加值的口径既可以是未扣除固定资本消耗的增加值(总增加值),也可以是扣除了固定资本消耗的增加值(净增加值)。使用方列示在收入形成账户的左方,记录的是生产创造的收入,包括雇员报酬、生产税净额、营业盈余/混合收入,其中营业盈余/混合收入是增加值减去雇员报酬和生产税净额之后的平衡项。收入形成账户如表4-2和表4-3所示。

表4-2　　　　　　　　　　　机构部门的收入形成账户

使 用	来 源
雇员报酬	总增加值
生产税净额	减:固定资本消耗
营业盈余总额/混合收入总额	净增加值
减:固定资本消耗	
营业盈余净额/混合收入净额	
合　　计	合　　计

表4-3　　　　　　　　　　　收入形成综合账户

使用						交易和平衡项目	来源					
合计	国外	国内合计	居民	政府	金融企业	非金融企业		非金融企业	金融企业	政府	居民	国内合计	国外	合计
							增加值 　　减:固定资本消耗 净增加值 雇员报酬 生产税净额 营业盈余总额 混合总收入总额 营业盈余净额 混合收入净额							

---

① SNA2008,7.3.

在收入形成账户中,雇员报酬是指在核算期内企业按雇员在生产活动中的贡献支付给雇员的全部现金和实物报酬。

生产税净额是指政府获取的生产税和进口税扣除补贴后的净额。补贴相当于负生产税。

营业盈余/混合收入是收入形成账户的平衡项。营业盈余是增加值扣除雇员报酬与生产和进口税净额后的差额,是生产单位在生产过程中产生的营业收入,反映了增加值中分配给资本要素所有者的部分。混合收入是对拥有非法人企业的住户所设计的收入项目。非法人企业的住户,一方面作为所有者,是资本要素的提供者,他们获得的收入是营业盈余;另一方面,作为劳动力所有者,在经营过程中提供的劳动力所获得的收入是劳动者报酬。在国民经济核算实践中,很难严格区分这两种性质的收入,因此将两者作为一个整体核算,称为混合收入。

收入形成账户是连接生产和收入分配的账户。它前接生产账户,后连初始收入分配账户。收入形成账户的初始项是增加值,平衡项是营业盈余/混合收入。

三、初始收入分配账户核算

(一) 初始收入分配账户的核算内容

初始收入分配账户是收入形成账户的继续,是从初始收入接受者的角度进行的核算,主要记录常住机构单位或者部门作为接受者所获得的初始收入。初始收入分配账户的起点是从收入形成账户中转来的平衡项——营业盈余/混合收入。初始收入分配账户记录的内容可归纳为两个方面:一是各部门作为收入接受者从收入形成账户支付中所获取的生产性收入,二是各部门之间进一步发生的财产收入流量。初始收入分配账户,综合反映了各部门参与收入初次分配的结果。

(二) 原始收入分配账户的结构

来源方的首要项目是转自收入形成账户的营业盈余/混合收入,其次是各部门收入流量,即当期应收财产收入和居民部门应收雇员报酬、政府部门应收生产税净额;使用方记录各部门的支出流量,即应付的财产收入。

初始收入(初始总收入和初始净收入)作为本账户的平衡项也记录在使用方,是体现收入初次分配结果的综合指标,表示各部门在初次分配过程中最终取得的生产性收入。初始收入分配账户如表4-4和表4-5所示。

表4-4　　　　　　　　　　机构部门的初始收入分配账户

使　　用	来　　源
财产收入	营业盈余总额/混合收入总额
	减:固定资本消耗
初次分配总额(初始总收入)	营业盈余净额/混合收入净额
减:固定资本消耗	财产收入
	雇员报酬(住户部门)
初次分配净收入(初始净收入)	生产税净额(政府部门)
合　　计	合　　计

表 4-5　　　　　　　　　　初始收入分配综合账户

使用						交易和平衡项目	来源					
合计	国外	国内合计	居民	政府	金融企业	非金融企业		非金融企业	金融企业	政府	居民	国内合计	国外	合计
							营业盈余总额/混合收入总额 减：固定资本消耗 营业盈余净额/混合收入净额 财产收入 雇员报酬(住户部门) 生产税净额(政府部门) 初次分配总收入(初始总收入) 初次分配净收入(初始净收入)							

第三节　收入再分配核算和账户

一、收入再分配核算

（一）收入再分配的过程

收入再分配是指在初次分配的基础上进行的，通过转移收支进一步在部门之间和部门内部所做的分配。再分配的形式是各种收支的经常性转移，分配结果形成各部门的可支配收入和调整后可支配收入。

（二）收入再分配核算的内容

收入再分配核算是对再分配过程中的各种经常性转移收支及其结果的核算，所涉及的核算内容包括现期所得税、社会缴款、社会福利、其他经常性转移等再分配收支。而以各部门初始收入为基础加减上述再分配收支，即为各部门的可支配收入和调整后可支配收入，这些内容集中体现在收入再分配账户和实物收入再分配账户上。收入再分配核算主要包括四个方面的转移收支内容：

1. 所得税、财产税等经常税

这类经常税主要包括：对住户收入或公司利润所征收的税，每个纳税期定期应征收的财产税（它不同于非定期征收的资本税）。它形成政府部门税收方面的转移（再分配）收入，是政府以外其他部门税收缴纳方面的转移（再分配）支出。

2. 社会缴款收支

社会保障缴款是住户部门为保证在未来某个时期能获取社会福利金，而对政府组织的社会保险计划或各单位建立的基金所缴纳的款项，如对失业保险、退休保险、医疗卫生保险计划的缴纳。缴款有以下形式：(1) 雇员及其他住户个人直接对社会保险计划缴款；(2) 各单位代其雇员对社会保险计划支付缴款，一般将其视为单位以报酬形式支付给雇员，然后由雇员支付给社会保险计划。这样，整个社会的缴款表现为住户部门的转移（再分配）支出、政府部门和其他部门的转移(再分配)收入。

3. 社会福利收支

社会福利是住户从政府及其他部门收到的经常转移,用来满足因某些特定事件或环境而产生的需求,如疾病、失业、退休、居住、教育等。社会福利有两种方式:社会保险福利和社会救济福利。社会保险福利是政府通过社会保险基金向居民提供的福利,包括失业金、退休金、抚恤金、医疗保险金等。社会保险福利以居民在此以前支付社会缴款为前提。社会救济福利设置社会保险计划之外由政府部门或非营利机构向住户提供的经常转移,包括生活困难补助、救济金和助学金等。社会福利的形式既可以是现金社会福利,也可以是实物社会福利,如政府对灾民发放的救灾物资等。社会救济福利不受以前支付社会缴款的条件限制。社会福利是居民从政府及其部门收到的经常转移,形成政府和其他部门的转移性支出、居民部门的转移性收入。其他经常转移是指除上述转移之外的各种经常转移(再分配),它们发生于各机构部门之间和机构部门内部。

4. 可支配收入与国民可支配收入

可支配收入是各部门初次分配总收入(原始收入)加上经常转移(再分配)收入减去经常转移(再分配)支出等转移收支后的余额,反映了各部门参与收入初次分配和收入再分配后的最终收入总量,是各经济主体当期用于最终消费支出的最大数额。国内各机构部门可支配收入的合计为国民可支配收入。可支配收入可按总额和净额计算,差别在于固定资本消耗。国内各部门可支配收入之和为国民可支配收入。

部门可支配收入计算公式为:

$$\text{某机构部门可支配收入} = \text{该部门初次分配总收入(初始收入)} + \text{该部门经常转移(再分配)收入} - \text{该部门经常转移(再分配)支出}$$
$$= \text{该部门国民总收入} + \text{该部门财产收入净额} + \text{该部门经常转移(再分配)收入} - \text{该部门经常转移(再分配)支出}$$

国民可支配总收入计算公式为:

$$\text{国民可支配总收入} = \sum \text{初次分配总收入(初始收入)} + \sum \text{经常转移(再分配)收入} - \sum \text{经常转移(再分配)支出} + \text{来自国外的经常转移收支净额}$$

二、收入再分配账户及核算内容

(一) 收入再分配账户的核算内容

收入再分配账户显示了各机构单位或部门的初始收入是怎样通过经常转移支付与获得(不包括实物社会转移)而转变成该单位或部门的可支配收入的。[1]

(二) 收入再分配账户的结构

账户来源方的初始流量是各部门的初次分配总收入(初始收入)。由各种经常转移所产生的收入再分配流量分别列示在账户的来源方和使用方,来源方记录当期应获取的转移收入,使用方记录当期应支付的转移支出。账户平衡项为可支配收入,列在使用方以保持账户的平衡。根据权责发生制原则,本账户中的项目除平衡项外,转移收支都是应收应付额,它们与同期实

---

[1] SNA2008,8.2.

际支付和获得的数额可能并不一致。收入再分配账户如表 4-6 和表 4-7 所示。

表 4-6　　　　　　　　　　　机构部门的收入再分配账户

使　　用	来　　源
经常性转移支出 　　所得税、财产税等经常税 　　社会缴款 　　社会福利 　　实物社会转移以外的社会福利 可支配总收入 固定资本消耗(一) 可支配净收入	初次分配收入总额(初始总收入) 固定资本消耗(一) 初始收入净额 经常转移收入 　　所得税、财产税等经常税 　　社会缴款 　　实物社会转移以外的社会福利 　　其他经常转移
合　　计	合　　计

表 4-7　　　　　　　　　　　　收入再分配综合账户

使　用							来　源					
合计	国外	国内合计	居民	政府	金融企业	非金融企业	交易和平衡项目	非金融企业	金融企业	政府	居民	国内合计	国外	合计
							初次分配收入总额(初始总收入) 　　减：固定资本消耗(一) 初始收入净额 所得税、财产税等经常税 社会缴款 实物社会转移以外的社会福利 其他经常转移 可支配总收入 　　减：固定资本消耗(一) 可支配净收入							

在收入再分配账户中，可支配收入是体现各经济主体参与收入初次分配和再分配最终结果的总量，是各经济主体当期用于最终消费支出的最大数额。

根据前面的分析，可得以下关系式：

　　某机构部门可支配收入＝初始收入＋实物社会转移以外的经常转移收入－
　　　　　　　　　　　　　　　实物社会转移以外的经常转移支出

国内各部门可支配收入之和为国民可支配总收入。在收入再分配阶段，常住单位与非常住单位之间可能发生一些经常性转移，于是有以下关系式：

　　国民可支配总收入＝国民总收入＋来自国外的经常转移净额
　　　　　　　　　　＝GDP＋来自非常住单位的要素收入净额＋来自国外的经常转移净额

三、实物收入再分配账户核算

(一) 实物收入再分配账户的内容和形式

经常转移除货币形式外还有实物转移，主要是政府和为居民服务的非营利机构对住户提供的实物转移。实物收入再分配账户是在收入再分配账户的基础上反映实物社会转移状况及结果的账户。它以可支配收入为初始流量,以调整后可支配收入为账户平衡项,账户右方记录应收实物社会转移收入,左方记录应付实物社会转移支出。实物收入再分配账户如表4-8所示。

表4-8　　　　　　　　　　机构部门的实物收入再分配账户

使　　　用	来　　　源
实物社会转移支出 调整后可支配总收入 　　固定资本消耗(—) 调整后可支配净收入	可支配总收入 　　固定资本消耗(—) 可支配净收入 实物社会转移收入
合　　　计	合　　　计

(二) 实物收入再分配账户中的主要指标

1. 实物社会转移

这是指政府和为住户服务的非营利性机构对住户提供的实物性转移,表现为住户部门的实物转移收入、其他部门的实物转移支出。通常有以下两种情况:一是对住户提供的实物性社会福利,包括社会保险福利和社会救济福利,如政府对灾民发放的食品、衣物、帐篷、药品等救济物资;二是对住户个人的非市场性货物与服务的转移,即免费或以无显著经济意义的价格向住户提供的货物与服务,主要包括一些公共品,如教育、医疗保健等。

2. 调整后可支配收入

这是用可支配收入加上应得实物社会转移收入的价值并减去应付实物社会转移的价值。由于实物社会转移只发生在政府、为住户服务的非营利机构与住户之间,因此在部门综合账户上,只记录为住户部门的实物社会转移收入和前两个部门的实物社会转移支出。就整个国民经济来说,可支配收入与调整后可支配收入在数量上相等。

第四节　收入使用核算的基本理论

一、收入使用及其流程

(一) 收入使用的概念

可支配收入的使用主要包括两个方面:一是用于消费,二是用于储蓄以构成投资。具体地说,收入使用包括四大内容:(1)用于补偿生产过程中的消耗,固定资本形成;(2)用于扩大再生产和增加储备;(3)用于全社会的消费;(4)用于金融交易(这是派生的使用去向)。若一个机构部门的可支配总收入用于消费,余下的用于投资(包括形成固定资产和增加库存)后仍有剩余,则这部分资金可以在金融交易市场上融出;如果不够,则需从金融交易市场上融入,以弥补收支差额,最终使各机构部门和全社会的收入分配及使用趋于统一。

(二) 收入使用的流程

社会生产成果(国内生产总值、增加值)经过初次分配,加上财产净收入从而形成初次分配总收入(初始总收入),经过再分配,加上经常转移净收入便形成全社会和各机构部门的最终收入(可支配收入)。各机构部门用可支配收入购买所需要的社会产品和劳务,从而使社会生产成果和国内生产总值的实物运动和价值运动在使用领域走向统一,完成收入使用。详见收入分配使用流程图(见图4-1)。

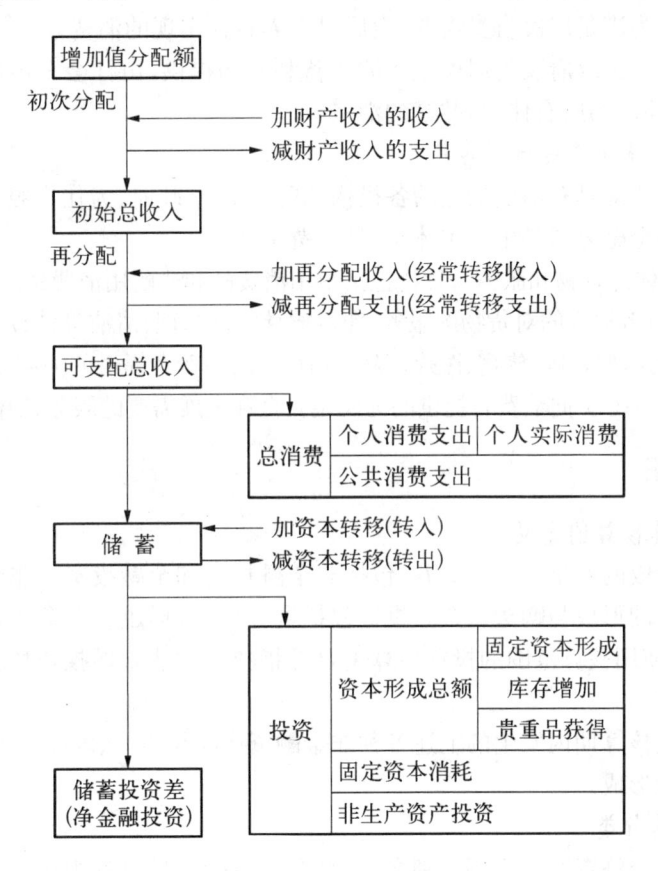

图 4-1 收入分配使用流程

由上可见,收入使用处于分配核算、投资核算和金融核算的中间环节。

二、收入使用核算

收入使用核算包括消费核算和投资(非金融投资)核算。

(一) 消费核算

1. 消费核算及其分类

消费是一种行为,是指人们使用货物和服务来满足生活需要的行为。核算时,根据不同的考察标准,消费有不同的分类。

(1) 根据消费支付和享用的不同角度,可分为最终消费支出和实际最终消费。

最终消费支出:遵循最终承担支出的原则加以界定。这是根据由谁支付价值并购买货物和服务而加以定义的,包括居民直接购买货物和服务支付形成的消费(个人消费支出)以及政府和为居民服务的非营私机构购买支付形成的消费(公共消费支出)。

实际最终消费：是根据消费物（包括货物和服务）的实际获得而加以界定。这是根据从谁那里获得货物和服务而加以定义的。在最终消费的构成基础上，政府和为居民服务的非营利机构购买支付的货物和服务无偿地提供给居民的消费部分。

（2）根据消费主体的不同性质，有个人消费和公共消费。

个人消费是指为满足居民自身需要，由居民个人直接实现的消费。

公共消费则是指由政府及为居民服务的非营利机构提供，由社会全体成员或某一部分成员（如生活在某一地区的所有住户）共享的消费。

2. 消费核算主体和消费核算客体

消费核算的主体即具有消费功能的各机构部门：住户、政府、为住户服务的私人非营利机构。非金融公司和金融公司是生产主体，不是消费主体。

消费核算的客体即货物和服务。货物包括耐用消费品和非耐用消费品。服务包括四个方面的内容：（1）向消费者提供的对货物的服务，如运输、销售、修理、清洁等；（2）向消费者提供的为满足生活需要的服务，如客运、旅宿、医疗、卫生等；（3）向消费者提供的为满足精神需要的服务，如教育、咨询、娱乐等；（4）向消费者提供的为满足安全和发展需要的服务，如保险和金融等。

（二）投资核算

1. 投资与投资核算的定义

投资是资本形成的源泉。从广义看，包括非金融投资和金融投资。非金融投资包括生产资产和非生产资产的形成与购买。金融投资包括资金融出（形成金融资产）和资金融入（形成金融负债）。收入使用核算范围的投资核算主要是指狭义的非金融投资核算。金融投资则归入金融核算范围。

投资核算就是核算期内发生的上述各种非金融资产净积累，从国民经济总体上看，也就是该核算期的资本总形成。

2. 投资核算的分类

非金融资产是经济资产的主要类别之一，是在非金融交易过程中积累起来的资产。非金融资产种类繁多，按照其是否再生的特征，可分成生产资产和非生产资产。

（1）生产资产

生产资产是国民经济核算体系生产范围内作为生产过程的产出而形成的非金融资产。在SNA2008中，生产资产主要有三类：固定资产、存货和贵重物品。

固定资产是生产过程中被反复或连续使用1年以上的生产资产。在SNA2008中，固定资产分为住宅、其他建筑物和构筑物、机器和设备、武器系统、培育性生物资源、知识产权产品等类别。

存货是指生产者使用的，打算在将来销售、生产使用或其他使用的货物和服务的存量。在SNA2008中，存货包括材料和用品、在制品、制成品、军事存货和供转销的货物。

贵重物品是指主要不是用于生产或消费，而是在一段时间内作为价值贮藏手段持有的、具有相当大的价值的生产性货物。预计在正常情况下经过一段时间，贵重物品的实际价值会上升或至少不会下降，其质量也不会变坏。贵重物品包括贵金属和宝石、珠宝、艺术品等。经济体中的所有部门都可能持有贵重物品。[①]

---

① SNA2008，10.13。

（2）非生产资产

非生产资产是通过生产过程以外的方式形成的非金融资产。非生产资产包括三类：一是自然资源，二是合约、租约和许可，三是外购商誉和营销资产。

自然资源包括自然形成的资产，如具有经济价值的土地、水资源、非培育性森林和矿藏。

只有当满足下列两个条件时，合约、租约和许可才可以作为资产：第一，合约、租约和许可规定了使用资产或提供服务的价格，且该价格不同于缺乏合约、租约、许可时遵循的价格；第二，合约的一方必须能够合法地而且在实际上实现了这个价格差异。

商誉用来反映一个企业实体资产和负债以外的账面价值，体现的是一个公司治理结构、公司文化、人力资源、管理、销售网络、顾客基础等方面的价值。营销资产是指品牌、报头、注册商标、公司标识、域名等项目，它是现在或潜在客户对公司及其产品的总体印象。

资产的分类可用图4-2概括。

```
       ┌ 非金融资产 ┌ 生产资产——固定资产、存货、贵重物品
       │            └ 非生产资产——自然资源，合约、租约和许可，外购商誉和营销资产
资产 ──┤
       └ 金融资产——各种金融手段，包括货币黄金和特别提款权，货币和存款，股票以外的证券、贷款，
                    股票及其他股本，保险专门准备金和其他应收或应付账款等
```

图4-2 资产的分类

收入经过初次分配和再分配，形成各部门、各单位和居民的可支配收入。收入的使用即指可支配收入的使用，使用又分为消费使用与投资使用。有些部门、单位或居民在将可支配收入用于消费和投资后，资金有结余，而有些部门、单位或居民则存在资金缺口。这就需要通过资金融通进行余缺调剂。在市场经济条件下，资金融通调剂余缺的方式就是金融交易。因此，收入使用核算是介于收入分配核算和金融交易核算之间的核算。收入使用核算前接收入分配核算，后连金融交易核算。

第五节 消费核算

一、消费核算的原则

消费是指消费主体通过当期可支配收入或虚拟支付的非生产使用的货物和服务。核算消费时，必须遵循下列基本原则。

（一）明确区分消费与中间消耗、经常转移以及非金融投资之间的关系

凡是生产过程中对货物和服务的耗用，应视为中间消耗；凡是收入再分配过程中产生的单方向货币支付，应作为经常转移处理；凡是通过可支配收入支付，为生产使用的货物和服务，应计入投资；凡是通过可支配收入支付，为非生产使用的货物和服务，应计为消费。作为生产主体的非金融机构和金融机构在生产过程中使用的货物和服务（指劳动对象而非劳动手段），应为中间消耗，不能计入消费。作为消费主体的住户、政府和为住户服务的非营利机构部门非生产使用的货物和服务，均作为消费加以核算。例如，生产企业给职工发放的工作服装，如果理解为实物报酬，被计入消费就不妥了。其实，企业为职工置办服装，为劳动保护用品，属生产过程的消耗，列入生产费用开支，应计入中间消耗。又如，居民购置汽车，如果是供日常生活之

用,应列入消费;如被用于个体生产经营,则需列入投资。再如,居民向政府、团体组织的义务缴纳(如税款、党团组织费、工会会费等),以及向社会缴款与社会福利缴款等,是属于再分配的转移收支,因而这种支付就不能计入消费额。

(二) 使消费与收入分配的核算范围保持一致

在许多情况下,人们是通过货币支付购买货物和服务以用于生活消费,其货币支付数量自然就是消费数额。但不能将消费支出等同于货币性支出。并不是所有货币支付都形成对货物和服务的消费,如上述货币性的转移收支就不是消费。相反,有些非货币支付会形成对货物和服务的消费,如农民消费的自产农产品和自建房屋等,这里并不发生货币支付,但这部分货物却作为国民经济产出成果的使用纳入核算范围,所以也应记入消费范围。由此可见,消费支出既包括直接购买支出,也应包括虚拟购买支出。但是,没列入生产核算范围的,如个人和家庭成员为自己所做的烹饪、缝纫、修理、清洁、照顾和培训儿童等不能作为虚拟消费。

(三) 按消费价格核算货物和服务的价值

用于最终消费的货物包括物质生产过程创造的价值和流通过程进行生产性劳务所追加的价值。消费享用这些货物的价值量就应当包括所有参与这些生产劳动形成的完整价值。为此,消费额必须根据消费价格加以核算。

(四) 耐用消费品的消费原则上应分期分摊核算

不论个人消费或公共消费的耐用消费品,如住房、电视音响设备、家用电器(空调、电冰箱、洗衣机等)、交通工具(自行车、摩托车、小汽车等)、高级家具等,一般要使用几年甚至几十年才逐步消耗磨损殆尽。计算一定年限内的消费额时,理论上应根据使用年限以提取折旧的方式分年计算消费额。

二、消费核算的分类

(一) 核算消费时根据不同的标准分类

1. 最终消费支出

以货物和服务的最终购销行为的支付为标准定义最终消费支出,是指由购买者向出售者购买货物和服务所支付的价值。

2. 实际最终消费

以消费对象的实际获得为标准定义实际最终消费,是指消费者实际获取的货物与服务的价值。

(二) 核算消费时根据不同的对象分类

1. 居民消费

这是指常住住户对货物和服务的全部最终消费支出。住户消费按市场价格计算,即按居民支付的购买者价格计算。购买者价格是购买者取得货物所支付的价格,包括购买者支付的运输和商业费用。居民消费除了直接以货币形式购买货物和服务的消费外,还包括以其他方式获得的货物和服务的消费支出,即所谓的虚拟消费支出。居民虚拟消费支出包括以下几种类型：单位以实物报酬及实物转移的形式提供给劳动者的货物和服务；住户生产并由本住户消费了的货物和服务，其中的服务仅指住户的自有住房服务；金融机构提供的金融媒介服务；保险公司提供的保险服务。

住户消费按照消费主体区分为城镇居民消费和农村居民消费；按照消费内容区分为食品、衣着、家庭设备用品及服务、医疗保健、交通和通信、文化教育娱乐用品及服务、住房服务、金融媒介服务及保险服务、集体福利服务、其他商品和服务。根据需要，上述分类还可以做进一步的划分。

2. 政府消费

这是指政府部门为全社会提供的公共服务的消费支出和免费或以较低的价格向居民住户提供的货物和服务的净支出，前者等于政府服务的产出价值减去政府单位所获得的经营收入的价值，后者等于政府部门免费或以较低价格向居民住户提供的货物和服务的市场价值减去向住户收取的价值。

三、消费核算的内容及主要指标

消费核算是从量上反映一定时期的消费状况，既要反映消费的总量，又要反映消费的内部结构状况，包括由谁完成消费、消费的实际内容、消费的目的性等，同时还要反映收入与消费的关系。消费核算分为最终消费支出核算和实际最终消费核算，前者是从消费交易行为支付角度进行的核算，后者是从实际最终消费的受用角度进行的核算。

消费核算的内容主要为消费支出核算，消费支出分为居民消费支出和公共消费支出两种，计算公式为：

$$消费支出 = 居民消费支出 + 公共消费支出$$

居民消费在整个最终消费中占很大比重，是构成消费核算的主要部分。

（一）居民消费支出核算

1. 居民消费支出的定义及其分类

居民消费支出，是指一国常住居民在一定时期内购买消费性的货物和服务的支出价值，是用货币额表示的，其全称为居民最终消费支出。

用于居民消费的货物和服务，也可以按其用途区分为八大类，进行分类核算：（1）食品类；（2）衣着类；（3）家庭设备及服务类；（4）医疗保健和个人用品类；（5）交通和通信类；（6）娱乐、教育、文化类；（7）金融中介服务类；（8）居住类。

2. 居民消费支出的计算方法

居民消费支出包括城镇居民个人消费支出和农村居民个人消费支出，计算公式为：

$$居民消费支出 = 城镇居民个人消费支出 + 农村居民个人消费支出$$

计算消费支出的方法有两种：

一是直接法，即按照消费实际量，加总计算消费支出。根据住户调查资料把用于居民个人直接消费的货物和服务价值量加总起来计算消费支出。一般可从购买者和出售者两方面取得资料：社会商品零售统计资料中的居民消费零售部分；居民生活服务部门的营业收入费用资料；农村收益分配调查统计资料；城乡住户调查资料；等等。

二是间接推算法，即利用分配核算资料依据收支平衡来推算消费支出。根据居民部门的可支配收入扣除相当于储蓄的非金融投资和金融净投资，其差额即为消费支出（居民部门的可支配总收入扣除储蓄的差额)。

(二) 公共消费支出核算

1. 公共消费支出的定义及其分类

公共消费支出由政府部门向社会提供公共服务的消费支出和为居民提供服务的非营利机构消费支出组成。它实际上是由政府和为居民服务的非营利机构承担费用，为社会公众提供的消费性货物和服务的价值。

公共消费支出，按消费职能可分为安全和防务、法律和秩序维护、公共卫生、环境保护、研究与开发、教育、文化、体育和娱乐、卫生保健、社会保险和福利等；按照消费受益对象可分为用于居民个人的公共消费支出和用于公众的公共消费支出两部分。

2. 公共消费支出的计算方法

政府部门和为居民服务的非营利机构的消费支出有两种核算方法：

(1) 以成本价格核算的公共消费支出，一般包括公共服务的政府部门和为居民服务的非营利机构的物质消耗和(或)劳动机构人员的开支。物质消耗包括从市场购买的用于公共消费的货物和服务，以及用于公共消费的固定资产折旧。

(2) 以支付去向推算公共消费支出，具体做法是：在一般行政开支和事业费开支中，扣除转移性支出和增加固定资产投资性支出，得出为居民和公众服务的经常性业务支出，即公共消费支出。

(三) 实际最终消费核算

1. 实际最终消费核算的定义

实际最终消费是以消费性货物与服务的实际获得为依据而界定的消费。

个人实际最终消费包括两部分：一是居民直接购买并由个人实际获得的消费性货物和服务价值；二是政府和非营利机构购买并由居民实际获得的个人消费。

公共实际最终消费是指政府和非营利机构提供给社会的所有公共服务价值。

2. 实际最终消费的计算方法

核算实际最终消费的目的在于更真实全面地反映居民消费水平，提高消费计算在空间和时间上的可比性。从消费的支出和消费的受用角度核算，结果不同。对于居民和政府部门而言，实际最终消费与消费支出在数量上是不一致的，不同的是，个人实际最终消费包括个人消费支出和公共消费支出中由政府和非营利机构购买且由居民实际获得的个人消费两部分，而公共实际最终消费则是在公共消费支出中减去由政府和非营利机构购买且由居民实际获得的个人消费部分。其差别在于由政府和非营利机构购买并由居民实际获得的个人消费(实物社会转移)如何归属，从费用负担上来看，它应属于公共消费，但从实际获得并受益者来看，它应属于个人实际最终消费。因此，实际最终消费的核算一般是在消费支出核算的基础上进行的，即将政府和非营利机构购买并由居民实际获得的个人消费(实物社会转移)发生的消费从公共消费支出中分离出来，与个人消费支出相加，以此求得公共实际最终消费和个人实际最终消费，再加总为经济总体的实际最终消费。

个人实际最终消费 ＝ 个人消费支出 ＋ 公共消费支出中由政府和非营利机构购买并由居民实际获得的个人消费部分(实物社会转移)

公共实际最终消费 ＝ 公共消费支出 － 公共消费支出中由政府和非营利机构购买并由居民实际获得的个人消费部分(实物社会转移)

$$经济总体的实际最终消费 = 个人实际最终消费 + 公共实际最终消费$$
$$= 个人消费支出 + 公共消费支出$$
$$= 总消费$$

四、收入使用核算账户

在国民经济核算体系中反映消费支出核算的账户称为收入使用账户,反映消费支出的使用平衡关系。可支配收入使用账户的设置具体如表 4-9 所示。

表 4-9　　　　　　　　　　　可支配收入使用账户

使用	来源
最终消费支出 　个人消费支出 　公共消费支出 养老金权益变化调整 　总储蓄 　净储蓄	可支配总收入 可支配净收入 养老金权益变化调整
合　计	合　计

在上述账户中,右边反映收入使用的来源,记录的初始流量是可支配收入,取自收入再分配账户,表明两个账户间的衔接关系。最终消费支出记录在账户的使用方,其中最终消费支出进一步区分为个人消费支出和公共消费支出。来源方可支配总收入包含固定资本消耗和扣除固定资本消耗的可支配净收入,因此,使用方相应地包括固定资本消耗用于投资的总储蓄——总投资,以及不包含固定资本消耗的净储蓄。养老金权益变化调整是该账户的调整项,它是住户所缴纳的养老基金与收到的养老基金的差额,构成住户对金融资产的获得减处置。对住户而言,该调整项记录在右边的来源方;对金融机构或其他承担养老金债务的单位而言,则记录在左边的使用方。

账户中各个指标之间的关系可列式如下:

$$总储蓄 = 可支配总收入 - 最终消费支出$$
$$净储蓄 = 可支配净收入 - 固定资产消耗$$
$$可支配总收入 = 最终消费支出 + 总储蓄$$

我国国民经济核算体系把收入分配使用核算全过程连成一个账户处理,称为收入分配及支出账户。

表 4-10　　　　　　　　　　　收入分配及支出账户

使用	来源
财产收入支付 经常转移支出 可支配总收入 最终消费 总储蓄	营业盈余 固定资产折旧 净营业盈余 财产收入 劳动报酬 生产税净额 经常转移收入
合　计	合　计

本章小结

1. 收入分配的定义

收入分配是指以当期生产成果的价值分配给社会各方面所形成的所有收支活动,分为收入初次分配和再分配。收入初次分配核算是以收入初次分配过程为依据所进行的核算,收入再分配核算是以收入再分配过程为依据所进行的核算。

2. 收入初次分配核算

收入初次分配核算是指根据各生产要素在商品、劳务的生产和流通中的投入比例及贡献大小来分配生产总成果的价值。其中,国民总收入又称国民生产总值,是指在一定时期内,一个国家(或地区)的国民在国民经济初次分配中获得的原始收入总和。它与国内生产总值的关系为:

$$国民总收入(国民生产总值) = 国内生产总值 + 来自国外的净要素收入$$

国民净收入等于国民总收入减去固定资产折旧后的余额。

3. 收入再分配核算

收入再分配核算是指在初次分配的基础上进行的,通过转移收支进一步在部门之间和部门内部所做的分配,包括现期所得税收支、社会缴款收支、社会福利收支、其他经常转移。

4. 可支配收入

可支配收入是指各部门初次分配总收入(原始收入)加上经常转移(再分配)收入减去经常转移(再分配)支出等转移收支后的余额,反映了各部门参与收入初次分配和收入再分配后的最终收入总量。国内各机构部门可支配收入合计为国民可支配收入,计算公式为:

$$国民可支配总收入 = 国内生产总值 + 来自国外的净要素收入 + 来自国外的经常转移收入净额$$
$$= 国民总收入 + 来自国外的经常转移收入净额$$

5. 收入分配核算账户体系

收入分配核算账户体系由收入形成账户、原收入分配账户、受灾分配账户和实物再分配账户组成。通过各个账户的来源与使用,反映各机构部门收入的来源、分配与再分配的过程和结果。

6. 可支配收入的使用

可支配收入的使用主要包括两个方面:一是用于消费,二是用于储蓄以构成投资。收入使用处于分配核算和投资核算与金融核算的中间环节。收入使用核算包括消费核算和投资(非金融投资)核算。其中的消费是指消费主体通过当期可支配收入或虚拟支付的非生产使用的货物和服务。消费核算的内容及主要指标包括消费支出核算、公共消费支出核算和实际最终消费核算。投资核算是指核算期内发生的各种非金融资产净积累,也就是该核算期的资本总形成。非金融资产是指非金融性的经济资产。非金融资产特别是实物形态的有形资产是一国经济资产中的主要组成部分,是产生金融资产的基础,在生产过程中常表现为生产资料,是进行生产活动的物质条件。

7. 收入使用核算账户

收入使用核算账户是指国民经济核算体系中反映消费支出核算的账户,反映消费支出的使用平衡关系。

思考与练习[①]

1. 简述国民经济收入分配核算的内容。
2. 怎样对国民经济初次分配收入进行核算?
3. 怎样对国民经济再分配收入进行核算?
4. 国民经济收入核算指标主要有哪些?这些指标是怎样计算的?
5. 国民经济收入分配的账户体系由哪些账户构成?这些账户之间存在什么内在联系?
6. 国民经济收入分配流程综合平衡表是怎样编制的?
7. 怎样对国民经济收入分配的水平和结构进行研究?
8. 怎样对国民经济收入分配的公平程度进行量化分析?
9. 已知某年某国各部门支付的劳动报酬资料为:国有企业 31 820 万元,集体及私营企业 3 130 万元,政府 2 620 万元,居民 20 万元,另外,从国外得到的劳动报酬为 1 805 万元,对国外支付的劳动报酬为 180 万元。

要求:计算应由国内居民部门得到的劳动报酬和劳动报酬净额。

10. 已知某地区生产增加值及分配资料如下表所示。

项 目	非金融企业	金融机构	政府	为居民服务的非营利机构	居民
总产出	3 800	150	450	5	1 030
中间投入	2 100	55	130	2	410
固定资本消耗	300	14	30	1	100
劳动报酬支付	620	45	230	2	25
生产税支付	105	15	5	0	85
生产补贴	0	0	0	0	5

要求:编制该地区总体和各机构部门综合收入形成账户。

11. 已知居民部门营业盈余和混合收入为 420 亿元,劳动报酬收入为 558 亿元,储蓄利息收入为 68 亿元,国库券兑现收入为 68 亿元,其中利息收入为 7 亿元,其他债券、股票利息和红利收入为 5 亿元,政府救济收入为 3 亿元,从企业获得各种免费和实物折价 1.5 亿元,居民上缴所得税为 5 亿元,居民消费支出为 760 亿元,支付社会保险缴款为 5 亿元,其他支出为 1 亿元。

要求:计算居民部门的原始收入和可支配收入,并根据有关数据编制收入分配账户。

12. 已知某国当年国内生产总值为 1 854 亿元,对国外支付雇员报酬 2 亿元,支付财产收入 38 亿元,支付经常性转移 39 亿元,来自国外的雇员报酬为 6 亿元,财产收入为 63 亿元,所得税为 1 亿元,其他经常转移收入为 19 亿元。

要求:计算该时期的国民总收入和国民可支配总收入。

[①] 郑菊生、卞祖武:《国民经济核算体系原理》,上海财经大学出版社 2000 年版,第 116 页。

第五章
资金流量与金融交易核算

学习目标

1. 理解资金流量核算的基本原理;
2. 掌握资金流量核算表的基本结构和基本编制方法;
3. 理解金融交易核算的基本形式与内容;
4. 了解资金流量分析的主要内容。

国民经济运行是使用价值运动与价值运动的统一体。从运行过程看,使用价值运动具体表现为由货物和服务组成的实际资源的流动,形成了经济流量中的实际流量;价值运动具体表现为货币资金的流动,形成了经济流量中的资金流量。国内生产总值核算是在国民经济总体层次上描述实际流量的运动状况,投入产出核算则是在部门层次上描述实际流量在部门间的流动状况,两者一起完整地反映了国民经济运行中包括货物、服务的生产、分配和使用在内的实际流量运动。而资金流量运动,则是由资金流量核算来描述和反映。在资金流量核算中,金融交易核算是其重要组成部分。本章主要介绍资金流量核算中的概念、对象、范围、内容和原则,资金流量核算表的基本结构和基本编制方法,金融交易核算的基本形式与内容,以及资金流量分析的基本方法及其主要内容。

第一节 资金流量核算的基本原理

一、资金运动与资金流量核算的对象

资金是经济生活中的一个重要名词,一般是指市场经济活动中以货币计量和表现的各种价值流量,如销售收入、工资总额、投资额、居民收入等。

资金流量核算中的资金具体是指收入分配、消费、投资及金融活动中的资金。

资金流量则是指一定时期内这些资金的增减变化量。

资金流量核算是以收入分配和社会资金运动为对象的核算,是对经济循环过程中各个部

门的资金来源与运用情况以及资金在各个部门间相互流动情况的系统描述和分析。它是国家制定货币政策、财政政策、收入分配政策等宏观经济政策的重要基础资料。

在市场经济条件下,实物运动(即商品运动)与价值运动(即资金运动)两者错综复杂地交织在一起,构成国民经济运行过程中紧密联系的两个方面。前者形成商品流量,后者则形成资金流量。商品运动是资金运动的基础,商品生产的发展水平决定货币交换的发展程度。而资金运动对商品运动又有着积极的反作用,商品只有通过货币购买才能进入使用领域而成为现实有用的商品。资金的流量对社会总需求的形成有重要影响,资金的使用方向则直接关系到合理产业结构的形成,影响社会生产的比例结构和各部门的增长速度。当然,资金运动又相对地独立于商品运动,国民收入分配与再分配所需要的各种货币支付(如生产企业向职工支付工资、向国家上缴税收等)就是一种暂时脱离商品运动的单向资金运动;在储蓄向投资的转化过程中也会出现单向的资金运动;银行的存款贷款、股票债券买卖、货币等金融资产无偿转移等金融交易活动都没有对应的实物运动。随着金融市场的深入发展,资金运动的独立性也愈加明显。

资金运动过程可用图 5-1 描述。

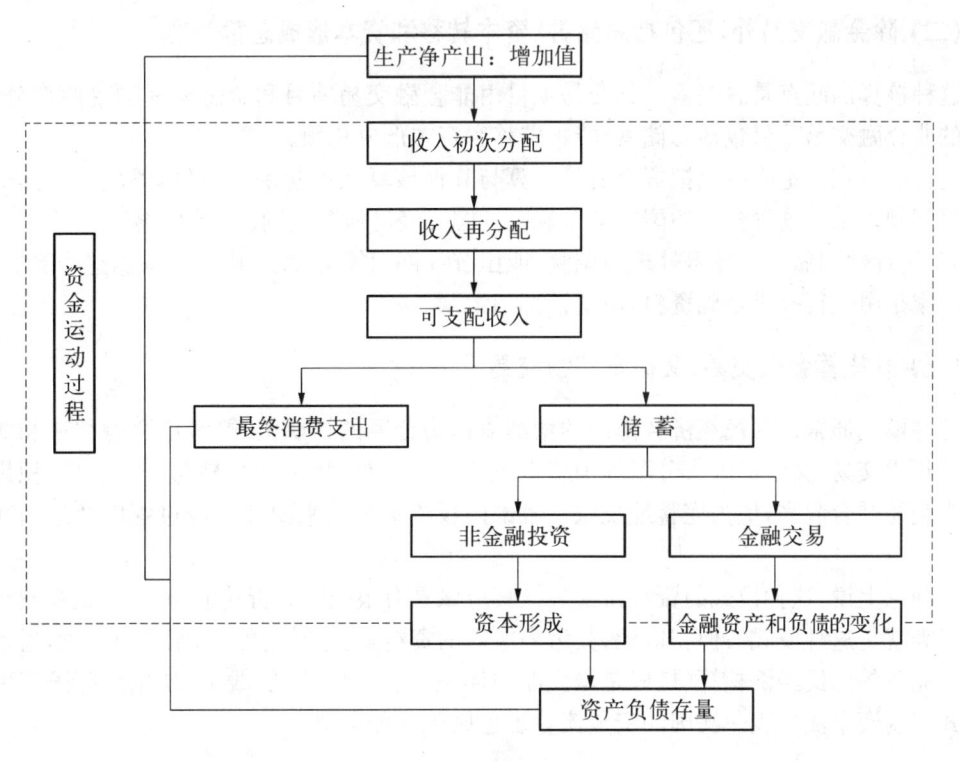

图 5-1 资金运动过程

资金运动过程上连生产活动,下接期末资产负债存量。它以生产活动的产出——增加值(也是国民收入初次分配的来源)为初始变量;国民收入经初次分配后进入再分配,从而形成国民可支配收入;国民可支配收入一部分用于最终消费支出,剩余部分形成储蓄,也即可用于投资的资金。然而,各部门的储蓄与投资往往是不平衡的,储蓄大于投资的部门,其多余的资金进入金融市场并成为金融交易的资金来源;而储蓄小于投资的部门,其短缺资金则通过金融交易得以筹集,以满足投资的需要。经过投资和金融交易,最终带来资本形成以及金融资产和负债的变化,而它们与资产负债存量相联系。

二、资金流量核算的范围

从理论上讲,资金流量核算的范围应既包括实物资金,也包括各种货币和信用资金,即应包括全部非金融性交易活动和金融性交易活动。但在实践活动中却有不同的核算范围,大致可分为以下三种类型。

(一) 只核算金融交易

这种模式的资金流量核算只考虑各种金融交易流量,不考虑非金融交易流量,编制出来的是一种纯粹的"资金流量表",其核算的起点是净金融投资。这种模式的资金流量表通常是由一些国家的中央银行独立编制,政府统计部门不再加工整理,主要适用于国民经济管理基础比较薄弱且统计组织系统比较松散的国家。这种表具有金融交易项目详细、编表时间短、可按季度编制、实用性强等优点。但由于由银行单独编制,其部门划分一般直接采用金融统计的分类方法,与国民经济核算分类有差别,故在衔接方面有一定的难度。

(二) 除金融交易外,还包括总储蓄、资本转移和资本形成总额

这种核算的起点是总储蓄。其交易项目由非金融交易项目和金融交易项目两部分组成,其中的非金融交易项目包括总储蓄、资本转移和资本形成总额。

这种模式在一定程度上把资金流量核算与其他核算联系起来,较好地解决了与其他核算的衔接问题。采用这种模式的国家都有规范的国民经济核算基础。有的国家由中央银行编制核算表,统计部门做一些技术处理与调整,或由统计部门提出要求,由银行根据这些要求编制;有的国家是由银行提供基础资料,由统计部门编制。

(三) 既核算金融交易,又核算实物交易

这种模式通常以国民经济各部门的增加值作为合算的初始值,既考虑金融往来和非金融投资等积累交易,又考虑收入分配和消费支出等经常交易,将金融交易与资本交易、积累交易与经常交易结合起来,更为完整地反映了各部门投资资金的来源和形成过程以及运用和调剂情况。

从理论上说,这种模式的资金流量表核算应该具有很强的分析功能(科普兰最初制定的资金流量表就是这种模式);但相应地,其编表所需的资料更多、时间更长、难度也更大,通常需要以非常完备的国民经济核算(最好是国民账户体系)为基础。在实践中,加拿大等国家采用这种模式编制资金流量表。我国的资金流量表也属于这种类型。

三、资金流量核算的内容

资金流量核算是对资金运动全过程的反映,每个阶段的资金流量核算都有其具体的内容。

(一) 国民收入初次分配流量的核算

国民收入初次分配是指生产最终成果的分配,它与生产活动有关,体现对生产所得的份额,主要表现为企业、居民和政府三者之间的分配。居民因提供劳动而获得劳动报酬,企业因生产而获取营业盈余,政府因宏观管理而得到税收。

(二) 国民收入再分配流量的核算

再分配是单方向的收入转让,不存在生产成果的交换,一般包括强制性的收入税、罚款、缴费,以及社会义务的捐赠、救济等。再分配收入主要包括:企业和居民向政府支付的各种收入税;政府对居民的转移支付,如社会救济、社会福利支出等;为居民服务的非营利机构向居民的转移支出,如社会团体、民间组织对居民的各种无偿捐赠或生活援助;企业对居民的福利性转移支出;个人之间、国家之间的无偿支付或生活援助等。

(三) 可支配收入和使用的核算

经过分配与再分配,形成可支配收入。居民可支配收入的使用主要是消费支出,剩余作为居民储蓄。企业可支配收入全部转为储蓄,供投资使用。政府部门可支配收入主要用于政府最终消费支出,所剩余的政府储蓄很少,有时可能还会出现赤字。

(四) 非金融投资和资金筹集的核算

非金融投资包括固定资产形成、库存增加(流动资产投资)、贵重物品净获得和非生产资产净获得。非金融投资活动的资金来源主要是储蓄、资本转移收入净额。

(五) 金融交易核算

金融交易是指涉及机构单位金融资产所有权变化的所有交易,包括金融债权和负债的产生与清偿。现实金融活动有许多环节和层次,有些并非与投资直接联系,但都表现为金融资产负债的债权、债务发生、变更或消失等内容。非交易因素引起的变化不属于金融交易核算以及资金流量核算的内容。

四、资金流量核算的基本原则

(一) 复式记账原则

在实物交易部分,一个部门的收入同时是对应部门的支出;收入记录在来源方,支出记录在使用方。在金融交易部分,一个部门金融资产的增加(或减少)同时是对应部门金融负债的增加(或减少);金融资产的增加或减少记录在使用方,负债的增加或减少记录在来源方。

(二) 权责发生制

凡是在本期发生应属于本期的收入和支出,不论款项是否收到或支付,一律作为本期的发生和支出核算。

(三) 计价原则

资金流量核算的交易项目分为实物交易部分和金融交易部分。实物交易部分的计价原则采用市场原则,这与生产账户一致。金融交易部分的计价要区分货币市场交易和资本市场交易;货币市场交易按交易工具的面值计价;资本市场的交易工具主要包括债券和股票,按获得或转让资产时的价格记录。

第二节　资金流量核算表式的构架

资金流量核算表的编制是一项复杂庞大的社会系统工程,需要在全社会范围内对国民经济各部门、各环节的资金来源、使用、构成等情况进行调查和分析,并且需要大量的统计、财务、金融等方面的资料。因此,要求各有关部门和企事业单位密切协作,资金流量表的编制工作才能顺利开展和完成。

资金流量核算内容从整体上可分为两大部分:一是经常性收入和支出的资金流量,包括收入分配、再分配和可支配收入与使用;二是积累过程的资金流量,包括非金融投资和金融交易。这是一般理论上的划分,也是联合国推荐的划分方法。但我国的资金流量核算的内容分为两大部分:一部分为实物交易核算,也即收入分配部分,包括收入分配、再分配、可支配收入与使用核算;另一部分为金融交易核算。实物交易反映伴随着物质产品和服务等交易而发生的资金活动,描绘了不同机构部门之间资金的分配和转移过程;而金融交易则是以现金、信用、证券等金融资产负债为交易对象的金融活动,主要反映投资形成的过程。因为可支配收入减去消费后形成储蓄,从全社会看,总储蓄等于总投资,但从各部门看,投资不一定等于储蓄,那么把富余储蓄从不需要的部门转到需要的部门,就要借助金融机构来完成,金融机构的运作活动就反映为金融交易。两者的划分以资金所有权是否发生变化来确定。实物交易的每项活动都会引起资金或实际资源所有权的变化,从而会改变实际资源在各部门间的分布;金融交易不引起资金所有权的变化而是使用权的变化,仅表现为各部门金融资产负债的增减变化,一个部门的金融资产增加必然是其对应部门负债的增加。

一、资金流量核算表的基本表式

资金流量核算表通常采用一般式矩阵表,也称为标准式矩阵表,它是由列的"机构部门"(也称宾栏)与行的"交易项目"(也称主栏)互相交叉而构成的一种表式。在宾栏的每个机构部门下面又设有"来源"栏和"使用"栏,相当于机构部门账户的借、贷两方;主栏的交易项目按交易的不同性质分为实物交易和金融交易。这样,资金流量表就分为主栏不同、宾栏相同的两张表,即实物交易表和金融交易表,具体见表5-1和表5-2。

表5-1　　　　　　　　　　资金流量表(实物交易表)

机构部门 交易项目	非金融企业部门		金融机构部门		政府部门		住户部门		国内合计		国外部门		合计	
	使用	来源	使用	来源	使用	来源	使用	来源	使用	来源	使用	来源	使用	来源
一、净出口														
二、增加值														
三、劳动者报酬														
1. 工资及工资性收入														
2. 单位社会保险付款														

续 表

交易项目\机构部门	非金融企业部门		金融机构部门		政府部门		住户部门		国内合计		国外部门		合计	
	使用	来源	使用	来源	使用	来源	使用	来源	使用	来源	使用	来源	使用	来源
四、生产税净额														
1. 生产税														
2. 生产补贴(一)														
五、财产收入														
1. 利息														
2. 红利														
3. 地租														
4. 其他														
六、初次分配总收入														
七、经常转移														
1. 收入税														
2. 社会保障缴款														
3. 社会保险福利														
4. 社会补助														
5. 其他														
八、可支配总收入														
九、最终消费														
1. 居民消费														
2. 政府消费														
十、总储蓄														
十一、资本转移														
1. 投资性补助														
2. 其他														
十二、资本形成总额														
1. 固定资本形成总额														
2. 存货增加														
十三、其他非金融资产获得减处置														
十四、净金融投资														

表 5-2 资金流量表(金融交易表)

交易项目 \ 机构部门	非金融企业部门 使用	非金融企业部门 来源	金融机构部门 使用	金融机构部门 来源	政府部门 使用	政府部门 来源	住户部门 使用	住户部门 来源	国内合计 使用	国内合计 来源	国外部门 使用	国外部门 来源	合计 使用	合计 来源
一、净金融投资														
二、资金运用合计														
三、资金来源合计														
1. 通货														
(1) 本币														
(2) 外币														
2. 存款														
(1) 活期存款														
(2) 定期存款														
(3) 财政存款														
(4) 外汇存款														
(5) 其他存款														
3. 证券公司客户保证金														
4. 贷款														
(1) 短期贷款与票据融资														
(2) 中长期贷款														
(3) 委托贷款														
(4) 外汇贷款														
(5) 其他贷款														
5. 未贴现的银行承兑汇票														
6. 保险准备金														
7. 金融机构往来														
8. 准备金														
9. 证券														
(1) 债券														
国债														
金融债券														
中央银行债券														

续 表

交易项目 \ 机构部门	非金融企业部门		金融机构部门		政府部门		住户部门		国内合计		国外部门		合计	
	使用	来源	使用	来源	使用	来源	使用	来源	使用	来源	使用	来源	使用	来源
企业债券														
(2) 股票														
10. 证券投资基金份额														
11. 库存现金														
12. 中央银行贷款														
13. 其他(净)														
14. 直接投资														
15. 其他对外债权债务														
16. 国际储备资产														
17. 国际收支误差与遗漏														

从表的纵向看,可以了解各部门收入、分配、消费、储蓄、非金融投资以及金融资产和金融负债的增减变化;从表的横向看,可以了解收入在各部门间分配与再分配的情况,以及通过各种金融活动调剂各部门资金余缺的过程。

资金流量核算采用复式记账原理,对每笔资金流量都做双重反映。在实物交易方面,任何一笔交易中,一个部门的收入同时也是对应部门的支出,支出记录在使用方,收入记录在来源方;在金融交易方面,一个部门的金融资产的增加同时是对应部门负债的增加或金融资产的减少,金融资产的增加或减少记录在使用方,金融负债的增加或减少记录在来源方。这样就使资金流量核算的收支流量始终保持借贷对应、收支相等的平衡关系,形成账户体系。资金流量核算正是通过这一账户体系把各部门间的收入分配和金融交易连成一体,使社会资金运动的来龙去脉一目了然。

二、资金流量表的交易项目

商品经济的整个运动过程,一方面表现为商品的生产(投入产出)、交换(运输和买卖)和使用(消费和投资)的过程,即实物运动过程;另一方面则表现为资金的收入、分配、使用和融通的过程,即资金运动过程。这是一个过程的两个方面,资金运动以实物运动为基础,围绕实物运动而运动,两者相互交织、紧密联系。但资金运动又具有相对独立性,两者也并不是自始至终都结合在一起的,一项资金运动不一定在同一时间或同一地区伴随有相应的实物运动,即资金运动与实物运动在时间上和空间上有差别,随着银行业的兴起和发展,资金运动远离实物运动而运动的形式更为明显和突出。

如前所述,我国资金流量表分为收入分配和金融交易两部分,因此主栏也由两大部分组成,即实物交易核算和金融交易核算。

(一) 实物交易核算

1. 净出口
净出口是指出口总额减去进口总额的净值。

2. 增加值
增加值是指各机构部门的总产出减去中间消耗后的价值。国内各部门增加值之和即为国内生产总值。

3. 劳动者报酬
劳动者报酬是指劳动者提供劳动而获得的各种收入,包括职工工资、职工保险和福利费、农民货币收入、农民自产自用、城镇个体劳动者收入、其他职业者收入等。

4. 生产税净额
生产税又称间接税,是指各单位和城乡个体劳动者从事生产经营活动时向国家缴纳的各种税金,如产品税、增值税、关税、房产税等。生产补贴可以看做一种负的生产税。生产税净额是指生产税扣除生产税补贴后的余额。

5. 财产收入
财产收入是指一个机构单位因向其他机构单位提供金融资产或自然资源(土地和地下资源等)的使用权而获得的收入(但不包括因提供生产资产和自然资源以外的非生产资产的使用权而获得的营业租赁收入)。在 SNA2008 中,财产收入分为利息、公司已分配收益(包括红利和准公司收益提取)、外国直接投资的再投资收益、其他投资收益支付以及地租等类别。

6. 初次分配总收入
初次分配是指生产活动形成的净成果(即增加值)在参与生产活动的生产要素的所有者及政府之间的分配。生产要素包括劳动力、土地和资本。劳动力所有者因提供劳动而获得劳动报酬;土地所有者因出租土地而获得地租;资本所有者因资本的形态不同而获得不同形式的收入;借贷资本所有者获得利息收入,股权所有者获得红利或未分配利润。政府因直接或间接介入生产过程而获得生产税或支付补贴。初次分配的结果形成各个机构部门初次分配总收入。各机构部门的初次分配总收入之和等于国民总收入,也即国民生产总值。

初次分配总收入 = 增加值 − 支付的劳动者报酬和生产税净额 + 收到的劳动者报酬和生产税净额 − 支付的财产收入 + 收到的财产收入

7. 经常转移
转移是指一个机构单位向另一机构单位提供货物、服务或资产但又不向后者索取任何货物、服务或资产作为与之直接对应的回报。转移分为经常转移和资本转移。经常转移是指一个机构单位向另一个机构单位提供货物、服务或资产但又不向后者索取任何货物、服务或资产作为与之直接对应的回报,并且交易的一方或双方无须获得或处置资产。其形式有所得税、财产税等经常税,以及社会缴款、社会福利和其他经常转移。

8. 可支配总收入
在初次分配总收入的基础上,通过经常转移的形式进行再分配,结果形成各个机构部门的可支配总收入,即各机构部门通过分配和再分配而形成的可用于最终消费和总储蓄的收入。国内各机构部门的可支配总收入之和称为国民可支配总收入。

可支配总收入 = 初次分配总收入 + 经常转移收入 − 经常转移支出

9. **最终消费**

最终消费是指各机构部门在一定时期内对于货物和服务的全部最终消费,具体分为居民消费和政府消费。

10. **总储蓄**

总储蓄是指可支配收入减去最终消费后的余额。它反映各机构部门的资金积累,具体分为总储蓄和净储蓄。国内各机构部门的总储蓄之和称为国民总储蓄。

$$总储蓄 = 可支配总收入 - 最终消费$$

11. **资本转移**

资本转移是指转让资产所有权、不涉及现期收入的转移支付。在资本转移中,给予转移的一方通过处置资产而放弃金融债权,或者接受转移的一方必须获得资产,或者前述两个条件同时满足。资本转移往往数额大,且无规律,具体分为资本税和资本转移税、投资补助和其他资本转移。

资本转移具有不同于经常转移的两个特征:一是转移的目的是用于投资,而不是用于消费;二是其实物形式往往涉及除存货和现金以外的资产所有权的转移,其现金形式往往涉及除存货以外的资产的处置。

12. **资本形成总额**

资本形成总额包括固定资产形成总额、存货变化和贵重物品的获得减处置。

固定资产形成总额是指生产者在核算期内获得的固定资产减处置的固定资产,加上对附着于非生产资产价值上的某些服务的特定支出,具体分为住宅、其他建筑和构筑物、机器和设备、武器系统、培育性生物资源、知识产权产品等。

存货变化是核算期内进入的存货价值减去退出的存货价值。存货资产的变动依其来源和用途大体可以分为材料和用品库存的变化、制成品和在制品库存的变化、转销货物库存的变化和军事存货的变化。

贵重物品的获得减处置是核算期内获得的贵重物品减去处置的贵重物品。在我国目前并没有进行贵重物品的核算。

13. **其他非金融资产获得减处置**

其他非金融资产获得减处置包括自然资源的净获得,合约、租约和许可的净获得,以及商誉和营销资产的净购买。

自然资源的净获得是指包括土地、矿物和能源储藏、非培育性生物资源、水资源,以及无线电频谱等其他自然资源的净获得,即其获得减处置的差额。

合约、租约和许可的净获得即其获得与处置的差额。在 SNA2008 中有 4 类合约、租约和许可可以被视为经济资产,即可交易的经营租赁、自然资源使用许可、从事特定活动的许可、货物和服务的未来排他性权利。

商誉和营销资产的净购买即其购销差额。商誉之所以具有价值,是基于一个企业的潜在购买者愿意或准备支付一笔超过该企业可单独识别和估价的资产净值的额外费用。营销资源则是指诸如品牌、报头、注册商标、公司标识和域名等资产项目。

14. **净金融投资**

净金融投资反映机构部门或经济总体资金富余或短缺的状况。

从实物交易角度看,它是指总储蓄加资本转移收入减非金融投资后的余额。非金融投资包括资本形成总额和其他非金融资产获得减处置。其计算公式为:

净金融投资 =（总储蓄 + 资本转移净额）-（资本形成总额 + 其他非金融资产获得减处置）

从金融交易角度看,它是指金融资产的增加额减金融负债的增加额后的余额,计算公式为:

净金融投资 = 金融资产增加 - 金融负债增加

(二) 金融交易核算

国民生产总值核算是在国民经济总体层次上描述实际流量的运动状况,两者一起完整地反映国民经济运行中包括货物、服务的生产、分配和使用在内的实际流量运动。而资金流量运动,则是由资金流量核算来描述和反映的。在资金流量核算中,金融交易核算是其重要组成部分。对金融交易进行核算,并根据金融交易核算的结果编制金融账户和金融交易资金流量表,是我国国民经济核算体系的重要组成部分,也是社会主义市场经济发展对国民经济核算体系的要求。

1. 金融交易及其特点

金融交易是指机构单位之间和机构单位与国外之间引起金融资产所有权变化的交易,包括与金融债权的产生和清偿有关的所有交易。表明金融资产所有权的凭证就是金融工具,如通货、存款、贷款、证券(不含股票)、股票、金融衍生工具等。拥有金融工具就是拥有了金融资产所有权;失去金融工具,就是失去了金融资产所有权。因此,金融交易其实就是以金融工具作为交换标的物的交易,简单地说,就是使用金融工具进行的交易。

交易总是买卖双方交易主体的行为。

(1) 从交易双方的组成来看,金融交易可分为国内金融交易和国外金融交易。国内金融交易可以根据其是否以金融机构为中介分为直接金融交易和间接金融交易。直接金融交易是指各机构部门间通过金融市场直接进行的融资活动,如企业在金融市场上发行股票或债券筹集资金,居民将储蓄购买了债券或股票,而企业则得到了投资资金。间接金融交易是指以金融机构为中介,各机构部门间实现的融资活动,包括通货、存款、贷款、结算资金、保险准备金、金融机构往来、准备金和中央银行贷款等。

(2) 从交易双方买卖的标的物是否是金融工具看,有两种可能的情况。一种是交易一方以金融工具换取另一方的非金融工具,如居民用现金或信用卡购买货物和服务、企业划减银行存款纳税等。这类交易引起交易一方(居民、企业等)金融资产所有权的减少或增加,因此是一种金融交易,称为金融工具与非金融工具的交易。另一种是交易一方以一种金融工具换取对方的另一种金融工具,即现存金融资产与其他金融资产的交换,如居民以现金购买股票、企业用银行存款购买国库券等。这类交易引起金融资产所有权和金融负债的产生、转移或清偿,这是一种"纯粹"的金融交易,称为金融工具与金融工具的交易。这样金融交易可分为两类:第一类是指金融工具与非金融工具的交易,对这类交易学术界尚未赋予一个专门的名称;第二类是指金融工具与金融工具的交易,学术界称之为金融交易。因此,金融交易有了广义与狭义之分。广义的金融交易包括上述两类全部交易,狭义的金融交易仅指第二类即金融工具之间的交易。

上述两类金融交易有着不同的特性。对于金融工具与非金融工具之间的交易,如居民用现金购买消费品时,实际资源(消费品)的所有权就从商店转移到居民,相应的现金的所有权则从居民转移到商店,交易的结果是市场结清,即人们通常所说的买卖双方"你不欠我,我不欠你"。对于金融工具之间的交易,其发生的前提是社会一部分单位或个人资金有结余,而另一部分单位或个人资金有短缺。这类金融交易并未发生任何实际资源的转移,其实质是一种资金的借贷行为,交易的结果不是市场结清,而是同时产生了债权和债务——交易的一方获得金融债权而另一方则承担金融债务。例如,居民用现金购买国库券,实质是政府向居民借款。交易发生前,居民与政府之间"你不欠我,我不欠你";交易发生后,居民与政府之间就产生了债权债务关系,居民因借出资金而拥有了对政府的债权,而政府因借入资金则承担了对居民还本付息的债务。证明债权、债务的凭据就是金融工具,如国库券。居民购买国库券,就是拥有了一笔金融资产。可见,金融债权就等同于金融资产,政府售出国库券,就是政府对购买者有一笔负债,因此,金融债务就等同于金融负债。金融交易的这一特性说明,金融交易的结果就是产生新的金融资产与金融负债。因此,对金融交易的核算具体就是对金融资产和金融负债的发生、变动和消失的记录、测度和计算。

2. 金融交易的分类[①]

金融交易的类别主要有:通货、存款、贷款、债券、股票、保险准备金、金融机构往来、库存现金、准备金、中央银行贷款、直接投资、其他对外债权债务、国际储备资产和国际收支错误与遗漏等。按融资方式的不同,金融交易还可分为直接融资和间接融资。直接融资主要有债券和股票,是企业、政府等从金融市场上直接募集资金,金融机构只提供发行销售等服务,不起资金的中间借贷人的作用。间接融资主要是贷款,金融机构扮演了筹集资金和运用资金的中介角色。金融市场通过直接融资和间接融资的方式对分散在各个机构部门的资金进行调剂。

(1) 货币黄金和特别提款权

SNA2008将货币黄金定义为货币当局拥有所有权、作为储备资产的黄金(包括在分配黄金账户里持有的黄金),以及非分配黄金账户即非常住单位授予的黄金交割要求权。只有作为金融资产和外汇储备组成部分持有的黄金才是货币黄金。作为储备资产的金块是唯一没有对应负债的金融资产。分配黄金账户提供所有权给实物黄金,未分配黄金账户是以黄金名义的存款(若由非居民持有,则记作外国通货)。货币黄金定义的变化源于对分配黄金账户和未分配黄金账户的认识,而SNA1993并没有讨论分配黄金账户和未分配黄金账户。

特别提款权是国际货币基金组织创造的分配给成员用来补充现有官方储备的国际储备资产。获得特别提款权的国际货币基金组织成员并没有归还特别提款权的实际义务,持有特别提款权意味着拥有从国际货币基金组织的其他成员无条件地获得外汇或其他储备资产的权利。

(2) 通货和存款

通货是指可以作为支付手段进入流通的各种货币,包括纸币和硬币、本币和外币,但不包括作为储备资产的金币(属于货币黄金)。通货是发行机构的负债、持有者的资产。

存款是指金融机构接受客户存入的货币款项,存款人可随时或按约定时间支取款项的信用业务。存款包括活期存款、定期存款、住户储蓄存款、财政存款、外汇存款和其他存款。其中,活期存款是指存款期限不受限制,可以随时存入和提取的存款,包括居民的活期储蓄存款、企业的结算存款、行政事业单位(现归属于政府部门)的经费存款。定期存款是指有一定期限的存款,包括居民的定期储蓄存款、企事业单位的定期存款。存款包括可转让存款和其他存款。存款是持有者的资产、存款机构的负债。

(3) 债务性证券

债务性证券是作为债务证明的可转让工具,包括票据、债券、可转让存款证、商业票据、债权证、资产支持证券和通常可在金融市场交易的类似工具。

[①] 与第六章国民财产与资产负债核算中金融资产的分类一致。

(4) 贷款

贷款是金融机构将其吸收的资金按照一定的利率贷放给客户并按约定的日期归还的信用业务，包括短期贷款和长期贷款。

(5) 股权和投资基金份额

股权和投资基金份额的显著特点是持有者对发行单位的资产有剩余索取权。股权包括证明对清偿了债权人全部债权后的公司或非法人公司的剩余价值有索取权的所有票据和记录。股权包括上市股票、非上市股票和其他股权。股权是发行机构单位的负债。投资基金是将投资者的资金集中起来投资于金融或非金融资产的集体投资，分为货币市场基金和其他投资基金。

(6) 保险金、养老金和标准化担保计划

保险金、养老金和标准化担保计划包括非人寿保险技术储备、寿险和年金权益、养老金权益、养老经理人的养老基金债券和标准化担保代偿准备金。

(7) 金融衍生工具和雇员股票期权

金融衍生工具是与某种特定金融工具或特定指标或特定商品挂钩的金融工具。金融衍生工具分为两大类：期权和远期。雇员股票期权是雇主与雇员在某日（授权日）内，雇员能以约定的价格（执行价格）购买约定数量的雇主股票。

(8) 其他应收/应付款

其他应收/应付款包括商业信用额已付款以及其他各种应收/应付款项，是提供信用、预付、应收一方的资产，是接受信用、预收、应付一方的负债。

3. 金融交易的核算原则

所有金融交易都必须按照一定的核算原则来核算。这些核算原则主要分为以下四项：

(1) 鉴别并剔除非交易活动引发的金融资产负债的价值变动

金融资产负债价值量的变化并非只是由金融交易而产生。金融交易核算只记录和计算由金融交易活动而发生的金融资产负债变动量，不核算由非交易活动引起的金融资产负债变化。因此，在开展金融交易核算时，首先应仔细鉴别和剔除由非交易活动引发的金融资产负债的价值变动。根据金融交易的定义，鉴别的标准有两条：① 发生金融资产所有权的变化；② 产生新的金融资产或负债。一项活动，只要符合这两条标准中的任意一条，便可以鉴别为金融交易。

(2) 估价原则

估价原则是指在核算时如何科学地确定参加金融交易的金融工具的价格。金融交易应按获得或转让资产时的价格记录，而且交易双方应按同一价格记录。在这一价格中，既不包括手续费、佣金和对交易中所提供服务的其他类似付款（这些应统一作为服务的购买处理），也不包括金融交易税（这项应包括在产品税中）。

(3) 记录时间原则

原则上，金融交易的双方应在同一时点记录交易。对于金融工具与金融工具之间的交易，应在金融资产所有权转移时记录。对于金融工具与非金融工具之间的交易，金融交易的记录时间应与该非金融工具在其他核算（国内生产总值核算、投入产出核算或国际收支核算等）中的记录时间保持一致，即按实物交易的发生时间记录。

(4) 记录基础——取净额和合并原则

取净额和合并是指以什么为基础记录金融交易。描述某一类资产项目的交易状况，可以采用逐项交易的发生额。发生额有两种：总额和收支相抵后的净额。描述某一总体的交易状况，可以采用逐个总体单位的明细数据，也可以采用将总体单位分组组合后各组的合并数据。

对金融交易取净额的程度主要取决于分析任务的需要。金融账户可以按资产的净获得和负债的净发生记录当期的各种金融交易。金融资产的净获得是核算期新获得的金融资产总额与处置的金融资产总额相抵后的净额,负债的净发生是核算期新发生的负债总额与偿还的负债总额相抵后的净额。如对债券交易来说,债券获得者应以其本期获得的债券减去出售的债券的净额作为记录基础,记入金融资产;债券发行者应以其本期发行的债券减去偿还的债券的净额作为记录基础,记入金融负债。

金融交易核算中的合并是指把某一组机构单位内部相互之间发生的金融资产与负债交易相抵消的过程。对某一总体而言,金融交易核算采用合并数据作为记录基础,合并可根据分析需要在国民经济总体、机构部门和子部门等层次上进行。但不同层次的合并对于经济分析具有不同的意义。合并数据同样应取净额。

4. 金融账户

(1) 金融账户的基本形式

金融账户是金融交易核算的主要形式。金融账户记录和核算所有发生在机构单位之间和机构单位与国外之间的涉及金融资产和负债所有权变动的交易,既包括金融工具之间的交易,又包括金融工具与非金融工具的交易,简言之,核算全部金融交易。金融账户的基本结构如表5-3所示。

表5-3　　　　　　　　　　　　　金融账户　　　　　　　　　　　　　单位:亿元

资　产　变　化	负债和净值变化
货币黄金和特别提款权	净借出(+)/净借入(-)
通货和存款	通货和存款
债务性证券	债务性证券
贷款	贷款
股权和投资基金份额	股权和投资基金份额
保险、养老金和标准化担保计划	保险、养老金和标准化担保计划
金融衍生工具和雇员股票期权	金融衍生工具和雇员股票期权
其他应收/应付款	其他应收/应付款

金融账户的左方记录由交易引起的各类金融资产的净获得,右方记录由交易引起的各类金融负债的净发生。左右双方对金融工具的分类的排列顺序完全一样(除黄金和特别提款权不出现在账户右方之外)。

在金融交易中,交易主体通过负债获得资金来源,通过对资金的使用获得金融资产。因此,金融负债等价于资金来源,等价于资金借入;金融资产等价于资金运用,等价于资金借出。资金借出与资金借入之差,即净借出或净借入,构成了金融账户的平衡项目,显然,它就等于金融资产净获得减金融负债净发生之差。差额为正意味着本期资金净流出,为负意味着本期资金净流入。净借出/净借入登记在账户的负债方,这样整个账户的资产变动方合计恒等于负债变动方合计,实现账户两方的借贷平衡。

就全社会而言,一些部门资金富余,是净借出者;另一些部门资金短缺,是净借入者。通过金融交易,富余资源就可以转给短缺单位使用。金融账户描述了净借入部门如何通过发生负债或减少资产而获得所需的金融资源,而净借出部门则如何通过获得金融资产或减少负债而配置其富余资源。

(2) 金融账户登录原理

登录金融交易的记账方式可分为两种情况。

第一种情况:金融工具之间的交易,如一笔金融资产与另一笔金融资产(或新发生负债)的交换,或者以金融资产偿还金融负债。这时的记账规则是:交易双方都在自己的金融账户上登录两次,即一笔交易记账时,有四个对应项目都要在金融账户上记录,交易完全在金融账户的范围内发生。

第二种情况:金融工具与非金融工具之间的交易,如以现金或存款购买货物和劳务,以现金发工资等。这时的记账规则是:交易双方都是在自己的金融账户上登录一次,其对应项须分别记入机构部门生产账户、收入分配与支出账户或资本账户。

上述登录说明,在非金融账户上记入来源方的交易,其对应项目必然是金融账户资产增加或负债减少;在非金融账户上记入使用方的交易,其对应项目必然是金融资产的减少或负债增加。因此,这一类交易会引起一个部门金融资产增加(或负债减少)和另一个部门金融资产减少(或负债增加),从而改变一个部门金融资产与负债之间的差额(即改变一个部门资金净借出/净借入数额),这一差额的变动反映了实际资源流量在部门间的运动以及与其相应的金融流量相反方向的运动。

按上述规则和原理,就能分别编制出各机构部门的金融账户。在具体编制各机构部门和经济总体的金融账户时,一般是结合上述原则和原理,从国内金融交易和国外金融交易两个方向,分别核算各部门的金融资产的来源项目和使用项目。我国目前的金融账户的数据主要取自资金流量表金融交易部分。

(3) 各金融交易项目的核算[①]

① 货币黄金和特别提款权

货币黄金和特别提款权的交易是指发生在各国货币当局之间的买卖与转让,分别记录为本国货币当局和国外的金融资产增减变化。货币黄金的购买作为资产增加记入国内货币当局的金融账户,对应项作为国外的资产减少加以记录。

非货币黄金的交易,包括货币当局持有的非储备黄金和除中央银行以外的金融机构持有的所有黄金的交易不是金融交易。如果这种交易的唯一目的是为了储藏财富,则处理为贵重物品的获得减处置;在其他情况下,则处理为最终消费、中间消耗、存货变动、出口或进口。

需要注意的是,黄金的货币化或非货币化都不属于金融交易。黄金的货币化是指货币当局为了增加持有的货币黄金,通过新采掘或从私人市场上购得现存黄金的行为。当货币当局获得黄金时,在资产物量其他变化账户中,作为分类变化来处理。

特别提款权的创立与取消的过程被视作金融交易。这些交易按分配总额记录,一方面记入国际货币基金组织成员货币当局的金融账户,另一方面记入代表该成员全体的国外部分。

② 通货和存款

通货和存款上的金融交易包括通货的增加或处置,存款的设立、增加或提取,通过作为发行者的负债和持有者的资产,分别记入各自的金融账户。期末与期初相比,货币持有量的净增加记录为各持有部门资产变化,与此相对应,本国货币当局净发行额记为金融机构的发债变化,外国货

---

① 蒋萍、徐强、杨仲山:《国民经济核算初级教程》,中国统计出版社 2014 年版,第 270~273 页。

币净流入额记录为国外部门的负债变化。各部门当期存款净增加应记录在各部门金融账户的资产方,同时应记入金融机构的负债变化(指国内存款部分)和国外部门的负债变化(指存入国外部分)。

对于存款来说,银行利息的支付被区分为国民经济核算体系利息和间接计算的金融中介服务费(FISIM)。国民经济核算体系利息首先记入收入分配账户,然后作为一项新存款记入金融账户。

③ 债务性证券

以债券为例,各部门当期购买减处置(兑现或出售)的他部门发行的债券净额,应记作各该部门的资产变化;各部门当期发行减兑付的债券净额,记作各该部门的负债变化。

④ 贷款

国内各金融机构当期对企业、政府、居民及国外发放的贷款扣除原有贷款当期清偿的净额,应分别记作金融机构的资产变化和各借入部门的负债变化,自国外获得的净贷款应记作各借入部门的负债变化和国外部门的资产变化。

⑤ 股权和投资基金份额

金融账户里包括三种不同类型的股权交易:第一种是对在交易所买卖的股票价值的记录;第二种是所有者注资,有时是所有者退股;第三种专指外商直接投资企业收益再投资的权益增加或收回情况。投资基金份额或基金单位价值的增加(不包括来自持有损益的价值增加,也不包括再投资收益)在国民经济核算体系中应做如下处理:先记录为对基金份额或基金单位持有者的分配,然后在金融账户中记录为持有者的再投资。

⑥ 保险、养老金和标准化担保计划专门准备金

对于非寿险专门准备金,在金融账户中记录已支付的保费和应付但未付的索赔的调整;对于寿险和年金权益,在金融账户中记录为应收保费净额与应付索赔之差;对于养老金权益,应收缴款净额和应付保险金之差,金融账户中显示的养老金权益增加等于收入使用账户中登录的养老金权益变化加上此前养老金经理人的权益转移;对于养老金经理人的养老基金债券,金融账户记录增加的养老金权益与养老金权益投资收入之差;对于标准化担保代偿准备金,金融账户中记录预收费用和未结算的代偿的调整。

⑦ 金融衍生工具和雇员股票期权

对于期权类工具,应以期权费记录交易双方的资产或负债交易价值。对于远期类工具,应按照交易时合同对交易双方的价值来确定资产方和负债方,并按照合同价值来记录资产或负债交易价值。SNA2008建议雇员股票期权交易按雇员报酬记录在金融账户中,数额为股票期权的价值,并且计入支出,股票期权价值最好应在授权日和含权日之间的时期分摊,如果无法做到则记在含权日。

⑧ 其他应收/应付款

应按当期发生与结算的净额分别记为应收单位所属部门金融账户的资产变化和应付单位所属部门的负债变化。

(4) 综合金融账户

按机构部门分别编制金融账户,然后加以合并,即可得到部门合并的金融账户(见表5-4)。综合金融账户采用所谓"夹心饼干"式表格,该账户将表示金融手段的各项目列于中间,左方各列记录各部门获得的资产净额,右方各列记录各部门发生的负债净额。左右方以交易项目为轴心,把各机构部门的资产变化和负债变化对称排列。交易项目中的金融资产净获得/负债净发生为1~7之和;净借出(+)/净借入(-)为平衡项,等于资产净获得减负债净发生之差。

表 5-4 综合金融账户

单位：亿元

合计	国外	经济总体	资产变化 为住户服务非营利机构	住户	一般政府	金融公司	非金融公司	交易和平衡项	非金融公司	金融公司	一般政府	住户	负债和净值变化 为住户服务非营利机构	经济总体	国外	合计
483	47	436	2	189	−10	172	83	净借出(+)/净借入(−)	−56	−1	−103	174	−4	10	−10	0
0	1	−1				−1		金融资产净获得/负债净发生	139	173	93	15	6	426	57	483
100	11	89	2	64	−26	10	39	1.货币黄金和特别提款权								
95	9	86	−1	10	4	66	7	2.通货和存款	6	65	37	0	0	102	−2	100
82	4	78	0	3	3	53	19	3.债务性证券	21	30	38	11	6	74	21	95
119	12	107	0	66	3	28	10	4.贷款	83	0	9			47	35	82
48	0	48	0	39	1	7	1	5.股权和投资基金份额		22				105	14	119
14	0	14	0	3	0	8	3	6.保险、养老金和标准化担保计划专门准备金		48	0	0	0	48	0	48
25	10	15	1	4	5	1	4	7.金融衍生工具和雇员股票期权	3	8				11	3	14
								8.其他应收/应付款	26	0	9	4		39	−14	25

根据金融交易的特点和复式记账登录原理,综合金融账户在账户上形成两种平衡关系。

一是部门内部的平衡关系,即单个部门金融账户所显示的一个部门当期金融资产净获得与负债净发生之间的平衡,表现为表中的纵向关系。以金融机构部门和国内各部门合计为例,该平衡关系为:

金融机构:

负债净发生 + 净借出 = 资产净获得
$$173 + (-1) = 172(亿元)$$

国内各部门合计:

负债净发生 + 净借出 = 资产净获得
$$426 + 10 = 436(亿元)$$

二是部门外部平衡关系,也叫项目平衡关系,表现为表中的横向关系;任一项目各机构部门的资产变化总计等于负债变化总计。例如:

国内外总计:

资产净获得 = 负债净发生
$$483 = 483(亿元)$$

净借入 = 净借出
$$56 + 1 + 103 + 4 + 10 = 174(亿元)$$

这些现象的存在都不是偶然的,而是由金融资产和负债的对称性,即一些部门的金融资产必然与另一些部门的负债严格对应所决定的。

根据部门外部平衡关系,在不发生国外交易的封闭经济假设条件下,短缺部门的净借入需求通过富余部门的净借出得到满足,各部门的净借出总额恒等于净借入总额,整个国民经济的净借入变为零。在开放经济条件下,各部门都可与国外进行交易,国内部门的短缺可通过向国外部门借入得到满足,国内部门的富余可通过向国外出借而得到配置,这时整个国内部门的净借出或净借入便不会为零,整个国内的富余或短缺通过与国外部门交易得到平衡。这在综合金融账户上表现为国内部门金融资产负债变化净额的合计数与国外部门金融资产负债变化的净额数量相等、符号相反。对一个金融交易项目是如此,对全部交易项目的总体也是如此。如贷款项目,国内各部门贷款净获得 78 亿元,贷款负债净发生 47 亿元,两者之差为 31 亿元;国外部门这一差额为 -31 亿元(4 亿元 - 35 亿元),这说明国内富余中 31 亿元可贷给国外而得到配置。

(5) 金融账户的作用

金融账户的核算范围涵盖了严格的金融交易和其他货币性交易。从整个国民经济来看,国内各机构部门之间的借入和借出会相互抵消,整个经济体的净借出或净借入一定要到国外金融市场上去寻找解决办法。

金融账户的第一个作用在于它从总体上综合描述了通过金融交易形成的资金流量在各部门间的流向,也反映了各国间的资金流向。

金融账户的第二个作用在于它记录了金融资产、负债存量因经济交易而发生的变动量,这正是存量变化的主要部分。

金融账户的第三个作用在于它不是孤立存在的账户,而是本期的经济交易引起的整个经济流量核算的有机组成部分。首先,金融账户是处理积累的第二个账户,它上接资本账户——金融账户的平衡项与资本账户的平衡项数额相等、符号相同,只是记录方向相反,即金融账户的平衡项是由资本账户的平衡项结转而来。它解释了各机构部门在非金融交易中形成的资金盈余的去向和资金短缺的来源,是使所有经济交易账户得以终结的账户。其次,金融工具与非金融工具的交易,通过复式记账,将金融账户与生产账户、收入分配账户、使用账户联系起来,成为一个整体。与生产账户、收入分配账户、使用账户不同,金融账户没有可以结转到另一个账户的平衡项,这表明描述各部门交易流量的一系列账户到金融账户得以终结,金融账户是核算经济流量的最后一个账户,国民经济运动中的流量核算到此结束。最后,金融账户记录的金融资产负债变化量是存量变动的主要部分,国民经济核算便由此转入存量核算。

此外,金融账户还综合反映了一国金融市场的总体状况及参与国际金融市场状况,通过不同金融项目分类记录了各种金融活动,为从宏观上把握当期金融市场总态势、分析当期金融活动的流量和主要流向提供了资料。

第三节　资金流量核算分析

资金流量核算分析就是利用资金流量表的核算结果,分析收入、储蓄、消费、投资之间的关系及资金盈余情况,发现问题,找出原因,并提出建议。

资金流量核算分析的基本方法主要有:(1)资金总量分析法,即从总量上分析宏观经济各变量之间的关系;(2)资金结构分析法,即从各部门资金的构成及相关角度进行分析;(3)因素分析法,即对影响各项资金变动的因素进行分析,以找出原因所在。

一、分析社会资金总流量的变化情况

通过资金流量表提供的数据资料,可以分析不同部门的资金流入流出关系,分析该部门是净流入还是净流出,资金取得的主要来源;金融工具种类变化的情况;通过金融资产增减变化的分析,可反映利率的变化并进行预测。

二、分析积累与消费的关系进而分析投资与储蓄的关系

增加值经过初次分配和再分配形成各部门的可支配收入。可支配收入中的一部分用于消费,另一部分形成储蓄,而储蓄是投资的资金来源。通过资金流量表可分析积累与消费的比例关系,研究投资与储蓄的关系,以反映资金总供给与总需求的关系。

三、分析收入分配的去向

通过资金流量表,可以分析国内生产总值初次分配在部门与劳动者之间的分配关系,也可以分析机构与劳动者之间的再分配关系,还可以分析部门间可支配收入的结构比例,从而为制定宏观经济分配政策、调整利益格局提供依据。

下面通过实例介绍资金流量分析的基本思路。

(一)全社会金融资金流量基本情况分析

现假定20××年全社会金融资金流量如表5-5所示。

表 5-5　　　　　　　　　　　　全社会金融资金流量表

项　目	总量(亿元)			增长率(%)		结构(%)		结构变动
	前年	上年	报告年	上年	报告年	上年	报告年	报告年
社会资金总流量	36 038.1	36 765.6	52 333.1	2.02	42.34	100.0	100.0	
一、国内金融交易流量	26 411.6	28 296.2	42 515.9	7.14	50.25	77.00	81.24	4.28
1. 国内间接金融交易流量	20 951.6	23 360.4	31 851.1	11.50	36.35	63.50	60.86	−2.68
2. 国内直接金融交易流量	1 751.6	2 426.3	3 046.7	38.52	25.57	6.60	5.82	−0.78
3. 国内其他金融交易流量	3 708.4	2 509.5	7 618.1	−32.33	203.57	6.80	14.56	7.73
二、国外金融交易流量	10 496.0	9 956.7	11 110.8	−4.89	11.59	27.10	21.23	−5.85
三、国际收支误差与遗漏	−842.4	−1 487.3	−1 293.6	76.56	−13.03	−4.00	−2.47	1.57

由表 5-5 可知,报告年金融资金总流量为 52 333.07 亿元,比上年增长 42.34%,增幅比上年上升了 40.32 个百分点。其中国内金融交易流量达到 42 515.9 亿元,比上年增长 50.25%,其在全社会资金总流量中的比重为 81.24%,即占有绝大比重;国外金融交易流量为 11 110.8 亿元,比上年增长 11.59%,其所占比重为 21.23%;可见,国内增长速度快于国外的增长速度。具体有以下几个特征:

1. 国内间接金融交易流量增长快速

国内间接金融交易流量报告年为 1 851.12 亿元,比上年增加 8 490.72 亿元,增长率为 36.35%,比上年增加 24.85 个百分点,其在总流量中的比重为 60.86%。

2. 国内直接金融交易流量继续增长,但速度减缓

国内直接金融交易流量报告年为 3 046.67 亿元,比上年增加 620.39 亿元,增长率为 25.57%,比上年减少 12.95 个百分点,其在总流量中的比重仅为 14.56%。

3. 国内其他金融交易流量增长迅猛

国内其他金融交易流量报告年为 7 618.1 亿元,比上年增加 5 108.56 亿元,由上年的负增长转为正增长,增长速度为 203.6%,增幅达 235.90 个百分点,其在总流量中所占的比重仅为 5.82%。

4. 国外金融交易流量由去年的负增长转为小幅正增长

国外金融交易流量报告年为 11 110.8 亿元,比上年增加 1 154.11 亿元,增长率由上年的 −4.89% 转为 11.59%,增幅为 16.48 个百分点,其在总流量中的比重为 21.23%。

(二) 各部门净金融投资情况分析

表 5-6　　　　　　　　　　　部门净金融投资分析表　　　　　　　　　　　单位:亿元

项　目	净金融投资额			增加额	
	前年	上年	报告年	上年	报告年
一、国外部门	−662.04	−136.80	−611.93	525.24	−475.13
二、国内部门	662.04	136.80	611.93	−525.24	475.13
1. 金融机构部门	−105.23	−201.65	2 196.04	−96.42	2 397.69

续 表

项 目	净金融投资额			增 加 额	
	前 年	上 年	报告年	上 年	报告年
2. 国内非金融机构部门	767.27	338.45	−1 584.11	−428.82	−1 922.56
住户部门	7 634.80	8 939.90	11 234.88	1 305.10	2 294.98
非金融企业部门	−6 818.26	−8 513.00	−12 415.15	−1 674.74	−3 902.15
政府部门	−49.27	−88.45	−403.84	−39.18	−315.39

注：数据为假定。正号表示盈余，负号表示赤字。

由表5-6可知，国内资金继续保持盈余，报告年盈余达611.93亿元，比上年的130.68亿元增加475.13亿元，是上年的4.47倍，仅比前年少10.11亿元。这不仅说明全国国内资金比较充足，而且反映报告年的储蓄大于投资，国内资金流向国外，即国外资金是在净利用国内资金，具体有以下几个特征：

1．金融机构部门资金由短缺转为盈余，且增加幅度较大

金融机构部门报告年资金盈余为2 196.04亿元，比上年增长2 398亿元，扭转了连续两年的资金短缺状况。这一方面说明报告年各级金融机构努力调整信贷投向和结构，加大了收息、信贷工作力度，使经营效益大大提高，部分银行扭亏为盈，不良资产减少，收入增加；二是由于自前年起部分金融机构存在大量的违规经营和少量的"账外账"，这部分资金没有被及时统计进来，报告年经过清理整顿后，中央银行加强了监管力度，要求金融机构将违规经营和"账外账"全部并入报告年年终财务结算中。据统计，并入的资产大于负债2 144亿元，是形成金融部门净金融投资的主要原因。

2．住户部门资金盈余持续稳步增长

报告年住户部门资金盈余为11 234.88亿元，比上年增加2 294.98亿元，增长率为25.67%，增幅比上年提高8.58个百分点。住户部门是资金盈余的大户，其持续增长为全社会尤其是非金融企业部门的资金筹措提供了强有力的支持。

3．非金融部门资金缺口继续扩大且速度加快

报告年非金融企业部门全年资金缺口为12 415.15亿元，比上年扩大3 902.2亿元，增长45.84%，增幅比上年上升了20.98个百分点。非金融企业资金缺口的增大说明了宏观经济虽然运行良好，但微观经济堪忧，尤其是国有企业经营困难、社会负担重以及长期技术改造不足等问题使国有企业经营状况恶化，亏损面继续扩大。负债经营成了企业的普遍现象，据国家统计局统计，企业资产负债比率高达70%左右。

4．政府部门资金缺口进一步扩大

报告年政府部门资金赤字为403.84亿元，比上年增加了315.39亿元，其增长速度是上年的4.6倍、前年的8.2倍，这说明财政的债务负担会越来越重。从国家财政收支看，报告年财政收入为7 408亿元，财政支出为7 938亿元，赤字为530亿元。为弥补财政赤字，财政需要大量举债。据统计，5年内，财政债务收入从455亿元增至1 967.4亿元。这表明，一方面财政收入占GDP的比重不断下滑，另一方面是巨额的债务需要还本付息。

（三）分部门资金筹措及运用状况分析

由表5-7可知，分部门资金筹措及运用状况主要有以下特征：

表 5-7　　　　　　　　　　　分部门资金筹措及运用状况分析表

项　目	总量（亿元） 前年	总量（亿元） 上年	总量（亿元） 报告年	增长率（%） 上年	增长率（%） 报告年
社会资金总流量	36 038.14	36 765.55	52 333.07	2.02	42.34
国内部门资金来源	30 892.79	34 261.63	47 113.67	5.08	45.14
金融机构部门	16 646.45	17 401.87	25 011.53	4.54	43.73
国内非金融机构部门	14 246.34	15 059.76	22 102.14	5.71	46.76
住户部门	266.82	355.08	89.33	33.08	−74.84
非金融企业部门	12 545.40	13 332.27	20 030.97	6.27	50.24
政府部门	1 434.12	1 372.41	1 981.84	−4.30	44.41
国外资金来源	5 145.35	4 303.92	5 219.40	−16.35	21.27
国内部门资金运用	31 554.83	32 598.43	47 725.60	3.31	46.40
金融机构部门	16 541.22	17 200.22	27 207.57	3.98	58.18
国内非金融机构部门	15 013.61	15 398.21	20 518.03	2.56	33.25
住户部门	7 901.62	9 294.98	11 324.21	17.63	21.83
非金融企业部门	5 727.14	4 819.27	7 615.82	−15.85	58.03
政府部门	1 384.85	1 283.96	1 578.00	−7.29	22.90
国外部门资金运用	4 483.31	4 167.12	4 607.47	−7.05	10.57

注：数据为假定。

1. 金融机构部门资金来源与运用均大幅度增长，但资金运用的增长快于来源的增长

报告年，金融机构部门的全年资金来源为 25 011.53 亿元，资金运用为 27 207.57 亿元，分别比上年增长了 43.73% 和 58.18%，增幅比上年上升了 39.19 个和 54.2 个百分点。与前两年情况相反，资金运用的增长超过了资金来源的增长。这说明，除某些客观原因外，报告年金融企业的经营效益有了很大的改善。

2. 住户部门资金运用继续适度增长，居民持有的债券和股票的比重上升，但投资的主要形式仍是储蓄

报告年住户部门资金运用流量为 11 324.21 亿元，比上年增加 2 029.23 亿元，增长率为 21.83%，比上年提高 4.2 个百分点。其中，有价证券和手持现金大幅度增长，分别增长 95.37% 和 53.6%，比上年上升了 35.68 个和 105.81 个百分点。在有价证券中，国债增长了 78.32%，企业债券增长了 403.02%，股票增长了 1 247.80%。与证券和手持现金的大幅度增长相反，各项存款和保险准备金的增幅却在下降。报告年各项存款增长 10.26%，保险准备金增长 40.34%，分别比上年下降了 14.91 个和 20.36 个百分点。在各项存款中，活期存款和外汇存款为负增长，储蓄存款仅增长 12.01%，比上年减少了 16.65 个百分点。

从居民持有的金融资产的结构上看，报告年居民在直接融资市场上的投资大量增加，其比重为 16.77%，比上年提高 6.32 个百分点。其中持有股票的比重由前年、上年的 0.53%、0.24% 迅速增加到 2.7%，而持有国债的比重也由上年的 6.55% 增加到 9.58%。但在有价证券比重上升的同时，居民的另一大金融资产——储蓄的比重却在下降，报告年储蓄占资金总运用量的比重为72.33%,比上年下降了6.34个百分点。

报告年住户部门金融资产变化的主要原因在于:(1)随着金融交易的不断活跃及市场发展的不断完善,居民可投资的金融品种越来越多,与此同时,居民对直接融资市场上各金融品种的了解也越来越多。在此情况下,国债、股票以高出储蓄利率的优势,吸引了居民的较多投资,促进了直接融资市场尤其是股票市场的快速发展。(2)由于报告年取消了保值补贴率并两次下调储蓄利率,一部分储蓄资金流向了直接融资市场。(3)随着国民经济的持续增长和物价的回落,股市在经历了连续几年的熊市后,开始走向牛市。市场状况的好转也吸引了大量资金的介入,而其中一部分资金就是从储蓄分流出来的。(4)虽然居民对直接融资市场投资的比重在扩大,但由于直接融资市场还处于不断发展和完善阶段,市场量有限,居民对有价证券,尤其是股票和基金的认识还不够充分,存取方便、安全且有稳定收益的银行存款仍是广大城乡居民的首选金融资产。

3. 非金融企业部门资金来源与运用均大幅度增长

报告年非金融企业部门的各项资金借入,除从国外借入资金增长有所下降外,其余各项均大幅度上升,全年部门资金总来源为20 030.97亿元,比上年增加6 698.70亿元,增长速度高达50.24%,比上年上升了43.97个百分点。其中贷款增长55.12%,有价证券增长97.15%。全年短期贷款和中长期贷款分别为10 491.12亿元和3 355.61亿元,比上年增长62.36%和35.84%。值得注意的是,报告年企业股票和企业债券的发行量大量增加,全年新发行股票由上年的22.68亿元迅速上升至306.17亿元,比上年增加了13.5倍;而企业债券则由上年的-24.70亿元上升至74.63亿元。这些情况说明:(1)企业在努力增加贷款的同时,也加强了在直接融资市场上资金的筹集;(2)随国家宏观经济适度紧缩政策的实施,企业在间接融资市场上能筹集到的资金量有限,不得不加强在直接融资市场上的资金筹集;(3)金融改革的不断深化为企业筹集资金开拓了新的融资渠道,使企业不仅能从银行借入资金,而且能从直接融资市场上借入资金。

从资金筹集的构成看,报告年企业从直接融资市场、银行和国外借入资金的比重分别为3.56%、75.09%、25.32%,前两项的比重分别比上年增加0.85个和2.36个百分点,后一项的比重则比上年下降了10.39个百分点。虽然企业从直接融资市场借入资金的比重在逐年上升,但所占比重仍较小,从银行贷款仍是企业融资的主要渠道,其次是从国外借入。

在资金运用上,非金融企业报告年不仅扭转了上年负增长的局面,而且有大量增长。全年非金融企业部门资金总运用量为7 615.82亿元,比上年增长58.03%,增幅比上年提高了73.88个百分点。与上年相反,报告年各项资产中除保险准备金、结算资金的增长率下降外,其余大部分资产的增长率均大量上升。报告年企业持有的库存现金、存款、企业债券和对国外投资分别比上年增长了53.64%、49.3%、389.03%和1.76%。存款中,以活期存款和增长速度最快,增幅分别比上年上升了47.17个百分点。

4. 政府部门资金来源增长快于运用,债务负担越来越重

报告年政府部门资金来源量为1 981.84亿元,资金运用量为1 578.0亿元,分别比上年增长44.41%和22.90%,资金来源增长速度远远快于资金运用的增长速度。

资金来源中,虽然报告年财政没有向银行贷款,且向国外的筹资也减少,但减少量有限。财政赤字越来越大,从而使国债的发行量持续大量增加。报告年国债净发行(当年新发行减当年兑付后余额)1 564.30亿元,比上年增加了550.4亿元,增长54.29%,增幅比上年同期高18.32个百分点。财政用发新债还旧债的方法,使财政的债务越滚越多,且靠发国债来弥补当

年的财政赤字的方法,实际上是加大了财政的软赤字,最终加大的是财政负担。因此,解决财政赤字的根本方法不是发国债,而是在努力提高财政收入的同时,有效控制财政支出的大量增加,使财政的收入能更合理地利用,发挥最大效益。

本章小结

1. 资金流量核算中的资金具体指收入分配、消费、投资及金融活动中的资金。资金流量是指一定时期内这些资金的增减变化量。资金流量核算是以收入分配和社会资金运动为对象的核算,是对经济循环过程中各个部门的资金来源与运用情况以及资金在各个部门间的相互流动情况的系统描述和分析。

2. 资金流量核算的范围应包括全部非金融性交易活动和金融性交易活动。但在实践中分为三种类型:一是只核算金融交易;二是除金融交易外,还包括总储蓄、资本转移和资本形成总额,三是既核算金融交易,又核算实物交易。

3. 资金流量核算的内容:国民收入初次分配流量的核算、国民收入再分配流量的核算、可支配收入和使用的核算、非金融投资和资金筹集的核算,以及金融交易核算。

4. 资金流量核算的基本原则:复式记账原则、权责发生制和计价原则。

5. 资金流量核算采用复式记账原理,形成账户体系。资金流量核算表采用一般式矩阵表(也称标准式矩阵表)的形式,它是由列的"机构部门"(也称宾栏)与行的"交易项目"(也称主栏)互相交叉而构成的。表的纵向反映各部门收入、分配、消费、储蓄、非金融投资以及金融资产和金融负债的增减变化;表的横向反映收入在各部门间分配与再分配的情况,以及通过各种金融活动调剂各部门资金余缺的过程。

资金流量表的交易项目:实物交易核算和金融交易核算。

6. 资金流量核算分析就是利用资金流量表的核算结果,分析收入、储蓄、消费、投资之间的关系及资金盈余情况。基本分析方法主要有:资金总量分析法、资金结构分析法和因素分析法。分析的主要内容为:社会资金总流量的变化情况、积累与消费的关系、投资与储蓄的关系,以及收入分配的去向。

思考与练习

1. 资金流量核算有哪几种范围?
2. 资金流量核算有哪些原则?
3. 我国资金流量核算表分为哪两个部分?有哪些交易项目?
4. 我国资金流量核算表中的机构部门有哪些?
5. 资金流量核算分析的主要方法有哪些?

6. 什么是金融交易？金融交易可分为哪两类？它们各有怎样的特点？金融交易的核算原则有哪些？

7. 试述金融账户的基本形式、登录原理和作用。

8. 假设三年净金融投资资料如下：

部　门	净金融投资额（亿元）		
	前年	上年	报告年
国外部门	658.08	−662.04	−136.8
国内部门	−658.08	662.04	136.8
国内金融机构部门	349.58	−105.22	−208.34
国内非金融机构部门	−1 007.66	767.26	345.14
住户部门	5 242.05	7 634.8	8 793.01
非金融企业部门	−6 022.41	−6 818.24	−8 359.24
政府部门	−227.3	−49.27	−88.63

要求：试对净金融投资状况进行分析。

9. 假设三年各部门资金筹措和运用资料如下：

单位：亿元

部　门	前年	上年	报告年
社会资金总流量	24 691.87	36 038.15	36 675.85
国内部门资金来源	22 986.1	30 892.8	32 371.93
国内金融机构部门	12 451.31	16 646.45	17 401.87
国内非金融机构部门	10 534.79	14 246.34	14 970.06
住户部门	169.51	266.82	355.08
非金融企业部门	9 469.71	12 545.4	13 242.57
政府部门	895.57	1 434.12	1 372.41
国外部门资金来源	1 705.77	5 145.36	4 303.92
国内部门资金运用	22 328.02	31 554.83	32 508.73
国内金融机构部门	12 800.89	16 541.23	17 193.52
国内非金融机构部门	9 527.13	15 013.6	15 315.2
住户部门	5 411.56	7 901.62	9 148.09
非金融企业部门	3 447.3	5 727.13	4 883.33
政府部门	668.27	1 384.86	1 283.78
国外部门资金运用	2 363.85	40 483.32	4 167.12

要求：试对各部门资金筹措和运用状况进行分析。

10. 假定某年企业部门发行股票 6 000 亿元、债券 2 000 亿元，得到银行贷款 5 000 亿元，在银行存款 1 000 亿元；居民购买企业股票 600 亿元、债券 700 亿元，购买国库券 2 000 亿元，在银行存款 9 000 亿元，兑换到期国库券 4 000 亿元；银行购买国库券 3 000 亿元。

计算：

(1) 企业部门的金融负债总额；

(2) 居民的金融资产总额；

(3) 银行部门的金融负债总额；

(4) 对企业、居民、银行三个部门的资金余缺和融资情况进行分析。

第六章
资产负债与人力资源核算

学习目标

1. 理解资产负债核算的概念、作用及其分类；
2. 了解资产负债核算的历史发展；
3. 了解资产负债项目估价的基本方法；
4. 掌握国民资产负债账户、资产负债表及其平衡关系；
5. 掌握资产负债表数据应用分析的内容及其方法；
6. 了解人力资源核算的基本原则、方法和基本指标；
7. 掌握人力资源核算表的编制方法及其平衡关系。

国民资产负债核算属于经济存量的核算。经济存量是在各期经济运行过程中累积形成的，是社会再生产的物质基础，统称为资产负债。社会再生产总是从现有经济存量开始，在经济活动中产生各种经济流量，进而形成新的经济存量。所以，经济存量既是国民经济运行的物质基础，也是国民经济运行中各流量变化的物质累积。

社会生产需要由人来完成，因此人口资源和人力资本构成了社会生产的基本条件。

资产负债和人力资本同样构成了社会再生产过程的起点。社会再生产的物质基础和社会再生产的条件之间既相互独立，又相互制约。在国民经济核算体系中，它们分别单独核算。其中，资产负债核算是国民经济核算的中心内容之一；而人力资本核算则是国民经济核算体系中的附属核算，是对国民经济核算体系基本核算表和国民经济账户的补充。

本章主要阐述资产负债项目估价的基本方法，资产负债账户、资产负债表及其平衡关系核算；同时介绍人力资本核算的基本方法和主要指标。

第一节 资产负债核算的有关概念

一、资产的概念及其分类

资产负债核算是通过编制国民资产负债表反映整个国民经济在一定时点上所拥有的总资

产、总负债和总净值的规模和结构。与机构单位会计的资产负债表比较,国民资产负债表同样涉及"资产""负债""净值"等概念,也是采用复式记账方法并遵循"权责发生制"原则。但国民资产负债表是对国民经济总体上的一种资产负债核算,在核算内容、分类、计价原则、报表模式上有其独到之处,因此它不是所有机构单位资产负债表的简单总和。

(一) 法定所有者与经济所有者[①]

SNA2008 区分了法定所有者和经济所有者。货物和服务、自然资源、金融资产和负债的法定所有者,是指在法律上有权并能持续获得这些相关实体之经济利益的机构单位。所有经济活动都会涉及经济利益和风险两个方面,两个时期之间的经济利益转换也不可避免地涉及转移风险。货物和服务、自然资源、金融资产和负债的经济所有者,是指由于承担了有关风险而有权享有该实体在经济活动期间运行带来的经济利益的机构单位。

在大多数情况下,法定所有者和经济所有者是同一个主体,但在有些情况下也可以是不同的主体。在 SNA2008 中,如无特别的说明,一般将所有者理解为经济所有者。当两者不一致时,SNA2008 规定将资产记录在经济所有者而非法定所有者的资产负债表上,交易记录的时间点为经济所有权变更的时间。

(二) 经济资产的定义

资产负债核算中的资产为经济资产,是一种价值贮藏手段,反映经济所有者在一段时间内通过持有或使用该实体所生成的一次性或连续性经济利益。它是价值从一个核算期转移到另一个核算期的载体。[②] 在国民经济核算中,资产包括房屋、车辆、机器设备、桥梁、道路、水利设施等有形的固定资产,也包括计算机软件、发明专利等具有知识产权的无形资产;包括土地、矿藏、森林等已经探明并能够有效行使所有权的自然资源,也包括货币黄金、特别提款权、有价证券等金融资产。国民资产的总量体现着一个国家拥有的国民财富,反映了国家的经济实力。国民经济核算体系中所有的资产都是经济资产。

由上述定义可知,经济资产必须同时满足两个条件,两者缺一不可:一是机构单位能够对其行使所有权,再就是其经济所有者能够通过持有和运用它们获取经济利益。显然,根据第一个条件,那些不在任何单位的有效控制下的实体,如空气、公海等自然资产,都不属于经济资产;相反,当森林、鸟类、鱼类等自然资产实际为某个机构单位所有,并成为其所有者的利益来源时,它们就属于经济资产。而根据第二个条件,住户拥有的耐用消费品则被排除在经济资产之外。耐用消费品因为其提供的服务不属于生产范围,所以不属于国民经济核算体系所界定的资产。

负债是金融资产中债权的对应体,指某机构单位对其他机构单位的债务。现代经济生活中,对进行金融交易的甲、乙双方来说,甲方的金融债权就是乙方的金融负债。因此,对资产来说,只有金融资产在体现债权的同时又体现债务。金融资产和负债的规模及结构不仅反映一个国家的经济基础和经济条件,而且反映国家的举债、偿债及筹资能力。

(三) 资产负债的分类

为了从国民经济总体上研究国民资产负债规模和结构,需要对资产和负债进行分类。按

---

① 蒋萍、徐强、杨仲山:《国民经济核算初级教程》,中国统计出版社 2014 年版,第 243~244 页。
② SNA2008, 10.8。

照资产性质,在部门分类的基础上,资产负债内容可分为非金融资产和金融资产(见表 6-1 和表 6-2)。

表 6-1　　　　　　　　　　　　SNA2008 对资产负债的分类

资　　产	负　　债
非金融资产	
1. 生产资产	
固定资产	
存货	
贵重物品	
2. 非生产资产	
自然资源	
合同、租约和许可	
商誉和营销资产	
金融资产	金融负债
货币黄金和特别提款权	货币黄金和特别提款权
通货和存款	通货和存款
债务性证券	债务性证券
贷款	贷款
股票和投资基金份额	股票和投资基金份额
保险、养老金和标准化担保计划	保险、养老金和标准化担保计划
金融衍生工具和雇员股票期权	金融衍生工具和雇员股票期权
其他应收/应付款	其他应收/应付款

表 6-2　　　　　　　　　　　　目前我国对资产负债的分类

资　　产	负　　债
非金融资产	
1. 固定资产	
2. 存货	
3. 其他非金融资产	
金融资产	
国内金融资产	国内金融负债
1. 通货	1. 通货
2. 存款	2. 存款

续表

资　　产	负　　债
3. 证券公司客户保证金	3. 证券公司客户保证金
4. 贷款	4. 贷款
5. 未贴现的银行承兑汇票	5. 未贴现的银行承兑汇票
6. 保险准备金	6. 保险准备金
7. 证券	7. 证券
8. 其他资产	8. 其他资产
国外金融资产	国外金融负债
1. 直接投资	1. 直接投资
2. 证券投资	2. 证券投资
3. 其他投资	3. 其他投资
储备资产	

1. 非金融资产

根据SNA2008的定义，非金融资产是指机构单位单独或共同对其执行所有权或处置权，并通过在核算期内持有或使用它们可从中获得经济利益的、除金融资产以外的经济资产。按照产生的方式或过程，经济资产可分为生产资产和非生产资产。

生产资产是经济资产最重要的类别，对应着经济学中所定义的资本。冠以"生产"这一定语，在于它是生产出来的资产，同时又作为投入品进入生产过程。生产资产包括固定资产、存货和贵重物品，其中前两个是生产者为了生产目的而持有的资产，贵重物品是作为价值贮藏手段而持有的资产。固定资产是生产资产最重要的成分，在生产过程中充当生产工具，在很大程度上体现了生产能力，决定了生产规模。固定资产不仅包括各种构筑物、机器设备，而且包括可以反复或连续用于生产果实、奶以及进行繁殖的培育资产（植物或动物），还有诸如知识产权产品这样的无形资产。存货泛指准备用于中间消耗的、等待进一步加工和出售的产品库存以及短期使用的工器具。

在SNA2008中，非金融资产中的非生产资产是指通过生产过程以外的方式形成的非金融资产[1]，包括三类：自然资源，合约、租约和许可，外购商誉和营销资产。[2]

2. 金融资产

金融资产是指机构单位单独或共同对其执行所有权或处置权，并通过在核算期内持有或使用它们可从中获得经济利益的、除非金融资产以外的各种债权债务。这种债权债务产生于一个机构单位向另一个机构单位提供资金时所缔结的契约关系。因此，对债权一方是金融资产，对债务一方则是金融负债。即在同一个金融项目下金融资产与金融负债是相对应的、同时发生的。金融资产包括所有金融债券、公司股票或公司其他权益，以及被货币当局持作储备资产的黄金。作为一种权利，金融资产往往借助于一些载体而存在，即金融工具。金融工具是证

---

[1] SNA2008, 10.9.
[2] SNA2008, 10.14.

明金融资产所有权的单据,如现金、存单、债券、股票等。金融工具本身没有价值,作为金融资产权利的象征,其价值是金融资产的价值。

金融资产与其他经济资产有显著的区别:第一,绝大多数金融资产创造了债权与债务的关系,使得一个机构单位获得了对另一个机构单位经济资产的债权;第二,金融资产并不会直接提供货物与服务;第三,金融资产以利息收入、持有收益以及价值储藏等形式提供利益。

为了适应金融市场上交易双方的需求而产生了多样化的金融工具,所以金融资产按各种金融工具又有多种分项。我国的核算体系为了反映我国经济总体的资产负债规模以及与国外的资本往来,将金融资产分为国内金融资产、国外金融资产、储备资产。国内和国外金融资产项目分别对应相应的负债项目。储备资产是指国家用于国际支付或用于弥补、调节国际收支的储备资金。

二、资产负债核算的历史发展

对国民经济存量的核算内容及方法经历了近四百年的演变发展过程。最早可以追溯到英国的国民财富估算。"17世纪初,当时的英国海关总监在《不列颠商人》上公布了他对1600年英国国民财富的估算结果。他采用租金资本化的方法,估计出全国资本总值为7 200万英镑;再加上牲畜价值1 700万英镑,全国国民财富估计总共为8 900万英镑。威廉·配第估算的国民财富数据为25 000万英镑(1664年),其中土地价值14 400万英镑,房屋价值3 000万英镑,牲畜价值3 600万英镑,其他财产价值(船队、金银铸币、金银制品等)为4 000万英镑。"[①]

从那时起,国民财富估算成为经济学家和各国政府所普遍重视的问题之一。"据粗略估计,从17世纪开始到19世纪末为止,西方资本主义国家共进行国民财富估算95次,其中英国20次,法国38次,美国10次,澳大利亚7次,意大利5次。在此期间,进行过国民财富估算的国家有14个。"[②]这为国民资产负债核算积累和创造了条件。

1936年美国的迪金森(Dickingson)和伊金(Eakin)发表了《国民经济资产负债表》一文,首次提出将企业资产负债表技术应用于国民经济核算的构想。美国耶鲁大学教授R. W. 戈德史密斯于1956年发表《美国储蓄研究》,书中以现行价格和1923年不变价格估算了美国1896～1949年国民财富的年度数据,并编制了若干年份的资产负债表。1962年又出版了《战后时期的美国国民财富》,将估算扩展到1958年,并对数据做了详尽的分析和阐述。1963年戈德史密斯与他人合作完成《美国资产负债表研究》,系统发表了国民资产负债表的编制技术,并提出了分部门的资产负债表。1964年美国经济研究局财富存量专题小组提出了《国民财富计量》研究报告,对国民财富计量的理论和方法做了系统的综合论述。与此同时,英国、日本、苏联、东欧国家及印度等也相继进行了国民资产负债核算的研究和编制工作。

在实践和理论发展的基础上,1953年联合国颁布了《国民经济账户体系和辅助表式》(即旧SNA),提出了将分部门的资产负债核算表纳入完整的国民经济核算体系的设想。自此,国民资产负债核算要求逐步系统化、制度化和标准化。经过十几年的研究,1968年联合国修订颁布的《国民经济账户体系》(即新SNA)将国民经济存量核算作为国民经济核算体系的一个重要组成部分。1977年联合国专门颁布了一个《关于国民经济账户体系的国民和部门资产负债表及协调账户的临时国际指导》文件,对有关核算从理论、原则和方法上做了较为详尽的说

---

① 徐向新:《国民经济核算》,中国统计出版社1990年版,第385页。
② 同注释①。

明,并设计了有关账户和表式以供各国参考采用。1993年联合国又一次修订颁布的《国民经济核算修订草案》将核算期资产负债的全部变化内容纳入积累账户,并引入了资产其他变化的新账户,使资产负债核算更加完善。[①] SNA2008 则适应经济发展中的新事物、新变化,从资产分类、资产负债存量及其变动等方面进一步完善了资产负债核算。

改革开放给我国的核算体系带来了发展的新机遇。1984 年,我国开始对传统的核算体系进行改革,开展对新核算体系的研制工作,并于 1992 年初确定了《中国国民经济核算体系(试行方案)》,将资产负债表核算纳入 1992 年我国国民经济核算体系。1995 年正式制定了《资产负债表试编方案》,1997 年编制了我国第一张国民资产负债表——1995 年资产负债表。后来又相继编制了 1997 年和 1998 年全国资产负债表。自 1995 年以来,国家统计局一直按年度编制国家资产负债表(各省统计局同时编制省级资产负债表),但遗憾的是一直没有公开发布相关数据。

三、国民资产负债核算的作用

(一)反映国情、国力

国民资产负债核算的是一定时点上一个国家所拥有的资产的总量与结构。国民经济中的各种生产资产和金融资产是社会再生产的基本条件,是国民经济持续发展的物质基础。因此,它反映的是重要的国情、国力资料,是宏观经济管理与预测,以及进行国际对比的必要依据。

(二)系统反映国民经济运行的过程

从国民经济循环的过程看,经济流量与经济存量密不可分。经济流量的沉淀、积累形成了经济存量,而经济存量不仅是再生产过程的结果,而且凝聚着经济流量的增减变动状况,同时又是新的经济循环的起点。所以,通过流量核算和存量核算的相互衔接和联系,可以系统、完整地反映国民经济运行的过程。

四、资产负债项目的估价

估价是指对国民经济各类资产存量的价值按核算期末的现行市场价格重新计量。采用现行市场价格是国民资产负债核算的计价原则,也是区别于机构单位会计资产负债核算的重要方面。

(一)估价的必要性

估价源于各机构单位同类资产或负债具有不同的计价标准。由于资产存量是一个社会再生产连续积累的过程,从时间上看,各类资产项目不仅有当期形成的,更有几年甚至几十年前形成的,不同时期的市场价格以及与价格相关联的利率、汇率等都在变动,而它们的价格在机构单位都是按照购建形成时的历史成本计价的。同时,各机构单位采用的折旧、摊销方法不一,这必然引起资产负债的账面价值与实际价值的严重背离,或者增值,或者减值。为了统一期末各单位资产负债的价格,客观地反映国民经济各部门的资产总量,为了与其他流量核算衔接,就需要按现行市场价格对核算期末资产负债重新估价。

---

① 袁寿庄等:《国民经济核算原理》,中国人民大学出版社 1996 年版,第 177~178 页。

(二) 估价的方法

常用的对期末资产负债重新估价的方法有以下几种：

1. 现行市价类比法

将需要估价的资产负债项目与同类资产负债项目的现行市场价格进行比较来确定被估资产价值。这种方法又分为：

(1) 直接估计法：被估资产新旧程度和技术程度与现行市场交易资产接近，直接以现行交易价格估计该资产价值。

(2) 市场折余估计法：以同样资产现行市场价格为基础，减去按现行市场价格计算的已使用年限的累计折旧后作为被估资产价值。

(3) 参照估计法，即参照市场同类资产交易价格估计被估资产价值。

以上三种方法都是以现行市场价格为基础对被估资产估价，运用比较灵活，适用于固定资产、库存、金融资产和负债项目。不足之处在于操作中有些标准难以统一规定。

2. 重置成本估价法

将过去购建的固定资产按现有的技术条件重置所需要的全部支出作为该资产现行价格，减去应扣资产损耗后即为被估资产价值。应扣资产损耗包括有形损耗和功能性损耗。这种方法理论上比较接近被估资产实际价值，但是确定重置价值涉及的因素比较多，如现行技术条件下被估资产的设计、工艺、材料、建筑安装费标准、价格等都需要核定，有一定的复杂性。这种方法一般用于非标准设备、自制设备和其他没有市场参照物的固定资产的估价。

3. 永续盘存法

这是联合国统计署在国民经济核算体系中提倡的对固定资产的估价方法。永续盘存法是会计核算中对财产物资进行盘存时的一种制度。将这种方法的原理用于固定资产存量的估价，其实质是根据固定资产形成总额的流量数据，结合投资价格指数调整各年的固定资产存量和消耗，进而逐年推算得到按现行价格计算的固定资产存量总值和净值。这种方法的优点是具有一定的综合性，可以按照固定资产大类，对机构部门的固定资产和存货估价。但是要求有相应完整的流量记录统计资料和连续的各年固定资产分类价格指数或总的投资价格指数。

4. 收益现值法

收益现值法是先测算被估资产的未来预期收益，然后按照一定的折现率折算现值即为被估资产价值。在这种方法中，未来预期收益和折现率是确定资产价值的两个基本因素。一般可用于对无形资产和金融资产的估价。

5. 物价指数法

物价指数法是以各类资产购置年度为基期，计算出一定时期该类资产价格指数。利用这些指数将各类资产的购置价换算为现行市场价。这种方法的关键是准确编制各类资产价格指数，具有可操作性，适用面较广。

6. 外币资产汇率调整法

外币资产汇率调整法是以原资产的实际购入价格为基期价格，按外币汇率变动指数推算外币资产现行市场价值。这种方法适用于以外汇进口的技术设备，而国内暂时又不能生产，受汇率影响较大的资产价值的重估。

第二节　国民资产负债账户、资产负债表及核算

资产负债核算包括对一定时期期初、期末所拥有的资产负债存量的核算,以及该期内资产负债变化的流量核算。资产负债核算分别通过编制的资产负债表和资产负债变化表的形式表现。

一、资产负债账户和资产负债表的格式

(一)资产负债账户

资产负债账户是按一定时点编制的存量账户。与会计核算的账户原理一致,其结构采用T字形账户格式,左边列资产项目,右边列负债、净值项目。通过账户形式反映核算期初或期末的资产负债总量和净值。按照是否对机构部门进行分组,资产负债账户可以分为简单账户和综合账户两种形式。

简单账户是对核算主体不做任何分组,只列出资产、负债及净值的核算指标。账户的一般形式如表6-3所示。

表6-3　　　　　　　　　　　期末资产负债账户　　　　　　　　　　单位:亿元

资产(借方)		负债与净值(贷方)	
非金融资产	1 537	国内金融负债	1 972
生产资产	1 455	国外金融负债	201
非生产资产	82		
金融资产	2 237	净值	1 601
国内金融资产	1 972		
国外金融资产	199		
储备资产	66		
合　　计	3 774	合　　计	3 774

表中数据展示了某一国民经济核算期末资产、负债状况:总资产3 774亿元,其中非金融资产1 537亿元,金融资产2 237亿元;总负债2 173亿元。账户中的净值是平衡项目,即

$$净值 = 资产 - 负债$$

经计算,该国民经济所拥有的自有资产为1 601亿元(3 774 - 2 173)。

简单账户形式既可以就各机构部门编制,也可以就地区或国家编制。表6-3中金融资产、负债项目下可根据需要和可能或略或详地列出具体明细。例如,国内金融资产、负债下列"通货""存款""股票""证券",国外金融资产、负债下列"长期""短期"等。本期期末资产负债状况就是下一期资产负债账户期初值。

综合账户按机构部门分组,形成各部门及整个国民经济的资产负债一览表表式,资产负债项目在T形账户中间,左边为各部门的资产方,右边为各部门的负债方,见表6-4。综合账户不仅反映各部门及整个国民经济的资产负债和资产净值总量,而且反映国民经济的资产负债和资产净值的结构。

表6－4　期末资产负债综合账户

20××年12月31日

单位：亿元

总计	国外部门	资产 国内部门合计	住户部门	政府部门	金融部门	非金融部门	项目	非金融部门	金融部门	负债和净值 政府部门	住户部门	国内部门合计	国外部门	总计
1 537.0		1 537.0	372.0	99	55.0	1 011	非金融资产							
2 155.0		1 805.0	364.0	97	26.0	968	生产资产							
82.0		82.0	8.0	2	29.0	43	非生产资产							
2 438.0	201	2 237.0	412.0	135	742	948	金融资产	1 310	744	112	7	2 173	265	2 438
1 972.0		1 972.0	412	126	671	763	国内金融资产	1 140	730	95	7	1 972		1 972
400.0	201	199.0		9	5	185	国外金融资产	170	14	17		201	199	400
66.0		66.0			66		储备资产						66	66
							净值	649	53	122	777	1 601	−64	1 537

非金融部门拥有非金融资产1 011亿元、金融资产948亿元、金融负债1 310亿元,故有净值649亿元(1 011+948-1 310);国内部门共计拥有非金融资产1 537亿元、金融资产2 237亿元、金融负债2 173亿元,故有净值1 601亿元(1 537+2 237-2 173)。

国外部门是指所有非常住机构单位总体。作为核算体系中的一个机构部门,同样是要立足于该机构部门角度核算其资产、负债。为了简便起见,通常将我国国内各部门以实物资产形式投资而拥有的非金融资产一并作为金融资产处理,也就是说,国外部门只统计金融资产和负债。

国外部门金融资产201亿元,金融负债199亿元。与其对应,这说明我国国内部门对国外部门投资(资产)199亿元,而国外部门对我国国内部门投资201亿元,是国内各部门的负债。另外,由于储备资产是一个国家用于国际支付、调节国际收支不平衡的资金,只有中央银行对其控制和管理,因此它是国内金融机构部门的资产、国外部门的负债。如表6-4中的储备资产,金融机构部门资产方为66亿元,同时在国外部门的负债方应记作66亿元。这样国外部门的总资产为201亿元,总负债为265亿元(199+66),净值为-64亿元。整个国民经济总资产为3 975亿元,总负债为2 438亿元,总净值为1 537亿元。

(二)国民资产负债表

国民资产负债表与资产负债账户所要表述的问题一致,只是以平衡表的形式表现。表的基本结构见表6-6。

其主栏是按照资产负债项目顺序排列,可根据核算主体的需要选择每一项目的详略细分。基本项目通常为以下三大部分:

一是非金融资产部分,反映宾栏国内各机构部门非金融资产的规模及分布。

二是金融资产与负债部分,又分为国内、国外金融资产与负债以及储备资产三个二级项目:国内金融资产与负债反映国内各机构部门金融资产与负债状况,国外金融资产与负债反映国内各机构部门与国外机构单位的资本往来情况,储备资产部分反映国家的储备资产情况。

三是资产负债差额部分,作为平衡项,反映资产减负债后的净值。

宾栏按照国民经济机构部门分列。每一部门下再分为"使用"和"来源"两栏,其中"使用"栏记载资产项目存量,"来源"栏记载负债项目存量。资产负债差额即"净值"也记入"来源"栏。每一纵列就是一个部门的资产负债表。国内部门合计就是国内各部门的资产负债表的综合。国外部门的资产负债表反映的是国外对核算国拥有的资产、负债和净值,其净值表示国外对国内的金融投资净额。若净值在借方,则说明核算期末国外对国内的金融负债大于金融资产;若净值在贷方,则说明核算期末国外对国内的金融资产大于金融负债。

在表6-5中,由于非金融资产在性质上不存在负债问题,因此非金融资产在任一部门都出现在资产方,如非金融机构部门拥有非金融资产1 011亿元、金融部门55亿元、住户部门372亿元、政府部门99亿元,国内部门合计非金融资产1 537亿元。根据金融资产与金融负债的对应性,国内金融资产1 972亿元,同时发生国内金融负债1 972亿元。以上内容仅对国内机构部门进行核算。

国外金融资产与负债既要核算国内各机构部门对国外机构部门的投资,也要核算国外部门对国内部门的投资。国内部门对国外部门的总投资(记为金融资产)为199亿元,国内部门接受国外部门的总投资(记为金融负债)为201亿元。这说明核算期与国外往来为资金净流入。

表6-5 期末国民资产负债表

20××年12月31日

单位：亿元

项目	非金融部门 使用	非金融部门 来源	金融机构部门 使用	金融机构部门 来源	政府部门 使用	政府部门 来源	住户部门 使用	住户部门 来源	国内部门合计 使用	国内部门合计 来源	国外部门 使用	国外部门 来源	合计 使用	合计 来源
一、非金融资产	1 011		55		99		372		1 537				1 537	
固定资产	696		23		93		293		1 105				1 105	
存货	272		3		4		71		350				350	
非生产资产	43		29		2		8		82				82	
二、金融资产与负债	948	1 310	742	744	135	112	412	7	2 237	2 173	201	265	2 438	2 438
国内金融资产与负债	763	1 140	671	730	126	95	412	7	1 972	1 972			1 972	1 972
1.通货	8		9	79	2		60		79	79			79	79
2.存款	223	489	520	538	19	29	296	2	538	538			538	538
3.贷款										520			520	520
4.证券（不含股票）	7	4	32	17	5	36	13		57	57			57	57
5.股票及其他股权	9	62	30	14	2	17	21		62	62			62	62
6.保险准备金	2		5	7	1	30	4	5	7	7			7	7
7.其他资产	514	585	80	89	97		18		709	709			709	709
国外金融资产与负债	185	170	5	14	9	17			199	201	201	199	400	400
储备资产			66	53					66			66	66	66
三、资产负债差额（净值）		649		66		122		777		1 601		−64		1 537
四、资产、负债与差额总计	1 959	1 959	797	797	234	234	784	784	3 774	3 774	201	201	3 975	3 975

146

正是由于存在与国外的经济往来－2亿元（199－201）以及国家储备资产66亿元，所以表6-5中的国内部门合计的金融资产与负债并不对应。只有加上国外部门的金融资产与负债后，国民经济总体金融资产2 438亿元才等于金融负债2 438亿元。

二、资产负债账户与资产负债表的基本平衡关系

设X表示国内部门总资产，X_i表示国内i机构部门的资产，Y表示国内部门总金融负债，Y_i表示国内第i机构部门的金融负债，Z_i表示国内i机构部门的资产负债净值，$X_{非i}$表示国内第i机构部门的非金融资产，$X_{金i}$表示国内第i机构部门的金融资产（$i=1,2,3,4$），FX表示国外部门金融资产，FY表示国外部门金融负债，则有以下平衡关系：

第一，对国内各机构部门及整个国民经济来说，其非金融资产与金融资产之和，减去金融负债，其差额即为各自的自有资产（净值）。用公式表示为：

$$Z_i = X_{非i} + X_{金i} - Y_i$$

同理，其净值与金融负债之和等于其总资产：

$$X_i = X_{非i} + X_{金i} = Z_i + Y_i$$

如前所述，表6-5中，住户部门总资产784亿元，其中非金融资产372亿元，金融资产412亿元，负债7亿元，自有资产777亿元（372＋412－7）。

第二，国内部门的合计资产、负债、净值是国内各机构部门资产、负债、净值的总和，即国内各机构部门（列）相应资产相加为国内部门总资产。用公式表示为：

$$\sum_{1}^{4} X_i = X$$

代入表6-5中的数据，得：

$(1\,011＋948)＋(55＋742)＋(99＋135)＋(372＋412)=1\,959＋797＋234＋784=3\,774（亿元）$

注意：括号内依次为资产负债表中排列的国内各机构部门非金融资产$X_{非i}$和金融资产$X_{金i}$。

第三，国内各机构部门（列）相应负债相加为国内部门总负债。用公式表示为：

$$\sum_{1}^{4} Y_i = Y$$

代入表6-5中的数据，得：
$1\,310＋744＋112＋7=2\,173（亿元）$

同理，国内部门资产负债差额就是净值，也是国内各机构部门净值之和，其公式为：

$$X - Y = Z = \sum_{1}^{4}(X_i - Y_i) = \sum_{1}^{4} Z_i$$

代入表6-5中的数据，得：

$3\,774－2\,173=(1\,011＋948－1\,310)＋(55＋742－744)＋(99＋135－112)＋(372＋412－7)$
$=649＋53＋122＋777=1\,601（亿元）$

国内各机构部门的金融资产和金融负债通常不相等，而且有如下特征：住户部门往往是资金有余，其金融资产大于金融负债；非金融机构部门则为了扩大经营，需要发行债券、股票或

以直接融资方式向金融机构贷款,表现为金融负债大于金融资产;金融机构部门作为融资中介,其金融资产大于或小于金融负债;政府部门则为平衡财政收支的需要,经常通过发行国债筹措资金,致使其金融负债大于金融资产。

第四,就整个国民经济来看,金融资产和金融负债即债权与债务是相对应等量发生、相互平衡的。在开放经济环境下,由于国内资本与国际资本的相互流动,国内所有部门的金融资产加上国外部门的金融资产等于国内所有部门的金融负债加上国外部门的金融负债,用公式表示为:

$$X_{金} + FX = Y + FY$$

在表 6-5 中,国内部门的金融资产 2 237 亿元、国外部门的金融资产 201 亿元,国民经济总计金融资产 2 438 亿元;国内部门的金融负债 2 173 亿元,国外部门的金融负债 265 亿元,国民经济总计金融负债 2 438 亿元。金融资产恒等于金融负债。国内部门金融资产和金融负债形成的差额只可能与国外发生金融往来的净额相等,用公式表示为:

$$X_{金} - Y = FY - FX \quad 或 \quad X_{金} - Y = -(FX - FY)$$

代入表 6-5 中的数据,得:
2 237 - 2 173 = 265 - 201
64 = 64

这表明国内部门金融资产大于金融负债 64 亿元,即国外部门的资产负债差额(净值)为 64 亿元。

第五,国外金融资产负债差额 + 储备资产 + 非金融资产 = 国民财富。

代入表 6-5 中的数据,得:
国民财富 = (199 - 201) + 66 + 1 537 = 1 601(亿元)

按资产负债表计算的国民财富比较确切地反映了核算期末国民经济拥有的实际财产规模和结构。

第三节 资产负债变动核算

在国民经济运行中,各资产负债项目不断发生着数量和价值量的变动。表现在数量上的变动,可以是由于持有资产(或负债)的各机构单位之间进行的交易活动而引起的,也可以是由于某些意外事件发生而引起的。由于交易活动而引起的资产负债项目的数量变动,一般已经在相关的资本和金融流量账户加以核算和反映。由于某些意外事件发生而引起的资产负债项目的数量变动,按照 SNA1993 提出的方法,需要建立资产物量其他变化账户进行核算。对于由于资产负债项目的价格变化而导致的价值量的变动,则需要通过建立重估价账户来反映。

一、资产物量其他变化账户

资产物量其他变化,是指由于机构单位无法控制的意外事件发生而引起的资产数量变化。诸如新的资源的发现、战争或其他政治事件、自然灾害的破坏、资产所属机构单位分类的变化,以及机构部门结构变化等因素引起的资产数量的增减变动。资产物量其他变化账户就是为了记录这些意外事件引起的资产数量变化而设置,目的是对期末资产负债存量数据加以调整。

SNA2008 提出的资产物量其他变化账户格式如表 6-6 所示(其中细分指标有所精简)。账户的格式以及其中的资产、负债与净值的关系与前述相同。

表 6-6 资产物量其他变化账户
20××年12月31日 单位：亿元

| 资产变化 ||||| 项　目 | 负债和净值变化 |||||
国内部门合计	住户部门	政府部门	金融部门	非金融部门		非金融部门	金融部门	政府部门	住户部门	国内部门合计
					资产的经济出现					
					非生产性非金融资产的经济消失					
					巨债损失					
					无偿没收					
					未另分类的其他物量变化					
					分类变化					
					其他物量变化合计					
					生产性非金融资产					
					非生产性非金融资产					
					由资产物量其他变化引起的资产净值变化					−5

资产物量其他变化可以分为三个主要类别：第一类是除交易因素以外的资产和负债的出现和消灭；第二类是与外部效应和灾难影响有关的物量变化；第三类是与部门分类、结构变化及负债的分类变化有关的资产物量变化。具体来说，资产物量其他变化包括以下内容：

(1) 非金融资产的经济出现，是指增加的资产不是生产过程的产物第一次出现在经济体系中。显然，非生产资产的增加属于经济出现，例如，可开采地下资源储量的增加、从未利用的自然资产向经济活动的首次转移、非生产资产经济用途变化引起的资产质量上升、无形非生产资产的出现等。此外，生产资产也可能以经济出现的形式增加，主要是贵重物品首次被发现或承认。

(2) 非培育生物资源的自然生产，是指不受机构单位控制、负责和管理的生物资源的生长，如自然林木的生长。

(3) 非生产资产的经济消失，是指非生产资产存量在经济体系中的减少。在国民经济核算中，只有产品和生产资产的消耗才能记入中间消耗、最终消费和非金融投资，经济活动对非生产资产的使用则无法在这些环节得到记录，只能作为经济消失记入资产其他物量变化。比如，开采造成的地下资源储量减少，砍伐等造成的森林耗减，还有由于技术原因或价格原因导致的地下资源储量减少，由于经济活动引起的土地或水资源等质量退化，由于经济用途变化引起的非生产资产质量下降，这些都属于非生产资产的经济消灭。

(4) 巨债损失。巨灾是指可能毁灭所有类型资产的大规模的、偶然发生的事件，如地震、火山爆发、海啸、特大暴雨、特大旱涝、战争、暴乱、放射性物质泄漏。地震导致建筑物和设备的毁坏,特大旱涝导致土地质量退化,火灾或政治事件导致货币或无记名证券的毁坏等,都属于巨灾损失。

(5) 无偿没收,是指政府以非常手段占有机构单位的资产而不予全额补偿,这些手段不包括征税或罚款,后者要在生产核算和收入分配核算中记录。

(6) 其他非金融资产物量变化,包括固定资产的意外淘汰、固定资本消耗中的正常损坏补偿金与实际损失之间的差额、生产设施在完工或投入使用的废弃、存货的异常损失等。

(7) 其他金融资产物量变化。大多数金融资产在债务人承认未来向债权人付款的义务时产生,在债务人履行付款义务时取消。然而,还有一些金融资产的消失在现实中是不可预料的,如债权人注销坏账。这些金融资产的变化也属于资产其他物量变化核算的内容。

(8) 分类和结构变化,包括机构单位分类变化和结构变化、资产和负债的分类变化。如果一个机构单位从一个机构单位(或子部门)重新归类到另一个机构部门(子部门),就会导致资产负债的分类和结构变化;如果货币当局从民间购入黄金充实国际储备,由此实现黄金的货币化(相反操作的结果是黄金非货币化),就会导致资产的分类变化——从生产资产变为金融资产(或者相反)。[1]

二、重估价账户

重估价账户是专门记录一定时期内仅仅由于价格变动导致的资产负债价值量的收益或损失。该账户的主要作用是通过它对资产负债进行估价调整。期初资产负债是按照期初价格核算的,而期末资产负债又是按照期末价格核算的。期末与期初资产负债存量的差异,除了有数量增减变动外还有价格因素变动的影响。通常把单纯由于价格变动导致的资产负债价值量的增值或贬值称为名义持有资产损益,其正值为收益,负值为损失,习惯上其正值直接称为持有资产收益,负值则称为持有资产损失。

随着资产在核算期内获得、持有的时间长短不同,名义持有资产收益可分为以下几种不同情况:

(一) 整个核算期内都持有的资产(负债)收益

整个核算期内都持有的资产(负债)收益等于期末资产负债价值减去期初资产负债价值。

(二) 期初持有的资产在期内已被处置的收益

这种资产收益等于实际处置(出售)价值减去期初资产负债表中的价值。

(三) 在核算期内购置并一直持有至期末的资产收益

这种资产收益等于期末资产负债表中的价值减去实际购置价值。

(四) 在核算期内购置并被处置的收益

这种资产收益等于实际处置(出售)价值减去实际购置价值。

重估价账户的结构、内容如表6-7所示。该账户对国民经济所有部门核算,账户的格式以及其中资产、负债与净值的关系与前述相同。

---

[1] 高敏雪、李静萍、许健:《国民经济核算原理与中国实践》,中国人民大学出版社2013年版,第184~185页。

表 6-7

资产负债重估价账户
20××年12月31日

单位：亿元

资产变化					项目	负债和净值变化					
总计	国外部门	国内部门合计	住户部门	政府部门	金融部门	非金融部门		非金融部门	金融部门	政府部门	住户部门	国内部门合计	国外部门	总计
4 190.0	410	3 780	1 490	150	712.5	1 427.5	1. 名义持有资产收益							
1 352.5		1 352.5	737.5	102.5	20	492.5	2. 非金融资产							
2 837.5	410	2 427.5	752.5	47.5	692.5	935	3. 金融资产							
							4. 负债	1 272.5	1 115	15		2 402.5	435	2 837.5
							5. 名义持有资产损益造成的净值变化	155	−402.5	135		1 377.5	−25	1 352.5

注：表6-6和表6-7中的数据引自郑菊生、卞祖武主编的《国民经济核算体系》，上海财经大学出版社2000年版，第228页。

从表 6-7 中的数据来看，国内经济整体重估价形成的名义持有资产收益总额为 3 780 亿元，其中，非金融资产 1 352.5 亿元、金融资产 2 427.5 亿元、负债 2 402.5 亿元。由于价格变化使净值增加 1 377.5 亿元（1 352.5＋2 427.5－2 402.5）。国内部门的金融资产与金融负债不平衡[两者相差 25 亿元（2 427.5－2 402.5）]是由对国外金融交易的金融资产和金融负债重估价产生的：国外部门重估价形成的名义持有资产 410 亿元、负债 435 亿元，大于资产 25 亿元，即为国内部门合计资产大于负债 25 亿元。因此，国民经济整体重估价形成的名义持有资产收益为 4 190 亿元（3 780＋410），名义持有负债收益为 2 837.5 亿元（2 402.5＋435），影响净值增加 1 352.5 亿元（1 377.5－25）。

三、资产负债表与积累账户之间的关系

核算期末的国民经济资产负债存量是在期初存量基础上加上期内的各种流量变化得到的。核算期内的流量变动已分别由专门的积累账户序列——资本账户、金融账户、资产物量其他账户和重估价账户加以核算。现将期初、期末存量与期内的流量变动联系起来，编制资产负债变化一览表。

表 6-8 为综合的积累账户序列。为节省篇幅，表中仅列出国内部门合计、国外部门及国民经济总计。积累账户序列综合反映了期内资本账户、金融账户、资产物量其他账户和重估价账户各资产、负债和净值项目的变动量。

表 6-8　　　　　　　　　　综合积累账户序列

积累序列账户	总计	国外部门	国内部门合计	项　目	国内部门合计	国外部门	总计
资本账户			2 222.5	资本形成总额			
			2 262.5	固定资本形成总额			
			－40.0	存货增加			
			－1 472.5	其他非金融资产获得减处置			
				净储蓄	752.5		
				资本转移收入净额	－7.5		
			－5	资金余缺			
金融账户			4 075	金融资产净增加额			
				负债净增加额	4 080		
				资金余缺	－5		
资产物量其他变化账户				非生产资产经济出现			
			－5	非生产资产经济消失			
				分类和结构变化			
				资产物量其他变化引起的净值变化	－5		

续表

积累序列账户	总计	国外部门	国内部门合计	项目	国内部门合计	国外部门	总计
重估价账户	4 190.0	410	3 780.0	名义持有资产收益			
	1 352.5		1 352.5	非金融资产			
	2 837.5	410	2 427.5	金融资产			
				负债	2 402.5	435	2 837.5
				名义持有资产收益引起的净值变化	1 377.5	−25	1 352.5

表6-8的资本账户中,资本形成净增加额为"资本形成总额—其他非金融资产获得减处置",即750亿元[2 222.5+(−1 472.5)];净储蓄为"总储蓄—固定资本消耗",为752.5亿元;资本转移收入净额为"应收资本转移—应付资本转移",−7.5亿元为负债的减少;资金余缺为平衡项,按照我国国民经济核算体系的规定,在左侧,正值表示部门或国内经济资金有富余,除满足本部门非金融投资需要外,还可供其他部门用于非金融投资;负号表明本部门资金短缺,需要从其他部门净借入资金。此处为−5亿元,说明核算期内国内经济资本形成需要净借入资金。

表6-8的金融账户中,左端为各种类型金融资产净增加额,为4 075亿元;右端为各种类型负债净增加额,为4 080亿元;资产净增加额与负债净增加额的差额是资金余缺平衡项,在右端,正值表示部门借出资金多于借入资金即净借出,负值则表明部门借出资金少于借入资金即净借入。从理论上看,金融账户的资金余缺=资本账户的资金余缺。表6-8中该值为−5亿元,与资本账户的资金余缺相对应,表明国内经济净借入资金。

表6-8的资产物量其他变化账户和重估价账户的含义如前所述。

在综合的积累账户序列反映变动基础上,就可根据期初资产负债的变动,得到期末资产负债存量,如表6-9所示(仅考虑国内经济部门,假设表6-5为下一期期初资料)。

表6-9　　　　　　　　　　资产负债及其变化一览表

项目	资产负债	资本账户	金融账户	资产物量其他变化账户	重估价账户	资产负债
非金融资产	1 537	750		−5	1 352.5	3 634.5
金融资产	2 237		4 075		2 427.5	8 739.5
资产合计	3 774	750	4 075	−5	3 780.0	12 374
负债合计	2 173	745	4 080		2 402.5	9 400.5
净值	1 601	5	−5	−5	1 377.5	2 973.5

根据表6-9中的内容,非金融资产期初为1 537亿元,核算期内由于资本交易增加750亿元、资产数量其他变化减少5亿元、重估价又增加1 352.5亿元,期末为3 634.5亿元(1 537+750−5+1 352.5)。

金融资产期初为2 237亿元,核算期内由于交易增加4 075亿元、重估价又增加2 427.5亿元,期末为8 739.5亿元(2 237+4 075+2 427.5)。因此,资产由期初3 774亿元,加上总变动8 600亿元(750+4 075-5+1 352.5+2 427.5),期末达到12 374亿元(3 774+8 600)。

同样,期初负债2 173亿元,加上总变动7 227.5亿元(745+4 080+2 402.5),期末达到9 400.5亿元(2 173+7 227.5);期初净值1 601亿元,加上总变动1 372.5亿元(5-5-5+1 377.5),期末达到2 973.5亿元(1 601+2 973.5)。

第四节 资产负债表数据的应用分析

应用资产负债核算资料可以研究机构部门或一个国家的经济实力,以及机构部门和国民经济内部的各种资产的结构特征。与其他流量资料结合,还可以分析其他领域的问题。

一、资产负债的总量分析

机构部门或一个国家的全部资产价值的大小是衡量该经济主体的经济实力的重要数据,其部门份额的大小则反映它们对经济的影响程度。主要的资产负债总量有非金融资产总量、金融资产总量和总净值。这些基本的总量数据是部门或国家制定发展规划、预测发展前景的依据,也是各国间经济实力对比的依据。

【例6-1】 2003年12月29日,英国国家统计局公布英国当前国民财富总价值为49 830亿英镑,约合8.8万亿美元。相当于人均拥有8.5万英镑。英国全国总资产相当于92个国际空间站,或6 200个英国世纪性标志建筑千年穹厦的价值,或者可以购买8 800架B-2隐形轰炸机或4.15万架波音747大型客机。这些数据非常深刻直观地说明了英国是世界上继美国、日本、德国之后的第四大经济体。在财产总量中,民用住房达2.7万亿英镑,所占的比例最大,占全国总财富的55%;排在第二的是商业和公共建筑,价值5 650亿英镑;第三为公路、桥梁和管道等基础设施,价值5 370亿英镑;而制造业的总价值自1998年以来没有发生变化,仍旧为2 000英镑。[①] 这些详细的数据为经济学家们预测英国未来的经济增长速度提供了帮助。

二、资产负债的结构分析

利用国民资产负债表,既可以考察资产负债的内部结构,也可以分析其部门分布情况,通过纵向对比和横向对比发现存在的问题。

(一) 资产负债的内部结构分析

这种分析主要考察:在全部经济资产中,非金融资产和金融资产的比重及变动;在全部非金融资产中,生产资产和非生产资产的比重及变动;在全部资产中,固定资产、存货及贵重物品的比重及变动;在全部非生产资产中,自然资源、合约、足月和许可以及商誉和营销资产的比重及变动;在全部金融资产中,各种金融工具所占比重及变动;等等。这种分析既可以站在经济总体的角度进行,也可以针对某一个机构部门进行。

以表6-9的数据为例,可以计算该经济总体的金融资产总额与国民财富的比例为1.397 (=2 237/1 601)。该指标也叫金融相关率(FIR),最早由R. W. 戈德史密斯提出。根据戈德

---

① 摘自2003年12月30日新华网。

史密斯在《金融结构与金融发展》一书中对 35 个国家近 200 年金融发展资料所做的实证分析,金融发展与金融增长之间存在显著的正相关关系,而且金融资产的增长一般比国民财富的增长更为迅速。现在人们一般把该指标作为衡量一个国家金融发展水平的重要指标。

再如,利用表 6-10 的数据,结合当前的经济形势,还可以分析该经济总体的存货水平是否正常,解释其中可能存在的问题,或分析该经济总体的金融结构是以直接融资为主还是以间接融资为主,与其经济发展水平是否适应。

(二)资产负债的部门分布情况分析

这种分析主要考察:在经济总体的各种资产、负债和净值(国民财富)中,各机构部门所占份额及其变动;在某一机构部门内部,各子部门占有的资产、负债和净值及其变动。例如,关于住户部门,可以考察城镇居民家庭和农村居民家庭各占有多少资产、负债和净值;关于非金融部门,可以考察国有企业和非国有企业各占有多少资产、负债和净值;关于金融机构部门,可以考察商业银行、证券公司、保险公司等各种金融公司各占有多少资产、负债和净值。

以表 6-5 的数据为例,可以计算出:在期末的全部国民财富中,非金融部门、金融机构部门、政府部门、住户部门各自所占的份额为 40.54%(=649/1 601)、3.31%(=53/1 601)、7.62%(122/1 601)、48.53%(777/1 601)。可见,该经济体的财富大多位于住户部门和非金融部门,而金融机构部门的财富积累量很少。

当然,仅就表 6-5 的数据而言,由于只提供了经济总体和各机构部门的资产负债存量数据,因此,这种分析还不可能深入各部门内部。

【例 6-2】 根据我国某年资产负债核算资料计算我国经济总体和国内各机构部门资产结构(如表 6-10 所示)。[①]

表 6-10　　　某年我国经济总体和国内各机构部门资产和负债结构　　　单位:%

	非金融部门	金融机构部门	政府部门	住户部门	国内部门合计
非金融资产	61.6	5.7	36.3	41.9	39.7
固定资产	40.0	2.3	35.5	33.8	28.0
存货	14.4		0.8	8.0	7.8
其他非金融资产	7.2	3.3		0.1	3.9
金融资产	38.4	94.3	63.7	58.1	60.3
国内金融资产	32.9	76.8	62.7	58.1	53.1
国外金融资产	5.5	9.6	1.0		5.0
储备资产		7.9			2.2
合　　计	**100.0**	**100.0**	**100.0**	**100.0**	**100.0**
国内金融负债	83.3	89.4	57.2	100.0	85.0
国外金融负债	16.7	10.6	42.8		15.0
合　　计	**100.0**	**100.0**	**100.0**	**100.0**	**100.0**

[①] 许宪春:《中国国民经济核算与分析》,中国财政经济出版社,第 176～179 页。

表 6-10 中的数据反映了该年我国经济总体以及各机构部门的资产和负债结构有以下特征：

（1）经济总体中的非金融资产与金融资产在全部资产中的比例基本是四六开，非金融资产占 39.7%，金融资产占 60.3%；在非金融资产中，固定资产占 70%，为全部资产的 28%；在金融资产中，以国内金融为主，占全部资产的 53.1%。

（2）政府部门与住户部门的资产结构比较接近，非金融资产占 40% 左右，金融资产占 60% 左右；在非金融资产中，固定资产占 80% 以上，为其全部资产的 35% 左右；在金融资产中，以国内金融为主，占全部资产的六成。非金融企业部门和金融机构部门的资产结构差别较大：非金融企业部门以非金融资产为主，金融资产占全部资产的 38.4%；而金融机构部门的金融资产占绝对优势，占全部资产的 94.3%。在非金融资产中，非金融企业部门的固定资产占全部资产的 40%，而金融机构部门的固定资产仅占全部资产的 2.3%；在金融资产中，则共同以国内金融为主。

（3）经济总体中的国内负债和国外负债分别占 85% 和 15%；非金融企业部门和金融机构部门的这一比例类似。而政府部门的国外负债比例较高，说明我国的对外金融负债是以政府部门为主导的。

三、资产负债的比率分析

将资产负债资料与有关流量资料结合，计算有关资产负债的比率指标，可以进一步分析各类资产负债的比例关系以及经济主体的资产利用效果。常用的比率分析指标有：

（一）单位国民资产产值率

一般公式为：

$$单位国民资产产值率 = \frac{国内生产总值（亿元）}{国民资产总值（亿元）}$$

该指标综合反映一定时期的单位国民资产总量所能产生的经济收益。由于资产有不同种类，分别以不同方式、不同程度参与经济活动，因此分母也可以采用实物资产或金融资产，计算各类资产的产出比率，以反映各类资源的利用效益。

（二）人均国民财产

计算公式为：

$$人均国民财产 = \frac{全部国民财产（亿元）}{年平均人口（亿人）}$$

该指标为消除人口因素影响后的一国经济实力的反映，适用于各国间的对比。

（三）金融资产比率

计算公式为：

$$金融资产比率 = \frac{金融资产价值（亿元）}{非金融资产价值（亿元）}$$

该指标表明在一国经济中金融交易发展与有形的物质财富之间的关系。该指标数值越大,国民经济中金融市场发展程度越高,同时金融活动对国民经济的影响越大。

(四) 资产流动性比率

计算公式为:

$$资产流动性比率 = \frac{流动性资产(亿元)}{全部资产(亿元)}$$

在国民资产负债表中,流动性资产是指通货、存款、短期票据、短期贷款及其他短期债权等。该指标表明国民经济中金融资产的流动性程度。

(五) 负债比率

计算公式为:

$$负债比率 = \frac{负债总值(亿元)}{全部资产(亿元)}$$

负债比率可以测定经济总体或某机构部门的举债、偿债能力,可以分别就国内和国外计算。

第五节 人力资源核算[①]

一、人力资源核算的内容

人力资源核算是对期初、期末,一个国家或地区的经济领土范围内的所有常住自然人的数量,以及其中具有劳动能力的人口形成的人力资本的实物存量,还有核算期内的变动实物流量所进行的核算,目的是反映国民经济运行所依赖的人口资源以及人力资本的数量和质量,并揭示经济活动与人口资源和人力资本之间的相互影响和相互作用。

人口资源和人力资本实物量核算是人力资本价值量核算的基础,是国民财富核算的重要组成部分之一。

(一) 人力资源核算的对象

人力资源核算的对象,是一个国家经济领土范围内的所有常住自然人及其所具有的劳动能力所形成的人力资本的内在潜质及其数量表现,包括科学文化知识、健康、技能与能力等。人力资本的内在潜质是指以自然人为载体,潜伏于自然人的人体之中所具有的从事生产劳动的能力。人力资本的外在形式表现为性别、城乡、年龄、受教育程度、再培训水平、卫生保健状况、劳动技能、预期收入水平等。人力资本实物量是自然人内在潜质与外在形式有机统一的数量表现。

人力资源核算,一方面为进行人口资源及其劳动力的数量和质量对经济可持续增长的影响分析提供依据,为实施国民财富核算奠定基础;另一方面促使全社会认识到人力资本投资是社会经济发展的重要资本积累过程,以便逐步确立人力资本是推动经济增长的主要源动力的

[①] 曹克瑜:《自然资源与人力资本实物量核算》,中国统计信息网,2003年5月23日。

观念。

(二) 人力资源核算的基本准则

人力资源核算的基本准则主要从三个方面确定:
1. 核算的时点

人口存量数据以普查年度期末时点为记录时间;若普查时间不是年末时点,则应通过外推法将数据换算为年末时点数据。人口数据的记录方式因其调查形式的不同而不同:普查年度以规定时点的普查数据汇总方式记录;其他年度则以普查年度资料为基础,以年度人口和劳动力抽样调查资料为依据推算。

2. 核算的计量单位

根据自然人是人力资本载体的性质,采用人口的数量作为人力资本实物量核算的计量单位,基本单位为万人。

3. 核算的地域范围

按照地域原则,人口资源被界定为一定地域范围内,具有一定数量和质量的人口数量总和。人口数量是一个最基本的人口现象,人力资本实物量的各个分类指标均以一定地域范围为基准,人口的出生与死亡、迁入与迁出及其他原因引起的流量变动也以此为界限。地域范围一般以行政区来划分。

(三) 人力资源核算的方法

人力资源核算以人口资源为载体,综合反映 0~15 岁人口、就业人口、失业人口和非经济活动人口的人力资本信息,将自然人所具有的人口资源的自然属性与国民财富的经济属性有机地综合在一起,反映国民财富与人口资源之间的关系。

人力资源核算的方法:人力资本实物量核算期确定为 1 年,年初和年末为期初、期末存量核算的时点,流量的核算期间为年度(指年初至年末)。

核算步骤如下:

第一步,根据核算期初的人口总量编制期初人力资本实物存量表。

第二步,根据人口在核算期内的变动情况编制人力资本实物量变动表。

第三步,根据以下平衡关系,编制期末人力资本实物存量表:

$$期末存量 = 期初存量 + 本期增加 - 本期减少 \pm 调整变化$$

式中,本期增加或减少,是指由于出生、迁入、死亡、迁出和其他原因引起人口数的增减变动数量。这里的"其他原因"主要是指非迁入、迁出性的人口流入、流出,以及各类人口或劳动力之间的流动。调整变化主要是指由于核算方法的变化引起的人口数量的记录变化。

二、人口资源核算的内容与核算表

(一) 核算内容

人口资源与人力资本实物量,主要反映人力资本在核算期初和期末两个时点的实物存量及在核算期内的变动情况。人口资源是人力资本的核算基础和核算载体,人力资本是核算的核心。

(二) 核算分类

根据人力资本核算原理与人力资本特征,以及我国现行人口、劳动力统计标准,人口资源与人力资本实物量核算将人口分为 0～15 岁、16 岁及以上两大类,进而根据劳动力与国民经济活动的相关性将 16 岁及以上人口分为就业人口、失业人口和非经济活动人口。其中:

(1) 0～15 岁人口作为劳动力的后备军,一方面具有人力资本的财富特征,另一方面又是潜在经济活动人口,具有资本积累特征。

(2) 就业人口和失业人口则与经济活动具有强相关性,既具有人力资本的财富特征,又具有生产性特征,是创造经济财富的主要源泉,是推动社会经济发展的决定性因素。

(3) 非经济活动人口一方面具有人力资本的财富特征,另一方面与经济活动又没有直接的相关性(极少数除外),具有消费性和资本积累的双重特征。

(三) 核算表

为了充分反映各类人力资本独特的经济特征和自然特征,人口资源与人力资本实物量核算可以在总表的基本框架下分别编制核算表,包括:0～15 岁人口人力资本实物量核算表、就业人口人力资本实物量核算表、失业人口人力资本实物量核算表和非经济活动人口人力资本实物量核算表。

0～15 岁人口资源与人力资本实物量核算表(见表 6 - 11)的主栏分为期初人口、本期增加、本期减少、组内项目流动和期末人口;宾栏首先根据人口资源的年龄标志分为 0～15 岁人口和 16 岁及以上人口两个基本部分,接着根据人口的经济属性将 16 岁及以上人口分为就业人口、失业人口和非经济活动人口,然后根据人力资本的本质特征将各类人口按教育程度和年龄等分组标志平行分组,以便为今后开展人力资本价值量核算奠定基础,而这也是进行国民财富核算的基础。

人口资源与人力资本实物量核算表分为五部分:第一部分(第 1 行)反映人力资本在核算期初始的存量状况;第二部分(第 2～5 行)和第三部分(第 6～9 行)反映由于各种因素引起的人力资本数量的增加和减少;第四部分(第 10 行)反映各类人力资本在各个标志分组内部的变动;第五部分(第 11 行)反映人力资本在核算期终结的实物存量状况。

需要说明的是,第 10 行"组内项目流动"是指在某一标志分组内,由于内部人口流动而产生的人口增加与减少。例如,就业人口按城乡分组的组内项目流动中,城镇人口 636.2 万人、乡村人口 636.2 万人,表明本分组内当年乡村人口转入城镇人口 636.2 万人。组内项目流动的数据正数之和等于负数之和,数据相等而符号相反。

(四) 主要指标

1. 人口资源

人口资源是指我国在特定时点具有生命的常住自然人的人口数量,包括人力资源(初级劳动力和人力资本)和其他人口。

2. 人力资本

人力资本是指我国所有常住自然人所具有的科学文化知识、健康、技能与能力等劳动能力,包括受教育程度、再培训水平、卫生保健状况、劳动技能与能力等。人力资本实物量的计量单位为"自然人"的人口数量。

3. 就业人口

就业人口是指 16 周岁及以上的常住人口中,从事一定的社会劳动并取得劳动报酬或经营收入的那部分人口。凡有固定职业或虽无固定职业,但在规定时间前一天有临时性工作,并在

表6-11 人口资源与人力资本实物量核算表

单位：万人

序号		0~15岁						16岁及以上							
		按性别分		按城乡分		按教育程度分		合计	按性别分		按城乡分		按教育程度分			
		男	女	城镇	乡村	小学/初中	其他		男	女	城镇	乡村	文盲/半文盲	小学/初中	高中/中专	大专以上
		1	2	3	4	5	6	7	8	9	10	11	12	13	14	15
一、期初人口	1	15 842.0	15 199.0	19 464.0	11 577.0	28 995.0	2 046.0	31 041.0	36 403.0	35 682.0	23 151.0	48 934.0	5 623.0	52 766.0	9 659.0	4 037.0
二、本期增加	2	6.0	12.0	2.0	16.0	15.1	2.9	18.0	473.7	315.8	236.8	552.6	201.4	292.1	173.7	122.2
（一）出生	3	1.0	0.4	0.3	1.1	0.0	1.4	1.4	0.0	0.0	0.0	0.0	0.0	0.0	0.0	0.0
（二）迁入	4	1.4	4.0	0.5	4.9	4.2	1.2	5.4	132.6	88.4	66.3	154.7	56.4	81.8	48.6	34.2
（三）其他	5	3.6	7.6	1.2	10.0	10.9	0.3	11.2	341.1	227.4	170.5	397.9	145.0	210.3	125.1	88.0
三、本期减少	6	28.0	30.0	23.3	34.7	33.1	24.9	58.0	2 927.5	4 660.0	520.7	7 066.8	131.0	1 664.5	5 256.8	535.4
（一）死亡	7	3.8	8.2	6.4	5.6	3.0	9.0	12.0	819.7	1 304.7	145.8	1 978.7	36.7	466.1	1 471.9	149.9
（二）迁出	8	6.3	13.5	11.9	7.9	4.5	15.3	19.8	468.4	745.6	83.3	1 130.7	21.0	266.3	841.1	85.7
（三）其他	9	17.9	8.3	5.0	21.2	25.6	0.6	26.2	1 639.4	2 609.4	291.6	3 957.4	73.3	932.1	2 943.8	299.8
四、组内项目流动	10	0.0	0.0	9.3	−9.3	−2.0	2.0	0.0	0.0	0.0	636.2	−636.1	−4 387.7	−19 402.9	19 580.3	4 210.7
五、期末人口	11	15 820.0	15 181.0	19 452.0	11 549.0	28 975.0	2 026.0	31 001.0	33 949.2	31 337.8	23 503.3	41 783.7	1 305.7	31 990.7	24 156.2	7 834.5

此时间前一个月从事社会劳动累计 16 天或 16 天以上的人都属于就业人口。

4. 失业人口

失业人口是指有城镇户口且在劳动年龄内,有劳动能力,无业且要求就业而未能就业的人口。其中,虽然从事一定的社会劳动,但劳动报酬低于当地城市居民最低生活保障标准的,视同失业。在当地就业服务机构进行求职登记的失业人口称为登记失业人口。就业人口和失业人口构成经济活动人口。

5. 非经济活动人口

非经济活动人口是指 16 周岁及以上的常住人口中,就业人口与失业人口以外的未从事社会劳动的那部分人口资源,包括在校学习、料理家务、离休退休、丧失劳动能力的人口和其他人口。

(五) 基本平衡关系

期末人口 ＝ 期初人口＋本期增加人口－本期减少人口±组内项目流动
本期增加人口 ＝ 本期出生人口＋本期迁入人口＋本期其他因素增加人口
本期减少人口 ＝ 本期死亡人口＋本期迁出人口＋本期其他因素减少人口
总人口 ＝ 0～15 岁人口＋16 岁及以上人口
16 岁及以上人口 ＝ 就业人口＋失业人口＋非经济活动人口

(六) 编表方法

人口资源是人力资本的载体,人力资本具有经济特征和自然特征。在对各类人力资本进行核算时,首先要根据总体核算框架的要求以及现行的数据基础,明确核算指标;然后根据核算要求和各类人力资本的经济特征明确各指标间的逻辑关系;最后编制人力资本实物量核算表。具体步骤如下:

第一步,搜集国家统计局人口和社会科技统计司有关人口普查、人口抽样调查、劳动力统计等人口、劳动力存量、流量数据资料,走访及咨询有关人员。

第二步,在对所搜集的基础数据进行研究和分析的基础上,根据人口资源存量结构及变动数据,按性别、城乡、教育程度、年龄等标志分别编制按 0～15 岁、就业人口、失业人口、非经济活动人口分类的 4 种人力资本实物量表。表中主要总量数据根据人口普查的相关总量人口数据控制把握。

第三步,将已编制完的 0～15 岁人口、就业人口、失业人口、非经济活动人口的人力资本实物量核算表中的数据分类、汇总到人口资源与人力资本实物量核算表中。

第四步,对初步测算的数据进行审核、检验和论证,并充分征求有关专家的意见。

第五步,修订人口资源与人力资本实物量核算表。

编表的数据来源为统计部门现有人口普查、人口抽样调查及劳动力统计等相关资料。

本章小结

1. 资产负债核算是通过编制国民资产负债表,对国民经济总体的资产、负债、权益这些宏观经济存量的统计核算。它与机构单位会计的资产负债表在资产负债的项目分类、核算内容、计价原则及报表模式上均有着显著的不同。

2. 资产负债核算中的资产是指机构单位对其拥有所有权,通过对它的持有、使用、处置可以从中获得经济利益的经济资产。其分类是非金融资产、金融资产、净值。金融资产又分为国内金融资产、国外金融资产、储备资产。负债则是金融资产中债权的对应体,其细分类与金融资产相同。

3. 国民财产是所有通过人类劳动所生产的实物资产和无形资产,国民财富则是国民财产与自然资源(包括土地)的总和。

4. 国民资产负债表编制中的重要方法性问题包括:

(1) 重估价问题:各类资产存量的价值按核算期末的现行市场价格计量。因此,对核算期末的各类资产负债需要重新估价。重估价方法主要有现行市价类比法、重置成本估价法、永续盘存法、收益现值法、物价指数法、外汇资产汇率调整法等。对不同类型资产可用不同方法。

(2) 账户和报表格式:与会计核算账户大致相同,T字形账户,资产在账户左边,负债和净值在右边。综合账户的资产负债项目在中间,与会计核算报表的格式不同,主栏为资产负债项目,宾栏为各机构部门下的"使用""来源"项,"使用"登记资产,"来源"登记负债。

(3) 期内变动核算:通过资产物量其他变化账户对由于意外事件发生而引起的资产物量变化进行核算;通过重估价账户专门记录仅由于价格变动导致的资产负债价值量的收益或损失。这两个账户的主要作用是通过它们对资产负债进行其他数量变动和价格变动的调整。

(4) 期末国民资产负债:期初资产(负债)额+期内资本账户资产(负债)变动额+期内资本金融账户资产(负债)变动额+资产物量其他变化账户资产(负债)变动额+重估价账户资产(负债)变动额=期末资产(负债)额。

5. 资产负债核算数据主要用于分析核算主体的经济实力及其发展变化趋势,研究国民经济中各类资产负债的比例关系以及经济主体的资产利用效果。

6. 人力资源核算的对象是一个国家经济领土范围内的所有常住自然人及其所具有的劳动能力所形成的人力资本的内在潜质及其数量表现。人力资源核算是对期初、期末,一个国家或地区的经济领土范围内的所有常住自然人的数量,以及其中具有劳动能力的人口形成的人力资本的实物存量,还有核算期内的变动实物流量所进行的核算,主要核算指标包括人口资源、人力资本、就业人口、失业人口和非经济活动人口。

7. 人口资源与人力资本实物量主要反映人力资本在核算期初和期末两个时点的实物存量及在核算期内的变动情况。人口资源与人力资本实物量核算表包括0~15岁人口人力资本实物量核算表、就业人口人力资本实物量核算表、失业人口人力资本实物量核算表和非经济活动人口人力资本实物量核算表。

思考与练习

1. 国民资产负债表与机构单位的会计资产负债表有何主要区别?
2. 我国核算体系中的资产负债是如何分类的?

3. 核算体系中的负债是指什么?
4. 对流量和存量的核算,必须在哪几个方面保持一致?
5. 我国对外拥有的金融资产(债权)净额属于国民财产吗?
6. 资产数量其他变化账户的核算内容有哪些? 有何作用?
7. 重估价账户的核算内容有哪些? 有何作用?
8. 反映人口自然变动的统计指标有哪些?
9. 人力资源核算的对象是什么? 如何理解人力资本的概念?
10. 如何核算人口资源与人力资本实物量? 需通过哪些核算表进行核算?
11. 定义失业人口的标准是什么?
12. 某地区 2005 年国民生产总值 200 亿元,在业人员 1 400 万人,劳动生产率每年以 5% 的速度增长。求 2017 年 GNP 翻一番时所需劳动者人数。
13. 根据以下资料计算某地区期末常住人口和现有人口:
(1) 常住人口 400 万人,其中暂时外出人口 2.5 万人。
(2) 外地暂住本地区人口 8 万人。

并且已知该地区期内人口变动情况如下:
(1) 常住人口中死亡 700 人,出生 2 300 人,新增暂时外出人口 600 人,外地返回本地区 100 人。
(2) 在外地暂住本地区人口中,死亡 6 人,出生 4 人,离开本地区 300 人,新增外地暂住本地区 100 人。
14. 已知适龄劳动人口 25 万人,现役军人 2 万人,社会劳动力资源总数 24 万人,不足龄和超龄参加社会劳动的在业人口 5 万人,服刑罪犯 1 万人,则丧失劳动能力和提前退休不再参加社会劳动的人数为多少?
15. 已知某核算资料如下,请分析该资产结构具有哪些特征。

期初资产负债账户

资产(借方)		负债与净值(贷方)	
非金融资产	3 500	国内金融负债	4 750
固定资产	2 975	国外金融负债	402
存货	305		
非生产资产	220		
金融资产	5 280	净值	3 628
国内金融资产	4 750		
国外金融资产	354		
储备资产	176		
合　　计	8 780	合　　计	8 780

第七章
国际收支及国际投资头寸核算

学习目标

1. 了解国际收支核算基本原理；
2. 掌握国际收支核算的内容；
3. 掌握国际收支平衡表及编制方法；
4. 理解国际收支平衡表中的平衡关系；
5. 掌握国际收支投资头寸核算的内容及平衡关系。

当今世界经济一体化进程明显加快，各国之间的经济联系日益频繁和密切，与此相适应，旨在系统反映一国对外经济往来和对外经济关系的国际收支核算已成为各国国民经济核算的重要组成部分。本章拟从对外经济交易流量(国际收支)和对外资产负债存量(国际投资头寸)及其变动两个角度，就国际收支核算的有关理论与方法做统一介绍。需要注意的是，国际收支核算既有其相对独立性，也与前面各章的核算内容紧密联系。

第一节 国际收支核算基本原理

一、国际收支核算的概念

(一) 国际收支核算[①]

一般而言，国际收支是指一国在对外经济交易中所形成的相关经济收支。然而，有关国际收支的概念经历了一个逐渐演变和深化的过程，在不同的历史时期或对于不同的问题，人们曾经在不同的意义上使用这一概念。比如，在国与国之间的经济交往仅限于货物贸易的年代，人们认为国际收支就是对外贸易收支。后来，随着国际交往的加深和日趋多样化，人们又一度把

[①] 杨灿、周国富：《国民经济核算教程》，中国统计出版社 2015 年版，第 218~219 页。

国际收支理解为外汇收支。但这一认识仍然是不准确的,因为尽管在国际收支中经常使用外汇,但外汇收支与反映对外经济交易的国际收支之间并不是等同关系,两者的不同之处在于:国际收支不一定表现为外汇收支(如易货贸易、债务抵销等),外汇收支也不一定反映国际收支(如常住单位之间也存在外汇收支)。

作为一个严格的核算概念,国际收支是指一个经济主体在一定时期内与世界其他国家(地区)之间由于各种经济交易而发生的收入和支付,而不论这种国际经济交易是否伴随着外汇的收支,也不论这种国际经济交易是交换性的还是单方面转移。很显然,这一概念包含了两个基本规定:

一是关于核算主体的规定。国际收支只反映一国常住单位与非常住单位之间的经济往来。非常住单位可以是另一个国家的居民、企业、政府机构等,也可以是某个国际组织或机构。机构单位之间的经济往来完全是该国的"内部收支",非常住单位之间的经济往来对该国而言则是纯粹的"外部收支",它们都不属于该国的国际收支范畴。这是国民核算主体原则的要求。

二是关于核算内容的规定。国际收支只包括常住单位与非常住单位之间的经济交易所形成的流量。非交易性质的对外经济往来、价格和汇率的波动等也会引起相应的经济变化,形成相应的非交易经济流量,甚至可能会对一国的国际头寸和国际支付地位产生显著影响,却不属于国际收支的范畴。

可见,这样定义国际收支,相对于曾经使用的"对外贸易收支""外汇收支"等概念,更有助于就一定时期的对外经济交易进行全面、系统的核算。

国际收支核算从产生、发展到不断完善,有一个相对独立的发展过程,但这并不妨碍它与国民经济核算体系的其他部分存在广泛的联系,国际收支核算的很多内容在前面几章早有涉及。譬如,在国内生产总值核算和投入产出核算中,我们考察过产品的进出口;在国民收入核算中,我们考察过对外的收入分配;在资金流量核算中,我们进一步考察了对外的资本转移和各种金融往来。其中,尤以资金流量核算涉及的对外经济交易最多,与国际收支核算的关系也更为密切。比如,以宽口径的资金流量核算为例,其中所涉及的产品进出口,对外的劳动报酬收支、对外的各种经常转移收支、对外的资本转移和非生产非金融资产交易,对外的各种金融交易等资金流量都属于国际收支的范畴。资金流量核算之所以将这些国际收支涵盖在内,主要是为了完整地反映在一定时期国内各机构部门全部的资金运动过程及资金的来源和去向,同时也是国民经济核算的系统原则和平衡原则所内在要求的。

然而,尽管如此,国际收支核算子系统的建立仍然有其特殊的价值,其原因在于:一方面,它以更为系统的形式概括了国际收支的全部内容,其核算目的与其他核算有所不同;另一方面,它不仅表现了各国间交易流量的水平和构成,而且以适当方式反映了一国的国际收支平衡状况,可为宏观经济管理和分析提供重要的数据基础。

(二) 有关国际收支核算的基本概念

1. 非常住单位

非常住单位是指与所在国常住单位发生交易的又不属于常住单位的单位。

2. 国外

国外是国民经济核算体系的专门用语,是对应特定国家而存在的概念,它是指与本国的常住单位有经济联系的非常住单位的集合。

3. 对外交易

对外交易是指国内机构单位与国外单位之间的交易,或者说是一国常住单位与非常住单位之间的交易。

二、国际收支核算的重要性

国际收支核算全面反映了一个国家的国际收支状况。它的结果不仅对于一国宏观经济管理和决策具有重要作用,而且是世界其他国家了解一国涉外经济发展状况的主要途径。各国对其准确性、及时性和全面性的要求随着经济全球化进程的加快而不断提高。

(一) 国际收支统计是国民经济综合平衡必不可少的一个环节

首先,国际收支状况是国民经济综合平衡的一个重要部分,国际收支的顺差或逆差可以弥补国内投资和消费与国内生产总值间的缺口;其次,国际收支与国内本币的供应有密切的联系,国际收支中无论是经常项目还是资本项目的交易都需要人民币资金的配套。外汇储备的增减更直接影响人民币外汇占款的规模,进而影响信贷资金的投放。因此,国际收支状况可影响国内信贷平衡,对金融调控至关重要。

(二) 良好的国际收支统计信息是制定正确的对外经济政策的基础

国际收支状况对一国的汇率、利率、财政、贸易、利用外资、对外投资、外汇管理等方面有着深刻的影响。良好的国际收支统计信息有助于了解并掌握国内外经济联系情况及其相互影响情况,从而制定相应的经济政策。

(三) 国际收支统计工作关系到一个国家的对外形象

目前,我国向国际货币基金组织及其他国际机构提供的国际收支统计数据和资料是国际社会观察和评估我国经济发展状况的重要组成部分,成为国际信用评定机构和商业银行对我国进行风险信用评级的重要依据之一。因此,国际收支统计工作如何,能否提供完整的国际收支信息,已是我国在国际资本市场上筹资的一个前提条件。

三、国际收支核算的一般原则

为了准确地从数量上反映一个国家与国外全部经济的交易情况,保证国际收支核算与核算体系中其他内容相互协调和衔接,在国际收支核算中必须遵循下列原则:

(一) 常住性原则

在国际收支核算中,对外经济活动泛指常住单位(即国内)与非常住单位(即国外)之间的经济往来。常住单位又称居民,是指在一个国家居住或者停留超过1年的自然人、企业、团体等。要清楚界定对外经济活动,需要明确划分"国内"与"国外"的界限,而划分该界线的逻辑起点是确定构成一个经济总体的常住单位。由此界定机构单位常住性成为对外经济核算的关键问题。如果一个经济单位在一国具有经济利益中心(使用一个场所,事实上或意向上在1年以上的期限内进行经济交易活动),该单位就构成该国经济的一个常住单位。对于不同的机构单位,常住单位与非常住单位的划分原则是不同的。例如,企业部门常住单位与非常住单位的划分要根据领土原则来确定;政府机构常住单位与非常住单位的划分要依据隶属关系原则来确定。根据这个原则,作为常住单位的政府机构不仅包括在该国领土范围内的政府机构,而且包括其驻外使领馆、军事单位及其他代办机构。而设在该国境内的外国政府使领馆、军事单位及代办机构则属于非常住单位。居民个人常住单位和非常住单位的划分要考虑居住期限、国籍及是否代表政府三个因素。代表政府的个人,其归属以隶属关系而不是以领土原则为准。不代表政府的个人,在 1 年内,其归属以国籍为准;超过 1 年者,则以实际所在地及领土原则为准。

(二)估价原则

国际收支核算的估价原则与整个国民经济核算体系的估价原则一致,采用市场价格或其对等值作为各种交易估价的基础。作为国际收支估价标准的市场价格,是指常住单位与非常住单位交易时的成交价格。对于一些没有实际市场价格的交易,如单方面转移、易货贸易等,为了遵循市场价格原则,应该以类推的方法,采用已存在的市场价格制定此类交易的代表价。具体来说,关于货物和服务、收入分配与再分配、金融资产与负债交易,应按交易双方协议的实际价格估价。关于资产和负债存量,应按资产负债账户编制日期的现期市场价格度量。

(三)记录时间原则

记录时间原则上应以常住单位和非常住单位交易双方所有权变更的时间为准,即遵循权责发生制。在经济价值产生、转换、交换、转移或消失时进行记录,这一原则也称为所有权变更原则。具体来说,货物和金融资产交易的记录时间是当他们不再是原所有者账上的资产,而变成新所有者账上资产的时候;服务交易的记录时间是提供服务过程结束的时候;不需要偿还的单方面转移的记录时间是在其资产改变所有权的时候。

(四)记账单位与换算原则

与国内的经济交易不同,对外经济交易通常是以各种不同的货币单位来计量和表示的,所以,国际收支核算必须首先将其换算成统一的货币记账单位,然后才能通过汇总、整理各种各样的交易资料进行全面综合的核算。原则上,当把以各种不同的货币单位记录的国际收支转换成某种统一的记账单位时,应采用有关的交易发生时的市场汇率,并且取购买汇率和销售汇率的中间值;在没有这样的汇率时,也应以最近时期的中间汇率替代。

在实践中,各国在确定其国际收支核算的货币记账单位时通常有两种方式:一是选用本国货币作为记账单位;二是选用某种汇率较为稳定且为多数交易所采用的外币(所谓"关键货币")作为记账单位。例如,中国目前采用美元作为国际收支核算的记账单位,而欧盟各国则采用欧元作为其国际收支核算的记账单位。为了便于汇总和比较分析,国际货币基金组织还采用一定方式将不同记账单位的各国国际收支核算资料换算成统一的关键货币,或某种通用的"标准记账单位"。

第二节 国际收支平衡表

国际收支核算又称国际收支统计,它以国际收支平衡表为核心,是对一国在核算期内国际收支状况的系统记录。在内容上,国际收支核算概括了当期所有对外经济交易活动,并按照交易对象的性质对这些对外交易进行了具体划分;在记录方法上,它借鉴应用了会计借贷记账法,对各种对外经济交易活动进行复式记录。结果,国际收支核算在整体上保持了严格平衡的特征,国际收支平衡表也由此得名。

一、国际收支平衡表的基本结构和内容[①]

(一) 国际收支平衡表的基本结构

国际收支平衡表是系统描述国民经济总体在一定时期内全部对外经济交易流量的统计平衡表,也是国际货币基金组织规定其成员必须参照由其颁布的《国际收支和国际投资头寸手册》逐期编制并向基金组织定期报送的平衡表。关于国际收支平衡表的内容,以下将主要参考国际货币基金组织颁布的国际收支核算标准(BPM6)加以介绍,其简化表式如表7-1所示。

表 7-1　　　　　　　　　　国际收支平衡表(简化表式)

国　际　收　支	借方 ①	贷方 ②	差额 ③=②-①
1 经常账户	**594**	**607**	**13**
1.A　货物和服务	**499**	**540**	**41**
1.A.a　货物	392	462	70
1.A.a.1　一般货物	370	439	
1.A.a.2　用于转口贸易的货物	22	21	
1.A.a.3　商品黄金	0	2	
1.A.b　服务	107	78	-29
1.A.b.1　加工服务	10	5	
1.A.b.2　维护和维修服务	2	1	
1.A.b.3　运输	9	8	
1.A.b.4　旅游	30	23	
1.A.b.5　建设	3	2	
1.A.b.6　保险和养老金服务	4	5	
1.A.b.7　金融服务	10	4	
1.A.b.8　知识产权服务	4	2	
1.A.b.9　电信、计算机和信息服务	14	7	
1.A.b.10　其他商业服务	6	7	
1.A.b.11　个人、文化和娱乐服务	8	9	
1.A.b.12　别处未涵盖的政府货物和服务	7	5	

[①] 杨灿、周国富:《国民经济核算教程》,中国统计出版社 2015 年版,第 224~228 页。

续 表

国 际 收 支	金额 借方 ①	金额 贷方 ②	差额 ③=②-①
1.B 收入初次分配	**40**	**50**	**10**
1.B.1 雇员报酬	2	6	
1.B.2 投资收益	38	44	
1.B.3 其他原始收入	0	0	
1.C 收入再分配	**55**	**17**	**−38**
1.C.1 政府部门	20	7	
1.C.2 其他部门	35	10	
1.C.3 养老金权益变化调整	0	0	
2 资本账户	**4**	**1**	**3**
2.1 非生产非金融资产的获得和处置	0	0	
2.2 资本转移	4	1	
非金融账户：净贷出(＋)或净借入(−)			**10**
3 金融账户：净金融投资(＋)或净负债(−)	**57**	**47**	**−10**
3.1 直接投资	8	11	3
3.1.1 股权和投资基金份额	10	3	
3.1.1 债务工具	−2	8	
3.2 证券投资	18	14	−4
3.2.1 股权和投资基金份额	4	9	
3.2.2 债务证券	14	5	
3.3 金融衍生工具和雇员股票期权	3	0	−3
3.4 其他投资	20	22	2
3.5 储备资产	8	—	−8

不难看出，表7-1的主栏(横标题)依次列示的是经过适当分类的国际收支诸账户和诸项目。如前所述，所有国际收支项目被分成了经常项目、资本项目和金融项目三大类，并分别记录在经常账户、资本账户和金融账户中。该表的宾栏(纵标目)所列示的则是账户的借方、贷方和相应的差额。它们与主栏(横标目)所列示的各种国际收支项目交叉，分别用于记录一定时期一国在各种国际收支项目上的收入、支出和收支差额等。

(二) 国际收支平衡表的主要内容

一般来说，国际收支平衡表各部分的主要核算内容如下：

169

1. 货物和服务账户

(1) 货物的进出口

货物的进出口是指常住单位与非常住单位之间的买卖交易、易货交易或赠与交易等。一般情况下，货物进出口需要跨越国境或通过海关。但是，这里仍然有两种例外：

一是跨越国境或海关的货物不一定都属于进出口。

二是货物进出口也不一定都会跨越国境或海关。前者如过境的货物、运输设备或其他设备，进出某国仅供展览用的货物，在某国与其驻外大使馆（或军事基地等其他领土飞地）之间进出的货物等，都不涉及常住单位与非常住单位之间的交易，因而不属于进出口。后者如常住单位拥有的各种运输工具和远洋打捞船队在国外直接购买并在国外或国际水域、空域内消费掉的货物，以及常住单位拥有的其他离岸设施（如在国际水域作业的石油钻井或天然气平台）在国外购买并就地消费掉的货物，都涉及常住单位与非常住单位之间的交易，因而尽管没有经过口岸，但仍然必须作为进出口处理。可见，国际收支核算中的货物进出口与海关统计中的货物进出口是有所不同的。

(2) 服务的进出口

服务的进出口是指发生在常住单位与非常住单位之间的服务的提供和享用。从性质上讲，服务与货物的进出口需要适当加以区分，但这种区分并不是绝对的。一方面，货物的进出口中通常可能包含一些服务的因素，如将货物运抵出口国港口的运输和保险服务等；另一方面，处于实际的考虑，服务的出口中有时又不得不包含部分货物的因素，如旅客运输中提供的视频和饮料，或者外国游客在国内市场上购买的货物。不过，服务贸易不包括所谓的"劳务输出（或输入）"，后者没有被纳入"国内生产"的范畴，因而不能作为服务贸易处理，有关的收入和支出必须作为分配项目来处理。

对外服务贸易的领域十分广泛，其内容也越来越丰富。在现行的国际收支核算标准（BPM6）中，服务被进一步划分为12种类型（详见表7-1）。

2. 收入初次分配（原始收入）账户

(1) 雇员报酬

雇员报酬是指国外的常住单位提供给（或支付给）为其工作的个人的各种工资、薪金和其他福利，既包括货币报酬，也包括实物报酬。

(2) 投资收益

这属于财产收入，具体表现为利息、股息、红利和其他投资收益。投资收益产生于对外拥有的各种金融资产或对外承担的各种金融负债，按其形成来源可以分为直接投资收益、证券投资收益和其他投资收益。投资收益即便被用于再投资，也仍然要先在收入账户中记录投资收益的获得或支付，然后在金融账户中记录相应的再投资。

(3) 其他原始收入

其他原始收入包括对外的生产税（增值税、进口税、出口税和补贴），以及地租等初次分配收支。

3. 收入再分配（经常转移）账户

(1) 政府经常转移

这是指政府之间、政府与国际组织之间以及政府与其他非政府常住单位之间的各种经常转移，包括对战争或自然灾害的援助和捐赠、政府对国际组织的定期缴款和国际组织对政府的定期转移、所得税或财产税的收缴、社会保险的缴款和付款、经过裁决的各种罚款等。

(2) 其他部门经常转移

这是指个人、企业、非政府机构或团体之间，以及非政府常住单位与国外政府或国际组织之间的各种经常转移，包括无偿援助和捐赠、侨汇、所得税和财产税的支付，社会保险的缴款和付款，罚款和博彩收支等。这些项目中的许多与政府经常转移中的相应项目类似，只是参与交易的主体略有不同而已。

政府转移与其他部门转移的区别是：前一种转移的提供者和接受者通常是政府机构或国际组织，而后一种转移的提供者和接受者通常是非政府部门的机构单位。但是，如果一种转移的提供者和接受者中有一方是政府机构或国际组织，而另一方是其他类型的机构单位，则这种转移究竟属于政府转移还是部门转移，应由参与交易的常住单位的类型来确定。换言之，凡是本国政府提供的转移（无论其接受者是否是政府机构或国际组织）或接受的转移（也无论其提供者是否是政府机构或国际组织），都属于国际收支核算的政府转移；凡是本国非政府机构单位提供的转移（无论其接受者是否是民间机构单位）或接受的转移（也无论其提供者是否是民间机构单位），都属于国际收支核算的其他部门转移。

(3) 养老金权益变化调整

个人在整个工作生涯中都在通过社会保险计划积累养老金权益，因此，这种权利构成个人的资产、最终支付养老金的单位的负债。但社会救济下的养老金不包括在内，因为其数额并不随时间以可预知方式或因可预见的原因而自然增加。社会保障福利也存在同样的问题。

为了提供对分析有关住户行为更加有用的收入资料，领取养老金的住户向所有养老金计划和社会保障支付的养老金缴款以及领取的养老金要分别作为社会缴款和社会保险福利记录在收入再分配账户中。因此，它们会影响住户部门的可支配收入水平。

将养老金缴款和福利作为经常转移的理论基础在于，从整个经济看，养老金发放本质上是住户部门之间的再分配过程。由于缴款与福利不一定完全相等，因此住户的储蓄会受到影响。例如，如果全体住户支付的缴款比领取的福利要多，其储蓄就会相应减少；同样，如果住户领取的福利超过了他们的缴款，储蓄却没有反映这个事实，即权利的负变化代表净值的减少。然而金融账户已经明确地将养老金权益变动显示为住户净值的增加，所以，必须根据收入再分配账户中养老金缴款和福利的差额对储蓄进行调整。

4. 资本账户

(1) 非生产非金融资产的获得和处置

非生产非金融资产的获得和处置一般包括土地、地下资产等非生产（自然）资产和专利、商标权、版权等非生产无形资产。但由于土地的拥有者已被界定为所在国的常住经济单位，因此国际收支核算只需考虑其他非生产资产的买卖活动。

(2) 资本转移

资本转移包括政府部门或非政府部门之间的投资捐赠、债务减免、未保险严重事故的赔偿（如石油泄漏赔款等）和其他以积累为目的、与积累有关的无偿转移。这些转移都是发生在常住单位和非常住单位之间的，它们可以是现金转移，也可以是实物转移。此外，资本转移还包括由于移民而引起的财产变化：常住居民移居国外引起财产的减少，非常住居民移居本国则引起财产的增加。严格地说，这种转移并非发生在两个交易者（常住单位和非常住单位）之间，只是由于统一经济单位常住身份的变化（常住单位变为非常住单位，或非常住单位变为常住单位）而引起的财产变化，因此是一种"特殊的交易"。

5. 金融账户

(1) 直接投资

这是以参与企业管理或控制企业管理权为特征的一类投资活动。直接投资者通过对企业经营施加有效影响有可能获得丰厚的回报,因而投资者的利益是与所投资的企业长期联系在一起的。在国际收支核算中,只考虑跨国的(即发生在常住单位与非常住单位之间的)直接投资交易,具体包括:跨国设立全资企业或对其注入新的资金,跨国设立子公司、联营公司和其他分支机构或对其注入新的资金,以参股方式拥有国外某公司10%(含10%)的普通股权或投票权等。

(2) 证券投资

证券投资包括在各种股本证券和债务证券商所做的金融投资,前者如各种普通股、优先股和股权证等,后者如各种中长期公司债券、国库券、可转让债务工具和其他派生金融工具(期权)等。与直接投资不同的是,证券投资者不以参与企业管理或掌握企业管理权为其投资的主要目的,通常也不能对企业经营实施有效的影响;两者具有不同的功能,因而需要分别考察。在国际收支核算中,为了适当区分在股本证券上进行的投资究竟是直接投资还是证券投资,通常采用前述的"10%标准",即以参股方式拥有国外某公司10%以上(含10%)的普通股或投票权者为直接投资,不足此数者则为证券投资。

证券投资与直接投资的区别有时又是相对的,在一定条件下,两者也可以相互转化。例如,某常住单位原来(上一个核算期)的对外投资持有股权不足10%,这属于证券投资;以后通过追加新的投资,达到或超过了10%的标准,则新追加的投资就属于直接投资了。至于原来进行的那部分证券投资,也要通过相应的处理,重新调整为直接投资(这本身不属于国际收支核算的内容,而是一种非交易性质的外生变化),并在国际投资头寸中纳入直接投资的存量。

(3) 金融衍生工具(除储备资产外)和雇员股票期权

该类别与资金流量中相应类别的内容基本相同,只是此处不包括纳入储备资产管理的金融衍生工具。

(4) 其他投资

这是一个剩余项目,包括除直接投资、证券投资、金融衍生工具和雇员股票期权(以及后面将要说明的再储备资产上的投资)以外的所有金融交易的内容。该类交易可能涉及各种金融工具,主要有:特别提款权负债、流通货币(货币当局以外的常住单位所持有的外币或非常住单位所持有的货币)、各种存款(可转让存款和不可转让但可在短期内承兑的存款)、各种贷款(包括贸易信贷、抵押贷款、回购协议、融资租赁、使用基金组织的信贷或贷款、各种预收款或预付款等),以及其他债权或债务(如在非货币性国际组织中认缴的股本金和各种应收款、应付款)。

(5) 储备资产

这是由一国货币当局(央行、外汇管理局或联邦储备委员会)拥有或控制,并可直接或间接用于平衡其国际收支的对外金融资产,具体包括各种金融工具的储备资产:货币黄金、特别提款权、在国际货币基金组织的储备头寸(向基金组织认缴的份额和对基金组织的贷款),各种外汇资产(通货、存款和有价证券),以及其他具有高度流动性的对外债权。储备资产具有以下特征:首先,它是由中央银行或政府部门持有或控制的金融资产;其次,作为金融债券(此处忽略单方面的金融资产),它应该由非常住单位持有;最后,它还必须是具有高度流动性(变现性或可兑换性),因而能够随时用于平衡国际收支差额的对外金融资产。储备资产的多寡在一定程度上反映了一国的国际金融地位。

6. 国际收支表的账面平衡和误差调整

根据复式记账原理,表7-1中的国际收支借方(国际支付)总计和贷方(国际收入)总计应该是相互平衡的。但是,实际编制国际收支平衡表时,对于一定时期发生的各种国际收支往往不是逐笔记录的,而是从宏观上分别搜集各个项目的数据资料,比如从银行等部门搜集有关金融项目的资料等,而这些资料往往是汇总过的总额数据,它们在统计口径、记录时间、估计方法、换算汇率等方面不可避免地会与前述国际收支核算的一般原则要求有出入或不一致,因此,实际计算出的国际收支借、贷总额通常难以恰好相等。所以,世界各国在实际编制国际收支平衡表时,往往需要通过在表的主栏中设置"误差与遗漏"项目才能实现账面平衡,表7-1的数例中假定"误差与遗漏"为零。

二、国际收支平衡表的作用

反映一个经济体系宏观经济表现的重要统计数据,除了本国生产总值及本国居民生产总值外,还有完整的国际收支平衡表。国际收支平衡数据提供有用的资料以分析经济体系的对外交易活动。国际收支平衡表的用途主要体现在以下五个方面:

(一) 进行国际收支平衡状况分析

国际收支平衡状况分析,重点是分析国际收支差额,并找出原因,以便采取相应的对策,扭转不平衡状况。

(二) 进行国际收支结构分析

对国际收支结构进行分析,可以揭示各个项目在国际收支中的地位和作用,从结构变化中发现问题并找出原因,为指导对外经济活动提供依据。

(三) 全面概述经济体系的宏观经济及金融状况

国际收支平衡统计数据对加强本地和国家间的货币及金融监控与政策的谨慎考虑,非常重要。这些数据为评估一个经济体系对外融资的健全性及其宏观经济与金融状况提供了客观依据。而这些评估正是商业决策的重要元素。一个完整的国际收支平衡表有助于对一个经济体系的主要范畴进行以下宏观经济分析:(1) 收入增长;(2) 对外开放程度;(3) 货物及服务贸易与直接投资流动的关系;(4) 汇率与经常账户及金融账户的联系;(5) 国家间的银行交易;(6) 资产证券化和金融市场发展;(7) 对外负债情况。

(四) 研究直接投资的展望

将国际收支平衡表经常账户中按国家(地区)分析的直接投资收益数据,与该经济体系有关直接投资头寸的资料相联系,便提供了一个可用以分析直接投资的收益性的完整架构。对不同经济体系直接投资收益率进行比较研究,便可提供不同地方的直接投资回报的概括情况。这方面的时间数列可显示投资收益随着时间的变动情况。

(五) 国际收支平衡状况对汇率走势的影响

贸易商及投资者均十分关注汇率的走势,它反映一个经济体系出口的竞争力、进口成本的变动,及有关对外投资盈利的汇率风险。汇率走势对一个经济体系的对外贸易和投资表现,以致国际收支平衡的状况,都有直接影响。而国际收支平衡的状况也会影响汇率和其他宏观经济因素的变动。在固定汇率制度下,国际收支的情况会由官方储备资产的增减来反映。这为反映该经济体系的对外资金流动性、利率走势及整体价格水平所受的压力提供了有用信息。

三、国际收支核算的数据来源

国际收支平衡表是由一些借贷式账户综合构成的。因此,要准确地编制国际收支平衡表,就应了解编制国际收支平衡表的资料来源、记账规则、修正过程的原理和方法。

编制国际收支平衡表的资料主要来自有关部门的统计和会计资料。大部分资料可以直接使用,少数资料要按编表要求适当调整后才可以使用。在国际收支平衡表的实际编制过程中,不可能对种类繁多的对外经济往来一笔一笔地搜集每个往来项目的借方和贷方资料,而是要根据各个主要项目,分别从不同的途径去搜集借方和贷方资料。其中,储备资产的资料来自中国人民银行和中国银行等涉外银行。这部分资料比较可靠,一般对其不再做调整,它是对国际收支总差额进行检验和研究误差的根据。而经常项目、资本往来项目的资料则是根据海关的进出口统计、商务部的外资统计、国家外汇管理局的国家外汇收支存统计和债务余额统计以及财政部的对外援助统计和民航、交通、铁道、旅游等部门的对外运输费用统计以及其他有关的外经统计资料加工取得。另外,在一些项目中还采用抽样调查和估算的方法获取数据。[①]

在实践中,为了更准确、及时、全面地搜集有关资料,我国国家外汇管理局国际收支司与国家统计局国民经济核算司的有关统计部门引入了新的数据采集方法,即采用主体申报制,将直接申报与间接申报、逐笔申报与定期申报有机地结合起来,并从 1996 年开始,依据《国际收支统计申报办法》陆续推出了一系列新的国际收支统计申报制度,建立了一套较为完整、系统的数据收集体系。目前,我国的国际收支统计数据收集框架包括以下内容:

(一)通过金融机构进行的逐笔间接申报

当居民通过境内金融机构进行收付汇时,需向国际收支统计部门申报每一笔与非居民发生交易的内容。国际收支统计部门将申报信息进行汇总以用于编制国际收支平衡表。

(二)金融机构汇兑统计

除代理客户进行逐笔间接申报外,金融机构还单独汇总统计通过其进行的金额较小、频繁发生的现金、旅行支票及信用卡的兑换数据,作为国际收支统计数据的补充。

(三)金融机构对境外资产负债及损益申报

金融机构除代客户进行国际收支交易申报外,作为特殊的企业,应向国际收支统计部门直接申报其自身的资产负债及损益变化情况。

(四)直接投资企业的直接申报统计

由于直接投资企业存在大量的关联交易及内部交易,因此,对直接投资企业的经营状况设

---

① 郑菊生:《国民经济核算体系原理——宏观经济统计学》,上海财经大学出版社 2000 年版,第 266 页。

计了单独的统计制度,即中国境内外商投资企业以及对境外有直接投资企业的企业,需直接向国际收支统计部门申报其投资者权益、直接投资者与直接投资企业间的债权债务状况以及分红派息情况。

(五) 证券投资统计

证券投资统计包括两方面的内容:一是中国境内的证券交易所及其机构,须向国际收支部门申报居民与非居民之间发生的证券交易以及相应的分红派息情况;二是中国在境外上市公司须直接申报有关其证券的交易情况和分红派息情况。

(六) 境外账户统计

中国居民在境外开立账户,须直接向国际收支统计部门申报其账户变动及余额情况。

第三节　国际收支平衡表及其编制方法

一、国际收支平衡表编制的基本方法

国际收支平衡表是根据会计中复式记账法的原理对所有国际经济往来按照"有借必有贷,借贷必相等"的原理进行编制的。表中每一项目都分为借与贷两方,分别记录本项目的支出和收入。一国从国外收入的所有款项就是这个国家的国际收入,列入贷方,或称收方,又叫正号项目;对国外支付的所有款项就是这个国家的国际支出,列入借方,或称付方,又叫负号项目。国际收支平衡表中,"贷方"一词用来记录收入性经济行为,包括实际资源减少(如出口)、金融资产减少(如出售所持国外证券)和负债增加(如对外发行证券);而"借方"则记录支出性经济行为,包括实际资源增加(如进口)、金融资产增加(如购买国外证券)和负债减少(如归还借款)。同时,每项"借方"变动的记录须以"贷方"变动的记录相配合;相反,情况亦然。一般来说,每一项经济交易活动总是由密切相关的两个方面所组成的,如出口商品引起收支,则在贷方的"出口"和借方的"对外资产的增加"项目做记录;若对外发行债务,则在贷方的"对外长期负债增加"和借方的"对外短期资产(现金、存款)增加"项目做记录。由于贷方和借方的数据是按照相同的金额同时记录的,因此,对一项经济交易来说,借贷两方总是相等的,借贷相抵后的净余额为零。

在具体运用复式记账规则记录国际收支数据时,还应该注意以下三点[①]:

第一,对于存在对等支付关系的交易(有偿交易),直接按实际交易的支付内容进行对等记录。例如:

(1) 若某国的常住单位出口一批货物,首先应在经常账户中的货物账户的贷方记录一笔"出口",至于借方记录什么、记录在哪里,就要看具体交易的内容和方式。如果出口货物的购买方是以外汇现钞支付的货款,就在其他投资账户的借方记录"外汇资产增加";如果出口方直接将货款存入了国外银行,就在其他投资账户的借方记录"银行存款增加";如果购货方尚未付款,而是开具短期票据延期交付,就在其他投资账户的借方记录"应收货款增加";如果是易货贸易,就在货物贸易账户中的借方再记录一笔"进口";而如果该批出口货物被用于抵偿一笔债务

---

① 杨灿:《国民经济核算教程》,中国统计出版社2015年版,第221~222页。

（贷款），就应该在其他投资账户的借方记录"接受贷款减少"。

（2）若某国境内的外商独资企业获得一笔投资收益，首先应在经常账户中的收入账户的借方记录"应付投资收益"，贷方记录依具体交易而定。如果该笔收益已被外商以外汇形式提取，就在其他投资账户的贷方记录"外汇资产减少"；如果该笔收益已被存入本国银行，就在其他投资账户的贷方记录"非常住单位存款"（对外负债）增加；如果该笔收益并未提取，而是仍然留在原外商企业中，作为追加投资，就在直接投资账户中的引进外资账户的贷方记录"外商再投资收益的增加"。

第二，对于不存在对等支付关系的交易（无偿转移），一方面按实际交易的内容或结果在有关账户上给予记录，同时在"经常转移账户"或"资本转移账"上进行对应记录。后两类账户就是专门为了记录单向的无偿转移而设置的。例如：

（1）若某国的常住居民从国外获得一笔外汇款，就在其他投资账户的借方记录"外汇资产增加"，并在经常转移账户的贷方记录"侨汇收入"。

（2）若某国向国外援助一批赈灾物资，就在货物贸易账户上记录"出口"，并在经常转移账户上记录"救援物资"。

（3）若某国取消一笔其他国家所欠的债务（贷款），就在其他投资账户的贷方记录"对外贷款减少"，并在资本转移账户的借方记录"减免国外的债务"。

第三，对于只存在一个交易者的特殊交易（如由于移民而引起的财产变化），其复式记账方式与上述类似：一方面按现金转移或实物转移的具体内容在有关账户上进行记录，另一方面在"资本转移账户"上进行对等记录。

依据复式记账原理，如果没有统计误差，全部国际收支的借方总额与贷方总额应该是恒等的。这种平衡关系既是组织核算的方法论基础，也是进行经济分析的重要依据之一。

每一项对外经济交易都表现为金额相等的借贷两方。因此，当把所有交易的借方和贷方都综合到一张表上时，全部项目的借方之和与贷方之和必然金额相等，整个表因借方之和与贷方之和的净余额相等而达到了平衡。但在国际收支平衡表的编制过程中，由于种种主客观因素会产生统计误差，不是收大于支，就是支大于收，使得借贷方金额不等，从而导致国际收支平衡表出现不平衡。为了解决这个问题，专门设立了"净误差与遗漏"项目，人为地使表的借方总额与贷方总额相等，从而实现整个平衡表的平衡。

在国际收支统计实践中，常用一条水平线将国际收支平衡表的全部项目划分为两部分。一部分叫线上项目，包括经常项目和资本项目；另一部分叫线下项目，即储备资产增减项目。线上项目所包括的交易称为自发性交易，纯粹是为了经济上某种目的而自动进行的，如商品、劳务的输出入等。线下项目的交易称为调节性交易，这类交易是对自发性交易的反应，当自发性交易收支不能相抵时，就用这类交易来弥补差额。在国际收支平衡表中，任一项目的贷方数额与借方数额之差就是该项目的差额，正值为贷方余额，负值为借方余额。一国的国际收支差额指的就是线上项目所有自发性交易收支相抵后的差额，这个差额如果表现为"净贷"则为"顺差"，净贷额则为储备的减少额；若为"净借"则为"逆差"，净借额则为储备的增加额。线下项目的净差额则为储备项目的增减额。"净误差与遗漏"项目一般放在数据相对不可靠的线上项目里。根据各种资料编制的线上项目的合计数，要与数据相对可靠的线下项目合计数进行对比。如果两数不等，则要调整线上项目的数据，将两者的差额作为统计误差，列入线上项目中"净误差与遗漏"项目相应的借方或贷方。这样调整出来的线上项目的合计数才是国际收支的总差额。

二、国际收支平衡表的记账规则

要准确地编制国际收支平衡表,必须了解每一项具体经济交易所涉及的两个方面列入平衡表借方和贷方的规则,规则的内容如表7-2所示。

表7-2　　　　　　　　　　　　国际收支平衡表的借贷记录

账　户	借　方	贷　方
经常账户	1. 从国外出口货物和服务	1. 向国外出口货物和服务
	2. 常住者去国外旅游	2. 非常住者在本国旅游
	3. 常住者在国外的直接购买	3. 非常住者在本国的直接购买
	4. 对非常住者支付投资收益	4. 自非常住者获得投资收益
	5. 对非常住者支付的经常转移	5. 自非常住者获得的经常转移
资本账户和金融账户	6. 对非常住者支付的资本转移	6. 自非常住者获得的资本转移
	7. 对外短期或长期资产的增加	7. 对外短期或长期资产的减少
	8. 对外短期或长期负债的减少	8. 对外短期或长期负债的增加
	9. 储备资产的增加	9. 储备资产的减少

三、编制国际收支平衡表时应注意的问题

在依据复式记账原理、按照借贷记账方法编制国际收支平衡表时,还有一些具体问题应引起注意。例如,什么样的经济交易才应记入一国的国际收支平衡表中,记录日期如何确定,统计资料口径和计价标准是怎样规定的,货币单位的选择和汇率的折算问题等。对于这些技术上的问题,国际货币基金组织都做出了相应的规定。

第一,只有发生在一国居民与其非居民之间的经济交易才应记入该国的国际收支平衡表中。

第二,记录日期以所有权变更日为准,也就是说,只要是一国居民与非居民之间的经济交易物的所有权在法律上发生了转移,即发生了国际债权债务关系,不管是否发生实际的现金收付,都应记入该国的国际收支平衡表中。

第三,交易的计价原则是市场价格,进出口贸易值是以各国海关统计为准,并且按照离岸价格(FOB)计价。进口货物价格若以到岸价格(CIF)计算时,应将其中的运保费等贸易的从属费用列入无形贸易收支中。

第四,在编制国际收支平衡表时应采用统一的货币单位,也就是说,应将以各种货币表示的国际经济交易项目按单一的汇率折算为统一的货币,且以签订贸易合同时的汇率为准。

第四节　国际收支平衡表中的平衡关系

国际收支平衡表是按照复式记账规则编制的,这样记录的结果是,每一项对外经济交易都表现为金额相等的借贷两方。理论上,在平衡表中,全部项目的借方之和与贷方之和应该相

等,从而使整张表达到平衡,但在实际中,由于种种主客观因素,国际收支平衡表会表现出不平衡,如前所述,故专门设立了"净误差与遗漏"项目,人为地使表的借方总额与贷方总额相等,从而实现整张平衡表的平衡。

一、基本的平衡关系

首先是各个账户内部的平衡关系,即:

$$项目差额 = 贷方总额 - 借方总额$$

根据项目汇总的层次不同,可以得到不同的差额。以表7-3中的数据为例,国际收支平衡表有如下不同层次的平衡关系:

表7-3　　　　　　　　2014年中国国际收支平衡简表　　　　　　　单位:亿美元

项　　目	差　　额	贷　方	借　方
一、经常项目	21 967 760	279 917 714	257 949 955
（一）货物和服务	28 402 222	254 508 922	226 106 700
1. 货物	47 599 163	235 414 489	187 815 327
2. 服务	−19 196 940	19 094 433	38 291 373
（二）收益	−3 410 985	21 296 122	24 707 108
1. 职工报酬	2 575 520	2 991 050	415 530
2. 投资收益	−5 986 505	18 305 072	24 291 577
（三）经常转移	−3 023 477	4 112 670	7 136 147
1. 各级政府	−292 886	164 238	457 124
2. 其他部门	−2 730 591	3 948 432	6 679 023
二、资本和金融项目	3 823 968	257 298 724	253 474 756
（一）资本项目	−3 275	193 950	197 225
（二）金融项目	3 827 243	257 104 774	253 277 532
1. 直接投资	20 867 870	43 523 028	22 655 159
2. 证券投资	8 242 945	16 644 609	8 401 665
3. 其他投资	−25 283 572	196 937 136	222 220 708
三、储备资产	−11 778 012	3 122 790	14 900 802
（一）货币黄金	0	0	0
（二）特别提款权	6 066	13 883	7 816
（三）在基金组织的储备头寸	97 714	133 450	35 737
（四）外汇	−11 881 792	2 975 457	14 857 249
（五）其他债权	0	0	0
四、净调整与遗漏	−14 013 716	0	14 013 716

$$\left.\begin{array}{l}\text{货物贸易差额}\\ \text{服务贸易差额}\\ \text{职工报酬差额}\\ \text{投资收益差额}\\ \text{经常转移差额}\end{array}\right\} = 贷方 - 借方 = \left\{\begin{array}{l}\text{货物出口} - \text{货物进口}\\ \text{服务出口} - \text{服务进口}\\ \text{来自国外的职工报酬} - \text{支付给国外的职工报酬}\\ \text{来自国外的投资收益} - \text{支付给国外的投资收益}\\ \text{来自国外的经常转移} - \text{支付给国外的经常转移}\end{array}\right.$$

$$\left.\begin{array}{l}\text{贸易差额}\\ \text{收益差额}\end{array}\right\} = 贷方 - 借方 = \left\{\begin{array}{l}\text{货物贸易差额} + \text{服务贸易差额}\\ \text{职工报酬差额} + \text{投资收益差额}\end{array}\right.$$

经常账户差额 = 贷方 − 借方 = 贸易差额 + 收益差额 + 经常转移差额

二、线上项目与线下项目的平衡关系

该平衡关系主要有两个公式:

经常项目差额 + 资本往来项目差额 + 误差与遗漏差额 + 储备资产增减额 = 0
国际收支总差额 + 储备资产增减额 = 0

国际收支总差额的正数为顺差,负数为逆差,国际收支总差额等于储备资产增减净额,但符号相反,故两者之和为零,这表明储备资产的增减对国际收支差额起着平衡的作用。

基本的平衡关系和线上项目与线下项目的平衡关系公式既可以用来判断一个经济体的国际收支平衡情况,又可以用来鉴定国际收支平衡表编制的准确性。

以表 7-3 为例,我国 2014 年的国际收支平衡表的数据给出如下平衡关系:

(1) 国际收支平衡表的借方总额 = 国际收支平衡表的贷方总额

经常项目借方 + 资本和金融项目借方 + 储备资产借方 + 净误差与遗漏借方
= 经常项目贷方 + 资本和金融项目贷方 + 储备资产贷方 + 净误差与遗漏贷方

即 257 949 955 + 253 474 756 + 14 900 802 + 14 013 716 = 279 917 714 + 257 298 724 + 3 122 790 + 0

(2) 经常项目差额 = 经常项目贷方 − 经常项目借方
 即　　21 967 760 = 279 917 714 − 257 949 955

(3) 资本和金融项目差额 = 资本和金融项目贷方 − 资本和金融项目借方
 即　　3 823 968 = 257 298 724 − 253 474 756

(4) 储备资产差额 = 储备资产贷方 − 储备资产借方
 即　−11 778 012 = 3 122 790 − 14 900 802

(5) 净误差与遗漏差额 = 净误差与遗漏贷方 − 净误差与遗漏借方
 即　　−14 013 716 = 0 − 14 013 716

(6) 经常项目差额 + 资本和金融项目差额 + 储备资产差额 + 净误差与遗漏差额 = 0
 即　　21 967 760 + 3 823 968 + (−11 778 012) + (−14 013 716) = 0

(7) 国际收支总差额 = 经常项目差额 + 资本和金融项目差额 + 净误差与遗漏差额
 即　　11 778 012 = 21 967 760 + 3 823 968 + (−14 013 716)

(8) 国际收支总差额 + 储备资产差额 = 0
 即　　11 778 012 + (−11 778 012) = 0

第五节 国际投资头寸及其核算

一、国际投资头寸的概念

国际投资头寸,是指一个国家的常住单位在一定时点(如期初、期末)所拥有的各种对外资产存量、对外负债存量以及净头寸。其中,净头寸是对外资产存量与对外负债存量的差额,相当于资产负债核算中的净值(或资产净值)概念。一个国家在特定时点拥有的对外投资头寸是其长期参与国际经济往来、特别是国际投资交易的累积结果。因为每个时期发生在常住单位与非常住单位之间的各种对外经济交易都会直接或间接地引起彼此间的资产和负债存量发生改变。除此之外,汇率的波动、价格的变化,以及黄金的货币化、分类变化、自然灾害、无偿没收等一些其他因素也会导致一国的对外资产存量发生变化。开展国际头寸核算,就是要对一定时点一国的常住单位所拥有的各种对外资产、对外负债和净头寸,以及在核算期内由于各种原因所引起的对外资产、对外负债以及净头寸的变化进行详细的核算,反映一个国家在特定时点上的对外债权债务关系以及在一定时期内所发生的增减变化,以服务于国际经济分析和政策制定的需要。

显然,国际投资头寸与国际收支核算是紧密联系、互相补充的,换言之,它们共同完成了对外经济领域的存量和流量核算。在上一节,我们通过国际收支平衡表对在一定核算期内所发生的各种国际收支活动进行了核算。本节将以此为基础,对国际头寸核算做概要的介绍。

从国际上看,作为对外经济核算的重要组成,国际投资头寸核算主要采取两种表现形式:一是采取平衡表的形式,也就是借助国际投资头寸表;二是采取账户的形式,也即借助国民经济核算体系的国外资产负债账户。这里仅对前者扼要介绍。

二、国际投资头寸的核算

国际投资头寸核算包括两个主要内容:一是期初、期末的投资头寸存量;二是核算期内引起投资头寸变化的各种流量。从内容的关联性来看,国际投资头寸核算属于国民资产负债核算的组成部分,其核算内容、核算原则均与第六章相关内容具有一致性,只是在国际投资头寸核算中要对对外资产和负债予以更详细的核算。通过国际投资头寸存量核算,可以反映在特定时点一国拥有的国外金融资产和负债的总价值及其构成。

原则上,金融资产和负债都应该按照核算时点(期初和期末)的现期市场价格估价,但在实践中全面贯彻该原则并不容易。具体来讲,直接投资常常按照直接投资企业资产负债表的账面价值确定,如果资产负债表是按照历史成本记录,就需要将收集的数据予以价格转换;证券投资要以适当的参考日期根据现期市场价格计价,对那些在有组织的市场上挂牌或可随时交易的股票和债务证券,应该按实际价值计价,否则就要参照类似股票的价值计价,或者按照预期未来收款/付款的净现值计价;在各种其他投资中,贷款、存款、其他应收/应付款项与货币一样,一般要按照名义价格或面值计价;储备资产也要按适当的参考日期的市场价格计价,其中货币黄金按照当前的市场价格计价,特别提款权按照基金组织公布的市场汇率计算,在基金组织的储备头寸按照基金组织的计算方法计算,外汇资产和其他债权按照参考日期的市场价格计价。

针对特定核算期,国际投资头寸从期初存量到期末存量,其间变化源于三种原因:交易、价格和汇率的变化,以及其他调整。相关内容与第六章中的资产负债变化(积累)核算类似。

(1)国际收支中的金融交易,是导致国际投资头寸变化的主要原因,由前述金融账户以及储备资产项目记录。

（2）国际头寸交易价格和汇率的变化，在投资头寸按照各时点价格核算的前提下，是影响投资头寸存量的重要因素，结果导致常住单位拥有的对外资产和负债产生持有损益。

（3）其他调整，是指不属于交易但又引起投资头寸物量变化的各种其他因素，对应于第六章的资产其他物量变化核算，包括黄金的货币化和非货币化、分类变化（如股本份额达到10%时，证券投资转变为直接投资，或者相反）、债务人单方面取消债务以及没收等。

综上所述，全部国际投资头寸核算的内容可以用以下两个平衡关系概括，它们构成了国际投资头寸表的基本框架：

在特定时点上：资产 － 负债 ＝ 净头寸

在两个时点之间：期初存量 ＋ 交易变化 ＋ 价格和汇率变化 ＋ 其他调整 ＝ 期末存量

2006年，我国国家外汇管理局首次发布国际投资头寸表，此后连续公布了各年的国际投资头寸表。值得注意的是，尽管所覆盖的资产、负债内容类别与国际货币基金组织颁布的《国际收支与国际投资头寸手册》(第六版)的国际投资头寸表标准表式大体相同，但是只提供了年末总数，没有直接提供有关存量变化的数据，尤其没有分别按不同原因提供相应数据。

本章小结

1. 国际收支是一个国家或地区在一定时期内各种对外经济交易所产生的外汇的收入与支出。所谓对外交易，是指在居民与非居民之间发生的，商品、劳务和资产的所有权从一方转移到另一方的行为。根据经济交易的内容，既包括已实现外汇收支的交易，也包括尚未实现外汇收支的交易称为广义的国际收支；而在现金基础上一个国家在一定时期内，由于经济、文化等各种对外交往而发生的，必须立即结清的外汇收入与支出称为狭义的国际收支。目前，国际货币基金组织以及我国的国际收支统计中都使用广义的国际收支概念。

2. 国际收支核算全面反映了一个国家的国际收支状况，结果不仅对于一国宏观经济管理和决策具有重要作用，也是世界其他国家了解一国涉外经济发展状况的主要途径。

3. 国际收支核算的一般原则包括交易者原则、估价原则、记录时间原则、记账单位与换算原则。

4. 国际收支核算的对象是一国常住单位与非常住单位之间的交易。国际收支核算内容包括经常性收支、资本往来收支和官方储备项目变动三大项。

5. 国际收支平衡表是反映一定时期一国与外国的全部经济往来的收支流量表。它是对一个国家与其他国家进行经济技术交流过程中发生的贸易、非贸易、资本往来以及储备资产的实际动态所做的系统记录。

6. 国际收支平衡表由借贷式账户综合构成，应用会计原则，按照会计核算的借贷平衡方式编制，经过调整最终达到账面上的收支平衡。国际收支平衡表的项目内容包括经常项目、资本往来项目、错误与遗漏、储备资产变动额四个组成部分。

7. 国际投资头寸，是指一个国家的常住单位在一定时点（如期初、期末）所拥有的各种对外资产存量、对外负债存量以及净头寸。其中，净头寸是对外资产存量与对外负债存量的差额,相当于资产负债核算中的净值(或资产净值)概念。

思考与练习

1. 什么是国际收支核算?
2. 广义的国际收支核算与狭义的国际收支核算有何区别?
3. 简述国际收支核算的基本原则。
4. 国民经济核算体系为什么要进行国际收支核算?
5. 国际收支核算和其他四大核算有什么关系?
6. 试根据下列资料编制简易的国际收支平衡表:
(1) 我国外贸公司以现汇方式出口商品60亿美元;
(2) 我国以现汇进口商品55亿美元,其中运费2.5亿美元,保险费0.5亿美元;
(3) 我国涉外旅游收入1亿美元;
(4) 我国出国人员旅游付汇0.1亿美元;
(5) 外商汇出在我国经营企业利润0.2亿美元;
(6) 我国在境外经营企业汇回利润0.1亿美元;
(7) 国外人士捐赠我国灾区现汇0.2亿美元,物资0.3亿美元;
(8) 我国对外无偿援助0.1亿美元;
(9) 外商在我国境内投资1.5亿美元,其中进口设备1亿美元作为投资;
(10) 我国在境外开办独资企业投资0.8亿美元,其中设备抵作投资0.3亿美元;
7. 已知甲国2016年对外经济活动的资料如下:
(1) A国从该国进口180万美元的纺织品,该国将此笔货款存入美联储银行;
(2) 该国从B国购入价值3 600万美元的机器设备,由该国驻B国的银行机构以美元支票付款;
(3) 该国向C国提供8万美元的工业品援助;
(4) 该国动用外汇储备60万美元,分别从A国和D国进口小麦;
(5) E国保险公司承保(2)、(4)项商品,该国支付保险费2.5万美元;
(6) 该国租用F国的船只运送(2)、(4)两项商品,运费12万美元,付款方式同(2);
(7) 外国游客在该国旅游,收入为15万美元;
(8) 该国在海外的侨胞汇回本国25万美元;
(9) 该国对外承包建筑工程30万美元,分别存入所在国银行;
(10) 外国在该国直接投资1 500万美元;
(11) 该国向G国出口25万美元商品,以清偿对G国银行的贷款;
(12) 该国在国外发行价值100万美元的10年期债券,该笔款项存入国外银行;
(13) 该国向国际货币基金组织借入短期资金30万美元,以增加外汇储备;
(14) 据年底核查,该国外汇储备实际增加了75万美元。
要求:根据以上资料,编制一张该国2016年的国际收支平衡表。

8. 试说明国际收支差额的构成,各种差额分别具有什么意义,以及它们之间是怎样达到平衡的。

9. 怎样编制国际收支平衡表？如何根据国际收支平衡表分析一国的国际收支平衡状况？

10. 已知某国有如下简化的国际投资头寸表(单位：亿美元)。

项　目	期初头寸	交易	价格变动	汇率变动	其他调整	期末头寸
一、资产						
1. 本国在国外的直接投资	143	15	2	3	−1	162
2. 证券投资	65	21	?	6	0	96
3. 其他投资	18	3	0	1	0	22
4. 储备资产	160	14	−1	?	0	168
二、负债						
1. 外国在本国的直接投资	285	17	8	6	−2	314
2. 证券投资	32	4	−2	5	0	39
3. 其他投资	80	11	0	2	0	93

表头说明：有以下因素引起的头寸变动——交易、价格变动、汇率变动、其他调整。

要求：

(1) 填充表中所缺数据(带有"?"处)。

(2) 计算该国期初和期末的对外净头寸。

第八章
国民经济价格与指数核算

学习目标

1. 了解国民经济价格与指数核算的基本原理；
2. 掌握国内生产总值指数编制的基本方法；
3. 理解居民消费价格指数、工业品出厂价格指数、固定资产投资价格指数和房地产价格指数的编制方法与步骤；
4. 了解购买力平价的原理与编制方法。

一定时期一个国家或地区的经济总量的大小会受到各种因素的影响，其中，价格就是一个重要的影响因素。因此，同一地区或国家不同时间核算的国民经济总量，同一时期不同国家或地区核算的经济总量，由于价格影响会产生很大的差异。为此，本章主要介绍国民经济价格及其指数的编制原理与基本方法，以便于国民经济核算的数据在不同地区或国家之间进行横向比较，或在同一地区或国家的不同时间进行比较。

第一节 国民经济价格与指数核算的基本原理

一、国民经济价格与指数核算的作用

在国民经济核算中，通常动态变化的货物或服务可以分解成价格和物量两个部分，分别反映有关货物和服务价格的变化及其物量变化。这种变化通常是通过编制指数实现的。

指数是综合反映由多种因素组成的经济现象在不同时间和空间条件下平均变动的相对数，在国民经济核算中，国民经济指数是反映由核算体系中多种因素组成的宏观经济现象在不同时间(动态)和空间(企业、地区、国际)条件下平均变动的相对数。

国民经济是一个复杂的系统，需要用科学的方法来描述其运行变化及发展。长期以来，指数被普遍认为是一种科学地描述、分析国民经济现象综合变动的方法。在指数发展史上，1650年英国的赖斯·沃汉(Rice Voughan)编制的反映货币交换价值变换的物价指数可以算是最早

的国民经济指数,至今已有 300 多年的历史。随着国民经济价格及其指数理论和方法的不断发展,它对国民经济核算体系的发展与完善起着日益重要的作用,主要体现在:

第一,通过统一标准的估价和物量方法,采用特定的基期和权数,编制一整套概念一致和对经济分析有用的、相互依存的国民经济价格和物量指数以及指数体系,从而可以从国民经济核算体系出发,检验整体数值的一致性和可靠性,反映国民经济运行的动态变化及经济指标之间的相互关系。

第二,通过编制国民经济动态指数数列,可以对通货膨胀以及经济波动和增长进行系统和详细的分析。

第三,通过国民经济指数体系的关系,使用"指数缩减法",可以推导出国民经济核算中某些重要平衡项的价格或物量值。

第四,通过将价格按不变空间价格计算,编制国际比较经济指数——购买力平价指数,可以获得不同国家国民经济总量之间的物量关系指标,从而进行不同国家的生活水平、经济发展水平或生产率水平的国际比较。

二、国民经济价格和物量核算问题

在国民经济核算中,对货物或服务的数量单位进行核算,称为物量核算;对货物或服务的价值单位进行的核算,则称为价格核算。国民经济核算中的各种货物或服务的流量和存量一般通过价格以价值量加以表现。国民经济指数反映国民经济活动价值量的变动,即既包含了经济活动数量变动的因素,又包含了价格变动的因素。编制国民经济指数,首先要解决国民经济价格和物量核算问题。

(一) 国民经济价格核算

价格是国民经济各种活动结果的单位货币计量标准,一种货物或服务的价格是该货物和服务的单位价值,它源于单位产出的价值概念,但往往与产出的价值相背离,即采用了价格的形式。在国民经济核算中,根据研究的不同要求和内容,可以采用不同的价格形式来为经济活动的投入和产出估价。国民经济核算主要有以下几种价格形式,并在其核算内容上有所区别。

1. **要素价格和基本价格**

要素价格是指包含在单位产出中直接和间接累计支付的雇员报酬、固定资本消耗和营业盈余的总和。由于它是根据生产过程中对各种生产要素支付计价,因此,它被称为要素价格。

基本价格是指包含在单位产出中直接和间接累计支付的雇员报酬、固定资本消耗、营业盈余和其他生产税(间接税)的总和。

2. **生产者价格和购买者价格**

生产者价格和购买者价格同属市场价格。生产者价格是指生产环节包含在单位产出中直接和间接累计支付的雇员报酬、固定资本消耗、营业盈余和生产税净额的总和。其计算公式为:

$$\text{生产者价格} = \text{基本价格} + \text{生产税净额}$$
$$= \text{基本价格} + (\text{应付产品税} - \text{应收补贴})$$

生产者价格是从生产者角度估价,是商品进入市场的价格。例如,我国工业品出厂价格、农业产品收购价格、建筑业产品结算价格等都属于生产者价格。

购买者价格,是指流通环节包含在单位产出中直接和间接累计支付的雇员报酬、固定资本消耗、营业盈余、商品税净额、商业费用和运输费用的总和。其计算公式为:

$$购买者价格 = 生产者价格 + 商业费用 + 运输费用$$

购买者价格是从购买者角度估价,是购买者获得商品所支付的价格。例如,我国工农业生产中原材料等商品的购进价格、商品的零售价格等都属于购买者价格。

SNA2008 对新税制下的价格定义[①]是:

(1) 基本价格,是生产者就其生产的每单位货物或服务产出从购买者那里所获得的、扣除了生产或销售时应付的所有税,再加上所获得的所有补贴后的金额。它不包括生产者在发票上单列的任何运输费用。

(2) 生产者价格,是生产者就其生产的每单位货物或服务产出从购买者那里所获得的、扣除了向购买者开列的所有增值税或类似可抵扣税后的金额。它不包括生产者在发票上单列的任何运输费用。

(3) 购买者价格是购买者在指定时间、地点获得每单位货物或服务所支付的金额,它不包括任何增值税或类似可抵扣税。货物的购买者价格包括按购买者要求在指定时间运送货物到指定地点而发生的运输费用和商业费用。

增值税是在各个环节上向企业征收的一种产品税。生产者按政府要求对其销售的货物或服务征收一定比例的增值税。增值税在销售者开具的发票中单独列示,这样购买者就能知道他支付了多少税款。但是生产者不必向政府缴纳他们在开给顾客的发票上所列的全部增值税,因为通常允许用这些增值税来抵扣生产者在购买用于中间消耗、转售或固定资本形成的货物和服务时自己所支付的增值税。生产者必须缴纳的增值税额只是销项增值税与(购买中间消耗或固定资本形成时的)进项增值税的差额,这也就是"增值税"一词的由来。增值税税率根据货物和服务的类别以及购买者的类型而不同。例如,非常住游客购买的商品有时被作为出口,从而可以免征增值税。[②]

由上述可知,当生产者价格和购买者价格属于同一时间和地点发生的同一交易时,也就是说,购买者直接从生产者手中购买时,购买者价格比生产者价格超出的部分为:(1) 购买者支付的任何不可抵扣的增值税额;(2) 购买者单独支付的运输费用,而该费用不包括在生产者价格中。

购买者价格超出基本价格的部分除上述两项外,还包括产品税减补贴。

在新税制下,考虑到难以把按定义不包括发票单列增值税(一种产品税)的生产者价格解释成传统意义上的市场价格,因为这样界定的生产者价格是一种混合价格,它不包括部分产品税,所以不是全部产品税。SNA2008 提出优先使用的产出估价方法是基本价格[③],用基本价格计算产出可以消除不同产业部门总产出支付产品税和获得产品补贴的差异对产出所产生的扭曲。若基本价格估价难以实现,则再采用生产者价格。

我国 2002 年国民经济核算体系对为市场生产的货物和服务的产出价值估价仍采用生产

---

① 联合国等编,国家统计局国民经济核算司译:《国民经济核算体系——System of National Accounts 2008》,中国统计出版社,第 81 页,6.51。
② 联合国等编,国家统计局国民经济核算司译:《国民经济核算体系——System of National Accounts 2008》,中国统计出版社,第 82 页,6.56。
③ 联合国等编,国家统计局国民经济核算司译:《国民经济核算体系——System of National Accounts 2008》,中国统计出版社,第 17 页,2.63。

者价格,没有采用基本价格,这是由我国会计核算中关于其他应支付的产品税(即发票单列的增值税以外的产品税)和应得到的产品补贴的实际处理情况以及我国计算产出的传统习惯所决定的。对中间消耗货物和服务的估价,我国与联合国建议的一致,都采用购买者价格。

3. 批发价格与零售价格

批发价格和零售价格是由商品在流转过程中所处的商业环节不同而决定的。

批发价格是指商品在企业之间进行交易所形成的价格。商品在出厂价格或收购价格的基础上,每经过一个商业环节,就需要加上一次运输费和商品附加费,从而形成一种批发价格。因此,批发价格是商品在流通领域周转的价格。在进出口贸易中,进出口商品的到岸价格(C.I.F)和离岸价格(F.O.B)皆属批发价格。

零售价格又称消费者价格,是商品直接卖给消费者或者其他使用者的价格,因此,它是商品流转至最后一个环节的最终价格。零售价格是商品出厂价格或收购价格加上不同层次商业环节的商品流通费的结果。零售价格亦即前述的购买者价格。

4. 现行价格与不变价格

现行价格和不变价格是按价格发生的时间不同而形成的计价标准。

现行价格是指经济活动发生时的实际价格。不同的生产环节有不同的现行价格,如按当年生产者价格计算的产品出厂价格,或者是按当年购买者价格计算的商品零售价格等。

不变价格又称固定价格,是指以某一固定时期的价格为基准,在一定时期不予变动的价格。

在国民经济核算中,国内生产总值等总量指标及投入产出核算都要求用当年经济活动发生的现行价格。然而,在反映经济发展动态时,使用现行价格计算的国内生产总值等总量指标及其各组成部分的指标,在物量的变动中含有价格变动的影响,严重影响了经济分析,为了消除各时期价格变动的影响,保证指标间的可比性,则要求按不变价格计算。

在我国生产法国内生产总值核算中,产出按当时市场上通行的生产者价格(现行生产者价格)估价。在制品的估价可以是当期的生产成本,也可以在当期的生产成本的基础上加上该成本预期的营业盈余。中间投入按当时市场上通行的购买者价格估价。在收入法国内生产总值核算中,其构成项目的记录与估价和上述产出和中间投入原则一致,如生产税应该按与当期产出相对应的应缴生产税而不是实缴生产税记录。在支出法国内生产总值核算中,货物和服务的最终使用按货物所有权实际发生变更或服务实际提供享用时的市场价格估价。

(二) 国民经济物量核算

国民经济物量核算首先必须解决计量每种货物或服务的数量单位。根据生产中提供的货物和服务的性质不同,货物或服务的数量单位可分为以下几种情形:

(1) 按离散或整数的单位提供的货物或服务,如电视机、汽车、计算机、理发、医院手术等货物或服务的数量,只要以实物自然单位或服务次数计算单位数目就能得到。

(2) 按连续变化的单位提供的货物或服务,如粮食、电、运输等货物或服务的数量,则以重量、体积、功率、持续时间、距离等进行计量。这类货物或服务的计价与选定的具体实物单位有关。例如,以吨为数量单位的计价是以千克为数量单位的同一货物或服务计价的 1 000 倍。

(3) 单一、同质的货物和服务的数量可以直接汇总,不同货物或服务的量的汇总是借助于价值形式完成的。国民经济物量核算主要解决不同货物或服务的数量在不同时间的变化,也即解决物量指数的编制问题。

（三）质量变化调整

许多货物或服务彼此相似，但其特征上存在较大差异，也即存在质量差异。其主要影响因素如下：

（1）有关货物或服务的不同物理特性形成的质量差别，如丝绸衬衫和棉布衬衫。

（2）不同地点或不同时间交付的货物或服务形成的质量差别，同一类货物或服务对不同地方的购买者有着不同的边际使用效用，不同地点交付的货物或服务的费用也是不一样的，如同样的货物运输到需求量较大的地方，其运输过程即生产过程，提高了该货物的质量。

（3）一天中不同时候或一年中不同季节（时期）提供的货物或服务可视为质量差异，如高峰期和非高峰期提供的电力、旺季和淡季供应的水果与蔬菜有着质量差别。

（4）销售条件，以及供应或交付货物或服务的场合、环境也是造成质量差别的重要因素，如有保质期的货物和在豪华舒适的环境提供的服务质量较高。

（5）不同种类的零售商（如便利店、专卖店、百货公司、超市）出售的同种货物或服务也必须作为不同质量处理。[①]

因此，在国民经济价格核算中，特别是编制价格指数时，需要解决由于质量变化带来的价格变化问题，SNA2008提出了以下几种反映纯价格变化的质量变化调整方法：

1. 相对价格法

（1）至少有一个时期，市场上同时销售两种质量的货物的情况下，以市场上两种质量的相对价格为基础核算货物的质量变化，然后调整其价格指数。

例如，某一货物在时期 0 只有旧质量货物销售，在某个中间时期 t 既有旧质量又有新质量的货物销售，而到了 k 时期，只有新质量的货物存在。其相应的价格 p 变化如表 8-1 所示。

表 8-1　　　　　　不同质量的同一种货物在不同时期销售的价格变化

时期	旧质量	新质量
0	P_0	
t	P_t	P_t^*
k		P_k^*

在时期 t 的相对价格比率 P_t/P_t^* 可反映新、旧质量相对物量变化或质量差异。由于从时期 0 到时期 k 货物内含质量的变化，时期 k 的新质量与时期 0 的旧质量的价格比不能直接反映两个时期该货物的纯价格变化，因此，利用质量相对物量变化值 P_t/P_t^*，连接时期 k 的新质量与时期 0 的旧质量比，得：

$$P_k^* (P_t/P_t^*)/P_0$$

这等于用时期 t 作为连接时期，将新质量的价格变化接到旧质量的价格变化上，即：

$$(P_k^*/P_t^*)(P_t/P_0)$$

上式即为通过质量差异调整后反映该货物纯价格变动的价比。

---

① 联合国等编，国家统计局国民经济核算司译：《国民经济核算体系——System of National Accounts 2008》，中国统计出版社，第 260 页，15.67。

(2) 新、旧质量的货物或服务在市场上发生长期重叠的质量变化,同时,两种质量的相对价格在该时期内也发生变化,则可用它们相对价格的某类平均数估计货物或服务的相对质量。

(3) 在两种质量不是同时生产出来,也不是同时在市场上销售的情况下,采用量化新、旧货物质量变化的间接方法,估计新、旧质量的相对价格,如果它们同时生产并在市场上销售,用所估计的相对价格衡量相对质量。

2. 生产成本法

用新、旧质量不同货物的生产成本作为相对质量的估计值。假设新质量或新型号货物的价格比旧质量或旧型号货物的价格高 $x\%$,同时,估计生产新质量或新型号货物的成本比生产旧质量或旧型号货物高 $y\%$,调整质量变化后的反映纯价格变化的指数为 $(100+x)/(100+y)$。用未经调整的实际价格指数除以调整质量变化后的价格指数,即可得反映质量变化的指数。

3. 享乐假设法

享乐假设法的理论假定货物的价格变化与消费者的爱好有关,因此,设定同时在市场上销售有不同型号的货物的价格是货物规格、重量、功率、速度等可度量特征的函数。享乐假设法应用的条件是必须有足够多的观察值,即有足够多的不同型号的货物同时销售,这样就可以用回归方法估计每一个与价格有关的特征与价格变化的回归系数,进而预测出各时期具有混合特征的某型号货物的价格,得到调整质量变化后的价比。例如,计算机的质量主要取决于两个基本特征:容量和运算速度。对这两个特征进行价格回归,便可估计出在没有实际销售的时期(如在以前几个时期生产)有关型号的计算机价格的估计值,进而可以估计一台质量未变的计算机(具有同样的容量和运算速度)在不同时期的价格变化。

上述质量差异调整方法是建立在价格差别的存在意味着质量存在相应的差别这一论点上的。该论点的成立必须基于以下几个基本假设:(1) 购买者信息灵通,他们能够自由选择按不同价格提供的货物和服务。(2) 市场不存在价格歧视。所谓价格歧视,即"销售者在同一个地点对不同类型的购买者在完全相同的情况下就同样的货物和服务按不同的价格收费"[①]。(3) 不存在平行市场。如果价格较低的货物货源缺乏,一般会出现两个平行市场:一个是主要市场或官方市场,在这个市场中,销售数量和价格受政府或官方控制;同时存在一个次要市场,即自由市场或非官方市场,在商品供不应求时,该市场的货物价格就会上涨。也就是说,在购买者不了解情况、价格歧视或平行市场存在的条件下,完全一致的货物或服务有时可能以不同的价格出售给不同的购买者。此时,不同价格的存在不一定反映销售的货物或服务在质量上的差别。

三、我国国民经济指数体系

国民经济指数在国民经济核算中起着重要作用,反之,国民经济核算的发展与完善又对各国国民经济运行的各个环节、各个角度的价格和物量的指数及其内在关系提出了更高的核算要求,也即要求各国编制和完善国民经济指数体系,以便从各个方面系统、完整地反映国民经济的运行和发展。经过多年的努力,我国国民经济指数体系正在逐步完善,目前我国主要编制的国民经济指数体系如图 8-1 所示。

---

① 联合国等编,国家统计局国民经济核算司译:《国民经济核算体系——System of National Accounts 2008》,中国统计出版社,第 261 页。

```
                            ┌ 价格指数
           ┌ 国内生产总值指数体系 ┤ 物量指数(生产指数)
           │                └ 价值指数
           │ 居民消费品价格指数(城市居民、农村居民)
  我国     │ 商品零售物价指数
  国民经济 ┤ 农业生产资料价格指数
  指数体系 │ 工业品出厂价格指数
           │ 固定资产投资价格指数
           │ 原材料、燃料、动力购进价格指数
           │ 房地产价格指数
           └ 证券市场价格指数(股票价格、债券价格、基金价格)
```

图 8-1 我国国民经济指数体系

在整个国民经济指数体系中,国内生产总值指数体系是国民经济核算的主要内容,在指数的具体编制核算中,它又涉及生产、消费、投资环节的一些价格指数。本章主要以国内生产总值指数体系为重点,具体介绍其编制原理和方法。

四、国民经济指数核算的方法基础

(一) 价格指数、物量指数和数量指数

国民经济核算中的大多数经济总量指标特别是以货币形式表现的价值总量的动态变化通常可分解为价格和物量两个因素变动的影响,同时,在编制反映其各自变动的指数时,按一定的编制原理,也可构成一个完整的指数体系。

在国民经济核算中,定义"价格指数是一组特定的货物和服务的价格在两个时期之间发生的对称变化的平均值"。这里,价格的数量变化指的是同一相同的单项货物或服务,以及同一种产品的不同质量必须处理为相分离的货物或服务。价格的变化与选定的数量单位的大小有直接关系,核算中,选择千克而不是吨作为数量单位计价,就会使价格发生人为的变化。因此,不同货物或服务的价格的简单平均值是没有经济意义的,在价格指数长期的编制实践中,一般通过同度量因素(或权数)使不能直接相加的价格转化为可以直接相加的价值量指标,并按其经济的重要性赋予不同的权数。

"物量指数是指两段时期之间,某组货物或服务数量成比例变化的平均数。"[1] 不同货物和服务的物量由于其使用价值、计量单位的不同,同样不能通过直接相加来编制指数,因此,不同货物和服务的物量变化也必须通过同度量因素并按照其经济重要性即价值来加权。

在国民经济核算体系中,物量指数不仅包含货物的单位数目的变化,而且包含这些产品由于不同质量而引起的平均质量的变化。仅反映货物的单位数目变化的指数,称为数量指数。例如,一个生产两种不同型号汽车的产业,一个型号汽车的售价是另一个型号的 2 倍。假定在某两个时期之间:(1) 每种型号汽车的价格保持不变;(2) 所生产的汽车总数不变;(3) 所生产的价格较高的汽车比重增加。这样,从生产价格低的汽车转向生产价格高的汽车会增加产出的总价值,由于其数量指数不变(100%)、价格指数不变(100%),因此,产出的总价值上升完全由物量指数上升引起。在这物量变化的内涵中包含了汽车的平均质量改善。

---

[1] 联合国等编,国家统计局国民经济核算司译:《国民经济核算体系——System of National Accounts 2008》,中国统计出版社,第 254 页。

从严格意义上说，将不同型号的汽车加在一起编制数量指数是没有经济意义的，然而，对于交通管制或防止污染，以及了解生产或进口的车辆总数增长而言，它是有用的。但必须清楚，数量指数与物量指数的概念是有区别的。与数量指数有关的价格指数通常反映的是非同质单位的平均价值的变化，因此，确切地说，这种价格指数应称为平均价值指数或单位价值指数。

(二) 国民经济指数编制公式

在经济指数理论的发展过程中，指数的编制方法经历了从简单指数法、平均数指数法、综合指数法到函数指数法的发展历程，其间，主要采用的指数编制公式有拉氏指数、派氏指数、费希尔指数和唐克维斯特指数。各种指数公式的差别主要在于对各单项价比或量比采用的权数不同和对其加权平均的形式不同。

1. 拉氏指数与派氏指数

(1) 拉氏指数

按照惯例，以 q 代表各种货物或服务的数量，p 表示相应的价格；基期下标为 0，报告期下标为 t。一种特定货物或服务在时期 t 的价格或数量的比率分别为：价比 $=\dfrac{p_t}{p_0}$，量比 $=\dfrac{q_t}{q_0}$。

令 $V_{ij}=p_{ij}q_{ij}$，即 V_{ij} 表示时期 j 的第 i 种货物或服务的价值。

拉氏价格指数是以基期 0 的价值作为权数的价比加权算术平均数，公式为：

$$L_P = \frac{\sum p_{it}/p_{i0} \times V_{i0}}{\sum V_{i0}}$$

拉氏物量指数是以基期的价值作为权数的量比加权算术平均数，公式为：

$$L_P = \frac{\sum q_{it}/q_{i0} \times V_{i0}}{\sum V_{i0}}$$

上述两式若对同一组货物或服务加总，两式的下标 i 就可省略，即 $V_j=p_jq_j$，代入上述公式，得到：

$$\text{拉氏价格综合指数：} L_P = \frac{\sum p_t q_0}{\sum p_0 q_0}$$

$$\text{拉氏物量综合指数：} L_q = \frac{\sum q_t p_0}{\sum q_0 p_0}$$

(2) 派氏指数

利用报告期的价值作为权数，并采用价比或量比的调和平均数形式。

派氏价格指数的公式为：

$$P_p = \frac{\sum V_t}{\sum p_0/p_t \times V_t} = \frac{\sum p_t q_t}{\sum p_0 q_t}$$

派氏物量指数的公式为：

$$P_q = \frac{\sum V_t}{\sum q_0/q_t \times V_t} = \frac{\sum q_t p_t}{\sum q_0 p_t}$$

由此可见,当编制派氏指数的时间数列时,其权数随着时期的不同而变化,而当考察拉氏物量指数的一个时间数列时,即:

$$\frac{\sum p_0 q_0}{\sum p_0 q_0}, \frac{\sum p_0 q_1}{\sum p_0 q_0}, \cdots, \frac{\sum p_0 q_t}{\sum p_0 q_0}$$

用同一分母 $\sum p_0 q_0$ 与这个数列相乘可得出不变价格数列:

$$\sum p_0 q_0, \sum p_0 q_1, \cdots, \sum p_0 q_t$$

这个按不变价格计算的货币价值时间数列,在国民经济核算中广泛应用。

(3) 拉氏指数与派氏指数的关系

在一定条件下,拉氏指数与派氏指数可以构成指数体系。如果已知两个时期的总价值 $\sum V_t$、$\sum V_0$,就可以通过两者的对比直接编制价值指数,除此之外,也可以通过指数体系求得价值指数。若对同一组货物或服务进行核算,则拉氏指数和派氏指数构成一个对称变化的指数体系。具体地说,一个拉氏价格(物量)指数和对应的派氏物量(价格)指数的乘积等于所涉及的货物或服务流量总价值的对称变化,用公式表示为:

$$L_P \times P_q = \frac{\sum p_t q_0}{\sum p_0 q_0} \times \frac{\sum p_t q_t}{\sum p_t q_0} = \frac{\sum V_t}{\sum V_0}$$

和

$$L_q \times P_P = \frac{\sum p_0 q_t}{\sum p_0 q_0} \times \frac{\sum p_t q_t}{\sum p_0 q_t} = \frac{\sum V_t}{\sum V_0}$$

由上述公式可知,拉氏指数和派氏指数是一对互补指数,利用这个关系式,反过来,若已知总价值指数,就可通过总价值指数和互补指数中的一个指数间接推导出另一个指数。由于通常直接计算价格指数比直接计算物量指数相对容易些,且成本小,因此,在国民经济核算中,常用派氏价格指数除价值指数来间接地求出拉氏物量指数,即:

$$L_q = \frac{\sum V_t / \sum V_0}{P_P}$$

这种方法被称为价格减缩法,在国民经济核算中得到了广泛的应用。

2. 费希尔指数与唐克维斯特指数

根据经济指数的理论,拉氏指数和派氏指数因采用的平均方法不同或指数选用的权数不同而存在指数偏误。由于指数编制选择的平均方法不同而产生的指数间数值差异称为型偏误,而由于指数选用的权数不同产生的数值差异则称为权偏误。拉氏指数与派氏指数既有型偏误又有权偏误。为了解决指数的偏误问题,产生了费希尔指数和唐克维斯特指数。

(1) 费希尔指数

费希尔采用对不同指数公式再平均方法解决指数的偏误问题。费希尔指数是拉氏指数和

派氏指数的几何平均数,即:

$$F_p = (L_p \times P_p)^{1/2} \quad 和 \quad F_q = (L_q \times P_q)^{1/2}$$

由于这个指数满足费希尔提出的各种指数检验,如时间转换检验和因子转换检验,因此费希尔将这个指数称为理想指数。

(2) 唐克维斯特指数

唐克维斯特主要采用不同权数内容的再平均方法解决指数的偏误问题。唐克维斯特指数是两个价比或量比的加权几何平均数,所用的权数是报告期与基期价值份额的平均值。

唐克维斯特指数的物量形式定义为:

$$T_p = \prod \{(q_t/q_0)^{1/2(S_0+S_t)}\}$$

唐克维斯特指数的价格形式定义为:

$$T_p = \prod \{(p_t/p_0)^{1/2(S_0+S_t)}\}$$

式中,S_0 和 S_t 表示两个时期每种产品在总值中的份额 $(V/\sum V)$。

费希尔指数与唐克维斯特指数尽管在理论上解决了指数偏误问题,但在长期的指数编制实践中,拉氏指数与派氏指数仍以其编制方便、易于理解且可构成各因素指数体系而在国民经济核算中被广泛使用。

第二节 国内生产总值指数

在国民经济指数体系中,国内生产总值指数占据重要地位,它是国民经济核算的一个重要内容,它包括国内生产总值价值指数、国内生产总值价格指数和国内生产总值物量指数。其中,国内生产总值价格指数的编制在整个国内生产总值指数编制中起着关键的作用。

一、国内生产总值价格指数

国内生产总值价格指数(又称国民经济综合价格指数)是用当年价格计算的国内生产总值除以按不变价格计算的国内生产总值求得。从生产角度看,国内生产总值表现为总产出减中间投入后的差额;从使用角度看,国内生产总值又表现为消费、投资和净出口数。因此,也可以根据生产法和使用法的分项资料计算国内生产总值价格指数。国内生产总值价格指数可以用公式表示如下:

$$国内生产总值价格指数 = \frac{现价国内生产总值}{不变价国内生产总值}$$

$$或 = \frac{现价总产出 - 现价中间投入}{不变价总产出 - 不变价中间投入}$$

$$或 = \frac{现价消费总额 + 现价投资总额 + 现价净出口额}{不变价消费总额 + 不变价投资总额 + 不变价净出口额}$$

在以上公式中,现价国内生产总值及其分项指标值,即分子的数值,容易取得。问题在于不变价国内生产总值及其分项指标值,即分母数值,难以直接计算。下面分别阐述分母中各指标值的求得方法。

（一）生产法不变价国内生产总值的换算

按生产法计算不变价国内生产总值，可以分别用总产出价格指数和中间投入价格指数将现价总产出和现价中间投入换算（缩减）为不变价总产出和中间投入。

1. 单缩减法

单缩减法有两种形式：

（1）用产出价格指数缩减报告期现价增加值，求得不变价增加值，公式为：

$$\sum r_0 q_t = \sum r_t q_t \div (\sum p_t q_t / \sum p_0 q_t)$$

式中，$\sum r_0 q_t$ 和 $\sum r_t q_t$ 分别为按报告期不变价和现价计算的增加值，$\sum p_t q_t / \sum p_0 q_t$ 为产出价格指数。上式可变形为：

$$\sum r_0 q_t = \sum p_0 q_t \times \sum r_t q_t / \sum p_t q_t$$

即：

$$\frac{\sum r_0 q_t}{\sum p_0 q_t} = \frac{\sum r_t q_t}{\sum p_t q_t}$$

式中，等式的左边为报告期不变价增加值率，等式右边是现价增加值率。由此可见，使用此法的前提条件是报告期不变价格增加值率与现价增加值率相同。

（2）用中间投入价格指数缩减报告期现价增加值，求得不变价增加值，公式为：

$$\sum r_0 q_t = \sum r_t q_t \div (\sum m_t q_t / \sum m_0 q_t)$$

式中，$(\sum m_t q_t / \sum m_0 q_t)$ 为中间投入价格指数。

单缩减法尽管计算方法比较简单，但只是从产出或投入的单一角度来推算最终成果的价值，且假定也不尽合理，它的使用不如双缩减法广泛。

2. 双缩减法

双缩减法是分别对产出和投入进行缩减，然后计算其差额从而得到不变价增加值。计算过程如下：

由于现价增加值　　$\sum r_t q_t = \sum p_t q_t - \sum m_t q_t$

不变价产出　　$\sum p_0 q_t = \sum p_t q_t \div (\sum p_t q_t / \sum p_0 q_0)$

不变价中间投入　　$\sum m_0 q_t = \sum m_t q_t \div (\sum m_t q_t / \sum m_0 q_t)$

据此，可以得到：不变价增加值　　$\sum r_0 q_t = \sum p_0 q_t - \sum m_0 q_t$

双缩减法由于同时考虑了总产出和中间投入的价格变动对增加值的影响，因此，方法较为科学，使用较为广泛。

（二）支出法不变价国内生产总值的换算

从使用角度看，国内生产总值包括总消费、总投资、净出口。国民经济核算体系要求分别从总消费、总投资、出口和进口编制最终使用综合价格指数。其中，总消费和总投资又分别编制构成因素的综合价格指数。

1. 不变价总消费的计算

总消费又可分为居民总消费和社会总消费。根据我国现有的资料,居民总消费用相关的价格指数换算,如非农业居民消费直接采用职工生活费价格指数换算,农业居民消费可采用农民生活费价格指数换算。将不变价的非农业居民消费额和农业居民消费额相加,就是不变价格的居民总消费。社会总消费是按各社会集团消费的消费品的零售价格指数换算,得到不变价社会总消费。

2. 不变价总投资的换算

不变价固定资产总投资可以分别以建筑业产值价格指数和机械设备的价格指数换算得到;不变价流动资产增加额是分部门,按不同产品,分别以有关价格指数换算求得。不变价固定资产总投资与不变价流动资产增加额相加,可得到不变价总投资。

3. 进出口额的换算

我国是根据海关进出口主要商品表中的进出口商品数量与金额编制进出口物价总指数,并对现价进口额和出口额进行减缩,得到不变价进口额和出口额。不变价出口额减不变价进口额,就得到按不变价计算的净出口额。

将不变价总消费、总投资和净出口相加,便可得到按支出法计算的不变价国内生产总值。

按生产法计算的现价国民生产总值除以不变价国内生产总值,可达到从生产角度计算的国内生产总值价格指数;按使用法计算的现价国民生产总值除以不变价国内生产总值,可得到从使用角度计算的国内生产总值价格指数。

【例 8-1】[1] 以我国国民经济核算体系中的综合价格指数表的数据说明国内生产总值价格指数的编制过程,见表 8-2。

表 8-2　　　　　　　　某地区国内生产总值价格指数表　　　　　　　　单位:亿元

项目	生产									使用			
^	总产出			中间投入			国内生产总值			项目	国内生产总值		
^	按当年价格计算	按上年价格计算	指数	按当年价格计算	按上年价格计算	指数	按当年价格计算	按上年价格计算	指数	^	按当年价格计算	按上年价格计算	指数
^	(1)	(2)	$(3)=\dfrac{(1)}{(2)}$	(4)	(5)	$(6)=\dfrac{(4)}{(5)}$	(7)	(8)	$(9)=\dfrac{(7)}{(8)}$	^	(10)	(11)	$(12)=\dfrac{(10)}{(11)}$
总　计	561.3	488.1	115.0	381.7	319.4	119.5	179.6	168.7	106.5	总　计	182.4	171.8	106.2
										1. 总消费	125.1	117.0	106.9
第一次产业	167.5	148.6	112.7	108.9	91.7	118.5	58.6	56.9	103.0	2. 总投资	52.4	50.0	104.7
…										…			

---

[1] 许宪春:《中国国民经济核算体系》,中国统计出版社 2002 年版。

续 表

项目	生产									项目	使用		
	总产出			中间投入			国内生产总值				国内生产总值		
	按当年价格计算	按上年价格计算	指数	按当年价格计算	按上年价格计算	指数	按当年价格计算	按上年价格计算	指数		按当年价格计算	按上年价格计算	指数
	(1)	(2)	$(3)=\frac{(1)}{(2)}$	(4)	(5)	$(6)=\frac{(4)}{(5)}$	(7)	(8)	$(9)=\frac{(7)}{(8)}$		(10)	(11)	$(12)=\frac{(10)}{(11)}$
第二次产业	285.1	246.2	115.8	198.1	164.8	120.2	87.0	81.4	106.9	3. 出口	9.5	9.2	103.3
...										...			
第三次产业	108.7	93.3	116.5	74.7	62.9	118.0	34.0	30.4	111.8	4. 进口	4.6	4.4	104.5
...										...			

表 8-2 中,"生产"栏是按生产法计算的国内生产总值价格指数。在"生产"栏中,分列各产业按当年价格计算的总产出和中间投入价值量以及它们的价格指数,用前述的"缩减"方法算出各产业按上年价格计算的总产出和中间投入价值量。然后汇总计算出各产业和总计的绝对值,进而计算出相应的价格指数。按上年价格计算的总产出减上年计算的中间投入可得第 8 栏的数值。用当年价格计算的国内生产总值除以上年(不变)价格计算的国内生产总值,就得到按"生产法"计算的国内生产总值价格指数(见第 9 栏)。

"使用"栏是按"支出法"计算的国内生产总值价格指数。计算过程与"生产"栏相同,在此不再重复阐述。

表 8-2 的计算结果显示,"生产"栏和"使用"栏计算的国内生产总值和价格指数均有差距。按"生产"栏计算的国内生产总值价格指数为 106.5%,比按"使用"栏计算的 106.2% 高出 0.3 个百分点,这是由于两种方法的资料来源不同所造成的。

从上述国内生产总值价格指数的编制过程可见,计算不变价国内生产总值及其分项指标值,首先需要一系列缩减价格指数,如投入产出价格指数、社会总消费价格指数、固定资产投资价格指数等。因此,加强和完善我国的价格指数体系是编制国内生产总值价格指数的必要条件。

二、国内生产总值物量指数

在反映国民经济总量的变动时,由于按现价货币计算的价值会随着综合物价水平的上下变动而逐年变动,失去其动态对比的意义,因此,按不变价格计算包含各种货物或服务生产量的国内生产总值,消除其价格变动的影响,测度国内生产总值物量的变动,并编制国内生产总值物量指数是国民经济核算与分析的另一重要方面。

国内生产总值物量变化通常是通过现价国内生产总值与计算出的"可比价"或"不变价"国内生产总值对比得到的。"可比价"国内生产总值是按上一年度价格计算的;而"不变价"国内生产总值是按某一固定基年价格计算的。

从理论上讲，直接用某一固定时期的不变价格乘物量得到的是不变价国内生产总值，因此，编制物量指数的方法又称固定价格法或直接核算法，它具有以下优点：

第一，既可用于考察宏观产出量的动态变化，也便于基层单位在生产出产品后不经过销售，直接利用不变价格表进行核算，及时掌握企业生产量的动态变化。

第二，以统一的某一固定时期不变价格为同度量因素，便于不同部门和地区之间的比较，并且，计算的环比物量指数的连乘积可以等于相应的定基指数，可做连续动态考察。但这种方法也有局限性：首先，随着技术的进步，产品更新换代，新产品的涌现使制定的统一不变价很快过时，而不变价格标准目录的定期制订和计算应用工作量浩繁；其次，固定价格法仅适应于对能够分解为价格和数量两个方面的货物和服务流量的核算，然而，国民经济核算体系中的许多流量，如工资收入、金融流量等很难明确地分解为价格因素和数量因素。

因此，在实际中，编制国内生产总值物量指数主要采用价格减缩法（间接推算法）。利用前面已提到的指数体系公式：

$$L_q = \frac{\sum V_t / \sum V_0}{P_p}$$

得：

$$国内生产总值物量指数 = \frac{国内生产总值价值指数}{国内生产总值价格指数}$$

由此可知，使用价格减缩法计算国内生产总值物量指数是通过用国内生产总值价格指数直接减缩国内生产总值价值指数来完成的。因此，具备范围一致的国内生产总值价格指数是应用价格减缩法的重要基础。

仍以表8-2的资料为例，按生产法计算的国内生产总值价格指数为106.5%，若已知该地区2017年按当年价格计算的国内生产总值为151.6亿元，则：

$$国内生产总值价值指数 = \frac{1.796}{1.516} = 1.185 \text{ 或 } 118.5\%$$

$$国内生产总值物量指数 = \frac{1.185}{1.065} = 1.113 \text{ 或 } 111.3\%$$

指数体系：价值指数 ＝ 物量指数 × 价格指数

即 $118.5\% = 111.3\% \times 106.5\%$

第三节　其他国民经济指数

在国内生产总值指数编制中，不变价国内生产总值核算是关键，其主要的核算方法即价格缩减法在实际应用中最为广泛。无论是按"生产法"还是按"支出法"缩减现价国内生产总值，都要使用相应的价格指数，其中使用最多的是居民消费价格指数、工业品出厂价格指数、固定资产投资价格指数和房地产价格指数。这些指数是我国主要国民经济指数的重要组成部分。指数含义、资料调查方法和编制方法各不相同，现分别介绍如下：

一、居民消费价格指数

居民消费价格指数,是反映一定时期内城乡居民所购买的生活消费品价格和服务项目的价格变动趋势和程度的相对数,是对城市居民消费价格指数和农村居民消费价格指数进行综合汇总计算的结果。利用居民消费价格指数,可以观察和分析消费品的零售价格和服务价格变动对城乡居民实际生活费支出的影响程度,同时也可作为衡量通货膨胀的重要指标。在国民经济核算中,居民消费价格指数是不变价总消费的缩减指数。

居民消费价格指数的资料是采用分层抽样调查方法取得的,即在全国选择不同经济区域和分布合理的地区,以及有代表性的商品作为样本,对其市场价格进行经常性的调查,以样本推断总体。

(一) 调查方式和步骤

1. 选择调查地区和调查点

调查地区按照经济区域和地区分布合理等原则,选出具有代表性的大、中、小城市和县作为国家的调查地区。目前我国国家一级抽选出的调查市、县共 226 个,在此基础上再选定经营规模大、商品种类多的商场(包括集市)作为调查点。

2. 选择代表商品和代表规格品

代表商品是选择那些消费量大、价格变动有代表性的商品;代表规格品的确定是根据商品零售资料和 4 万户城市居民、6.7 万户农村居民的消费支出记账资料,按照有关规定筛选的。筛选原则有:(1) 与社会生产和人民生活关系密切;(2) 销售数量(金额)大;(3) 市场供应稳定;(4) 价格变动趋势有代表性;(5) 所选的代表规格品之间差异大。

3. 价格调查方式

采用派员直接到调查点登记调查,同时全国聘请近万名辅助调查员协助登记调查。

4. 权数的确定

居民消费价格指数的计算权数根据 10 万多户城乡居民家庭消费支出构成确定。

(二) 编制方法和步骤

目前,我国居民消费价格指数按消费品和服务项目的用途不同,分为食品、烟酒及用品、衣着、家庭设备及维修服务费、医疗保健及个人用品、交通和通信、娱乐教育文化用品及服务、居住共八大类居民消费价格指数,每个大类又分为许多中类,每个中类又可分为许多基本分类。基本分类共 251 个,在八大类消费品和服务项目中的分布分别为 54、9、39、31、36、28、35、19。每个基本分类由若干个代表规格品组成。因此,居民消费价格指数是从代表规格品开始采用层层汇总方法编制。具体编制步骤如下:

1. 计算代表规格品的平均价格

采用简单算术平均数的方法,计算公式为:

$$P_m = \frac{\sum P_i}{m}$$

式中,P_m 为第 m 个规格品的平均价格,P_i 为调查期第 m 个产品的第 i 次调查的价格,n 为调查期第 m 个规格品的调查次数。

2. 计算每一代表规格品的价格指数

计算公式为：

$$G = \frac{P_t}{P_{t-1}}$$

式中，P_t 为报告期代表规格品的平均价格，P_{t-1} 为上一期代表规格品的平均价格。

3. 计算基本分类的价格指数

(1) 环比指数采用几何平均法分别对各基本分类中的各代表规格品的环比价格指数平均。各基本分类环比价格指数的计算公式为：

$$K_t = \sqrt[n]{G_{t1} \times G_{t2} \times \cdots \times G_{tn}} \times 100\%$$

式中，$G_{t1}, G_{t2}, \cdots, G_{tn}$ 分别为第 1 至第 n 个规格品报告期的价格指数。

(2) 定基指数是月环比指数的连乘积。各基本分类定基价格指数的计算公式为：

$$I_{基} = K_1 \times K_2 \times \cdots \times K_t$$

式中，$K_1, K_2, \cdots, K_t$ 分别表示基期至报告期各期的月环比指数。我国居民消费价格定基指数编制起步较晚，首轮基期为 2000 年，以后每五年更换一次基期。

4. 逐级计算类别及总指数

采用加权平均法，计算公式如下：

$$各类别环比指数: L_{t(环比)} = \sum W_{t-1} \frac{P_t}{P_{t-1}}$$

$$各类别定基指数: L_{t(定基)} = \left(\sum W_{t-1} \frac{P_t}{P_{t-1}} \right) \times L_{t-1}$$

式中，P 表示价格，t 表示报告期，$t-1$ 为报告期的上一期，在大类、中类、基本分类三层逐级计算中，P_t/P_{t-1} 分别为大类指数、中类指数和基本分类指数。W 表示权数，即居民在某类别消费品或服务上支出占全部消费品和服务总支出的比重，大类、中类、基本分类的权数是依次分层计算的，权数一般每 5 年更换一次，每年根据居民消费支出情况做适当调整。

全省(市、区)指数计算时，根据全省(市、区)城市和农村指数按城乡居民人均消费支出金额和人口数加权平均计算；全国指数计算是根据全国城市和农村指数按城乡居民人均消费支出金额和人口数加权平均计算。

二、工业品出厂价格指数

工业品出厂价格指数是反映全部工业产品出厂价格总水平的变动趋势和程度的相对数，包括工业企业售给本企业以外所有单位的各种产品和直接售给居民用于生活消费的产品。通过工业品出厂价格指数能观察出厂价格变动对工业总产值的影响，工业品出厂价格指数也是计算不变价工业增加值的重要依据。

(一) 调查方式和原则

工业品出厂价格是工业品第一次出售时的价格。该项调查采用重点调查与典型调查相结合的调查方法。重点调查对象为年销售收入 500 万元以上的工业企业，典型调查对象为年销售收入 500 万元以下的工业企业。

1. 选择代表企业的原则

(1) 按工业行业选择调查企业,各中类行业原则上都要有调查企业;(2) 大型企业应尽量选上(或占相当大比重);(3) 选择生产稳定、正常的企业作为调查对象;(4) 选择企业时要兼顾不同所有制形式。

2. 选择代表产品的原则

(1) 按工业行业选择代表产品;(2) 选择对国计民生影响大的产品;(3) 选择生产较为稳定的产品;(4) 选择有发展前景的产品;(5) 选择具有地方特色的产品。

目前我国《工业品价格调查目录》包括 1 386 种工业出厂产品(3 000 个规格)。上述代表产品所代表的行业销售额(购进额)超过当年全国工业品销售总额(购进额)的 70%。

3. 价格调查方式

采用企业报表形式,每月有近两万家工业企业上报数据资料。

4. 权数的确定

编制工业品出厂价格指数所用的权数,用工业品销售额计算。权数一般 5 年更换一次。计算资料来源于工业普查数据。若近期没有工业普查数据,则用工业统计资料和部门统计资料来推算。

(二) 编制方法和步骤

1. 计算代表规格品的价格指数

全国(省、市)代表规格品的价格指数是调查企业代表规格品价格指数的简单几何平均数,计算公式为:

$$K_i = \sqrt[m]{K_1 \times K_2 \times \cdots K_m}$$

式中,K_i 是第 i 个代表规格品的价格指数,K_m 为第 m 个企业的规格品价格指数。企业规格品价格指数是该规格品报告期单价除以基期单价。

2. 计算代表产品的个体价格指数

代表产品个体价格指数是该产品代表规格品指数的简单平均数,计算公式为:

$$k_j = \frac{\sum k_i}{n}$$

式中,k_j 为代表产品个体价格指数,k_i 是第 i 个代表规格品的价格指数,n 为代表规格品数量。

3. 计算工业品出厂价格总指数

采用加权算术平均法计算,计算公式为:

$$K = \sum k_j \frac{W_j}{\sum W_j}$$

式中,K 代表工业品出厂价格总指数,k_j 为第 j 个代表产品个体价格指数,$W_j / \sum W_j$ 为第 j 个代表产品的权数。

三、固定资产投资价格指数

固定资产投资价格指数是反映固定资产投资额价格变动趋势和程度的相对数。固定资产投资额是由建筑安装工程投资完成额、设备和工器具购置投资完成额以及其他费用投资完成额三部分组成的。编制固定资产投资价格指数应首先分别编制上述三部分投资的价格指数,然后采用加权算术平均法求出固定资产投资价格总指数。

编制固定资产投资价格指数可以准确地反映固定资产投资中涉及的各类商品和取费项目价格变动趋势及变动幅度,消除按现价计算的固定资产投资指标中的价格变动因素,真实地反映固定资产投资的规模、速度、结构和效益,为国家科学地制定、检查固定资产投资计划并提高宏观调控水平,为完善国民经济核算体系提供科学的、可靠的依据。

(一) 调查方式与原则

固定资产投资价格调查是一种非全面性调查,采用重点调查与典型调查相结合的方法。固定资产投资价格调查所涉及的价格是构成固定资产投资额实体的实际购进价格或结算价格。调查的内容包括:建筑施工企业产值;构成当年建筑工程实体的钢材、木材、水泥、地方材料(如砖、瓦、灰、沙、石等)、化工材料(如油漆等)等主要建筑材料价格;作为活劳动投入的劳动力价格(单位工资)和各种费用的取费标准;设备工器具购置和其他费用投资价格。

固定资产投资价格调查样本的选择应遵循以下原则:

1. 选择建筑安装工程调查点的原则

(1) 样本单位应具有一定覆盖面;(2) 投资经济活动代表性强;(3) 兼顾不同经济类型;(4) 选择重点工程;(5) 兼顾国民经济各门类及不同工程类别。

2. 选择其他费用调查点的原则

在选择其他费用调查点时,所遵循的原则与建筑安装工程调查点的原则基本相同,特别是要注意选择那些投资额大的工程。但由于其他费用不易取得,因此在实际操作过程中,应同时在建设单位、施工单位开展重点调查,并辅以典型调查(从管理部门取得资料)。

3. 价格调查方式

采用企业报表与调查员走访相结合的方式。

4. 权数的确定

固定资产投资价格指数的计算权数是建筑安装工程、设备工器具购置和其他费用三者前三年的平均比重。

(二) 编制方法

编制固定资产投资价格指数是先分别编制建筑安装工程投资价格指数、设备/工器具购置投资价格指数和其他费用投资价格指数,然后采用加权算术平均法求出固定资产投资价格总指数,计算公式为:

$$I = \sum I_i \frac{W_i}{\sum W_i}$$

式中,I 是固定资产投资价格总指数;I_i 是分类价格指数;$\dfrac{W_i}{\sum W_i}$ 为权数,是建筑安装工程投资、设备工器具购置投资、其他费用投资三个部分连续三年投资完成额的平均比重。

四、房地产价格指数

房地产价格指数是反映房屋销售、租赁和土地交易过程中房地产价格水平随时间而变动的相对数。房地产,从广义上讲,是房产与地产的总称。因此,房地产价格指数包括房屋销售价格指数、房屋租赁价格指数和土地交易价格指数。房地产价格指数可以较准确地反映全社会及各类房地产价格变动幅度和变动趋势,同时,也是计算房地产业不变价净增加值的缩减指数。

(一) 调查内容和方式

目前,我国房地产市场主要集中在大中城市。据估计,我国 35 个大中城市的房地产投资额约占全国的 70%,并且由于我国当前没有对农村房地产行业开发经营与管理等活动进行统计,因此全国房地产价格调查暂在全国 35 个大中城市开展,调查样本约为 6 000 个。陕西、湖南、山东、山西等十几个省已开展全省房地产价格调查。房地产价格调查的主要内容如下:

1. **房屋销售价格**

从进入房地产市场的渠道看,房屋销售价格包括商品房销售价格、公房销售价格和私房销售价格三部分。

2. **房屋租赁价格**

房屋租赁价格包括住宅、办公用房、商业用房和厂房仓库四部分。

3. **土地交易价格**

土地交易价格包括居民住宅用地、工业用地、商业旅游娱乐用地和其他用地四部分。

房地产价格调查采用重点调查与典型调查相结合的方法,调查方式采用报表与走访相结合的方式。为保证调查资料的代表性,各地每月都要调查一次房地产价格及数量、金额。季度数量、金额由该季 3 个月的实际交易数相加求得,季度价格则由该季 3 个月的调查样本价格算术平均求得。

(二) 编制方法和步骤

房屋销售价格指数、房屋租赁价格指数和土地交易价格指数这三套指数的编制方法相似,均采用由下到上逐级汇总的方法,即由细项到小类,由小类到中类,再由中类到大类,最后由大类汇总计算总指数。对没有细项或小类的部分,其起始类就是小类或中类。中类以下(含中类)指数采用样本资料作权数的加权调和平均公式计算,大类和总指数采用固定权数加权的算术平均公式计算。现以房屋销售价格指数为例,具体编制步骤如下:

1. **计算细项、小类、中类价格指数**

计算公式为:

$$K_{细、小、中} = \frac{\sum W_i}{\sum \dfrac{W_i}{K_i}}$$

式中,K_i 为细项中第 i 个调查对象的个体指数,即第 i 个调查对象的报告期与基期单价之比;W_i 为权数,即不同调查对象的报告期销售额。

2. **计算大类价格指数**

计算公式为:

$$K_{大} = \sum K_{中} \frac{W_{中}}{\sum W_{中}}$$

式中，$K_{中}$为该大类下某中类的价格指数；$\dfrac{W_{中}}{\sum W_{中}}$为中类权数，即某中类上年的销售额占全社会销售额的比重。

3. 编制房屋销售价格总指数

根据计算出的商品房销售、公房销售和私房销售三大类的类指数，汇总计算总指数，计算公式为：

$$K_{总} = \frac{K_1 \times W_1 + K_2 \times W_2 + K_3 \times W_3}{W_1 + W_2 + W_3}$$

式中，K_1,K_2,K_3分别为商品房销售、公房销售和私房销售三大类的类指数，W_1,W_2,W_3分别表示上年度商品房销售、公房销售和私房销售的金额。

第四节 购买力平价

任何一国的国民经济都不是完全封闭、孤立存在的，它总是置身于国际经济的大环境中，与外部世界有着广泛的依存关系和经济联系。因此，国民经济核算体系指数研究的又一重要目标是进行国家间的价格和物量比较。前面介绍的价格指数，主要用于价格的纵向比较，即历史对比；而国家间的价格和物量比较则是一种横向比较，即国际对比。然而，与前述一国经济历史对比中编制价格指数不同，主要设法消除由于各国货币单位不同而不能对比的对各国经济总量的影响，采用的方法是编制国际比较购买力平价指数。

一、购买力平价概述

（一）购买力平价的含义

进行国民经济活动总量的国际对比，由于采用不同的货币单位，国与国之间的价格不能直接对比，并且加权综合的物量比较也不能进行，因此，首先需要寻找统一可行的货币折算标准。在国际经济往来中，常采用汇价或汇率为货币折算标准，将一国的货币折算为另一国货币的比率，即为汇价或汇率。但用在这里作为折算计量的标准，就存在众多的缺陷和不足，大致可以归纳为以下两个方面：

第一，汇价和汇率只代表进出口商品和服务的价格水平，主要受国际市场上货币购买力和物价水平的影响，而与国内市场状况并无显著关系。它不能完全代表全部商品和服务的价格水平，与国民经济活动总量指标（GDP 或 GNP）包括全部商品和服务的内容不完全适应。

第二，汇率由于严重受到经济以外其他因素，包括政治形势、政策变动、社会风尚以及人们心理预期等因素的影响而处于经常变化之中。例如，2000 年中国人民币对美元的汇率，平均约为 1 美元＝8.28 人民币，2009 年约为 1 美元＝6.83 人民币元，十年间，下降幅度达 17.5%，而到了 2014 年又下降到约为 1 美元＝6.22 人民币元。因此，以汇价作为不同货币的折算标准，会使我国以美元计算的国内生产总值或国民总收入存在误差，从而使国民经济对比失去其科学的价值和意义。

用汇率来换算各国货币，只能在名义上反映各国货币的比值。如果要反映各国货币代表的实际价值的真正差异,还要考虑各国价格变动因素和各国的货币购买力。因此,人们提出了用购买力平价作为国际经济对比时的货币折算标准。

购买力平价(Purchasing Power Parity,PPP),就是按照基准国单位货币实际购买力来确定不同币种之间的货币购买力。购买力平价作为联合国"国际比较项目"(International Comparison Programme,ICP)的主要方法向各国推广使用。用国际比较项目的术语来说,在本国货币和共同货币单位之间存在一种购买力平价,它可以将本国货币表示的支出换算成共同货币单位,在各国间进行物量比较。购买力平价可以把本国货币总量换算成可以比较的共同货币单位。从购买力平价推导出的全国价格水平是跨国的空间减缩指数,它在从本国货币计算的现价和不变价格数据过渡到一套国家间的国际核算中起着重要的作用。

购买力平价通常表现为两个或两个以上的国家的货币对同一商品和服务所具有的购买力之间的比率。例如,同等数量和质量的"一揽子"标准货物和服务,在中国要花 100 元人民币,而在美国则需花 50 美元,那么,对这些货物和服务来讲,人民币对美元的购买力平价为 2∶1,表示对这"一揽子"货物和服务,2 元人民币的购买力等于 1 美元的购买力。

(二) 运用购买力平价的要求

用购买力平价方法进行国际经济比较,首先,要选择合适的代表商品(包括货物和服务),即制定代表规格品目录。ICP 项目将国内生产总值按支出法分为居民消费支出、政府消费支出、资本形成总额及商品和服务的净出口。各大类又进一步细分为 159 个细分类,也称为 159 个基本分类。代表规格品是从基本分类中选出的合适的代表商品,应满足以下两大原则:

第一,重要性原则,即选择的代表规格品能在销售点普遍买到且有较大的消费量。

第二,共同性原则,即必须选择有关比较国共同消费的代表规格品。国内生产总值的总体购买力平价通过基本分类中代表规格品的价格比较产生。

(三) 购买力平价指标

从购买力平价计算看,它是一个特殊的价格指数,所以又称购买力平价指数。与前述的价格指数不同,它比较的是国家之间的价格,而不是时期之间的价格。根据其指数编制的一般原理,可以看出购买力平价的性质和作用。假定在两个国家之间做比较,A 为对比国,B 为基准货币国。选择某一规格品,就可以写出这两个国家消费该规格品的本国货币开支比较公式:

$$Q_A \cdot P_A / Q_B \cdot P_B = E_A / E_B$$

式中,Q 为消费的数量,P 为规格品价格,E 为货币支出。将上式移项可得:

$$Q_A/Q_B = (E_A/E_B)/(P_A/P_B)$$
$$Q_A/Q_B = (E_A/E_B)/(P_A/P_B)$$

等式左边是 A 国消费该规格品相对于 B 国的物量比较。P_A/P_B 是该规格品 A 国相对于 B 国的购买力平价,可记为 $PPP_{A/B}$。用 $IQ_{A/B}$ 表示该规格品项目 A 国对 B 国的物量指数,则公式可以改写为:

$$IQ_{A/B} = (E_A/E_B)/PPP_{A/B}$$

上式说明物量指数等于价值指数除以价格指数。在给定一个规格品的条件下可以用上述公式计算,若归纳为多个规格品的汇总数,这一等式也是成立的。因此可以清楚地看出：A 国与 B 国之间比较的物量指数是可以从 A 国和 B 国的国民支出之比除购买力平价推导出来的,上式在国际比较项目中应用较广泛。

购买力平价可用于两国的比较,也可以进行多国的比较。在国际对比中,两国间的比较称为双边比较,而多国间的比较则称为多边比较。两种比较要求不同,方法也不一样。

二、双边比较

双边比较通常是对两国的国民生产总值支出项目进行比较,除了必须统一对比指标口径外,从编制购买力平价指数的角度,还须遵循以下原则：

(一) 同一性原则

同一性原则是指对比国选择的代表规格品在数量或质量上无太大差别,包括货物/服务的规模、物理和功能特性、销售点的种类、交货条件、其他环境因素(如提供服务的饭店等级、获得维修服务的机会)等都应相同。这样可以避免由于产品规格和质量及消费偏好等因素带来的比较误差。

(二) 互换性原则

互换性原则是指购买力平价指数所考察的对比国家原则上可以互为比较基准国,即 A 国/B 国或 B 国/A 国,指数编制结果不因对比基准的变化而发生实质性的变化,互换基准后的指数结论彼此协调一致。

【例 8-2】[①] 设 A 为比较国,B 为基准国,由于消费项目非常多,在这里简化为"吃""穿""用"三大基本分类,每一类取两种商品,其价格和人均支出金额数据资料见表 8-3。

表 8-3　　　　　　　　购买力平价指数双边比较计算表

支出类别		A 国			B 国		
		价格 P_A（A 国货币单位：元）	人均支出金额 $P_A Q_A$		价格 P_B（B 国货币单位：元）	人均支出金额 $P_A Q_A$	
			绝对数(元)	比重		绝对数(元)	比重
吃	(1)	1.5	250	0.5	0.5	100	0.182
	(2)	2.0			0.6		
穿	(3)	3.0	150	0.3	1.3	200	0.364
	(4)	4.0			2.0		
用	(5)	2.5	100	0.2	1.0	250	0.454
	(6)	5.0			3.0		

根据表 8-3 中的资料,计算过程如下：
1. 计算每个类别的基本平价
为满足互换性原则,基本平价采用简单几何平均数公式：

---

① 邵宗明：《联合国国际比较项目手册》,档案出版社 1993 年版。

$$\left(\frac{p_A}{p_B}\right)_i = \left(\frac{p_{1A}}{p_{1B}} \times \frac{p_{2A}}{p_{2B}} \cdots \frac{p_{nA}}{p_{nB}}\right)^{\frac{1}{n}} \quad (i=1,2,\cdots,m)$$

$$= \left[\prod_{a=1}^{n}\left(\frac{p_{aA}}{p_{aB}}\right)\right]^{\frac{1}{n}} \quad (a=1,2,\cdots,n)$$

式中，i 代表消费支出大类的类别，此例中，$i=1,2,3$，即吃、穿、用三大类；a 代表第 i 大类中的代表商品数，此例中，$a=1,2$，即每类为两种商品；P_{aA} 和 P_{aB} 分别代表 A 国和 B 国按本国货币计算的第 a 种代表商品的价格，则每类消费支出的基本平价为：

$$\frac{P_A}{P_B} = \left(\frac{1.5}{0.5} \times \frac{2.0}{0.6}\right)^{\frac{1}{2}} = 3.162\ 3$$

$$\frac{P_A}{P_B} = \left(\frac{3.0}{1.3} \times \frac{4.0}{2.0}\right)^{\frac{1}{2}} = 2.148\ 3$$

$$\frac{P_A}{P_B} = \left(\frac{2.5}{1.0} \times \frac{5.0}{3.0}\right)^{\frac{1}{2}} = 2.041\ 2$$

按照基本平价计算，在 A 国和在 B 国消费同样"吃"的商品，B 国一单位货币的购买力相当于 A 国 3.162 3 单位货币的购买力；消费同样"穿"的商品，B 国一单位货币的购买力相当于 A 国 2.148 3 单位货币；消费同样"用"的商品，B 国一单位货币购买力相当于 A 国 2.041 2 单位货币的购买力。

根据货币购买力平价指数，可进一步计算两国间居民消费的物量指数。

2. 汇总计算综合平价——消费总支出购买力平价指数 PPP

在计算消费总支出购买力平价时，不能将各类基本平价直接相加简单平均，而要考虑消费支出结构对购买力的影响，用各类商品人均支出金额占全部商品人均支出金额的比重（即支出结构）作为权数计算加权平均指数。采用不同国家的支出结构作为权数，可分别计算如下：

(1) 以基准国 B 国的支出结构作为权数，则购买力平价指数为：

$$PPP_B = \sum_{i=1}^{m}(P_A/P_B)_i \times w_{iB}$$

其中：

$$w_{iB} = \frac{e_{iB}}{\sum_{i=1}^{m}e_{iB}}$$

式中，PPP_B 表示按 B 国支出结构计算的购买力平价指数；w_{iB} 表示权数，是 B 国各类支出结构；e_{iB} 表示用 B 国货币估价的第 i 类商品的人均支出额；$\sum e_{iB}$ 表示用 B 国货币估价的全部商品的人均支出额。

(2) 以对比国 A 国的支出结构作为权数，则购买力平价指数为：

$$PPP_A = \left[\sum_{i=1}^{m}(P_B/P_A)_i \times w_{iA}\right]^{-1}$$

其中：

$$w_{iA} = \frac{e_{iA}}{\sum_{i=1}^{m} e_{iA}}$$

式中，PPP_A 表示按 A 国支出结构计算的购买力平价指数；w_{iA} 表示权数，是 A 国各类支出结构；e_{iA} 表示用 A 国货币估价的第 i 类商品的人均支出额；$\sum e_{iA}$ 表示用 A 国货币估价的全部商品的人均支出额。

从上述两种加权方法计算的购买力平价指数来看，以基准国 B 国支出结构加权计算的指数是拉氏指数，而以对比国 A 国支出结构加权计算的是派氏指数。无论采用哪个指数公式计算都会产生偏差，并且都不能满足比较国互换性原则。为了兼顾 A、B 两国的消费支出结构，在进行国际比较时，广泛采用的是两个指数的几何平均数，即费雪理想指数，计算公式为：

$$PPP_{A/B} = \left\{ \left[\sum_{i=1}^{m} \left(\frac{P_A}{P_B} \right)_i w_{iB} \right] \left[\sum_{i=1}^{m} \left(\frac{P_B}{P_A} \right)_i w_{iA} \right]^{-1} \right\}^{1/2}$$

因此，同时受 A、B 两国支出结构影响的购买力平价指数具体计算如下：

$PPP_B = 3.162\,3 \times 0.182 + 2.148\,3 \times 0.364 + 2.041\,2 \times 0.454 = 2.284\,2$

$PPP_A = \dfrac{1}{\dfrac{0.5}{3.162\,3} + \dfrac{0.3}{2.148\,3} + \dfrac{0.2}{2.041\,2}} = 2.526\,9$

$PPP_{A/B} = (PPP_A \times PPP_B)^{1/2} = (2.526\,9 \times 2.041\,2)^{1/2} = 2.402\,5$

计算结果表明：A 国货币与 B 国货币之间的消费支出购买力比率约为 2.4，即 1 单位 B 国货币的购买力与 2.4 单位 A 国货币的购买力相等。

有了货币购买力平价指数，还可以进一步计算两国间居民消费的物量指数：

$IQ_{A/B} = (E_A/E_B)/PPP_{A/B}$

$= \dfrac{250 + 150 + 100}{100 + 200 + 250} \div 2.402\,5 = 0.378\,4$

计算结果表明：A 国的实际消费水平仅为 B 国的实际消费水平的 37.84%，或 B 国的实际消费水平为 A 国的 2.64(1/0.378 4)倍。

三、多边比较

进行多边比较时，除了要求遵循双边比较的同一性、互换性两个原则外，还必须满足传递性要求。若比较一组 n 个国家，如 A 国、B 国、C 国、D 国等，可能进行两两国家比较的总数等于 $n(n-1)/2$，如果 $I_{j/i}$ 代表基国为 i、对比国为 j 的价格或物量指数，相应地，以 j 国为基础的 k 国价格或物量指数可写成 $I_{k/j}$。当一组指数中每一对都满足 $I_{k/j} = I_{j/k} \times I_{k/i}$ 时，这组指数就视为具有传递性。更通俗地说，指数具有传递性意味着：以 i 为基国的 k 国直接双边指数可以由以 i 为基国的 j 国直接双边指数乘以 j 为基国的 k 国直接双边指数间接求出。事实上，这个间接求出的指数是以 j 国作为桥梁国将 i 和 k 连接起来的环比指数。如果整组指数是可传递的，那么，通过桥梁国可将各个国家之间的比较形成一条环环相扣的链条。

多边比较旨在寻找一种方法来编制一组可传递的价格和物量，同时，选择合适的权数分配给所有国家的各项经济活动。进行多边比较时，通常是先进行基本分类一级的多边平价计算，然后由基本分类多边平价向国内生产总值一级汇总。

(一) 基本分类多边平价

目前主要计算基本分类多边平价的比较方法有爱-考-苏法(EKS 法)和国家产品虚拟法(CPD 法)。

1. 爱-考-苏法(EKS 法)

这种方法由 Elteto、Koves 和 Szule 三人提出,故也称 EKS 法。用这种方法在进行多边比较时,进行比较的各国规格品价格表应是完整的,也就是说,各国对选入的比较商品都能提供其定价,存在上述平价指数的传递性,即两国之间的直接双重平价等于通过第三国推出的间接双重平价。然而,当价格表不完整(这种情况在国际比较中是常见的)时,平价指数的传递性即消失。

【例 8-3】 某 4 个国家、8 种规格品的基本分类价格表见表 8-4。

表 8-4 价格和价格比表

国家	商品 1	2	3	4	5	6	7	8
	价 格							
(1) A	2*	6*	—	—	10	—	1*	4
(2) B	12	35	3*	5	40*	—	—	18
(3) C	25	50	7	12*	—	10*	—	—
(4) D	150*	400	—	100	—	70*	80	—
国家/国家	价 格 比							
(5) B/A	6	5.83	—	—	4	—	—	4.50
(6) C/A	12.5	8.33	—	—	—	—	—	—
(7) D/A	75	66.67	—	—	—	—	80	—
(8) C/B	2.083	1.429	2.333	2.40	—	—	—	—
(9) D/B	12.5	11.429	—	20.0	—	—	—	—
(10) D/C	6	8	—	8.333	—	7	—	—

资料来源:邵宗明,《联合国国际比较项目手册》,档案出版社 1993 年版。

注:表中未给出商品权数资料,带 * 号的表示这些商品在该国消费中占据重要地位。

在上例中,假如研究的只是商品 1 和商品 2,由于各国都已提供这两种商品的价格,因此,它是一张完整表格。在这种情况下,每对国家之间的双重比较是传递性的。计算所有可能的双重比较,列出价格比的几何平均数如表 8-5 所示。

表 8-5 所有可能双重比较价格比的几何平均数

项目	B/A	C/A	D/A	C/B	D/B	D/C
商品 1	6.00	12.50	75.00	2.083	12.50	6.00
商品 2	5.833	8.333	66.67	1.428	11.43	8.00
几何平均数	5.916	10.206	70.71	1.725	11.95	6.93

资料来源:邵宗明,《联合国国际比较项目手册》,档案出版社 1993 年版。

可见，C/A 之间的直接平价等于 B/A 和 C/B 平价的乘积或 B/A 的几何平均数等于 $(C/A)/(C/B)$，即 $10.206=5.916\times1.725$ 或 $5.916=10.206/1.725$，传递性存在，其他任何直接和间接的双重比较可依此类推。

然而，若要对所有商品进行研究，根据上例资料，这就是一个不完整价格表。分别计算：(1) 用所有价格求出的各对可能的国家之间价格比的几何平均数；(2) 考虑商品重要性，选用至少有一国有加 * 号商品价格比的几何平均数，结果如表 8-6 所示。

表 8-6   由完整的价格表计算的几何平均数

项 目	B/A	C/A	D/A	C/B	D/B	D/C
几何平均数	5.01	10.206	73.681	2.021	12.132	7.274
几何平均数*	5.19	10.206	73.681	2.366	11.953	7.274

资料来源：邵宗明，《联合国国际比较项目手册》，档案出版社 1993 年版。

这时，研究 (B/A) 即直接比，它并不等于间接比 $(C/A)/(C/B)$，如第一行中 (B/A) 的直接比是 5.01，而 $10.206(C/A)/2.021(C/B)=5.05$；第二行中的直接比是 5.19，间接比是 4.31。也就是说，由于价格表不完整，传递性消失。

爱-考-苏法采用下列等式进行间接和直接比较后使传递性得到恢复：

$$PP = \left[\prod_{i=1}^{n}(PP_{ji}/PP_{ki})\right]^{1/n}$$

式中，PP 项用于表示基本分类一级的平价；j、k、i 表示国家；n 表示参与比较的国家数；PP 采用费雪理想指数；$PP_{ii}=1$；PP_{ji}/PP_{ki} 表示以第三国 i 为连结国的 j 国与 k 国相比的间接指数。由于：

当 $i=k$ 时，$PP_{ji}/PP_{ki}=PP_{jk}/PP_{kk}=PP_{jk}$

当 $i=j$ 时，$PP_{ji}/PP_{ki}=PP_{ij}/PP_{kj}=1/PP_{kj}=PP_{jk}$（根据费雪理想指数性质）

因此，爱-考-苏法计算公式常变形为：

$$PP = \left[PP_{jk}^2 \prod_{\substack{i=1 \\ i=j,k}}^{n}(PP_{ji}/PP_{ki})\right]^{1/n}$$

利用上述 4 个国家的例子，用爱-考-苏法对加 * 号商品价格比的几何平均数计算平价 (C/A)：

$$C/A = [(C/A)\times(C/A)\times\{(C/D)\times(D/A)\}\times\{(C/B)\times(B/A)\}]^{1/4}$$
$$= (10.206\times10.206\times10.130\times12.280)^{1/4} = 10.670$$

可见，在爱-考-苏法中，直接平价是各自进行计算的，而每个间接平价只计算一次。也就是说，j 国和 k 国间的 EKS 指数是 j 国和 k 国间的直接指数和连结 j 国和 k 国的每一种可能的间接指数的几何平均数，其中直接指数的权数比每一个间接指数多一倍。当每一对国家的 EKS 指数都涉及集团中所有其他国家时，就得到了传递性。

用爱-考-苏法对所有价格的几何平均数和加 * 号价格的几何平均数计算 EKS 指数估计值，如表 8-7 所示。

表 8-7　　　　　　　　　　　　EKS 指数估计值表

项　目	B/A	C/A	D/A	C/B	D/B	D/C
EKS	5.267	10.167	70.352	1.930	13.357	6.920
EKS*	5.173	10.670	70.710	2.063	13.669	6.627

资料来源：邵宗明，《联合国国际比较项目手册》，档案出版社 1993 年版。

爱-考-苏法是从使原指数与所求可传递指数之间的偏差最小化引出的。它的优点是，形成了传递性并利用了现有的各种价格信息，包括每对国家与其他国家之间的各种间接价格比较。但该方法使用了几何平均数，所以结果不满足矩阵相加一致性。

2. 国家产品虚拟法

国家产品虚拟法是使用回归分析求出每个基本分类的传递性平价的方法。基本分类价格的回归是根据两组虚拟变量测定的：一组中各代表商品含有一个虚拟变量，另一组中为基准货币国以外的每个国家确定了一个虚拟变量，由国别虚拟系数可推出每个基本分类的传递性平价。

国家产品虚拟法估算公式由下列模型导出：

$$\frac{P_{aj}^i}{P_{ak}^i} = \frac{P_j^i}{P_k^i} (\varepsilon_a^i)_{jk}$$

式中，$\frac{P_{aj}^i}{P_{ak}^i}$ 表示 i 类支出中第 a 种代表商品分别在 j、k 两国的价比；$\frac{P_j^i}{P_k^i}$ 表示 i 类支出商品以 k 为对比国的购买力平价；$(\varepsilon_a^i)_{jk}$ 为由于购买力平价是根据每类支出中抽出的代表商品价格计算形成的误差，这里假定 $(\varepsilon_a^i)_{jk}$ 服从均值为 0 的同方差正态分布。

将上式变形：

$$P_{aj}^i = \frac{P_j^i}{P_k^i} P_{ak}^i (\varepsilon_a^i)_{jk}$$

两边取对数：

$$\ln P_{aj}^i = \ln\left(\frac{P_j^i}{P_k^i}\right) + \ln P_{ak}^i + \ln(\varepsilon_a^i)_{jk}$$

引入国家虚拟变量 X_{aj} 和产品虚拟变量 Y_{aj}。国家虚拟变量 X_{aj} 的取值与国家变化有关，因为当 $j=k$ 时，$\ln\left(\frac{P_j^i}{P_k^i}\right)=0$，则 $j=1,2,\cdots,n-1$；产品虚拟变量 Y_{aj} 的取值与代表商品的变化有关，a 表示基本分类中代表商品数，$a=1,2,\cdots,m-1,m$。

因此，国家产品虚拟法估算公式为：

$$\ln P_{aj}^i = \sum_{j=1}^{n-1} \ln\left(\frac{P_j^i}{P_k^i}\right) X_{aj} + \sum_{a=1}^{m} \ln P_{ak}^i Y_{aj} + \ln(\varepsilon_a^i)_{jk}$$

若设 $\beta_j^i = \ln\left(\frac{P_j^i}{P_k^i}\right)$，$\gamma_a^i = \ln P_{ak}^i$，$\mu^i = \ln(\varepsilon_a^i)_{jk}$，上式可写作：

$$\ln P_{aj}^i = \sum_{j=1}^{n-1} \beta_j^i X_{aj} + \sum_{a=1}^{m} \gamma_a^i Y_{aj} + \mu^i$$

式中，$\ln P_{aj}^i$ 为 j 国商品 a 价格的自然对数；n 为国家数；m 为某基本分类中的商品数。

对 $n-1$ 个国家中的每一个国家(不包括基准货币国家)进行比较时，均由一个 X 虚拟变量表示；分类中商品 m 的每一商品均由一个 Y 虚拟变量表示。国家系数 β_j^i 是分组中国家平价估计的自然对数，商品项目系数 γ_a^i 则是以基准货币国家的货币计算的商品价格估计的自然对数。对上式用多元回归的方法求出国家系数 β_j^i 和商品项目系数 γ_a^i 的估计量，用反对数最终求得购买力平价 $\dfrac{P_j^i}{P_k^i}$，以及各国某类代表商品的价格 P_{ak}。

现以前述 4 国 8 种商品全部观测值价格表为例，求出国家产品虚拟法估计值(见表 8-8)。

表 8-8 国家产品虚拟法回归估计计算表

变量	系数 (1)	t 统计量 (2)	购买力平价和商品价格估计数 (3)
国家 B	1.574	17.55	4.83
国家 C	2.315	22.44	10.12
国家 D	4.296	43.88	73.44
商品 1	0.805	8.77	2.24
商品 2	1.766	19.24	5.85
商品 3	−0.422	−3.26	0.66
商品 4	0.171	1.51	1.19
商品 5	2.208	20.60	9.10
商品 6	−0.030	−0.23	0.97
商品 7	0.043	0.39	1.04
商品 8	1.351	2.60	3.86

注：adjR^2(修正的 R^2) = 0.998；n(价格观测数) = 21；df(自由度) = 11。
资料来源：邵宗明，《联合国国际比较项目手册》，档案出版社 1993 年版。

表 8-8 中的计算结果相关性很高，这是假性的，因为它基本上起因于以不同货币单位进行初始观测时出现的方差。同样，商品系数 t 统计量的容量用途也有限。只有国家系数和商品系数是重要的，特别是第(3)列，它们是用反对数方式求出的。以上是以每个国家的货币单位与基准货币国家 A 相比计算该国家的系数，商品价格是以国家 A 的货币单位表示的每项商品的平均估计价格。

根据国家产品虚拟法计算的国别估计国家 A 的值是 1.0，因为它是基准货币。国家产品虚拟法以基准货币国家的货币单位来估计某个共同商品的价格，在弥补缺失价格数据并生成一个完整的价格矩阵时起了积极作用。此外，也可利用国家产品虚拟法将某个没有参加基准比较的国家与现有的国际比较项目研究联系起来比较。

国家产品虚拟法与爱-考-苏法的估计数相比，对国家 B 来说最大误差大约为 9%。如果价格矩阵是完整的，那么，这两种比较方法的估计数相同，国家之间的所有直接和间接的双重平价都是传递性的。如果在求出的价格矩阵中损失的价格越多，那么，不论是爱-考-苏法还是国家产品虚拟法，其估计误差就会越大，也就越不可靠，因此，两种方法得出的结果是近似值。

(二) 基本分类多边平价汇总

基本分类平价求出后,需要通过这些基本平价把各类购买力平价和各国的支出数据转换成基准货币或者某种国际货币单位,再加以汇总计算各国综合价格比即 GDP 购买力平价,才能满足国际比较的基本要求。基本分类多边平价汇总主要有以下几种方法:

1. 沃尔什法

沃尔什法(Walsh 法)是将所有国家各支出类支出额的算术平均数为权数来计算综合价格比的方法。对参与对比的国家来说,任一国家的购买力平价都采用统一的、考虑到所有国家支出结构的权数。因此,尽管也采用支出额作为汇总的权数,但它不同于拉氏指数、派氏指数和费雪理想指数,其计算公式为:

$$PPP_{jk} = \prod_{i=1}^{n} \left(\frac{P_{ij}}{P_{ik}}\right) \times W_i$$

式中,$W_i = \frac{1}{n} \sum_{j=1}^{n} \left(e_{ij} / \sum_{i=1}^{m} e_{ij}\right)$,$\bar{P}\bar{P}\bar{P}_{jk}$ 表示第 j 国的总购买力平价,$\frac{P_{ij}}{P_{ik}}$ 为第 j 国 i 类支出的购买力平价,m 表示对支出划分的类别数,n 表示参加对比国家数,e 表示支出额,k 表示对比国。

采用沃尔什法计算的国内生产总值购买力平价 $\bar{P}\bar{P}\bar{P}_{jk}$ 具有基准货币国家不变性,但不具有矩阵一致性特点。

2. 吉尔里-坎米斯法

吉尔里-坎米斯法(GK 法)简称吉-坎法,这种方法对基本分类平价的汇总是通过"国际价格"类别(常用 π_i)和国家购买力平价(PPP_j)之间的关系根据线性方程组估算得出。该线性方程组为:

$$\pi_i = \sum_{j=1}^{n} \left[(PP_{ij}/PPP_j) \times q_{ij} \right] \Big/ \sum_{j=1}^{n} q_{ij} \quad (i = 1, 2, \cdots, m)$$

$$PPP_j = \frac{\sum_{i=1}^{m} PP_{ij} q_{ij}}{\sum_{i=1}^{m} \pi_i q_{ij}} \quad (j = 1, 2, \cdots, n)$$

在上面的方程组中,π_i 表示第 i 项分类商品所用的国际价格,PP_{ij} 表示基本分类一级平价,q_{ij} 表示 j 国 i 类商品的物量,PPP_j 表示 j 国的购买力平价。

对于吉尔里-坎米斯法来说,有些农业产出的实际物量和国际价格应以基准货币(如美元)来计算,那么每个物量单位,如每吨稻米的国际价格就是若干美元,在国际比较项目中,有的基本分类平价 $PP_{ij}S$ 是由爱-考-苏法或国家产品虚拟法得出的,这些基本分类平价含有 j 国货币单位与该基本分类所用基准货币比较的标准尺度。也就是说,基本分类一级表示的物量和价格不是吨和每吨的该国货币数,所以在实际操作时,将按类购买力平价调整过的名义数量作为计算国际价格的权数。名义数量的计算公式为:

$$q_{ij} = E_{ij}/PP_{ij}$$

式中,E_{ij} 为基本分类一级的支出。

名义数量将某一基本分类的各国国内生产总值支出转换成基准货币国家的货币,它是一个其价值以基准货币国家价格表示的数量函数。

在上述方程组中，由于 PPP_j 是一个未知数，而国际价格 π_i 也是事先不知道的，因此，需要通过解方程组求出结果。上述两个线性方程组共包含 $(m+n)$ 个方程及未知数。当 m 超过 150，即商品数超过 150，n 超过 60，即参与对比的国家数超过 60，就有可能成为一个大型方程组。可用迭代法求出方程组的解。迭代过程为：根据基本分类一级的支出 E_{ij} 和平价 PP_{ij} 可计算名义物量；接着，把每项 PPP_j 确定为与汇率相等的迭代，假定以美国为基准国，那么其原始购买力平价为 1.0，而其他国家的原始购买力平价则为该国货币对美元的汇率，这样，用国际价格类别公式可以估算出一组国际价格 $\pi_i S$；将 $\pi_i S$ 代入国家购买力平价公式以估算出一组 j 国的购买力平价 $PPP_j S$；然后，用新的 $PPP_j S$ 重复这个过程。当最初一组 $PPP_j S$ 和最后一组之间的差别非常小时，迭代就结束了。一般来说，经过 8 次迭代，才能在小数点后面第 4 位看到差别，直到最后一次迭代完成时，美国新的购买力平价也不可能等于 1.0。因此，把这个方程组正规化以便调整新的购买力平价使美国的 PPP 值为 1.0，并将 $\pi_i S$ 适当换算，以便从国家购买力价格等式的分子分母一致中得出以美国为基准的以本国货币计算的国内生产总值，并使其与以国际价格计算的国内生产总值相同。

吉尔里-坎米斯法计算的 j 国国内生产总值的购买力平价 PPP_j 是 j 国以本国货币计算的国内生产总值与其以国际价格计算的国内生产总值之比。并且，在吉尔里-坎米斯法中以国际价格计算的数量估价与其基本分类平价和支出以及各国的整体购买力平价保持一致。

3. D. 杰拉迪法

这是由 D. 杰拉迪发明并被欧共体统计局接受和推广使用的一种汇总方法，D. 杰拉迪法（D. Gerardi 法）也是以国际价格为基础来估价名义数量，但它使用的国际价格体系保留了一种相加体系，避免使用接近较大国家的国际价格，从而弥补了吉尔里-坎米斯法的缺陷，使国际比较既保持矩阵一致性，又不使用国民经济核算中把物量加权后得出的那一套价格。

D. 杰拉迪法与吉尔里-坎米斯法的主要区别是国际价格权数的确定，D. 杰拉迪法的国际价格是以每个国家的 $PP_{ij}S$ 相等权数为基础，除此之外，D. 杰拉迪法与吉尔里-坎米斯法的计算公式基本一致，因此，其计算可参考吉尔里-坎米斯法公式。

除上述三种汇总方法外，费雪双重比较法、爱-考-苏法、范伊齐伦（Van Yzeren）法都可用于购买力平价汇总国际比较，这些方法各有其优缺点，适用于各种要求的国际比较。

【例 8-4】 用各种方法计算印度、肯尼亚、哥伦比亚、韩国、日本、法国六国相对于美国的人均收入，结果如表 8-9 所示。

表 8-9　　　　某年各国人均国内生产总值(美国=100)　　　　单位：万元/人·年

方　　法	印度	肯尼亚	哥伦比亚	韩国	日本	法国
1. 双重比较-费雪	6.0	5.8	19.7	17.2	67.5	80.2
2. 吉尔里-坎米斯	6.6	6.5	22.6	19.9	68.6	81.9
3. 爱-考-苏	5.7	5.4	19.9	17.8	65.3	81.1
4. 沃尔什	6.4	4.8	19.5	17.6	66.1	80.0
5. 范伊齐伦	5.7	5.4	19.9	17.7	65.3	81.0
6. 杰拉迪	5.7	5.8	20.4	18.5	66.6	77.8
7. 汇率	2.0	3.4	7.9	8.1	62.3	89.6

资料来源：邵宗明，《联合国国际比较项目手册》，档案出版社 1993 年版。

从计算结果看,不同方法得出不同的换算值,并产生不同的偏差。然而,换算值表明,所有其他方法都比使用汇率法彼此更接近,且用各种购买力平价方法得出的结果与汇率法有较明显的差异。一般而言,购买力平价法高估发展中国家的 GDP 数值,汇率法压低不发达国家的 GDP 数值,扩大了穷国与富国之间的差异。但是,不管采用什么方法,每一个国家总的数量次序及各国之间的变化却是较为一致的。

本章小结

1. 国民经济核算中的各种货物或服务的流量和存量一般通过价格以价值量表现。国民经济指数反映国民经济活动价值量的变动,即既包含了经济活动数量变动的因素,又包含了价格变动的因素。编制国民经济指数,首先要解决价格和物量核算问题。

2. 在国民经济核算中,根据研究的不同要求和内容,可以采用不同的价格形式来估价经济活动的投入和产出。国民经济核算主要有以下几种价格形式:要素价格和基本价格、生产者价格和购买者价格、批发价格与零售价格,以及现行价格与不变价格。

3. 国民经济物量核算根据生产中提供的货物和服务的性质不同,可分为按离散或整数的单位提供的货物或服务,以及按连续变化的单位提供的货物或服务。

4. 在国民经济价格核算中,反映纯价格变化的质量变化调整方法有:相对价格法、生产成本法和享乐假设法。

5. 国民经济指数核算的基本方法:拉氏指数、派氏指数、费希尔指数和唐克维斯特指数。

6. 国内生产总值价格指数(又称国民经济综合价格指数)是用当年价格计算的国内生产总值除以按不变价格计算的国内生产总值求得。从生产角度看,国内生产总值表现为总产出减中间投入后的差额;从使用角度看,国内生产总值又表现为消费、投资和净出口数。因此,也可根据生产法和使用法的分项资料计算国内生产总值价格指数。其中:

(1) 生产法不变价国内生产总值的换算方法有:单缩减法、双缩减法。

(2) 支出法不变价国内生产总值的换算分别从总消费、总投资、出口和进口编制最终使用综合价格指数,然后利用最终使用综合价格指数把现价国内生产总值换算为不变价国内生产总值。

7. 由于按不变价计算的国内生产总值包含了价格变动的影响,因此,为了测度经济总量的数量变化,就有必要编制国内生产总值物量指数。国内生产总值物量变化通过现价国内生产总值与计算出的"可比价"或"不变价"国内生产总值对比进行计算。从理论上讲,直接用某一固定时期的不变价格乘物量得到不变价国内生产总值从而编制物量指数的方法,又称固定价格法或直接核算法。在实际中,编制国内生产总值物量指数主要采用价格减缩法(间接推算法)。

8. 无论是按"生产法"还是按"支出法"缩减现价国内生产总值,都要使用相应的价格指数,如居民消费价格指数、工业品出厂价格指数、固定资产投资价格指数和房地产价格指数。

9. 国民经济核算体系指数研究的又一重要目标是进行国家间的价格和物量比较。采用的方法是编制国际比较的购买力平价指数。

（1）购买力平价简称PPP,就是按照基准国单位货币实际购买力来确定不同币种之间的货币购买力。购买力平价通常表现为两个或两个以上国家的货币对同一商品和服务所具有的购买力之间的比率。从购买力平价计算来看,它是一个特殊的价格指数,所以又称购买力平价指数。与前述的价格指数不同,它比较的是国家之间的价格,而不是不同时期之间的价格。

（2）购买力平价可用于两国间的比较,也可以用于多国间的比较。在国际对比中,两国间的比较称为双边比较,而多国间的比较则是多边比较。进行多边比较时,除了要求遵循双边比较的同一性、互换性两个原则外,还必须满足传递性要求。具体内容包括：

① 基本分类多边平价,主要方法有爱-考-苏法（EKS法）和国家产品虚拟法（CPD法）。

② 根据基本平价把各类购买力平价和各国的支出数据转换成基准货币或者某种国际货币单位,然后汇总计算各国综合价格比即GDP购买力平价。基本分类多边平价汇总的主要方法有：沃尔什法、吉尔里-坎米斯法、D.杰拉迪法。

思考与练习

1. 国民经济指数核算在国民经济核算中有何重要作用？
2. 在国民经济价格核算中,主要有哪几种价格形式,其核算内容有何区别和联系？
3. 分析说明影响货物或服务质量变化的因素,进行质量变化调整的方法有哪些？
4. 请指出拉氏指数和派氏指数有何不同并简述两者之间的关系。
5. 按生产法计算不变价国内生产总值可采用哪两种单缩减法？
6. 如何用双缩减法编制国内生产总值指数？
7. 如何按支出法计算不变价国内生产总值？
8. 哪些经济指数可用于缩减不变价国内生产总值,它们具体缩减哪些现价指标？
9. 简述购买力平价的概念和意义。
10. 编制购买力平价指数进行双边比较应遵循哪些原则？
11. 多边比较时,如何理解指数的传递性？
12. 简述爱-考-苏法和国家产品虚拟法计算基本分类多边平价的原理和基本公式。
13. 试述沃尔什法、D.杰拉迪法和吉尔里-坎米斯法汇总基本分类多边平价的特点。
14. 设某地区国民经济统计资料如下表所示：

产 业	现价总产出（亿元）	总产出价格指数（%）	现价中间投入（亿元）	中间投入价格指数（%）
第一产业	1 200	106	400	110
第二产业	2 400	110	1 000	106
第三产业	1 200	120	200	112
合 计	4 800	—	1 600	—

要求：根据上述资料,编制该地区国民生产总值价格指数。

15. 已知某地区某年国内生产总值使用构成资料如下表所示：

项 目	现价价值（亿元）	价格指数（%）
总消费	1 251	106.29
总投资	524	104.80
出口	95	103.26
进口	46	104.45

要求：按支出法编制该年度国内生产总值价格指数。

16. 设某两国吃、穿、用三大类价格和人均支出金额的数据资料如下表所示：

支出类别		价格 P_A（A国货币单位：元）	人均支出金额 $p_A q_A$ 绝对数（元）	人均支出金额 $p_A q_A$ 比重	价格 P_B（B国货币单位：元）	人均支出金额 $p_A q_A$ 绝对数（元）	人均支出金额 $p_A q_A$ 比重
吃	1	1	200	0.4	0.5	100	0.2
	2	1.5			0.8		
穿	1	2.5	180	0.36	1.5	150	0.3
	2	4.0			2.0		
用	1	3.0	120	0.24	1.0	200	0.5
	2	5.0			3.0		

要求：根据上述资料计算A国货币与B国货币之间的购买力平价指数及两国间居民消费的物量指数。

第九章
环境与经济综合核算

学习目标

1. 了解环境与经济综合核算体系(SEEA)的形成与发展现状;
2. 理解 SEEA 的核算内容及其与 SNA 的区别;
3. 理解 SEEA 的结构及其核算关系;
4. 掌握 SEEA 总量核算的方法和基本框架;
5. 理解 SEEA 中环境存量和流量的估价方法。

20 世纪中期以来,人类活动对环境的影响一直是一个重要的政策问题。可持续发展问题涉及人们是否合理地利用环境。但是,现行国际通用的国民经济核算体系(SNA)存在着两个严重缺陷:(1) 忽视了自然资源的耗减,以致危及社会经济的可持续增长;(2) 忽视环境质量的下降,以致影响人类的健康和福利。为此,SNA1990 以"21 世纪议程"文件形式向各国推荐"环境与经济综合核算体系——SAN 附属账户体系(SEEA)。本章主要介绍环境与经济综合核算的概念、定义、分类和核算原理。从核算内容上看,把 SEEA 与 SNA 常规的经济账户联系起来,扩大了国民经济核算体系的分析功能,既可将核心账户中没有反映的资源环境内容在附属账户中给予充分反映,又可以使 SNA 核心账户的结构保持相对稳定,有利于历史对比,也有利于实行 SNA 各国实践的持续性。

第一节 环境与经济综合核算体系

一、环境与经济综合核算体系的形成

环境与经济综合核算体系(System of Integrated Environment and Economics Accounting, SEEA)是国民经济核算体系的卫星账户体系,是可持续发展经济思路下的产物,主要用于在考虑环境因素影响的条件下实施国民经济核算。

众所周知,国民经济核算体系是国际上认可的,系统地收集并公布一个国家或地区在一定

时期内所有经济活动的核算体系,其核算结果可汇总为连续性时间数据,形成关于监测、分析、评估经济在一段时期内运行的信息,并最终服务于经济分析、决策执行和政策制定。[①] 该体系核算的数据主要有两类:一是货物和服务的流量,二是用于货物服务产生的存量资产(存量又称资本)。存量和流量都以货币计量。也就是说,SNA核算的结果不仅仅是衡量国内生产总值(GDP)或国内生产净值(NDP)中的货物服务流量,而且包括国家的经济财富,即存量资本本身。

然而实践中,迄今为止,所有国家的国民核算中都忽略了对环境部分的核算。原因是:首先,除了地区性及可再生的生产活动,人类活动被认为不可能影响环境,因此也就不会危及环境对经济和社会福利的贡献。其次,要对环境在经济和社会福利贡献方面进行核算,在实践上具有相当大的困难,包括核算方法和大量数据的收集费用等。

人们的传统观念违背了现实,人类的活动影响了最基本的环境系统及其运行,反过来又能被其所影响。这就意味着处于国民经济运动过程中的人类活动和自然环境是一个不可分割的整体。从历史的观点看,在人类经济发展的不同阶段,许多国家都经历了环境衰减与退化的过程。因此,非常有必要在国民经济核算中体现环境因素的影响。

从本质上看,货物、服务的生产在满足人类生活需求的同时,对自然环境也形成了负面影响,即一方面向大自然攫取资源,造成资源耗竭;另一方面又向大自然排放废弃物,形成污染。正常情况下,人类取自于自然,又还于自然,应当不会产生负面影响。但问题在于:

(1) 人类向大自然的索取是否过量?如果过量,就会造成资源耗竭。

(2) 人类向大自然排放的废弃物能否被分解、吸收或改变自然系统?如果排放的废弃物不能被大自然分解、完全吸收,就会对人类生存至关重要的物质,如空气或水产生污染。从这个意义上来说,可以把自然资源和环境抽象地理解为自然资产的存储库,其作用正如其他资产(如生产资本,包括机器、建筑与基础设施)对产品生产和服务的作用一样,相当于人类生产活动过程中的资本(资产)存量。

更准确地说,国内生产总值中所包括的任何产品都利用了资源和环境的自然资本。从这种意义上来说,任何一种不能反映自然资本作用的核算系统都是不完善的,甚至是具有误导作用的,因为它忽视了经济系统运行的本质因素对产品生产和服务的重要作用。

基于这个原因,SNA1993一方面在其平衡表及积累账户中明确包括了自然资源的核算,另一方面在其卫星账户中引入了环境核算内容。假如机构单位(家庭、政府单位、企业和非营利组织)能够有效运用对于地下资源及未开发森林资产的所有权并从中获得利润,那么现存的自然财产也要纳入平衡表。根据强制性所有权的两个准则和实际收益及潜在收益,自然资产可定义为经济资产,以满足平衡表和资产账户中的核算标准。SNA1993用了整整一章的篇幅阐述SNA与环境卫星账户的联系。环境账户包括环境资产的核算,即在传统核算指标与环境调整指标比较的基础上形成的生态系统以及它与生产账户相联系的以实物和货币方式表现的其他账户。

其实自20世纪70年代起,人们已经逐渐认识到经济社会发展与环境容量之间的联系,环境经济核算的研究逐渐展开。1992年,联合国在环境与发展大会上建议各国尽早实施环境经济核算。为此,1993年联合国统计司(UNSD)出版了SEEA1993初稿,简称SEEA1993,首次建立了与SNA相一致的、系统地核算环境资源存量和资本流量的框架。SEEA1993本身实际上并没有改变在生产账户中对自然资源的处理,部分自然资源的销售额仍然作为附加值记入

[①] 联合国等编,国家统计局国民经济核算司译:《国民经济核算体系1993》,中国统计出版社1995年版。

生产和收入账户。环境成本的调整只在卫星账户中记录，它在不改变生产范围的前提下，扩展了 SNA 的资产范围；对存量和资本流量账户，尤其是 SNA 中的资本与生产账户，在保持一致性的条件下进行了调整。因此，SEEA 并不是 SNA 的更新或替代，而是在不改变 SNA 的基础上，考虑环境因素，对以 SNA 为核心的账户体系的补充。

2000 年联合国统计司出版了《SEEA 指导手册》(Handbook of National Accounting: Integrated Environmental and Economic Accounting, An Operational Manual)，其中并没有阐述 SEEA 的全部内容或模块，只是描述了那些在目前可行的，至少数据充分并能与 SNA 连接的部分内容。所谓与 SNA 连接，是指以市场价格或生产价格表示的生产与消费的货物、服务的衡量，而不是通过暂时的及相关的价值的衡量。有关环境退化对社会的影响（例如，以付费方式防止环境退化的量化方式），尤其是涉及环境投入产出分析的研究过于复杂，因此，没有列在循环账户中进行核算，而留待以后做进一步研究。

此后，加拿大、美国等国进行了环境经济核算实验，联合国将此阶段的国际研究与实践进展总结为《综合环境经济核算——操作手册》于 2000 年发布，简称 SEEA2000。其中对 SEEA 中比较实用的模块提供了实施步骤，详细阐述了环境经济核算在政策制定过程中的用途。同时，对 SEEA1993 的修订也在进行中。[①] 2003 年联合国统计署又推出了 SEEA 的最新版本——Integrated Environmental and Economic Accounting 2003（简称 SEEA2003），作为世界各国进行环境与经济核算的范本和指导。作为 SNA 的附属体系，SEEA2003 进一步扩大了 SNA1993 的核算内容与范围，促进了 SNA1993 与资源、环境信息直接联系的概念变化，体现了环境因素与 SNA 各个账户之间的复杂关系，如实物账户和价值型账户之间的联系，环境成本的转移及国民经济核算体系中产品更新换代的范围等。该手册提出了很多不同的方法学选项，介绍了大量的各国实例，为编制环境经济账户提供了一个广为接受的稳健的框架，在环境经济核算概念、定义和方法的广度和协调性上迈出了一大步，但它未被正式确认为国际统计标准。由于认识到环境信息越来越重要，并且有必要把这种信息放在中央政策制定者所了解的经济背景下，2007 年联合国统计委员会建议启动第二次修订，目的是在 5 年内将 SEEA 纳入国际公认的环境经济核算统计标准。在此期间，国际机构对 SEEA2003 中认识与处理不太一致的特定内容进行了重点修订，并将达成一致的内容整理成中心框架，[②] 2012 年联合国第 43 届统计委员会会议通过了基于 SNA2008 的 SEEA2012，即环境经济核算体系中心框架，现已被确认为环境经济核算体系的第一个多级统计标准。SEEA2012 是一部用于理解环境与经济之间的多目标概念框架，提供了国际公认的环境经济核算的概念与定义，是收集环境和环境经济信息综合统计数据、开发一致且可比的统计指标、测度可持续发展进程的有力工具。SEEA2012 评估的环境资产范围以 SNA2008 的资产范围为准，包括可再生和不可再生的自然资源及土地。对 SNA 范围以外的自然资源和土地资产及相关流量进行全面评估，仍然是未来 SEEA 修订时寻求解决的问题。

二、SEEA 的核算范围与内容

（一）SEEA 的核算内容及其与 SNA 的区别

SNA 只是部分表现了经济运行过程，为了弥补这个不足，SEEA 对 SNA 进行了补充和扩

---

① 何静：《环境核算经济的最新国际规范》，《中国统计》2014 年第 6 期。
② 同注释①。

展。图9-1中的阴影部分显示了传统核算的横向供给和需求账户与纵向资产账户的重复,反映了资产储备的变化。

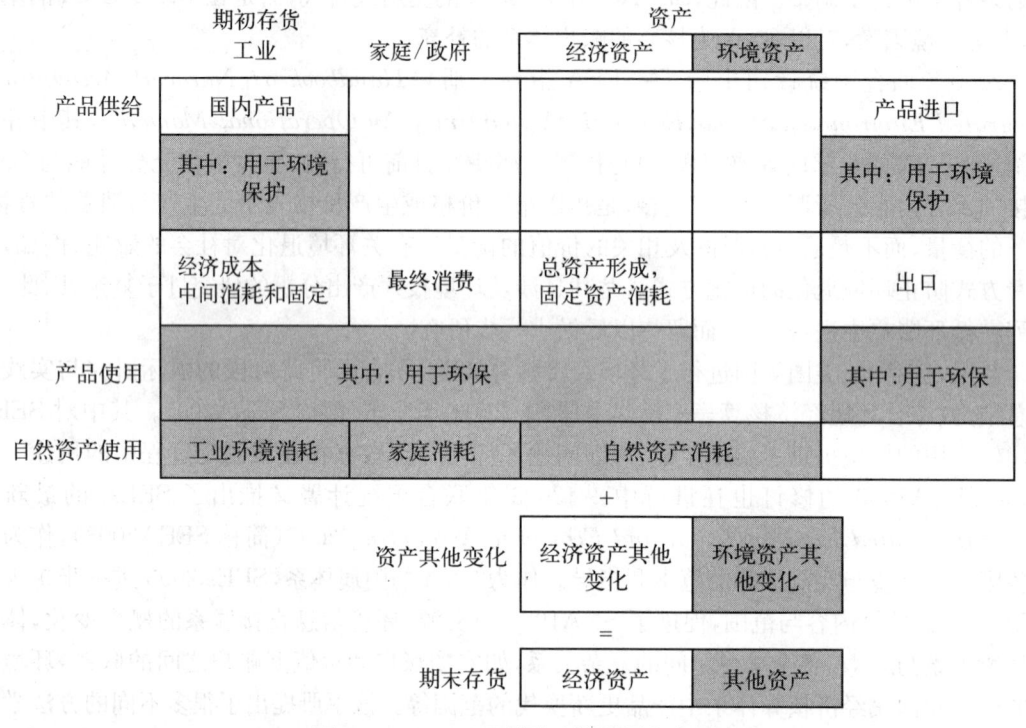

	期初存货 工业	家庭/政府	资产 经济资产	环境资产	
产品供给	国内产品				产品进口
	其中:用于环境保护				其中:用于环境保护
	经济成本中间消耗和固定	最终消费	总资产形成,固定资产消耗		出口
产品使用	其中:用于环保				其中:用于环保
自然资产使用	工业环境消耗	家庭消耗	自然资产消耗		

+

| 资产其他变化 | | 经济资产其他变化 | 环境资产其他变化 | |

=

| 期末存货 | | 经济资产 | 其他资产 | |

图9-1 SEEA:环境资产的流量与存量

1. SNA 中的重叠部分
(1)资本形成,导致固定资产和存货变化减少。
(2)固定资产在使用中的磨损,即固定资本的消耗。
2. SEEA 增加的有关环境的项目核算
(1)分离并阐述传统核算中所包含的所有与环境资产有关的流量和存量,以显示不同的环境保护支出。
(2)扩展了经济核算的资产核算部分,以反映环境资产及其变化。
(3)由产业活动、家庭和政府等生产和消费所导致的对自然资产的影响。

环境保护支出也被认为是为补偿经济增长的负作用的支出,即防御性支出。这些花费只能是相当于而不是直接等于核算期间实际环境保护的费用支出。

SNA 与 SEEA 的区别在于核算的中心内容:有关环境和自然资源的非产出性经济资产的定义与分类不同。

SNA1993 中经济资产的定义包含了所有自然资产,而且必须满足两个条件:一是每个单位的所有权,二是从中可获取经济利益。这些自然资产可分为两部分:一部分称作产出性经济资产,它们必须通过生产才能提供产品,如农产品;另一部分称作非产出性经济资产,无须生产即可提供产品,如土地、矿产资源、海洋和鱼类等。非产出性经济资产的有效性会由于资产损耗和退化而发生变化。SNA 把这些由于资产损耗和退化而发生变化的非产出型经济资产纳入"其他账户"进行核算。

SEEA 中除了非生产性经济资产外,还包括废弃物处理、生态功能恢复等环境服务以及一些有关健康和美学价值的环境资产。

由于 SEEA 把环境损耗和退化完全纳入了资产核算,从而修正了 SNA 的不足。

(二) SEEA 的核算内容

第一,对环境损耗的评价。包括:
(1) 在产出和最终消耗中自然资源的使用和损耗价值。
(2) 产出和消耗活动所形成的污染对环境质量的影响价值。

第二,在 SNA 的自然资源核算与 SEEA 的环境价值量核算之间建立起连接:SNA 的自然资源核算包含了自然资源所有的储备及其增减变化,相当于 SEEA 核算的货币储备和流量核算。

第三,为维持实物量财富的核算,SEEA 扩展了资本的概念,指出资本不仅包括人造资本,而且包括非产出经济资本。非产出经济资本包括海产资源、热带森林等可再生资源,也包括土地、泥土、矿产等不可再生资源。资本形成也相应地转入资本积累这样一个更宽广的概念。

第四,详细阐述并衡量环境调节总量。出于对自然资源损耗和环境降级的费用支出的考虑,可以计算修正后 SEEA 各部分的整体经济总和。因此,SEEA 核算不仅包括以上指标,而且包括资本积累、环境调节净值和国民产出三个总量指标。

三、SEEA 的结构及其核算关系

(一) SEEA 的结构

作为 SNA 的附属体系,SEEA 主要从 5 个方面扩展了 SNA 的概念和系统基础(如图 9-2 所示)。其中,第一部分是 SEEA 的基础,主要阐述重新设计的 SNA 的资产供应与需求账户,以反映与环境相关的具体经济活动总量,以及其他不影响环境和不被环境影响的活动总量。第二部分主要阐述那些虽列入传统核算但表示不明确的流量和存量,以及从需求与供给表到第一部分的非财政资产核算。其中的特别账户对防止环境退化的环保活动的价值进行了核算。第三部分主要阐述原材料、能源平衡的概念和自然资源核算。第四部分介绍了各种自然资产价值的估计及其应用,包括非财政资产的市场评估、为了维持自然资产的现有水平所支出

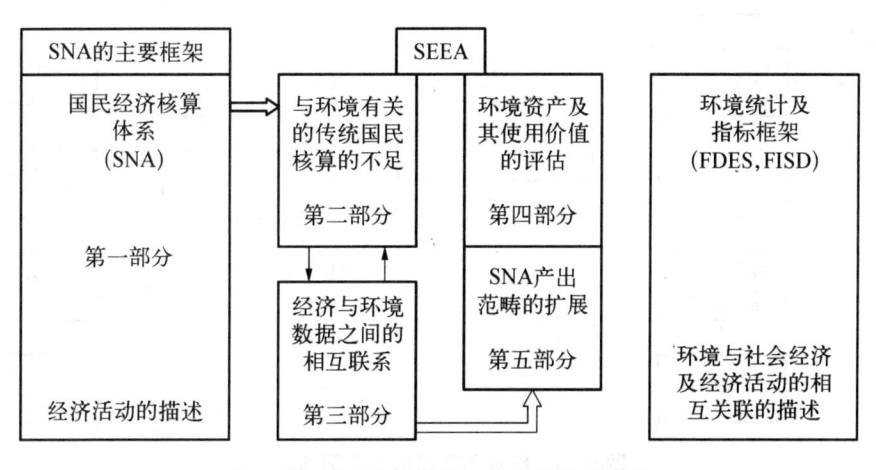

图 9-2 SEEA 各部分与 SNA1993 的联系

的维护价值评估、环境服务消耗的需求价值评估。第五部分对 SNA 的产出概念进行了拓展，把社会生产扩大到家庭生产的范畴，以及它对环境和人类福利的影响。

(二) SEEA 的综合自然资产和价值核算

1. 自然资源、环境与经济活动之间的内部联系

货币储备和经济流量的基础是自然资源与商品。环境统计与环境的可持续发展指标基本上反映了绝大多数自然资源、环境与经济活动之间的内部联系。图 9-2 同时显示了环境统计及其指标为 SEEA 提供基础数据的功能。图 9-3 大致显示了环境与经济活动之间的内部联系，也显示了内部经济与内部环境的过程。

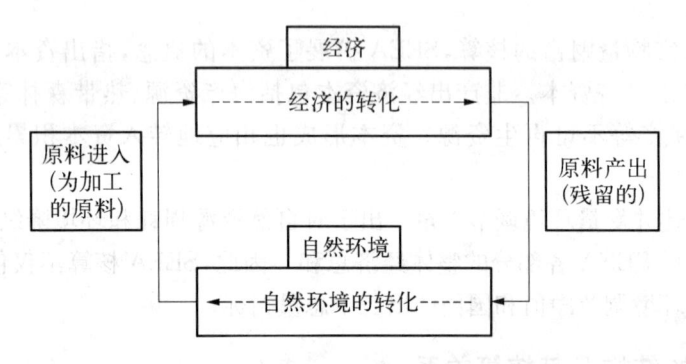

图 9-3 经济与自然环境之间的内部关系

图 9-4 描述了环境统计、自然资源、综合自然资源与价值核算之间的关系。其中，环境统计提供了自然资源核算所需要的最基本的数据；而自然资源核算又构成了货币核算中对自然资源价值评估的基础。

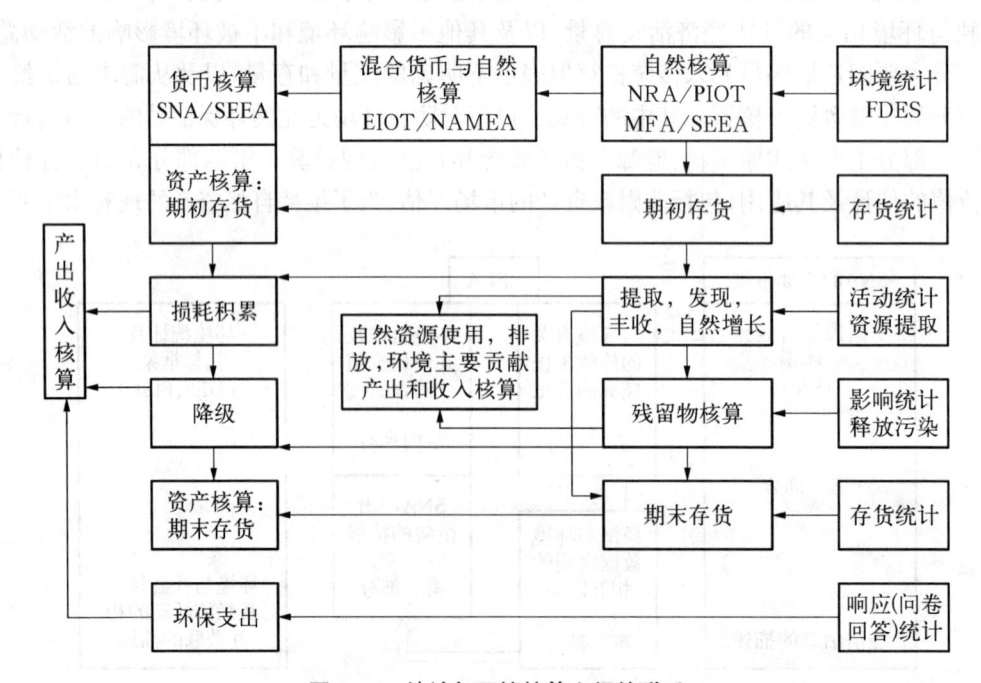

图 9-4 统计与环境核算之间的联系

2. 自然资源核算的主要内容

(1) 自然资源核算(NRA),是指核算期内关于不同自然资产进行储备和使用的核算。最初由挪威倡导,后经法国推广为自然遗产核算。自然资源核算可以不同的单位计量(重量、体积、能量等价物、面积)计算,并主要由 SNA 的资产账户组成;也可以用货币单位计算,并由此发展为 SEEA 的一部分。

(2) 自然资源投入产出表(PIOT)可以扩展到材料流量表和环境流量表,以显示部门的具体流向。最终设置一个总的投入和产出平衡表,以解释材料或能量的平衡关系(MEB)。

(3) 材料流量核算(MFA)的目的是通过计量非价值型可持续经济活动来衡量生产能力。材料流量核算显示了原材料和未加工产品的提取、制造、转化、消耗和积累。此外,还包括一些隐形资源,虽然不属于自然资产的产出,但却是一些商品制造的必需品,如用于使用、回收、处理废物的资源等。

(4) 综合价值与自然核算(NAMEA)是一个扩展的投入产出表(EIOT),也是 SNA 环境核算的组成部分。EIOT 的产品与消耗的具体细目分类显示了连接自然环境与货币价值的指标。

第二节 SEEA 的核算总量和基本框架

一、SEEA 的核算总量

扩展 SNA 核算的资产基础、评估自然资产价值及其变化,可以根据以下公式计算最终结果。

(一) 供求平衡公式

$$O + M = IC + C + CF + X$$

式中,O 表示产出的商品和服务的提供,M 表示进口,IC 表示中间消耗,C 表示最终消耗,CF 表示资本形成,X 表示出口。

(二) 第 i 部门的增加值

$$EVA_i = O_i - IC_i - CC_i - EC_i = NVA_i - EC_i$$

式中,EVA_i 表示第 i 部门的增加值,CC_i 表示资本消耗,EC_i 表示环境损耗和降级的支出,NVA_i 表示净增加值,EC_i 表示环境保护成本。

(三) 国内生产总值

$$EDP = \sum EVA_i - EC_h = NDP - EC = C + CF - CC - EC + X - M$$

式中,EDP 表示调整后的净国内生产总值,EVA_i 表示调整后第 i 部门的增加值,EC_h 表示家庭生活的环境保护成本。

根据上述计算公式,调整后的自然资源损耗和降级的价值如表 9-1 所示。

表 9-1　　　　　　　　　　　　环境调整后的核算指标

	国民产出（工业）	期初储备	经济资产	环境资产	其他
			+		
		最终消耗（家庭、政府）	资本形成	资本积累	
产品供给	产出(O_i)				进口(M)
产品需求	中间消耗(IC_i)	最终消耗(C)	总资本形成(CF)		出口(X)
规定资本使用	固定资本消耗(CC_i)		资本消耗(CC)		
增加值/NDP	$NVA_i = O_i - IC_i - CC_i$ $NDP = \sum NVA_i$				
自然资产需求（损耗和降级）	工业环境消耗(EC_i)	家庭环境花费(EC_h)	自然资本消耗(EC)		
调整后经济指标	$EVA_i = EVA_i - EC_i$ $NDP = \sum EVA_i - EC_h$				
			+		
			再评估后的其他量变		
			=		
		期末储备	经济资产	环境资产	

二、SEEA 的基本框架

如前所述，SEEA 是一个与 SNA 相联系的卫星账户系统，而不是直接修正或替代 SNA 的核心系统。SEEA2003 在对非生产性有形（自然）资源的分类、资产核算的统一以及与 SNA 相联系等方面对 SNA 进行了扩展和补充，并最终形成了环境与经济核算一体化的整体框架（如图 9-5 所示）。

图 9-5 是对图 9-2 和表 9-1 的简化，是对 SEEA 的简化表述，它由 10 张核算表组成，同时遵循实物核算和价值核算的原则，列示了不同核算表的地位和内容。

（一）供给与使用账户

核算表Ⅰ（见表 9-2）是一个合并生产性和非生产性数据系统的"供给、使用和资产账户"，它拓展了传统账户与核算的界限，体现了自然资产及其内部变化，反映了 SNA 的三个基本特征：

1. **供给与使用**

$$产出 + 进口 = 中间消耗 + 出口 + 最终消耗 + 总资本形成$$

2. **增加值**

$$净增加值 = 产出 - 中间消耗 - 固定资产消费$$

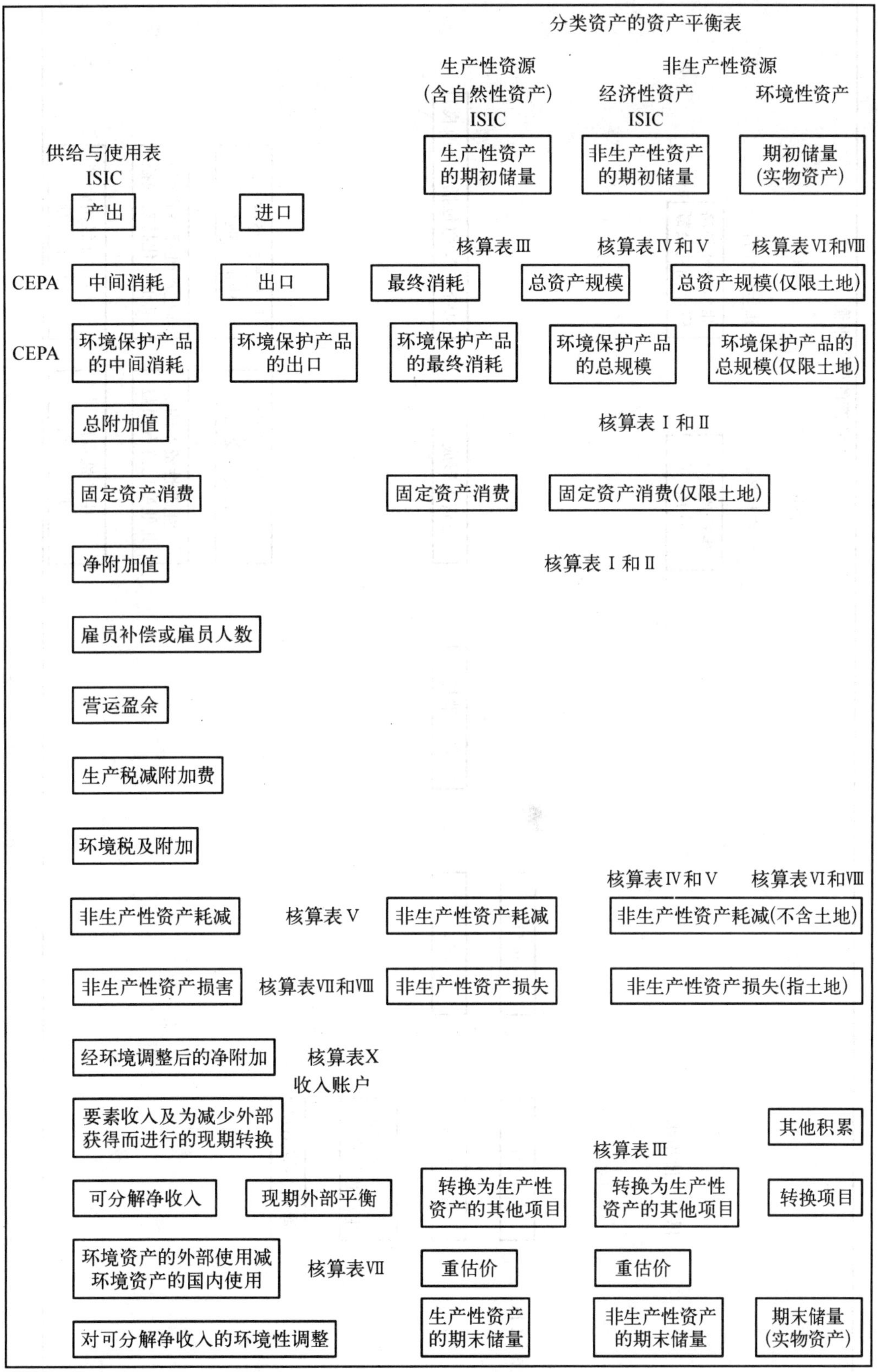

图 9-5 环境与经济核算一体化的整体框架

表9-2　核算表Ⅰ：SNA1993 供给、使用与资产账户

供给与使用账户		分类资产的资产平衡	
ISIC		ISIC	ISIC
		生产性资产	非生产性资产

- CPC　产出　　　　进口
- CPC　中间消耗　　出口
- 固定资本形成：生产性资产
- 净增加值NDP

- 最终消耗
- 总资本形成
- 总资本形成(包括土地改良)

生产性资产期初余额　　　　非生产性经济资产期初余额

生产性资产中的其他变化　　非生产性经济资产中的其他变化

生产性资产的其他变化持有损益　　非生产性经济资产的其他变化持有损益

生产性资产期末余额　　　　非生产性经济资产期末余额

3. 仅将经济作为一个整体的国民生产

$$国民生产总值 = 总增加值 = 最终消费 + 总资本形成 + (出口 - 进口)$$

此外,核算表Ⅰ合并资产账户的另一个特点是能够用核算期资产的流动来解释资产账户期初期末余额的变化。生产性与非生产性资产的平衡关系如下:

$$期末余额 = 期初余额 + 总资本形成 - 固定资产消费 + 资产项目中的其他变动 + 持有利得或损失$$

从分类的角度看,为了便于环境核算,联合国1990年颁布了《国际经济活动标准分类》(ISIC),提供基础的与环境核算相关的产业分类,即那些与环境污染和环境保护极为相关的产业和其他经济领域(居民和政府)。1998年又颁布了《核心产品分类(第10版)》。核算表Ⅰ的供给(产出和进口)和使用(中间和最终消耗、资本形成和出口)都根据上述分类计算。

(二) 环境保护支出核算

环境保护支出(EP)是指各行业、居民、政府和非官方组织等为了避免环境恶化或在恶化发生后减轻其程度而发生的实际费用。EP费用虽然包括在SNA中,但尚未独立地出现在传统的生产和最终使用账户中。在图9-5和核算表Ⅱ(见表9-3)中,EP费用只是作为产出、中间和最终消耗、固定资产消费、资本形成、进出口及增加值的组成部分,并没有从传统核算指标中被剔除,有时作为污染预防性支出来处理。

核算表Ⅱ表明,其"行"所表示的EP货物和服务费用是按种类和部门排列的,"列"所表示的EP产出及其价值是按行业(外部和辅助性的)排列的。核算表Ⅱ也包括EP设备、资本形成与消费账户。按照SNA的核算原则:内部的、辅助的EP活动要与外部的EP活动区分开来。其中,外部EP活动指的是建设中的初级和次级生产活动,即用于其他建设的EP货物(包括产品与服务)储备。辅助活动是生产初级或次级工业产品生产活动中供自己使用的货物和服务,包括清洁和保护环境所使用的工具等。

可是,一些环保产品却难以视作产出,因为它们在环保或其他应用领域中的用途尚不清楚。例如,过滤器除了作为环保器具外还可用于传统生产过程。因此,研究的焦点实际上已从行业与政府转到了生产与居民中的EP服务的产出与传输。

为了更完整地估计EP服务的生产,居民、生产和政府部门中自产自用的内部服务也需要计量。它们的价值应当包括提供内部EP的全部成本,即包括所购买的EP产品和劳动力、资本的价值。

对环境保护活动的分类(CEPA)(联合国、欧洲经济理事会,1994)是认定EP产出和消费的基础。CEPA只包括那些与生产单位、政府和居民所引起的环境恶化直接相关的活动和相应成本,而不包括受环境影响的活动与成本。例如,为健康和旅游附加的成本通常是由污染制造者以外的其他人承担的,这些费用有时被作为前面所提到过的广义概念下的防护性支出的组成部分。

核算表Ⅱ是对于一些所选中行业EP支出的简化,其中省略了资产账户,只对制造、建筑和卫生行业单独考虑。表中将EP物品和服务的总供给作为产出和进口,并且等于行业使用总额(间接消费总额)、其他国家使用额(总出口)、最终消费(总额)和资本形成(总额)。

空气、水资源保护等其他行业导致了大量的EP现期消费。为此,也要求对其他行业进行更深入的分析。环境税主要包括对放射物征费和对自然性资产如水、矿物燃料的过度使用征费。环境补贴包括关税削减、直接支付、行业要求或进口、环境保护设备等项目。

表9-3　核算表Ⅱ：环境保护（生产）支出

	ISIC 产出	其中：内部EP ISIC 外部EP产品与服务产出	辅助性EP ISIC 辅助EP产品与服务产出	进口 EP产品与服务进口	居民最终消费 政府最终消费	资产账户 生产性资产 ISIC 期初余额 总资本形成	其中：用于环境保护 ISIC EP资产期初余额
子集：CEPA	间接消耗	外部EP间接消耗	辅助EP间接消耗	出口			
其中：CEPA	固定资产消费 净增加值 雇员补偿 营运盈余 生产税 补贴	用于EP的固定资产消费 固定资产消费中的EP设备 外部EP的净增加值 外部EP的雇员补偿 外部EP的生产税 EP的补贴	辅助性EP的总增加值			生产性资产中的其他变化 重估价值	EP资产中的其他变化 EP资产的重估价值

为了获得 EP 物品与服务的数据,必须进行一项由行业、居民和政府执行的关于环境保护的专项调查。也可以通过对政府预算、行业与居民环境支出的特征、试验性调查、工业产品统计和投入产出表的研究来取得估计数据。

核算表Ⅱ还包括关于林产品、渔业和矿业等自然性资产的消费数据。虽然这些数据与 EP 无关,但从理论上讲它们已经被纳入了传统账户核算。

(三) 生产性自然资产账户

生产性资产账户包括生产性的自然资源,目的在于完整地评价国民财富的水平、分配和变动。生产性资产与生产活动所形成的产出,在供给与使用账户中被称为投入与产出。SEEA2003 的非金融资产(CNFA)分类中将生产资产与非生产资产区分开来。其中,生产性资源又称培育性生物资源。

SEEA2003 关于培育资产采用了 SNA1993 的定义,因此,对重复或连续使用超过 1 年的或存量中单一用途的资产都称为固定资产。

核算表Ⅲ(见表 9-4)生产性资产账户是关于生产性资产存量价值的核算,目的在于完整地评价国民财富的水平、分配和变动。

表 9-4   核算表Ⅲ:货币性资产账户:生产性账户(包括自然资产)

项 目	ISIC
	生产性自然资产
期初余额	家畜、渔业、家禽、果园、种植物、木材和其他植物的价值存量
总资本形成	
总固定资本形成	家畜、种植物、果园、渔业等的价值增值减去损耗 家畜、种植物、果园、渔业等未形成的价值
存量价值变化和价值的增值减去损耗	(1) 用途唯一的植物、家畜或鱼类,尚未收割或宰杀的庄稼、家畜和鱼类价值 (2) 在生产中重复或循环使用的树木和家畜,在建资产的价值(未成年的树木和家畜等)
固定资产消费	固定自然性资产的贬值(正常磨损与拆毁)

其他存量变动
  其他生产性资产的经济表现
  灾害损失
  其他
	自然灾害、政治事件导致的价值的正负变化,或资产使用中的变化

重置价值	持有收益或损失
期末存量	家畜、渔业、家禽、果园、种植物、木材和其他植物的存量价值

核算表Ⅲ将非金融资产中的培育性自然生长资产和人造资产重新命名为生产性自然资产和其他生产性资产,以便在环境核算中强调自然性资产。

生产性自然资源的总资本形成等于其总获取价值减去对所有成熟和非成熟动物、植物等的出售价值,包括固定资产如果园、树木、家禽和水产养殖中的鱼类的生长所发生的费用。核算表Ⅲ中仅给出了培育性自然资源中占总资本形成比重 $\frac{2}{3}$ 以上的农业的总固定资本形成,没有关于林业的固定资本形成,因为树木长成木材的这个过程往往被认为是存量的变动而不构成固定资本的形成。

"自然资源"一词在 SEEA 中是作为 SNA 所定义的"经济类非生产性自然资源"的简称。在 SNA 中,它们属于 CNFA 的第二类资产(非生产性资产),其所有权是强制分配的,并且该类资产要为其所有者提供经济利益。它们的产品一般由市场定价。经济类非生产性资产与环境类资产的区别并不完全依据稀缺原则,因而市场定价同样适用于环境资产。

SNA 与 SEEA 的另一个主要区别是对于非生产性经济资产的耗减与退化的处理。SEEA2003 将其核算为生产成本,而 SNA1993 则将其作为其他存量变动的组成部分,并对非生产性资产的经济性、退化、增值和其他特性分别进行了定义,但却把经济性排除在生产账户之外,只在资产账户中核算。SEEA2003 的环境成本核算对 SNA1993 的生产与收入指标进行了调整,特别是测算经过环境调整的增加值。把各部门经过环境调整的增加值和各部门的净资本形成分别相加即为经过环境调整的净国内生产总值(EDP)和经过环境调整的净资本形成(ECF)。

(四)实物性自然资源账户

核算表Ⅳ(见表 9-5)记录的是以实物单位(平方米、立方米和公吨)计量的自然资源的期初期末储量及其在核算期内的流量变化。期初期末储量是指自然资源中具有经济价值且可开发的数量或在核算期期末的存贮量。流量的变动源于直接的经济使用或对资源的开发,包括矿物提炼、砍伐、渔业捕捞、水资源分离等。对可再生资源,经济使用是一个笼统的概念,它包括可持续使用即通过自然性再生或重置实现,以及"耗减"即以超出长期可持续水平或产量的方式开发利用资源。

表 9-5　　　　　核算表Ⅳ:实物性资产账户:非生产性经济资产

项　目	不可再生资源			可再生资源		
	土地/土壤 (平方米)	地下资产 (公吨)	林木(经济用途) (立方米,公吨)	渔业资源 (立方米,公吨)	水资源 (立方米)
期初储量	建筑物下的土地面积、种植物下的土地面积、可恢复的土地面积	已证实储量	已存在木材储量	生物量	储量
经济性使用 (可持续使用,耗减)		矿物提取物(以矿石或加工过的形式计量)	● 木材(吨) ● 森林减少(木材损失)	总捕捞量	水中提取物
其他积累	● 土地使用的变化 ● 从环境用地转化为经济用地的土地 ● 土地开垦(资产增加)	● 发现物 ● 由于技术或相关价格变动而引起的储量重估价值	● 自然生长 ● 自然死亡 ● 从环境向经济用途转化	● 自然生长 ● 自然死亡	● 从环境向经济用途转化 ● 恢复
其他储量变化	● 土地用途的变化和由于自然、政治及其他非经济因素引起的土地面积变化 ● 经济用地向环境用地的转化	自然灾害或其他非经济因素引起的储量减少	● 自然灾害或其他非经济因素(火灾、水灾、地震)引起的储量减少 ● 从经济向环境用途转化的森林	自然灾害或其他非经济因素引起的储量减少	自然灾害(水灾、旱灾等)导致的变动

续 表

项 目	不可再生资源		可再生资源		
	土地/土壤（平方米）	地下资产（公吨）	林木（经济用途）（立方米,公吨）	渔业资源（立方米,公吨）	水资源（立方米）
期末储量	建筑物下的土地面积、种植物下的土地面积、可恢复的土地面积	已证实储量	已存在木材储量	生物量	储量
备忘项目：质量变化*	● 土壤恶化（立方米或公吨）或营养流失（公吨） ● 土地/土壤污染包括盐碱化和其他土壤质量变化		病虫害、酸雨等对森林的质量影响	酸雨及其他环境因素对水生物的质量影响	水质量变化（指数值）

自然资源质量的变化会影响其生产能力和经济价值。质量变化虽然是构成环境成本的重要因素，但却难以在实物资产账户中表现。所以，仅把它们作为备忘项目记入核算表的期末存量栏。土壤污染按每公吨土壤流失或受害面积来计算，以反映农业或其他用地的质量变化。由于土壤污染会对土地生产力产生重要影响，因此其数量被作为对资本的经济使用而进行详细核算。

在SEEA2003中，自然资源的其他积累与其他存量变化是指那些被排除在生产与收入账户外的资产的数量变动。所以，它们不影响增加值和收入（作为成本），但却是衡量自然资源的重要影响因素。其他积累与其他存量变化的区别在于：前者反映的是经济决策或利益导致的变化，而后者则是非经济性因素（政治、自然事件、灾害）等导致的结果。

1. 土地和土壤账户

期初期末储量由具有所有权的土地面积组成，包括建筑物及设施下的土地、农业用地、森林及其他植被用地、可再生土地的面积，以及相关地表水面积，如人造水渠或水库的面积等。经济使用不会减少土地的面积，因为一个国家的土地面积只会因战争或政治决策而变化，当然有时自然灾害也会导致其发生变动。因此，土地面积减少被记录在其他存量变动中。同时，土地面积减少也是长期（不仅是潜在时期）从经济使用转向环境用地的结果，因为土地用途的转换通常是环境政策或自然事件所导致的，而非仅仅由经济利益所驱动的结果。

土地面积可以因经济原因如通过其他积累所显示的土地开垦的方式而增加，其中，包括土地经济用途的变化，以及由环境性的非经济（从SEEA角度）用地向经济性用地（种植、建设等）的转换等。

土壤退化是指土壤效用的数量变化，所以也被当作土壤耗减。但从经济角度来看，与土壤退化相关的最主要问题是由于地表层土壤流失而造成的土地质量的变化。因此，在核算表Ⅳ中，土壤退化被作为土地质量变化的一项内容记入备忘项目。

土壤可作为一种可再生资源，由于其自身的复原能力，因而可以承受污染而不改变其生产能力。如同其他可再生资源，土壤可统计其净污染，即超过其可承受能力的污染价值，在SEEA中要求核算这部分成本（即损失价值）。但在实践中，对可承受污染的能力的估计却是困难的和不精确的。核算表Ⅳ中列出了总污染，即假定所有的污染都会导致土壤降低生产能力的价值。

从原则上讲,经济活动造成土壤变化,如为了农用或经济用途(住宅、工业)而进行的土地征用,要与土壤的自然性(风和水)侵蚀区分开来。为了恰当地计算土壤退化的成本,还需要对经济活动的直接影响(如农业用地的不当种植)和间接影响(如土地风化)做进一步区分。同样,造成永久生产力损失的经济因素也需要与破坏风景或经济系统的环境状况区别开来,以便计算经济和环境资产中相关的耗减(退化)指标。

2. 地下资源账户

地下资源的期初期末储量是指已探明矿产的储存量。已探明矿产是指位于地球表层下面,考虑到现有技术与开发利用的相关代价,可以被合理、经济地开采使用的地下资源,包括煤、原油、天然气储量以及金属和非金属矿藏等。核算指标包括"已探明"储量和"已开采"储量。已探明储量是指某一特定日期给出的、经过地质工程数据所证明的、以一定的确定性保证未来在一定的经济和技术条件下可以从已知的矿井中挖掘数量的估计;所谓"开采价值",是指在调查的基础上获得连续的充分信息,即有关的范围、等级、运营和资本成本,对挖掘成本进行长时期的预测,最后对该矿体进行开采的经济可行性所做出的有关该矿体的开采"数量和等级"的判断。

从长期可持续生产与消费的估价来看,正在开采的(或被确认可以开采)储量被认为能够更好地代表可能的资源数量。但它仍然存在一个不确定因素,尤其是对这些储量的估计而言。除了已开采的储量,未开采和未发现的资源只能以实物单位表述。

正如核算表Ⅳ所示,地下资源的储量变动包括矿物提取、发现、可开发性的重新估价以及其他由非经济因素造成的变动。即便所有因素都能够直接计量,实践中通常也将其他储量变动记作期初期末剩余(平衡项)。核算表Ⅳ只是有选择地列出部分地下资产。值得注意的是,表中列出的自然资源的计量单位是不同的,因此不能合计,需要将其转换为标准实物量,如将原油或煤转换成标准能源的等价物。对一些较为重要的地下资源(原油和天然气),如果开采量超过了发现和重估量,例如,原油减少了 6 250 万吨,但同时又新探明储量 1 520 万吨,那么期末储量低于期初储量。

与实践中将探明储量作为生产账户之外的其他项目的累计不同,应该把探明储量与土地改良同等对待,尤其是当资源价值的增加被重新认证为可能储备的资产时,应当确定为总资本形成。

矿藏资源的数据反映的是矿藏的地质和地球物理性特征及不考虑其经济可开发性的可能性。为了获得已探明储量的数据,考虑到现有技术、市场价格和挖掘成本因素,需要对地质性数据进行调整。鉴于一些地下资源市场价格的波动性,需要经常调整这些数据并记入其他累计项目(如重估价)。矿藏提取物的数据可以通过加权的(按矿藏内容或过程重要性)矿石总量编制。

3. 林业账户(经济功能)

经济性林业资产包括所有经济用途的林业资源,如木材储备、鞣革、纤维制品、水果和其他能够进行经济性开采的产品。这些经济性产品的储量和使用是下面讨论的市场估价应用的基础。林业资源的经济性用途需要与环境用途区分开来,因为商业性开采的林业资源往往同时具有这两种功能。

举例来说,在禁止采伐区内非法采伐,代表了环境资产数量的减少,但同时却为伐木者提供了经济效益。依照 SNA 的惯例,这一行为应当作为生产系统中的一项交易。对经济林业资产账户中的非法采伐的一个可行的处理方法是将在这一领域采伐的木材量记入其他累积,即作为环境向经济的一个转换,从经济现象看它是一个耗减项,因为我们不能认为非法采伐行为会带来对资源的可持续性使用,从而经济性林业资源的期初期末储量就不会受这些事项的影响。

如核算表Ⅳ所列,林业账户的所有要素都是以量或计量单位(立方米或生物量的吨)来计算的。期初期末储量被定义为现存的木材量,仅包括直径足够大、可以收获的树木。对林业资源的直接经济性使用包括伐木或其他(如为农业用而进行的土地整理)。木材砍伐量,从长期林业净增长的角度看,被认为是非持续的和周期性的耗减。可持续使用是指砍伐量从长期看不会损害其再生产能力。对林业可持续性的管理,目的就在于通过有选择地采伐维持这种能力。

造林和森林保护等补偿行为从本质上讲与对贬值的固定资产进行再投资是相同的。核算表Ⅳ将这些活动下的自然生长记入其他累积项。因此,其他累积包括净自然生长量(在计算了自然死亡后)和从环境向经济用途的转化量。可用于经济开采的森林的减少,如从森林向保护区的转换(其中不允许采伐),或自然原因造成的减少(如水灾、火灾),记入其他储量变动项。

理论上,可持续砍伐应采用一定的模型进行估计,模型中应包括树木年龄、原油特性、天气等解释变量。应考虑树木的年龄,尤其是在研究成熟林木减少时。但通常可持续砍伐大致等于林木的净增长。当缺乏从环境向经济用途转化的数据时,可持续砍伐近似等于其他累积,换句话说,等于净自然增长。

林业数据的收集,较为典型地依赖于以面积和数量信息为测算基础的林业存货。不同来源(林业部、研究机构、遥感机构)的面积信息常有出入,因为它们有着各自的概念和关注点。对于数据的收集方式及其结果的合理性需要谨慎评价。例如,通过卫星遥感获得的数据,应当按种类和用途(种植、商业性采伐、防护面积等)进一步分解,以区分其是否作为生产性或非生产性资产,或者经济性或环境性资产;遥感技术的地面真实性是其用于环境核算的必备条件。

4. 渔业与其他生物账户

核算表Ⅳ列示了可能用于经济用途的开发鱼类和其他水生物的期初期末储量。直接的经济使用会受鱼类捕捞的影响。鱼类捕捞是指在实际养殖地域中鱼类捕捞的重量或数量。可持续捕捞区别于耗减,前者是在从长期看不减少储量的条件下捕捞的数量。它需要通过模型来估计,模型需要考虑现有的存量尺寸和年龄结构、存量的潜在再生产能力以及气候与环境等变量。资源耗减是指超出可持续使用开采量的部分。

储量数据可以通过直接观察或每单位捕捞(CPU)数据推断。后者可从渔具用于捕鱼的天数、渔业机器技术的能力与水平等来推算。其他累积和其他储量变化的信息,即由于自然增长、死亡和循环导致的储量变动难以估价。通过考虑期初期末储量和渔业捕捞可以得到一个近似的估计值。

核算表Ⅳ包括一个含有海洋类、淡水类和其他经济类生物的资产账户。其他生物量是指陆地生态系统中的物种,如大象、老虎和其他野生动物。

5. 水资源

在现有经济和技术条件下对水资源的长期可用性进行计量是自然资源核算中最为艰巨的任务之一。水是一种流动性很强的资源,很快就从人们的掌握和控制中流走了。现行统计更多的集中于较为稳定的水域,原因是数据比较容易测量。

核算表Ⅳ的水资源储量包括淡水、地下水和其他稀缺的淡水域(需要相应的赋权才能对其进行开采和使用)。储量的变动源于工业和生活使用所造成的水资源减少、其他储量变动和其他累积。最后提及的是从环境向经济用途转化的水资源、降雨补充、自然蓄水或人工蓄水(如水库)。影响储量和流量的自然因素有洪灾或旱灾,它们的作用记录在其他储量变动中。

当不区分经济性使用和非经济性使用时,容易建立详细的水资源的平衡表。这些平衡表对资源管理部门非常有用。但是,这种方式很难分清水资源在经济系统(生产和消费)中的作用。水源质量的变化是通过具体的空间或限定地域的指数来计量的。

(五) 自然资源估价：价值账户

自然资源账户是 SEEA 的第一个以市场价格为基础的货币账户，与 SNA 账户最接近。它记录了那些已反映在 SNA 资产账户中的自然资产的价值变化。如上所述，自然资源的耗减与退化已从 SNA 中的作为环境成本的其他存量变化进入 SEEA 中的生产账户。

自然资源账户来自用货币单位对实物账户的转换，在核算表Ⅳ中以市场价格或估计价格对实物储量和储量变化进行调整。由核算表Ⅴ（见表 9-6）可见，不同种类的自然资源有相同的列标题但行标题却不同。就像在货币性资产账户中（核算表Ⅲ）引入了资本形成和重估价项目。应当注意，非生产性资产的资本形成只能来自已在 SNA 中做了核算的土地改良，对其他非生产性环境资产，新资本的生产难以定义，而资本形成记 n.a.（不可行）。对自然资产的取得或处置，只列出了土地和土壤资产，尽管其他资产也可能发生类似交易，但可能性很小，即使发生了其影响也微不足道。资产和资产变动的分类与核算表Ⅳ一样是相互参照的。

表 9-6　　　　　　　　　核算表Ⅴ：货币性资产账户：非生产性经济资产

项　目	土地（土壤）	地下资产	林业（经济用途）	渔业资源	水资源
期初储量	参见核算表Ⅳ	参见核算表Ⅳ	参见核算表Ⅳ	参见核算表Ⅳ	（所选择水域的使用价值）
固定资本形成	土地上的支出改良，包括： 林业用地清理 旱地灌溉 洪水或腐蚀的防护	n.a.[a]	n.a.[a]	n.a.[a]	n.a.[a]
耗减	资本消费：土地改良价值的减少	提取的价值	非持续性砍伐	非持续性捕捞	非持续性提取
恶化	污染和腐蚀造成的市价变化	n.a.[b]	n.a.[b]	n.a.[b]	n.a.[b]
其他积累	土地获得减去失去其他：参见核算表Ⅳ	土地获得减去失去其他：参见核算表Ⅳ	参见核算表Ⅳ	参见核算表Ⅳ	参见核算表Ⅳ
其他储量	参见核算表Ⅳ	参见核算表Ⅳ	参见核算表Ⅳ	参见核算表Ⅳ	参见核算表Ⅳ
重估价	持有利得或损失	持有利得或损失	持有利得或损失	持有利得或损失	（持有利得或损失）
期末储量	参见核算表Ⅳ	参见核算表Ⅳ	参见核算表Ⅳ	参见核算表Ⅳ	（所选择水域的使用价值）

注：a 表示不可行的；b 表示实际中难以估计的。

以下将进一步对"耗减"与"退化"做介绍。它们以核算表Ⅳ中的"经济性使用"和备忘项目"质量变化"为基础，但却归属于货币性账户的成本概念中对可持续性标准的介绍。这些标准可当作对传统生产与收入账户中采用的可持续性标准的扩展。这样，不是所有的通过资源提取和废物或污染处理而对自然资源的直接使用都可以作为成本记入生产账户，只有那些不能再生或安全吸收的部分才能这样处理。如核算表Ⅳ所示,从衡量自然资源开采的可持续性角度来说,需要复杂的模型,尤其是对渔业。鉴于对酸雨或其他污染造成的环境恶化所导致的经济资产生产力损失计量的困难性,核算表Ⅴ只从核算表Ⅳ的质量变化栏中抽取"土壤侵蚀"这一项。核算表Ⅴ对其他资产耗减都记作 n.a.,这意味着虽然理论上可行,但实践中对环境恶化导致的资产价值变化的估计却非常困难。

有形的非生产性资产的储量可以市场化,如土地,可以用市场交易的统计调查中得到的市场价格对其估计。但是不可再生资源,如土壤或野生动植物,却是没有市场价格的,因为它们很少作为整体进行买卖。实践中已经有若干种对稀缺性不可再生资源的存量及其变动进行定价的方法。

非生产性资产是指那些既没有赋予所有权,也没有直接的使用经济效益的资产。由于很多自然资源同时具有经济功能以及非经济性特征或环境性功能,对它们的分类与经济性资产极为相似。因此,非财政性资产(CNFA)的分类没有区分经济性资产和环境性资产,但将空气作为非经济性资产。

1. 土地(土壤)

SNA 已经详细地讨论过土地账户。非生产性、非经济性资产的获得或处理是不影响资本形成、增加值和收入产生的资本交易的;在 SNA 中将其作为资本性账户中的单独一项处理,而 SEEA(SNA1993)则将其作为资产性账户内的一项(如核算表Ⅴ中的其他累积项)。但是,对土地的总资本形成可定义为与土地改良,包括土地恢复、林地清理、旱地灌溉以及防止洪灾与侵蚀等相关的总支出。资本消费(核算表Ⅴ中列在"耗减"项下)是核算期内由于土地改良所需的生产性资本贬值而造成的土地改良价值的减少。土地恶化包括可能影响土地市值的土地质量降低。计算了其他累积和其他储量变动后的剩余(参见核算表Ⅴ),是包括土地持有利得或损失在内的重估价值。

与其他资产相反,土地经常会在市场上进行交易,其市价可用来计量储量和交易。核算表Ⅴ中列出了对土地市价的应用,形成了土地的货币性资产账户。核算期内所有用途的土地价值都增加了。

如核算表Ⅳ所示,土地资源的价值会受到有毒化学物质的影响。然而,现在几乎不可能编制一个定期性资产账户来将这种污染所造成的土地市值的变化与各种土地和供求中的其他社会及经济因素区分开来。因此,核算表Ⅴ只将土地侵蚀作为土地受污染的一个原因,而将土壤侵蚀记为耗减。为了强调农业或其他种植性土地生产力丧失问题的严重性,尤其是在发展中国家,SEEA 详细地计量和成本化了土壤侵蚀。例如,只对经济活动的直接侵蚀效果进行记录,为的是避免重复核算及便于搜集侵蚀活动的成本资料。

土壤损失的经济效果通常采用两种估价方法:(1)营养恢复成本及维持成本法;(2)对由于土壤生产力的减少而导致的农产品出售的未来净租金和耗减减少的下限进行净现价估计。

2. 地下资产

地下资源的期初期末储量和期内开采量应以现行市价估计并记录在上述土地账户中。但在 SEEA 中,与 SNA 一样,都没有关于地下资源的资本形成。地下资源矿物的开采成本,无论是自己开采的还是购买他人的,都应作为无形固定资产的形成,即采掘业的资本形成来计算。例如,前面已讨论的,发现新的地下资源,将会导致一些开采性投资,应记为其他累积。因为,地下资源是不可再生资源,所有的提取都应作为耗减处理。

在缺乏资源市价的情况下,可用净现价或使用者准许权成本法估价。净现价是以现有的资源市价而非提取的资源市价来计算的。开采成本是根据现有的资源市价,资源开发的现行成本包括资源的基础加工和交易,以及投入资本的折旧和正常的资本回报来计算的。使用者准许权成本是一个备择方案,如上所述,它反映的是收入(而非资本)稳定性的概念。

如果成本超过了售价,就会产生负的净回报。一旦在核算期期初或期末出现负的净租金,所有资源的货币性账户都因为一个经济性消失(SNA 的术语:K.6)而成为 0。如果净租金在报告期期初产生,而在期末仍然大于 0,则需要将期初存量记作 0,而增减变动的流量则用期末储量的半价来估计。

3. 林业的经济性用途

经济林的耗减主要是因为伐木量超出林木可持续生产的限度。为了确定可持续使用的砍伐量,需要建立含有不同树种砍伐的时间序列、土壤肥力、天气状况等变量的可持续限量的模型。农业、建筑和其他经济用途的林地清理的耗减成本应当分配到产生这种耗减的企业和部门中去。

货币性账户可以通过木材量和相应的标签价格乘积获得。这个价格是潜在拥有者为获取收获权而愿意支付的最大限度。在完善的市场条件和合理的市场行为下,这个价值代表了预期收益的折现价值。但是潜在购买者的支付意愿难以估计,而包含一个正常资本回报的净现值——木材的市场价格(单位出口价格)与砍伐、提取、运输及挖掘木材的成本之差经常是一个近似值。理论上,使用权的成本可以通过对林业可持续使用所取得的收入来计算。

4. 渔业资源

鱼类和其他水生物种也是可再生资源,需要建立可持续性捕捞模型。这种模型中应当包括的解释变量有:采用各种器具的捕捞活动、年产量和物种收获的其他生物特征。通常采用净现价估价。当然,市场价值只适用于那些具有经济性功能和价值的资产。其他(被选的或已存在的)价值应当用于鱼类、林业和其他生物获取的非经济性环境价值的计量。

5. 水资源

与其他可再生性资源一样,超过可恢复的水资源耗减可作为环境成本支出进行核算。在很多时候,只有一些被选中的可永久性耗减水域,如湖泊、水产养殖域和其他地下水资源,它们的耗减才是可以计量的。但是,对水资源保护定价是不可行的,由于不同用途或大量的补贴会使定价差异很大。因此,考虑到所提供水的质量,水源保护的成本变动幅度很大,在采用维持成本法时这是一个应当估计的问题。

(六) 实物性环境资产账户

环境资源包括空气、水域、土地和那些或许会被免于经济性使用的野生动植物群。对自然系统进行分类是一项艰巨的任务,通常在环境系统或生态统计中出现。而且,在资产账户中对各种生物的特殊变动进行确认和计量也几乎不可能。所以,核算表Ⅵ(见表 9-7)是作为实物统计与指标的联结纽带,从环境统计和可行的环境核算框架中取得对环境与经济交互作用的更详尽分析。这种分析侧重于环境资产及其实物性存量变化。因此,核算表Ⅵ没有区分属于非同类资产的变动,只是记录了实物性存量变化。这些变化与其他资产一样,包括从环境账户中转移的部分。

表9-7　　　　　　　　核算表Ⅵ：实物性资产账户：非人造的生产性环境资产

项　目	土地和其他生态系统（森林、水等）（平方公里）	稀有和濒临灭绝的动植物群（个数）	空　气
期初储量	未包括在经济资产账户中的土地面积（核算表Ⅳ）	总量	n.a.[a]
储量变化	分类的变化（环境与经济用途间的转换和生态系统间的转换） 由于自然、政治或其他非经济性原因导致的面积变动	物种的地位变化（经济与环境间的转化） 自然灾害导致的数量变化 提到的物种数	n.a.[a]
期末储量	未包括在经济资产账户中的土地面积（核算表Ⅳ）	总量	n.a.[a]
质量变化[b]	土壤侵蚀（公吨） 土地污染（灌入量或周围浓度） 病虫害和酸化对林业的影响 颗粒物（面积或量的变化） 水质变化（指数）	受疾病影响的物种数（个数变化）	空气质量变化（指数）

注：a 表示不可行的。
　　b 表示质量度量不是资产账户的组成部分，但与环境污染成本的估价有关——导致环境污染成本的经济活动的损失。

（七）环境账户

有关由于污染引起环境质量下降的损失的数据，包括废物的排放，取自于核算表Ⅶ（见表9-8）中的污染项目，不属于广为接受的国际性分类。最为重要的污染物和废物的分类需要分别确定，因为不同污染物和废物的影响成本差异相当大。污染领域包括工业、居民、政府（含非营利组织）和社会的其他部分，后者反映的是跨界污染，如通过空气和水进行传播，或在土地上传播（合法或非法流向国外）。

表9-8　　　　　　　　核算表Ⅶ：经济领域的环境污染损失（实物量）　　　　　　　　单位：千公吨

项　目	制造业	水电气业	政　府	居　民	其他国家 来自	其他国家 流向
空气 　SO_2 　NO_X 　TSPM 　CO_2 水 　BOD						
土地（土壤） 废物（污染物）						

污染的数据通常由监管机构编制，他们对环境中介如空气、水、土地（土壤）中的污染物的周围浓度进行计量，以作为估计环境质量变化的基础。但是，为了将环境成本分配于相应的造成这些成本的部门，外溢效果的数据更应该收集。由于难以对周围浓度追根溯源（无论时间和空间），通常在无法对外溢效果直接计量时采用外溢系数。这些系数可以来自调查、工程研究、

其他具有相似经济结构的国家或有关某种代表性行业的国际数据。当然,所提及的这些需要按照一国生产和消费模式的特殊经济和技术特点来选择。

与可再生资源一样,再生能力也许会增加资源的使用时间,按照可持续使用的观点,只有那些不能安全地被环境链吸收的外溢才应当被记录和计价。一国政府制定的标准或国际公约可作为可持续性外溢的代表。外溢效果(通常以投入或产出系数估计)如果在核算期内被企业、政府或其他机构有所减轻,就不应再被估价为维持成本。

(八) 环境的维持成本

核算表Ⅷ(见表9-9)提供了核算表Ⅶ中的净污染(超过吸收或减轻的部分),但不包括跨界性污染的环境成本,原因是跨境污染的估价过于复杂,无法实现。因此,核算表Ⅷ不包括跨越国境和人类公共资源如大气(二氧化碳)、海洋中的环境污染损失价值的核算。废物和外溢会影响土壤的质量而导致其价值变化。SNA1993中将这种质量变化记作资产账户的其他储量变化。与耗减和经济损失的处理相反,导致耗减的因素被直接分配给了相应的耗减行为,但是要将土壤质量变化作为来自资产账户的成本向生产性账户中的具体部门进行分配有一定的困难。实践中,土地质量的变化很少记入资产性账户,而维持成本将直接分配给相关经济活动。

表9-9　　　　　　　　核算表Ⅷ:经济领域的环境维持成本

项 目	A 每千公吨的成本				B 总成本			
	制造业	水电气业	政府	居民	制造业	水电气业	政府	居民
空气 SO_2 NO_X TSPM								
水 BOD								
土地 废物								
总　计								

所谓环境的维持成本,是指以最有效的活动采用缓解现有污染的可行技术,维持环境对废物(污染物)的吸收能力所花费的最小成本。实践中,现行的生产和消费过程最可行的技术有时也只能在一定程度上减轻核算期内的部分污染。由于高昂的成本,剩余的污染只能由社会承受。通常假定这部分剩余污染能够被环境安全吸收,或者处于规定的标准内。因此,上述环境的维持成本只是在符合某种规定的标准下,为减缓环境污染或维持环境对废物(污染物)的吸收能力所花费的成本,而不是全部成本。

(九) 合计与制表

对实物性账户的合计仅限于某些被选中的资源和环境。在环境保护的宗旨下对资产进行合计需要一个价格标准如市价或维持成本。实物性存量或存量变动中货币价值的应用,使计算环境性调整如自然资本(财富)、环境调整后的增加值(EVA)、环境调整后的国内生产总值(EDP)成为可能。

核算表Ⅸ(见表9-10和表9-11)提供了上述自然资产储量及其耗减(退化),作为生产的环境成本的货币价值的编制结果。

表 9-10　核算表 IX：环境与经济账户的合并

		农业	林业	渔业	采掘业	制造业	水电气业	建筑业	公共管理与安全	其他行业	总行业
期初储量	供给量	27 127	9 183	2 201	20 608	240 810	9 618	60 808	29 329	131 786	531 470
中间与最终使用	产出	13 406	4 490	1 016	11 916	174 100	4 333	27 937	10 505	42 388	290 091
	其中：环保产品					1 848					18 034
	中间与最终使用					1 788		24		16 222	
	其中：环保产品										
	固定资本消耗	4 528	885	272	2 303	7 436	1 307	2 311	916	3 967	23 925
耗减	矿物				5 582						5 582
	林产品		1 446								1 446
	鱼类	256		421							421
	其他生物	7									256
	水										7
	小计	272	1 446	421	5 582						7 721
转换										1 901	1 901
对自然资源的经济性恶化	土地（土壤）	432				183	122		169		907
	空气					1 215	1 247		98		2 561
	水					318	669		164		1 151
	小计	432				1 716	2 038		431		4 618
总增加值		13 721	4 693	1 185	8 692	66 710	5 285	32 871	18 824	89 398	241 379
净增加值		9 193	3 808	913	6 389	59 274	3 978	30 560	17 908	85 431	217 454
雇员补贴		2 923	2 281	235	2 140	31 701	1 014	21 553	17 904	32 837	112 588
营业盈余		5 727	1 340	664	3 827	17 903	2 641	6 336	4	37 790	76 233
生产与进口的税金减补贴		542	187	14	422	9 670	323	2 671		14 804	28 633
经环境调整后的增加值		8 490	2 362	492	807	57 558	1 940	30 560	17 477	83 530	203 214
其他储量变化											
重估价值											
期末储量											

表 9-11　核算表 IX：环境与经济账户的合并

资 产 账 户

		经济性自然资产					环境性资产		
	生产性资产	土地	土壤	矿物储备	林业	渔业	其他生物	水	土地	空气	水

进口											
出口											

−71 840
−1 208

69 432
101

政府, 居民和NPISH$_s$
155 846
3 328

713 465　3 130 637　　　262 431　25 261　20 017　5 101　372

87 941
3 623
−23 925

　495*
−25

361

14
375

255
984
287
1 526

−432

−5 528　　　−1 807　　−421　　−265　−20

−268　　107 888　　　　　　3 808　　7　　73　　12　　　−729

1 302　　−2 412　　　　　−923　　−396　−131　−265　−9　　　　−3 545

　　　70 570　　　　−16 035　3 727　2 187　−546　325

778 515　3 307 153　　　243 698　26 792　21 724　4 026　679　　　　　　　−1 439

注：* 表示用于土地改良，表中数据为假想数据。

(十) SNA 核算与经过环境调整的核算指标的对比

1. 国内生产净值与国内生态产出

环境税扣减补贴、环保产品的间接消费（使用）、对自然资源的使用这些都作为国内生产净值（NDP）和国内生态产出（EDP）的组成要素。EP 支出，依据其所影响的中介（土地、空气和水）位于表（见表 9 - 12）的中间。各行业对自然资源使用的成本作为对林业、矿藏、生物量的耗减和对土地（土壤）、空气及水的恶化的计量。

表 9 - 12　　　　　　　　　核算表 X：SNA 与 SEEA 的比较

	农业	林业	渔业	采掘业	制造业
（货币单位）					
NDP[a]					
EDP I[b] (EVA I[c])					
EDP II[d] (EVA II[e])					
(NDP−EDP II)/NDP					
(NDP−EDP I)/NDP					
C[f]/NDP					
C/EDP II					
NCF[g]/NDP					
ECF[h]/NDP					
NDP/CAP[i]					
EDP I/CAP I[j]					
CAP/CAP I					
ICEP[k]/GDP[l]					
GCFEP[m]/GDP					

注：a 表示国内生产净值。
b 表示以市价计算的经环境调整后的国内生产净值。
c 表示以市价计算的经环境调整后的净增加值。
d 表示以维持成本计算的经环境调整后的国内产品净值。
e 表示以维持成本计算的经环境调整后的净增加值。
f 表示最终消费。
g 表示净资本形成。
h 表示经环境调整后的净资本形成。
i 表示资本储量（生产性的）。
j 表示包括核算期初（经济性）自然资本在内的资本储量。
k 表示为环保进行的间接消费。
l 表示国内生产总值。
m 表示为环保的总资本形成。

2. 居民与政府的最终消费

这一项包括两个要素，环保产品的最终消费和以生产废物及向空气、土地和水资源排放的方式对自然资源的最终使用。将这些数据与各行业的资源耗减和环境退化价值汇总,就得到了核算表Ⅹ的总数。

3. 净资本形成(积累)

经环境调整后的资本形成,从占 SNA 核算的国内生产净值中的份额转化为占国内生态支出的份额。只有 EP 设备中的固定资本形成才作为其组成部分。无论传统核算还是经环境调整,都只提供资本形成的总额,因为 EP 中固定性资本消费的数据无法取得。

4. 出口与进口

在传统账户中,对自然资源的进口与出口可分别确定。进口代表其他国家的耗减。核算表Ⅹ(见表9-12)中把各种资源的进口作为耗减进行了分配。这样做的目的是确定经济发展对其他国家自然资源的依赖程度;同理,出口象征着为满足他国需要而过度使用的自然资源。

5. 对核算表中所列的数据可进行不同期限的更有意义的分析

对短期和中期分析来说,对源于生产和消费方式的转变、环境成本估计和实际成本内部化的结构变化进行研究是很有用的。总体来说,国内生态产出的时间序列或经环境调整后的资本累计能够显示经济增长的持续性或非持续性。

第三节 SEEA 中环境存量和流量的估价

环境与经济综合核算体系作为国民经济核算体系的一个附属系统为资源和环境核算提供了一个必要的框架,但并没有解决评估中的许多问题。因此,它的贡献更多的是在结构水平上而非内容水平上。显然,对环境价值的估计是测算"绿色 GDP"的关键。而对环境存量和流量的估计则是这个关键的核心。

一、资源与环境估价的成因

在环境与经济综合核算体系中,环境资源核算主要是核算自然资源作为货物和服务生产的资本来处理,记录使用这些资源,即资源的耗减和降级的费用,还记录说明虚拟费用和资本项目所需的隐形转移。目前,资源与环境核算分为三种,三者相互补充又相互交叉。第一种一般称为自然资源核算,注重实物量核算,设有实物核算账户。该账户主要是核算自然资源的期初期末存量,以及报告期内流量的变化。第二种是为了与国民经济核算账户相联系,以货币量进行核算,通常为货币量附属核算。它能得出用于环境保护的实际支出,并解决了计算净产出时如何处理由生产活动造成的对自然资产和其他支付的环境费用的问题。它分为狭义与广义的核算:狭义的货币量核算主要核算环境保护的实际支出;广义的货币量核算不仅包括维护环境的支出,而且包括自然资源的消耗与退化,消耗就是自然资源量的使用,退化表示自然资源使用价值的质量降低。第三种是一种注重福利核算的方法。它涉及造成环境影响的生产者以外的个人和生产者承受的环境影响。生产者承受的影响通常远远大于引起的费用,通过环境服务的转移,它不影响净产值而影响净收入。在这三种核算中,资源实物量核算在实践中应用较为广泛,价值量核算是近年来新提出的方法,而环境福利核算至今还没有统一的看法。

在自然资源核算中,货币量核算是重点和难点,并且在核算的过程中主要是自然资源的耗减与降级。要解决自然资源的耗减:一是确定耗减的实物数量,这是实物核算的内容;二是资源的价格,这涉及资源的定价问题。资源的降级则涉及资源的评级问题。

二、自然资源的估价

实践中,自然资源耗减的估价可使用市场估价法,根据生产活动产出的市场价格与对资源提取引起的所有费用(劳动报酬和正常利润)之间的差额来计算。可再生资源的计算比较简单,可采用市场法、折现法、净价法和成本费用法等。不可再生资源要考虑其不可更新的特点,应从可持续发展角度着手,采用持续收入法进行核算。

(一) 市场估价法

通过自然资源的交易与转让市场中形成的自然资源价格来推测、评价自然资源的价格,这种方法需要以有效的完全竞争的规范化自然资源市场为前提。

(二) 折现法

在没有充足的市场交易估价时,应通过自然资源估计未来收入流量的折现价值,作为计算价格的依据。假定未来每年年末的收益为 $R_1, R_2, R_3, \cdots, R_n, \cdots$,每年利率相等,且为 r,那么,该资源的价格为 $\dfrac{R_1}{(1-r)} + \dfrac{R_2}{(1-r)^2} + \cdots + \dfrac{R_n}{(1-r)^n}$;如果每年的收益相等为 R,那么该资源的现价为 $\dfrac{R}{1-r}$。

(三) 净现值法

自然资源的现值 V_0 是对其预期净收入 $(N_0 t_t)$ 按名义利率或实际利率 r 进行折现的总值:

$$V_0 = \sum_{t=0}^{T} \frac{N_t Q_t}{(1+r)^t}$$

式中,在资产的存续期 T 中,r 被假定是稳定的,N_t 表示资源的总销售价值减去其生产成本,Q_t 代表在 t 时期的开采数量。

(四) 净现价法

t 时期资产的期初价值 T_V 是资源的数量与每单位平均市价 P_t 和每单位生产价格 C_t 之差的乘积,即:

$$V_t = (P_t - C_t)Q = N_t Q$$
$$Q = \sum Q_t \text{(资源存续期中的年提取量)}$$

1. 估价步骤

第一步,确定各种自然资源产出的市场价格:可采用进口价格或出口价格,核算期间的期初、期末或平均价格。

第二步,估计每单位资源产出的总生产成本:核算期间的期初、期末或平均单位成本。

第三步,估计用于资源开发的投资的正常回报。

第四步,资源开发企业的净营业盈余。

第五步,计算其差异作为净现价。

2. 净租金

直接用于对总资源储量的估价,可以作为应用净现值法的基础。为了避免计算正常资本回报,它采用外生性利率来计算,以避免生产性资本中的净租金流量出现负值。

其基本思想是,从资源储量的总价值中提取生产性资本储量 K 的价值,在核算期末,估计生产性资本储量 K 的重置成本,则核算期内的净租金为:

$$[(TR-C)/(提取数量)] \times (剩余总资本量) - K$$

式中,TR 表示资源开采的总收入,C 表示现行提取成本。

3. 净现价法的应用

(1) 如果资源储量的市价或总的净租金值无法取得,在核算期初对非生产性经济资产的期初实物储量采用净现价。

(2) 对非生产性资源由于开采或提出而产生的变动、其他累计和其他储量变化采用核算期内的净现价。

(3) 如果资源储量的市价或总的净租金值无法取得,在核算期末对非生产性经济资产的期末实物储量采用净现价。

(4) 计算重估价项目作为期初期末储量和核算表Ⅴ(见表9-6)所列的其他变化的平衡项。

(5) 将耗减成本分配给相应活动,记入 SEEA 的 EVA Ⅰ(以市价计算的经环境调整后的净增加值)和 EDP Ⅰ(以市价计算的经环境调整后的国内生产净值)。

(五) 成本费用法

由自然资源价格和构成因素推算(可参考成本会计相关资料)。

(六) 持续收入法

在现行的国民经济核算体系下,资源开采部门的净收入就是其销售收入与开采费用的差价。这部分净收入还可以再分成两部分:一是资源耗减费用,二是真实收入。持续收入法的计算原则是:将自然资源视为持久的收入来源,即资源销售收入的无限性。从净收入中扣除的耗减费用,应再投资到资源产业或其他产业中去,以保证可持续获得收入。为保证资源收入的持久性,资源开采部门在有限的开采期限内,每年得到的净收入的现值之和应等于从开采之日起每年由该资源产生的真实收入的现值之和,公式表示为:

$$R \times \frac{1-(1+r)^{-n}}{1-(1+r)^{-1}} = \frac{T}{1-(1+r)^{-1}}$$

式中,r 表示贴现率,n 表示开采年限,R 表示开采期间每年得到的净收入,T 表示从开采之日起每年由资源产生的真实收入。

将上式整理得:

$$\frac{T}{R} = 1-(1+r)^{-n}$$

或

$$1-\frac{T}{R} = 1+(1+r)^{-n}$$

式中，$\frac{T}{R}$表示真实收入占净收入的比例，$1-\frac{T}{R}$表示资源耗减费用占净收入的比例。

由于决定真实收入占净收入比例的只是利率和开采年限，开采者因预期价格变化而改变开采计划或开采量的改变对产量的影响都反映在开采年限的变化上，因此，这种方法避免了对资源存量价值的估算，也不必预测资源产品未来价格的变化。

（七）使用者特许权成本法

第一，确立作为使用者备选投资方案机会成本的折现率（实践中通常采用3%～10%的比率）。

第二，以现有的开采速度估计资源的使用寿命。

第三，使用折现率和寿命计算使用者准许权的成本，以及现行净回报（净现价乘以资源产品的提取和耗减）。

第四，将使用者准许权成本计入 SEEA 作为计算 EVA Ⅰ（以市价计算的经环境调整后的净增加值）和 EDP Ⅰ（以市价计算的经环境调整后的国内生产净值）的替代。

（八）使用者成本法

使用者成本是在核算期 t 中出售不可再生资源而获得的确定性净回报 $R(R=N_tQ_t)$ 与投资中以利率 r 取得的永久收益 X 之差，公式为：

$$R-X=\frac{R}{(1+r)^{T+1}}$$

使用者成本法适用于耗减量而不是储量。

三、环境退化成本的估价

在处理环境退化成本时，环境与经济综合核算引入了引致成本和表现成本的概念。

表现成本是指整个社会的经济活动对环境破坏的情况，这里的成本不是由某个经济体造成的，而是由整个社会经济体的影响造成的。例如，某一经济体向空气中排放二氧化碳，其他经济体也向空气中排放二氧化碳，所有经济体的二氧化碳排放总量将使整个地球的气候变暖，此时，气候变暖的成本就是表现成本。表现成本表示环境的总体影响程度。

与"表现成本"形成对比的是"引致成本"。引致成本是某一经济体由于自身的经济活动对整个社会的总污染情况，与表现成本相比，引致成本容易测量，只需测量该企业的经济活动情况就可以测量污染排放情况。但是，人们看到的污染是表现成本，是整个社会的环境污染情况。为了维护环境，需要收取维护费用，而收取维护费用需要根据引致成本来收取，仅仅根据表现成本很难界定费用。这个概念适用于所有跨国界污染物，或者是具有地区重要性的如酸排放，或者是具有全球社会成本的污染物，如二氧化碳等。

要对上述成本进行估价，环境与经济综合核算又引出了"维护费用"的概念，这是指在核算结束时保持环境质量在核算开始时的水平所需花费的总成本。尽管"维护费用"方法有助于维护资本完整性，但在实践中运用起来却并不简单。

实践中，仅假定报告期内一个国家内部环境质量退化所引起的损失，那么维护费用就是报告期内该国为保持报告期初期末环境质量不变所支出的实际费用总和。但是，这些费用难以衡量，唯一的解决办法是运用建模的方法进行估价，其中 Hamilton 模型较有说服力。其操作

步骤如下:

对污染排放进行界定:假定有一个资本与劳动组成的生产函数,该函数的产品 F 一部分消耗掉 C,一部分作为再生产投资 K,一部分投资到污染治理 K_a,还有一部分作为当前治理污染的支出 a,用公式表示为:

$$F = C + K + K_a + a$$

污染排放假定为生产量、投资污染治理 K_a 及 a 的函数,函数形式为:

$$e = e(F, K_a, a), e_a < 0 \text{ 且 } e_{K_a} < 0$$

e 随着生产量的增加而增加,随着污染治理投资支出的增加而减少。

整个社会的目标是效用最大化,效用 U 是消耗 C 和环境服务 B 级别的函数。效用折扣率假设固定为 ρ。环境服务是与污染排放负相关的,用公式表示为:

$$B(e) = B_0 - \alpha e$$

式中,B_0 是最初环境的环境服务的级别,而 $B(e)$ 表示当排放一单位污染时,所导致的环境服务下降的数量。对于污染消除资本的投资,引入控制变量 m,整个社会在 0 到无穷时间上的效用最大化问题是:

$$\int_0^\infty U(C, B) e^{-\rho t} dt$$
$$K = F - C - m - a$$
$$K_a = m$$

上述表达式说明:在投资的限定条件下,整个社会消费生产的产品与污染环境代价的效用现值最大化的问题。

Hamilton 函数是一种扩展的效用函数,它平衡了当前福利和未来福利的决定。其函数形式如下:

$$H = U + \gamma_1 K + \gamma_2 K_a$$
$$= U + \gamma_1(F - C - a - m) + \gamma_2 m$$

H 最大值的首要条件是:

$$\frac{\partial H}{\partial C} = 0 = U_C - \gamma_1 \Rightarrow U_C$$

$$\frac{\partial H}{\partial m} = 0 = -\gamma_1 + \gamma_2 \Rightarrow \gamma_2 = U_C$$

$$\frac{\partial H}{\partial a} = 0 = -\alpha U_B e_a - \gamma_1 \Rightarrow -\alpha U_B e_a = U_C$$

将 $b \equiv -1/e_a$ 定义为污染消除的边缘成本乘以 α 的首要条件,得到:

$$b = \alpha \frac{U_B}{U_C}$$

由于 $\dfrac{U_B}{U_C}$ 是追求效用最大化的消费者希望为环境服务的边际单位支付的价格,这个等式成立是 H 效用最大化的条件。该条件表明,当环境的边际效用与消费产品的边际效用的比值为常数时,整个社会生产与环境消费达到最大。

下面构造社会福利函数如下:

$$MEW = C + K + K_a - be + \frac{U_B}{U_C} B_0$$

关于这个表达式,有几点需要注意:
(1) 所有的投资,不管是生产性资本还是消费性资本,都通过合计中的福利来衡量。
(2) 当前的消费支出 a 不是用福利来衡量的,属于必需品。
(3) 当前的污染排放表现为从福利中的扣除,用边际消除成本或者边际社会成本来估价。

这个表达式右边的最后一项是一个纯福利元素,来自最初环境服务流的价值,无法直接计算,去掉这个元素便得到经济体系的"绿色国民净值"(gNNP)。

$$gNNP = C + K + K_a - be$$

假设一个边际成本的动态路径条件成立,当效用保持一致性时,产出达到最优,这时可通过国民生产净值(NNP)来衡量可持续收入。进而,当考虑资源消耗因素时,则可用 gNNP 衡量可持续收入,这时 gNNP 的含义相当于环境与经济综合核算中的 EDP。

环境与经济综合核算从经济的持续发展角度,也就是从社会福利最大化的角度,从理论上分析了资源的定价问题。但是,在环境估价方面,环境与经济综合核算仍有许多不完善的地方,例如,生物资源的估价、不可再生资源的估价和对污染成本的处理等。在人类社会中,完美的生态经济关系需要经过很长的时间才能建立起来,其最终目标是保护地球这个生态大系统,使整个地球的生态环境系统达到可持续发展,最终实现"和谐社会"的目标。

第四节　SEEA2012

一、SEEA2012 核算的主要领域[①]

SEEA2012 将经济环境存量和流量信息编排并整合在一系列表格和账户中,具体包括的表格和账户有:(1) 实物型供给使用表和价值型供给使用表,显示自然资源投入、产品和残余物流量;(2) 针对各项环境资产的实物型供给使用表和价值型资产账户,显示核算期期初和期末的环境资产存量及其在此期间的存量变化;(3) 一套经济账户序列,显示经耗减调整后的各经济总量;(4) 功能账户,记录用于环境目的的各种交易和其他经济活动信息。此外,还可以将这些表格和账户与相关就业、人口和社会信息挂钩,从而扩展对这些数据的分析。

SEEA2012 核算的主要领域涵盖了三个方面:

(一) 实物流量测算

实物流量测算的重点之一是利用实物单位记录进入和退出经济活动总体的物质和能源流量,以及经济活动总体内部的物质和能源流量,即记录经济体内部、经济与环境之间的物质和能源实物流量。大体而言,从环境进入经济活动总体的流量(如矿产、木材、鱼类和水的流量)作为自然投入统计,经济活动总体内部的流量(包括固定资产存量的增加量)作为

[①] 参考 SEEA2012。

产品流量记录,从经济活动总体进入环境的流量(如固体废物、废气排放和水回归流量)作为残余物统计。

将实物流量记入投入产出实物型供给使用表,是 SNA 投入产出价值型供给使用表的扩展。在投入产出实物型供给使用表中,记录从环境到经济活动总体、经济活动总体内部以及从经济总体进入环境的全部实物流量。由于各种实物流量有不同的使用价值和计量单位,无法直接加总,SEEA2012 着重于阐述三个重要的环境子系统,即能源、水和物质的实物型供给使用表的编制标准。

(二) 环境资产测算

经济体对自然资源投入的利用,会导致产生这些资源投入的环境资产存量发生变化。环境资产虽然是自然形成的,但是有许多种类的环境资产会因为经济活动而发生不同程度的转型。SEEA2012 对环境资产分别编制了实物型资产账户和价值型资产账户,侧重于为所有经济活动提供物质和空间的各项环境组成成分,如矿产和能源、木材资源、水资源和土地的测算,这样可以显示企业和住户将环境资产作为自然资源投入直接用于经济活动所产生的物质收益。但对于间接使用环境资产所产生的非物质性收益(如因水净化、碳存储和减轻洪灾影响等生态系统服务而产生的收益)在环境与经济综合核算中心框架中未进行测算,相关内容发布在《SEEA 试验性生态系统核算》中。

(三) 与环境有关的经济活动的测算

与环境有关的经济活动,包括环境保护和资源管理支出,以及环境货物服务生产,比如削减空气污染的各种设备的生产。利用国民经济核算体系核算框架,可以在所谓功能账户(如环境保护支出账户)中单独确认和显示这些持环境目的而从事的经济活动。

此外,SEEA2012 还对税收、补贴、赠款和租金等与环境有关的经济活动所产生的交易进行测算,从而更全面地审视了经济的环境方面影响。这些交易被记入序列经济账户和功能账户(如环境保护支出账户)。

二、SEEA2012 中心框架的核心内容[①]

SEEA2012 中心框架共有六章,采用了"总、分、总"的结构。第一章介绍了 SEEA 中心框架的组成部分、历史背景及其地位。第二章概述了中心框架的主要组成部分、账表类型、存量流量核算的基本原则,以及经济单位的定义、记录和估价原则。第三章至第五章分别从不同核算领域详细说明其核算方法,是中心框架的重点所在。第六章将分散的账户整合起来,纳入同一核算架构内,强调 SEEA 中心框架综合性的实现。

SEEA 中心框架的核算重点有三方面:一是物质与能源在经济体系内部、经济与环境之间的实物流量;二是与环境有关的经济活动和交易;三是环境资产存量及其变化。这些内容分别在第三、四、五章论述。

(一) 第三章"实物流量账户"详细说明了实物流量的记录

经济与环境之间以及经济体系内部发生的实物流量包括自然投入、产品、残余物三类。自

[①] 何静:《环境核算经济的最新国际规范》,《中国统计》2014 年第 6 期。

然投入是指从环境流入经济的物质,分为自然资源投入、可再生能源投入和其他自然投入三类。自然资源投入包括矿产和能源资源、土壤资源、天然林木资源、天然水生资源、其他天然生物资源以及水资源;可再生能源投入包括太阳能、水能、风能、潮汐能、地热能和其他热能;其他自然投入包括土壤养分、土壤碳等来自土壤的投入,氮、氧等来自空气的投入和未另分类的其他自然投入。产品是指经济内部的流量,是经济生产过程中所产生的货物与服务,与国民经济核算体系中的产品定义一致,按"主产品分类"标准进行分类。残余物是生产、消费或积累过程中丢弃或排放的固态、液态和气态物质。根据实物流量的定义与分类可以勾画出经济与环境之间的实物流量关系图。从方法上看,以 SNA2008 中的价值型供给使用表为基础,在其中增加相关的行或列,即可得到实物型供给使用表,以此记录从环境到经济、经济内部以及从经济到环境的全部实物流量。整个核算的逻辑基础是以下两个恒等式:

一是供给使用恒等式:

$$产品总供给 = 产品总使用$$

具体表现为:

$$国内生产 + 进口 = 中间消耗 + 住户最终消费 + 资本形成总额 + 出口$$

二是投入产出恒等式:

$$进入经济的物质 = 流出经济的物质 + 经济系统的存量净增加$$

具体表现为:

自然投入 + 进口 + 来自国外的残余物 + 从环境回收的残余物 = (流入环境的残余物 + 出口 + 流入国外的残余物) + (资本形成总额 + 受控垃圾填埋场的积累 − 生产资产和受垃圾填埋场的残余物)

由于实物流量有不同的计量单位,无法直接加总,因此实物流量核算着重于三个子系统,即能源、水和物质。该章后半部分详细描述了能源、水以及各种物质的实物型供给使用表,包括气态排放物、液态排放物和固体废弃物账户。

(二)第四章"环境活动账户和相关流量"重点识别国民经济核算体系内可视为环境的经济交易,特别是与环境活动有关的交易

环境活动是指那些主要目的是降低或消除环境压力,或是更有效地利用自然资源的经济活动,具体分为环境保护与资源管理两类。其中,环境保护活动是指那些以预防、削减、消除污染或其他环境退化为主要目的的活动,资源管理活动是指那些以保护和维持自然资源存量、防止耗减为主要目的的活动。环境活动提供的货物与服务称为环境货物与服务,包括专项服务、关联产品和适用货物。生产环境货物与服务的单位统称环境生产者,若环境货物与服务的生产是其主要活动,则称为专业生产者,否则为非专业生产者,若仅为自用而生产则称为自给性生产者。

SEEA2012 中心框架提供了两套信息编制方法——环境保护支出账户(EPEA)和环境货物与服务部门统计(EGSS)。前者从需求角度出发,核算经济单位为环境保护目的而发生的支出,以环境保护支出表为核心,延伸到环境保护专项服务的生产表、环境保护专项服务的供给使用表、环境保护支出的资金来源表;后者从供给角度出发,尽可能详细地展示了专业生产者、非专业生产者、自给性生产者的环境货物与服务的生产信息,它将环境货物与服务分为四类,即环境专项服务(环境保护与资源管理服务)、单一目的产品(仅能用于环境保护与资源管理的

产品)、适用货物(对环境更友好或更清洁的货物)、环境技术(末端治理技术和综合技术),提供的主要指标有:各类生产者的各类环境货物与服务产出、增加值、就业、出口、固定资本形成。相比较而言,环境保护支出账户由系列账户组成,核算结构完整;而环境货物与服务部门统计仅侧重于环境货物与服务的生产。

此外,该章还介绍了其他环境相关交易的范围,比如环境税与补贴,使用环境资产的许可证和执照,以及环境相关活动中所使用的固定资产等。

(三) 第五章"资产账户"阐述了环境资产的核算

环境资产是地球上自然存在的生物和非生物成分,它们共同构成生物—物理环境,为人类提供福利,包括矿产和能源资源、土地、土壤资源、林木资源、水生资源、其他生物资源以及水资源。从实物角度而言,环境资产包括所有可能为人类提供福利的资源;从价值角度而言,则仅包括具有经济价值的资源。所以,环境资产中的培育性生物资源、具有经济价值的自然资源与土地也是经济资产。

资产核算包括实物型资产账户和价值型资产账户两种基本形式,从期初资产存量开始,以期末资产存量结束,中间记录因采掘、自然生长、发现、巨灾损失或其他因素使存量发生的各种增减变动,价值型资产账户还增加了"重估价"项目来记录核算期内因价格变动而发生的环境资产价值的变化。资产账户的动态平衡关系如下:

$$期初资产存量 + 存量增加 - 存量减少 + 重估价 = 期末资产存量$$

该章重点解释了编制资产账户的两个关键方面——环境资产耗减的计量及环境资产的估价。环境资产实物耗减是指核算期内经济单位以一种使未来各期不能开采到同一资源数量的速度来开采自然资源而造成的自然资源数量减少。矿产和能源资源等非再生自然资源的耗减等于资源开采量,林木资源和水生资源等可再生自然资源的耗减并不等于开采量,它们在估计耗减时必须同时考虑资源的开采和再生,故该章对此做了重点解释。对价值型资产账户,讨论了环境资产的估价方法,特别是净现值法,并在该章附录中对该方法做了详细解释。

最后对单项环境资产,即矿产和能源资源、土地资源、土壤资源、林木资源、水生资源、其他生物资源、水资源的核算分别做了介绍,给出这些资产各自的测度范围与分类,实物型资产账户与价值型资产账户的结构,以及其他相关概念和测度问题,在适用于所有环境资产的一般原则下,重点对每种环境资产的个体特征加以详细说明。

三、SEEA2012 中心框架的主要用途[①]

SEEA2012 中心框架是开展环境经济核算的基本方法的指导文献。基于此进行环境经济核算,可以了解环境资产的可用量,认识到经济体对能源、水和物质的供给使用方式,了解环境退化与资源耗减情况以及采取的经济反映情况。相关信息可以为评估经济社会发展的可持续性、进行相关决策提供信息支持,最终服务于环境资产的管理,缓解环境压力,实现环境与经济、社会的和谐发展。

---

① 转自何静:《环境核算经济的最新国际规范》,《中国统计》2014 年第 6 期。

本章小结

1. 环境与经济综合核算体系(SEEA)是国民经济核算体系(SNA)的卫星账户体系,是在不改变国民经济核算体系的基础上,考虑环境因素,对以国民经济核算体系为核心的账户体系的补充,主要用于考虑环境因素的影响条件下实施国民经济核算。

2. 国民经济核算体系只是部分地表现了经济运行过程,环境与经济综合核算体系对国民经济核算体系进行了补充和扩展。国民经济核算体系与环境与经济核算体系的区别在于核算的中心内容:有关环境和自然资源的非生产性经济资产的定义与分类不同。环境与经济综合核算体系中除了非生产性经济资产之外,还包括废弃物处理、生态功能恢复等环境服务以及一些有关健康和美学价值的环境资产。由于环境与经济综合核算体系把环境损耗和退化完全纳入了资产核算,从而修正了国民经济核算体系的不足。

3. 环境与经济综合核算体系的核算内容包括:环境损耗的评价,在国民经济核算体系的自然资源核算与环境与经济综合核算体系的环境价值量核算之间建立了连接,为维持实物量财富的核算。环境与经济综合核算体系扩展了资本的概念,指出资本不仅包括人造资本,也包括非产出经济资本,详细阐述并衡量了环境调节总量。

4. 环境与经济综合核算体系从5个主要方面扩展了国民经济核算体系的概念和系统基础:重新设计的国民经济核算体系的资产供应与需求账户;国民经济核算体系表示不明确的流量和存量;原材料(能源)平衡的概念和自然资源核算;自然资产价值的估计及其应用;对国民经济核算体系的产出概念进行了拓展,把社会生产扩大到家庭生产的范畴,及其对环境和人类福利的影响。

5. 环境与经济综合核算体系的核算总量——EDP(绿色GDP)

$$EDP = \sum EVA_t - EC_h = NDP - EC = C + CF - CC - EC + X - M$$

式中,EDP 表示调整后的净国内生产总值;EVA_i 表示调整后的第 i 部门增加值;EC_h 表示家庭生活的环境保护成本。

6. 环境与经济综合核算体系在对非生产性有形(自然)资源的分类、资产核算的统一以及与国民经济核算体系相联系等方面对国民经济核算体系进行了扩展和补充,遵循实物核算和价值核算的原则,并最终形成了由10张核算表组成的环境与经济核算一体化的整体框架。

7. 环境与经济综合核算体系中环境存量和流量的估价

(1) 自然资源耗减的估价可使用市场估价法,根据生产活动产出的市场价格与对资源提取引起的所有费用(劳动报酬和正常利润)之间的差额来计算。可再生资源的计算比较简单,可采用市场法、折现法、净价法和成本费用法等。不可再生资源要考虑其不可更新性,应从可持续发展角度着手,采用持续收入法进行核算。

(2) 环境退化成本的估价。内容包括:

① 表现成本。整个社会的经济活动对整个环境破坏的情况,这里的成本不是由某个经济体造成的而是由整个社会经济体的影响造成的。

② 引致成本。某一经济体由于自身的经济活动对整个社会的总污染情况。

③ 维护费用。在核算结束时保持环境质量在核算开始时的水平所需花费的总成本。

但是，上述成本和费用难以衡量，唯一的解决办法是运用建模的方法来估价，其中Hamilton模型较有说服力。

思考与练习

1. 为什么要实施综合环境与经济核算？
2. 环境与经济综合核算体系的核算内容及其与国民经济核算体系的区别是什么？
3. 简述环境与经济综合核算体系的结构及其核算关系。
4. 环境与经济综合核算体系的核算总量有哪些，它们之间的关系如何？
5. 简述环境与经济综合核算体系的基本框架。
6. 如何进行国民经济核算体系核算与经过环境调整的核算指标的对比？
7. 为什么要对自然资源和环境进行估价？自然资源的估价有哪些方法？如何进行环境退化成本的估价？
8. 简述SEEA2012的核算范围、SEEA2012中心框架的内容和主要用途。

第十章
社会核算矩阵、政府财政核算和统计数据公布系统

学习目标

1. 了解社会核算矩阵(SAM)的基本概念;
2. 理解社会核算矩阵的编制原理;
3. 掌握编制社会核算矩阵的基本方法;
4. 理解并掌握社会核算矩阵的平衡和更新的基本原理与方法;
5. 了解政府财政统计核算体系(GFS)的概念和作用;
6. 掌握政府财政核算的基本原理;
7. 理解政府范围的界定和汇总方法;
8. 区分政府财政统计核算体系与国民经济核算体系的异同,理解国际货币基金组织的数据公布标准;
9. 掌握数据公布标准的主要内容;
10. 了解数据公布标准的应用。

社会核算矩阵是国民经济核算体系的矩阵形式,它以投入产出表为基础,在国民经济核算体系原有部门分类基础上增加了非生产性部门,因此,它一方面扩大了国民经济核算体系的核算范围;另一方面拓展了投入产出的应用范围。本章主要介绍社会核算的基本概念、编制原理、基本方法及其平衡与更新。

经济核算是开展经济分析,进行宏观管理、实行科学决策的重要工具。因此,世界上发达的市场经济国家,一般都建立两套各有重点、相互补充的经济核算体系:一是由联合国创导的综合反映整个国民经济运行状况的国民经济核算体系(SNA),二是由国际货币基金组织制定的反映政府管理活动及其对国民经济有影响的政府财政统计核算体系(A System of Government Finance Statistics, GFS)。国民经济核算体系以国民为核算主体,政府财政统计核算体系以政府为核算主体。经济核算只有将两者结合才能更好地满足对宏观经济分析、评估和管理的需要。

随着世界经济一体化进程的加快,各国间的交流与合作越来越频繁,为减少摩擦与矛盾,也为加强国际组织对各国经济运行状况的监督,国际社会在各领域纷纷建立了国际通行标准,其中,国际货币基金组织制定的数据公布通用系统(General Data Dissemination System,GDDS)和数据公布特殊标准(Special Data Dissemination Standards,SDDS),即为统计数据公布的国际标准。

第一节 社会核算矩阵

一、社会核算矩阵概述

(一) 社会核算矩阵的概念与原理

社会核算矩阵(Social Accounting Matrix,SAM)是以矩阵形式反映的国民经济核算体系,是对一定时期内一国(或地区)各种经济行为主体之间发生的交易数额的全面而又一致的记录,是国民经济核算体系的平衡报表、图示法、等式和矩阵形式4种表达方式之一。它在投入产出表的基础上增加了非生产性部门(机构账户),如居民、政府、世界其他地区,以二维表的形式全面反映了整个经济活动的收入流和支出流,因此,社会核算矩阵不仅能反映生产部门之间的联系,还能反映非生产部门之间以及非生产部门与生产部门之间的联系。

社会核算矩阵的出现与投入产出分析被引入核算体系有很大关系,在很大程度上它是对投入产出矩阵的一种拓展应用。

社会核算矩阵是一种用矩阵方法来反映经济系统内流量(存量)收支(增减)平衡关系的统计平衡表。社会核算矩阵的构建包含了三个原理:

(1) 从哲学上看,平衡是相对特定的时间、空间而言的,社会核算矩阵就是建立一个对象封闭的经济系统,在限定的时间和空间内反映经济运行中的内在平衡关系。

(2) 从经济学上看,每一笔收入都有其相对应的支出,每一笔资产都有其相对应的负债,这一定律对经济学来说,就如同能量守恒定律对于物理学一样。

(3) 从统计平衡表式的相互关系看,矩阵式平衡表是账户式平衡表的综合形式。统计平衡表有三大类:单式平衡表、账户式平衡表和矩阵式平衡表。单式平衡表是核算的初级形式,账户式平衡表是核算的基本形式,而矩阵式平衡表则是核算的高级形式。

(二) 社会核算矩阵的基本性质

社会核算矩阵由一系列账户组成,与国民账户相类似,其收入和支出是平衡的,但包括的信息远远多于国民账户。社会核算矩阵具有以下性质:

1. 对称性

社会核算矩阵一般采用方阵形式,每一行与其相对应的列所反映的经济内容是一致的。这与一般的矩阵式平衡表不同,国民经济核算既可以采用方阵形式,也可以采用非方阵形式,如投入产出表、资金流量表等。也就是说,社会核算矩阵属于核算矩阵,但不是核算矩阵的唯一形式,其与投入产出表存在形式上的区别,即社会核算矩阵是方阵,而投入产出表不总是用方阵。

2. 等和性

社会核算矩阵每一行的总和与其相应列的总和总是相等的,这既反映了特定时空上的平衡,也反映了经济收支或流量存量间的平衡。

3. 采用单-登录方式

每笔经济活动只记录一次,这一点与单式平衡表相同但与账户式平衡表不同。

4. 属于复式平衡表

这一点与账户式平衡表、一般的矩阵式平衡表相同。通常,以横行代表经济交易的收入,以纵列代表支出。每一个数据都可以从横向和纵向两个方面去理解,即每一个数据都代表了该笔经济交易收和支的两重性质,而该笔交易的性质则由其在社会核算矩阵中的位置所决定。

5. 经济交易的登录主体是其所包含的各账户本身

明确这一点对掌握社会核算矩阵中的收支关系很有帮助,我们可以说,国外账户是以国外的立场来登录的;但我们不能说国内账户是从本国的立场来登录的,因为国内账户从本国角度才能明确。例如,"储蓄"在消费账户中是支出,而在积累账户中则是收入,笼统地从国内立场看则无法做出正确判断。

6. 其主对角线反映的是账户内部交易

有人将其数据称为"对角登录"。这个数据可以空出,其经济内容由其分解矩阵来表示,也可以列出,表示内部交易的总和,但无论如何都不影响社会核算矩阵的平衡关系。

7. 规模可调性

在不改变表式的前提下,社会核算矩阵可以按需要进行分解和综合,平衡表大小可以随意调整。如前所述,为了反映经济生活中货币和实物两大运动及其平衡关系,社会核算矩阵至少应该包括4个账户,这是其内含账户数目的下限。其中,国外账户是这4个流量账户的封闭项,只有包含国外账户,才能形成一个对象封闭系统。从理论上讲,社会核算矩阵所含账户数是没有上限的,究竟取多大规模,由分析目的需要与取得数据可能这两方面的平衡来决定。由此,社会核算矩阵中的每个数据都代表着一个子方阵,或者说是由某子方阵综合得到的。另外,由于社会核算矩阵编制中要用到大量变量,因此,不存在标准的社会核算矩阵形式。不同社会核算矩阵账户的定义、细化程度以及所采用的核算规则,均视模型和欲解决问题的需要而定。

8. 顺序可调性

社会核算矩阵中各账户的顺序不是唯一的,其先后既可根据客观经济流程而定,也可以按分析的重点来安排。

9. 就所核算的对象来看,社会核算矩阵具有总体性

社会核算矩阵用一整套账户描述了经济"流量循环"的概貌。把不同经济行为者和机构的账户集中在一起,并使这些行为者和机构的行为在一个连续的框架中模型化。也就是说,不管社会核算矩阵包含的账户有多少,它总是能够从总体上反映整个宏观状况。正是由于这一点,我们才能在宏观的大背景下,利用社会核算矩阵来集中地分析某个社会经济问题。

10. 定格放大的功能

根据分析的需要,采取高度综合与高度分解相结合的处理方法。"在一个共同的结构内,可以建立许多种类的模型,而且每一个模型都可以是完整的,不管经济过程中与它没有多大关系的方面是怎样概括处理的。"一方面,待分析的部分尽可能详尽;另一方面,其他部分又高度概括,而且这两方面结合在一个共同的结构里,不会"只见森林,不见树木"。

(三) 社会核算矩阵的作用

作为社会核算矩阵的矩阵表述,社会核算矩阵将不同经济活动者的活动放在统一的框架下进行核算,为建立经济与社会发展的联系提供了必要的工具。

1. 为组织经济数据提供全面和连续的框架

社会核算矩阵的结构完整,内容多样,逻辑严密,明确表达了机构部门之间的关系。社会核算矩阵所提供的是适应现代化生产发展和日趋复杂的社会分工协作、运用系统理论组织起来的经济信息。它全面反映了社会再生产的各环节、各部门及其相互联系,社会生产各种要素及其效益,以及发展目标和手段、建设成果和保证措施。运用社会核算矩阵进行预测和决策有助于增强整体观念和系统观念,从多方位、多侧面、多变量方面思考问题,避免片面性做法,有助于正确估计经济形势,把握各种平衡关系,提出适当的调控办法;有助于在把握经济发展多种因素、多种联系的基础上,确定正确的经济发展目标和计划控制总规模、总水平;有助于从平衡关系上把握经济发展的未来动态,以便制定反周期政策,使经济稳定运行。

2. 社会核算矩阵的数据框架可用于建立模型,尤其是复杂的多部门经济模型

社会核算矩阵按照统一的概念和分类标准,对各环节、各部门的数据加以整理,各项指标紧密衔接,一环扣一环,彼此可以对比或转换,可根据分析问题的需要延伸分解或合并浓缩,为运用数学方法编制经济模型、借助电子计算机对多种多样的数量关系进行运算创造了有利条件。根据建立的模型,还可以分析不同宏观经济政策的政策效应,以便从动态变化角度研究国民经济运行状态与趋势。例如,为了研究财政支出政策的政策效应,可以将消费账户矩阵扩展,并运用经济计量模型做政策模拟分析,然后将不同模拟效应值代入社会核算矩阵体系,观察其对整个宏观经济的影响。社会核算矩阵可用于可计算一般均衡(Computerable General Equilibrium,CGE)模型的建立。把微观经济认识纳入中间环节的经济模型有助于模拟从贸易自由化措施到税率变化和结构调整的一系列政策对增长和收入分配的影响。

CGE模型需要的数据资料至少包括:(1)一个基年社会核算矩阵;(2)每类货物和服务价值型社会核算矩阵被分解为合适的价格和物量成分;(3)各种存量如人口和生产能力的数据;(4)推导比较现实的有关弹性所需的其他数据。在使基年价值与对应社会核算矩阵价值一致下所估算的时间序列数据基础上,可以通过对一些参数的计量经济估计对模型进行补充。这种模型的运行结果包括为确认该模型而对基年社会核算矩阵的模拟以及对未来时期社会核算矩阵序列的再创建。以社会核算矩阵建立的所有模型的一个重要特性就是,在多部门层次上依赖于机构部门的收支平衡,以及货物和服务,包括劳动服务的供给和使用的平衡。为便于理解,要分别保持价值与物量供给和使用的分别平衡,同时,也保持一些资产供给和使用的平衡。以社会核算矩阵建立的模型的另一个特点就是,模型结构和社会核算矩阵结构有着密切的相互关系。

3. 有助于制定和监控一国的发展政策

比如,提高出口或储蓄的办法是否会改变现行收入分配等。社会核算矩阵是按照"集合性"原则,由各环节、各层次、各要素的经济指标组合成为一个巨大的有机总体。从这个宏观经济核算体系中,我们可以研究宏观经济的整体结构是否合理,组织性和有序性如何,存在哪些薄弱环节;分析各个组成部分的相互联系和配合情况,存在哪些长短不齐的现象,从而便于从国民经济总体运行的最佳状态出发,对计划方案进行检验、分析和评估,提出有根据的必要的修正和补充,使各方面能够协调、各项政策能够配套。以社会核算矩阵建立的模型特别适用于对经济结构特征进行政策分析。例如,在结构调整时,人们可以利用这种模型去模拟价格放开

措施下的宏观经济和分配关系,或相反,去模拟在征收环境税条件下的宏观经济和分配关系。在做相对短期分析时,假定很多结构特征都能按固定系数表示是安全的。而在长期模型中,需要在中间过程中仔细地添加一些反馈信息。在这两种情况下,社会核算矩阵都是在现价和不变价保持一致性的框架中。然而,只有在社会核算矩阵与金融账户能很好地结合时,这些模型才不局限于仅对短期货币稳定政策方面的应用。

4. 其他用途

从社会核算矩阵对经济过程相互关系的精确和便利描述看,从社会核算矩阵同时估算货币和实物总量指标的系统数据库功能看,从社会核算矩阵与复杂程度不断变化又灵活的经济模型的密切关系看,社会核算矩阵适用于宏观经济学的教学。

社会核算矩阵的另一个应用就是对区域或多国的核算。在很多实例中,构造完整的区域社会核算矩阵或投入产出表既不必要也不可行。然而,社会核算矩阵的部门多重分类特性意味着,只要认为适用且数据可靠,就可以把区域引入分类中。例如,可以对被雇人员和住户进行区域分类。

另外,结合商品价格和物量指数,社会核算矩阵还有两种用途:(1)跟踪分析商业和产业部门生产率的变化与收入分配的关系;(2)确定与总的消费者价格指数一致的、具体住户阶层的消费者价格指数的权数。

二、国家社会核算矩阵的编制

理论上并没有固定的社会核算矩阵结构。社会核算矩阵可以灵活地使用国民经济核算体系中的任何一部分,也就是说,可以灵活应用国民经济核算体系的中心框架。因而,SNA1993称社会核算矩阵是国民经济核算体系的变形。社会核算矩阵的结构取决于其服务的目的及数据的可用性。因此,结构也许是社会核算过程的关键因素,而且,需要与用户紧密协作,以及对数据可用性的仔细评估。

(一) 社会核算矩阵的编制原理及方法

在社会核算矩阵中,概念的界定、核算结构和分类的确定,均视所描述经济的情况、构造社会核算矩阵的目的、数据的可靠程度、统计人员的熟练程度、计算能力及其他方面而定。社会核算矩阵包括机构部门和生产活动,以及机构部门的独立经常账户、资本账户、金融资产和债权还有国外账户。在社会核算矩阵中,常常将商品账户及生产商品的活动区分开来,并把收入分配账户分为初次收入分配账户及二次收入再分配账户。

社会核算矩阵的思想是为更好地理解经济而提供一个详细的框架,它要求分解与一国环境和需要相一致的所有账户。SNA2008详细讨论了机构部门的分解,规定生产活动的恰当分类依据的是国际标准产业分类(ISIC),商品分类依据的是主产品分类(CPC)。有了这些分类依据,社会核算矩阵的规格也就不难确定了。

社会核算矩阵中,国外账户(ROW)通常不需分解,除非在国外的某个区域存在特殊利益,如欧盟或东盟国家。

1. 社会核算矩阵的编制过程

社会核算矩阵的编制一般要经过两个步骤:

(1) 建立一个部门集结的宏观合成社会核算矩阵,以为下一步细分的社会核算矩阵提供一致的宏观经济框架。

(2) 根据想要分析的问题,对部分账户进行细分。在细分的过程中,宏观社会核算矩阵中的单元项数据成为各拆分后的向量或子矩阵的控制数(Reinert and Roland-Holst,1992)。下面就 1997 年我国社会核算矩阵的编制过程予以说明。

从形式上看,社会核算矩阵是一个矩阵,每一行和列都代表一个账户。行和列的名称相同,即都代表同一组账户。矩阵中的非零元素代表各账户间的交易。在社会核算矩阵中,行代表账户的收入,列代表账户的支出,具体来讲,可表示如下:

$$T = \{t_{ij}\} \quad (i = 1, \cdots, n \quad j = 1, \cdots, n)$$

式中,n 代表矩阵的维数,即社会核算矩阵的账户数目;t_{ij} 表示从账户 j 支出到账户 i 的交易值。

对于每一账户,其行和必须与列和相等,即账户收入流之和必须与账户支出流之和相等。这种恒等关系有三种含义:(1) 生产的总投入等于生产的总产出;(2) 各机构账户(经济主体)的总收入等于总支出;(3) 商品的总供给等于商品的总需求。

2. 社会核算矩阵的构建方法

(1) 初步浏览主要经济数据,从中找出可用的数据。

(2) 从可能的用户中发现他们为什么需要社会核算矩阵,他们想用社会核算矩阵做什么。

(3) 就社会核算矩阵的所有构成部分采用的分类与用户达成一致意见。

(4) 再次审查数据源,同时研究管理记录和私人部门。

(5) 回到步骤(2)和步骤(3),寻找收集新数据的可能性,直到社会核算矩阵的构建与数据的可用性一致,而且要尽可能符合用户的需要,但这可能导致延误。

(6) 准备制表计划。

(7) 准备并记入第一个数据。数据来源各种各样,实践中几乎是不一致的;对一个特定的单元格来讲,数值也不是唯一的;没有绝对可靠的综合的数据信息,存在误差是难免的,但一定要遵循行列平衡的原则。

(8) 开始修正和调解过程。第一个方法是判断,方法虽然不科学,但在很多情况下是有效的。为了用户的利益,清楚地阐述和存在某些重复是必要的。

(9) 调整存在的差异。如果差异小,简便且较有把握的方法是调整行列的合计,然后用 RAS 法使矩阵平衡。RAS 法是一种重复替代法,按构成单元的大小有比例地分配误差。

(10) 加入一定的限制条件,用 RAS 法进行修正。这些约束条件以特定单元数值的可信度为基础。

(11) 上述方法不算太完美。例如,如果行列的合计不确定,所描述的大量方法将取决于单元数值的方差估计值,而且要求现有数据是线性的。

社会核算矩阵经过 40 多年的发展,无论是在深度还是广度上都有了长足的进步。一方面,社会核算矩阵的部门越来越详细,矩阵维数不断增加;另一方面,社会核算矩阵所描述的经济地理范围从一国走向多国或区域。然而,对于我国来说,社会核算矩阵的研究则是刚刚起步。社会核算矩阵的构造是一项烦琐、枯燥、需要耐心和细心的工作,我国统计体系的薄弱更为社会核算矩阵的市场实现增加了难度。

到目前为止,国务院发展研究中心发展战略和区域经济研究部已经编制了 6 个不同年度的中国社会核算矩阵,分别是 1987 年、1990 年、1992 年、1995 年、1997 年以及 2000 年。不同年度社会核算矩阵的具体特征存在一定的差异(见表 10-1)。

表 10-1　　　　　　1987~2000 年中国社会核算矩阵编制特征差异

年　份	特　　　征			
	部　门	要　素	居　民	其　他
1987	64	2	12	
1990	11	1	1	
1992	64	3(2)	12	
1995	33	3(3)	10	
1997	63	3(3)	14	分两种贸易方式
2000	40	3(3)	2	

注：① 两种要素则包括资本和劳动力,三种要素则包括劳动力、资本以及土地。
② 括号内的数字代表劳动力划分的类型数目,两种劳动力包括农业和非农业,三种则包括农业劳动力、生产工人和专业技术人员；1990 年的要素未加以划分。
③ 两种贸易方式包括一般贸易和加工贸易。

（二）我国 Sino-SAM 的编制

在此,以某年我国 Sino-SAM(国家宏观核算矩阵)的编制为例进行介绍(见表 10-2)。

【例 10-1】

表 10-2　　　　　　　　　中国 Sino-SAM 账户一览表

1	Commodity	商品
2	Activity	活动
3	VA—Labor	要素——劳动力
4	VA—Kap	要素——资本
5	Households	居民
6	Enterprises	企业
7	Gov. Subsidies	政府补贴
8	Extra-system	公共部门自筹
9	Government	政府
10	Rest of the World	世界其他地区
11	Capital Account	资本账户
12	Stock change	存货变动
13	Total	汇总

中国宏观社会核算矩阵包含 13 个账户：
第 1 个账户和第 2 个账户是"商品"和"活动"账户,分别反映国内市场的商品供给与需求

以及国内厂商生产的投入与产出。

第3个账户和第4个账户都是要素账户,反映了两种主要的生产要素,即劳动力和资本。该账户主要是反映要素的投入及要素收益分配,即劳动者报酬和资本收益及其分配。

第5个账户和第6个账户分别是居民和企业,前者反映的是居民的各种收入来源,如要素收入、转移收入等,同时,反映了居民的各种开支项目和收支节余(储蓄),如消费支出、纳税支出等;后者反映的是企业收益的来源与去向。

第7个到第9个账户都是与政府有关的账户。其中,第7个账户主要反映政府的各种补贴,包括政府对生产的补贴以及对居民的补贴。第8个账户即"预算外体制外账户(公共部门自筹)",主要是用来反映我国行政事业单位各种非财政拨款的预算外和体制外资金的收支。第9个账户主要反映政府的收支,即各种税收和政府支出。

第10个账户属于外部账户,反映的是对外经济联系,主要涉及国际贸易(进出口)和经常性的国际收入转移。

第11个账户和第12个账户是资本形成账户,分别是资本账户和存货变动账户,前者反映的是固定资本形成和储蓄来源,后者反映的是当期存货的净变动。

最后一个账户是汇总账户。

我国 Sino-SAM 基本框架结构如表 10-3 所示。

表 10-3　　　　　　　　　中国 Sino-SAM 基本框架结构

序号\项目	序号项目	1 商品	2 活动	3 要素 劳动力	4 要素 资本	5 居民	6 企业	7 政府补贴	8 预算外体制外	9 政府	10 国外	11 资本账户	12 存货变动	汇总
1	商品		中间投入			居民消费			公共部门自筹消费	政府消费	出口	固定资本形成	存货净变动	总需求
2	活动	国内总产出												总产出
3	要素 劳动力		劳动者报酬											要素收入
4	要素 资本		资本回报											要素收入
5	居民			劳动收入	资本收入		企业的转移支付	政府补贴		政府的转移支付	国外收益			居民总收入
6	企业				资本收入									企业总收入

续表

序号	项目\序号\项目	1 商品	2 活动	3 要素 劳动力	4 要素 资本	5 居民	6 企业	7 政府补贴	8 预算外体制外	9 政府	10 国外	11 资本账户	12 存货变动	汇总
7	政府补贴		生产补贴						政府补贴支出					政府对居民的补贴
8	预算外体制外		预算外收费											预算外总收入
9	政府	进口税	生产税			直接税	直接税				国外收入	政府的债务收入		政府总收入
10	国外	进口			国外资本投资收益					对国外的支付				外汇支出
11	资本账户					居民储蓄	企业储蓄		预算外账户节余	政府储蓄	国外净储蓄			总储蓄
12	存货变动											存货变动		存货净变动
	汇总	总供给	总投入	要素支出	要素支出	居民支出	企业支出	政府对居民的补贴	预算外支出	政府支出	外汇收入	总投资	存货净变动	

在表10-3中，某年中国社会核算矩阵的数据来源及数据处理可以通过下列方法与表格说明：某年Sino-SAM基本框架结构涉及57个部门，其对应的数据可以通过该年投入产出表中的各部门进行查阅。

另外，还要结合中国统计年鉴、中国投入产出表、国际收支平衡表、资金流量表、中国财政年鉴、中国税务年鉴、中国劳动统计年鉴、海关统计数据、工业普查以及人口普查等多方面的数据。

表 10-4 某年 Sino-SAM 数据来源及其处理

行	列	数据来源及其处理
1. 商品	2. 活动	某年投入产出表(以下简称 I/O 表)
	5. 居民	I/O 表
	8. 公共部门自筹	(估计数,I/O 表政府消费余量)
	9. 政府	由财政支出数据汇总得出
	10. 世界其他地区(ROW)	海关统计(货物),I/O 表(服务)
	11. 资本账户	I/O 表
	12. 存货变动	I/O 表
2. 活动	1. 商品	I/O 表
3. 劳动	2. 活动	I/O 表中的"劳动者报酬"
4. 资本	2. 活动	I/O 表中的"固定资产折旧"+"营业盈余"
5. 居民	3. 劳动	表示从账户 2 支出到账户 3 的交易值
	4. 资本	某年资金流量表
	6. 企业	行余量
	7. 政府补贴	下年财政年鉴,政府的价格补贴(不包括粮、棉、油价格补贴)
	9. 政府	下年财政年鉴,政府的抚恤和社会救济费等对居民的转移支付
	10. ROW	某年国际收支平衡表
6. 企业	4. 资本	列余量
7. 政府补贴	2. 活动	下年中国财政年鉴,"企业亏损补贴"+"粮、棉、油价格补贴",以负数表示
	9. 政府	下年中国财政年鉴,政府对居民的补贴和政府对居民的补贴之和
8. 公共部门自筹	2. 活动	(估计数,I/O 生产税净额余量)
9. 政府	1. 商品	下年中国财政年鉴,进口税收入(关税和进口环节税)
	2. 活动	下年中国财政年鉴,间接税汇总
	5. 居民	下年中国财政年鉴,个人所得税
	6. 企业	下年中国财政年鉴,企业所得税
	10. ROW	某年国际收支平衡表,政府转移收入
	11. 资本账户	下年中国财政年鉴,政府赤字

续表

行	列	数据来源及其处理
10. ROW	1. 商品	海关统计,I/O 表
	4. 资本	某年国际收支平衡表
	9. 政府	下年中国财政年鉴,政府对国外的援助和利息支付
17. 资本账户	6. 居民	某年资金流量表
	7. 企业	列余量
	8. 政府	列余量
	14. 公共部门自筹	列余量
	16. ROW	列余量
18. 存货变动	17. 资本账户	I/O 表

资料来源：http://www.drc.gov.cn/hsjz/index1.html。

根据上述编制原理以及编制框架,结合中国统计年鉴、中国投入产出表、国际收支平衡表、资金流量表、中国财政年鉴、中国税务年鉴、中国劳动统计年鉴、海关统计数据、工业普查以及人口普查等多方面的数据,可以得到中国某年 Sino-SAM 平衡表,如表 10-5 所示。

表 10-5　　　　　　　　　中国某年 Sino-SAM 平衡表　　　　　　　　单位：亿元

序号	项目	1 商品	2 活动	3 要素 劳动力	4 要素 资本	5 居民	6 企业	7 政府补贴	8 预算外体制外	9 政府	10 国外	11 资本账户	12 存货变动	汇总
1	商品		124 140			35 779			1 970	6 755	16 543	25 154	2 778	213 119
2	活动	199 844												199 844
3	要素 劳动力		41 807											41 807
4	要素 资本		23 652											23 652
5	居民			41 807	3 377		4 894	138		703	386			51 306
6	企业				18 941									18 941
7	政府补贴		−1 337							1 475				138
8	预算外体制外		4 878											4 878
9	政府	827	6 704			260	1 743				40	2 477		12 051
10	国外	12 448			1 334					71				13 853
11	资本账户					15 267	12 303		2 907	3 048	−3 116			30 409
12	存货变动											2 778		2 778
	汇总	213 119	199 844	41 807	23 652	51 306	18 941	138	4 878	12 051	13 853	30 409	2 778	

数据来源：国务院发展研究中心。

(三) 详细 Sino-SAM 的编制

宏观社会核算矩阵为描述整个宏观经济活动提供了一个全面的、一致的框架。但是,如果要进行政策分析,就需要有更加翔实的数据。为此,必须对宏观社会核算矩阵进行分解,编制详细社会核算矩阵。

Sino-SAM 的分解具体来说就是社会核算矩阵中账户的细化,将宏观社会核算矩阵中的部分数据以子矩阵的形式代替。一般来说,社会核算矩阵分解的程度取决于两个因素:一个是研究问题的需要;另一个是数据的可取性。这里主要讨论部门的细化、劳动力的分解、生产税税种的细化、居民类型的划分,以及国际贸易方式的细化。

1. 部门的细化

部门的细化是将宏观社会核算矩阵中商品和活动账户的行与列分解成若干个具体的部门。上例的社会核算矩阵采用了 57 个部门,具体包括 5 个农业部门、40 个工业部门、1 个建筑业部门和 11 个服务业部门。

中间需求、居民消费、固定资产投资及存货变动以及资本(要素)收益等数据直接来源于投入产出表。商品进出口数据依据海关的数据按照细化社会核算矩阵中划分的部门进行汇总。进口税依据海关的进口数据推算。另外,在出口方面引入(美国)联邦贸易法案(Federal Trade Code,FTC)边际账户,用以反映商业运输部门为商品出口提供的服务,关键数据为投入产出表出口数据与海关数据的差额;另外,还引入了配额租账户,以反映多种纤维协议(MFA)中纺织和服装出口配额引起的配额租,具体数据依据全球贸易分析模型(Globe Trade Analysis Project,GTAP)数据推算;在要素方面,农业部门引入土地这一额外的生产要素,其收益也是依据 GTAP 数据推算。

劳动者报酬以及生产税净额将在后面介绍。

2. 劳动力的分解

上例的社会核算矩阵中的劳动力分解成三种类型:农业工人、生产工人以及技术人员。社会核算矩阵的细化主要体现为劳动者报酬的分解,具体数据依据工业普查及统计年鉴等公布的分行业的从业人数及各部门不同劳动力之间的工资差异推算。

3. 生产税税种的细化

上例的社会核算矩阵中的生产税净额细化为生产补贴、增值税、其他间接税以及预算外和体制外收费。分别根据工业普查及投入产出表等的相关数据推算。

4. 居民类型的划分

上例的社会核算矩阵中居民共分 14 组,城乡居民各分成 7 组,即最低收入户、低收入户、中等偏下户、中等收入户、中等偏上户、高收入户和最高收入户。据统计局居民调查的数据整理出支出结构和收入结构,以投入产出以及宏观社会核算矩阵的数据为控制数,运用 RAS 法推算具体的数据。

三、社会核算矩阵的平衡与更新

编制并利用社会核算矩阵进行分析,在实践中存在以下三个值得研究的问题:

第一,社会核算矩阵来源于多种数据源,因此,其数据的准确性(平衡性)值得研究。

第二,社会核算矩阵的数据更新(时效性)值得研究。社会核算矩阵就其本质而言,是一个数据矩阵,但其数据来源依赖于其他统计资料。由于统计资料本身的数据在时间上具有滞后性,因此,社会核算矩阵数据的时效性问题显得比较突出,必须对社会核算矩阵数据进行平衡与更新。

第三,平衡与更新社会核算矩阵的方法值得研究。更新与平衡的目的就是寻找一种有效的、且付出代价尽可能小的方法将各种来源的数据,包括不同时期的数据结合在一起,使得它们能协调一致、平衡地反映在社会核算矩阵数据框架中。

平衡与更新社会核算矩阵的主要方法有以下几种:

(一) RAS 法和改进的 RAS 法

RAS 法的基本方法已在本书第三章第三节有过介绍,其应用最为广泛,但应用结果却不甚理想,误差较大;改进的 RAS 法是在 RAS 法的基础上进行的,旨在提高数据的准确性。社会核算矩阵的行和必须等于其相应的列和,即:

$$Y_i = \sum_j T_{ij} = \sum_j T_{ji}$$

式中,Y_i 是账户 i 的总收入和总支出。SAM 系数矩阵 A 产生于 T 矩阵,用 T 矩阵中的每个列单元除以列和,用公式表示为:

$$A_{ij} = \frac{T_{ij}}{Y_j}$$

按定义,A 中所有的列和必须等于行和,以使矩阵是单位矩阵。由于列和必须等于行和,因此可以推出(用矩阵符号):

$$y = Ay$$

当已知新的行列和信息而没有投入产出流量信息时,典型的社会核算矩阵估计问题就变成了投入产出矩阵的修正问题,即寻找一个新的 SAM 系数矩阵 A^*,使其在某种意义上近似于现有的系数矩阵 A,也就是形成一个具有新的行列和的 SAM 交易矩阵,即:

$$T_{ij}^* = A_{ij}^* Y_j^*$$
$$\sum_j T_{ij}^* = \sum_j T_{ji}^* = Y_i^*$$

式中,Y_i^* 是已知的新的行列和。

为解决这个问题,对行列进行双边比例运算,从旧矩阵 A 产生一个新矩阵 A^*:

$$A_{ij}^* = R_i A_{ij} S_j$$

或者用矩阵表示为:

$$A^* = RAS$$

在一定经济假定下,RAS 法所依据的少量调查资料可利用计算机完成,其工作量小、花费时间少;但是,RAS 法假定直接消耗系数的变动受替代影响和制造影响,这一严格的假定与实际情况有出入,影响了预测的准确性。

为了保留初始矩阵中较为准确的信息,在运用 RAS 法进行调整时要对社会核算矩阵做一定的处理。在调整之前先把初始社会核算矩阵中较为准确的数据从矩阵中提取出来,把矩阵中相应的空格中的数设为零。然后,对该矩阵运用 RAS 法进行调整。在调整完成后,把提取出来的数据加入调整后的社会核算矩阵中。经过处理的社会核算矩阵既保留了较为准确的信息,又调平了行列的合计。

社会核算矩阵的更新步骤与流程如图 10-1 所示。

(二) MCE 法

MCE 法(Minimun Cross—Entropy)又称最小交叉熵法。交叉熵定义为两种不同概率分布之间的量度。对于离散的概率分布 $p(x)$ 和 $q(x)$,交叉熵为:

$$H[p,q] = \sum p(x)\log(p(x)/q(x))$$

最小化交叉熵是指给定一个先验分布 $q(x)$,决定"信息加工准则"(交叉熵定义下的)的另一个分布 $p(x)$,使得 $p(x)$ 在一定的限制条件下,满足:

$$H[p,q] = \min H[p,q]$$
$$st: \sum p(x) = 1, Ep[f_i(x)] = 0, i = 1,2,\cdots,N$$

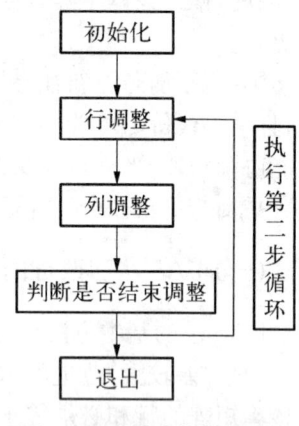

图 10-1 社会核算矩阵的更新步骤与流程

式中,$f(.)$ 表示对随机变量 x 的条件限制,$Ep[.]$ 表示在 p 分布下对 $f(.)$ 求期望值。

根据香农(Shannon,1948)的观点,MCE 法的出发点是信息理论。MCE 法由罗宾逊(Robinson)等人于 1998 年提出,该方法形式上类似于已经普及的 RAS 法,但两者有一些重大的差异,具体如下:

(1) MCE 法以 SAM 系数矩阵 A^* 的来源为基础,其中,初始列系数是 $A = [A_{ij}]$,而不是交易流量 X。

(2) MCE 法必须包括一套误差权重的估计值 Wih,它是误差变量 $Ei = \sum_h WihSh$ 的构成部分。

(3) 误差权重和误差变量是复杂的约束集的构成部分,除了核算限制和可能的对交易集合的(线性和非线性)附加限制,必须保持系数与流量之间的核算关系。

可见,最小交叉熵法的实质是寻找一套新的 A 系数矩阵,该套系数最小化了 A 系数矩阵和新的估计系数矩阵之间的熵矩。为此,罗宾逊等人(1998)认为,可将这种方法看作一个有效的"信息加工准则",按此准则,附加信息将被用于修正初始估计值。

实践中,应用最广的是改进的 RAS 法和 MCE 法。由于可计算的一般均衡模型(CGE)研究在各国的推广,作为 CGE 模型标准数据结构的社会核算矩阵研究也获得了很大进展。为实现社会核算矩阵各部门横和与纵和的相等,就要满足收入等于分配的经济核算原则。当分解后的社会核算矩阵表现出账户收支不一致时,可采用一定的假设或采用 RAS 技术实现平衡(钟契夫、陈锡康、刘起运,1993;Bacharach,1970)。当出现数据的不连续或者出现零行或者零列时,最小交叉熵法技术将更为有效、可靠。

社会核算矩阵作为国民经济核算的一种表现形式,不仅能说明国民经济核算的各项总量指标,而且能描述国民经济各子系统之间的相互依存、相互制约关系;社会核算矩阵结构严谨,本身就是一个多用途的宏观经济模型。它容纳的信息覆盖社会再生产全过程,可以为建立宏观经济模型提供各种重要数据。

经过多年的改革开放,中国经济取得了巨大的进展。为了尽快与国际经济秩序接轨、建立和谐社会,中国必须制定许多新政策,而每一项新政策的制定都会对各方面产生影响。构建中国及区域经济可计算的一般均衡模型(CGE)可以详细分析这些政策的影响及效果,中国及区域经济社会核算矩阵(Sino-SAM & Regional-SAM)则为中国及区域经济可计算一般均衡模型提供确切的数据基础和方便的核算工具。

第二节 政府财政核算

一、政府财政核算的基本原理

(一)政府财政统计核算体系的概念和作用

政府财政统计核算体系(A System of Government Finance Statistics,GFS)是从经济角度反映一个政府治理国家、管理经济活动运行情况的多功能体系。

与国民经济核算体系一样,政府财政统计核算体系也是一个逻辑严密、协调一致的经济核算体系,一个反映经济运行状况的宏观数据库。与国民经济核算体系不同,国民经济核算体系以国民(Nationl)为主体进行核算,政府财政统计核算体系则以政府(Government)为主体进行核算;国民经济核算体系对本期发生的经济活动进行核算而不管它是否本期支付。可见,仅仅依照国民经济核算体系的资料,或者仅仅依照政府财政统计核算体系的资料都不能完整地、全面地满足对宏观经济分析、评估和管理的需要。

在市场经济体制下,政府财政统计核算体系更有着独特的重要作用。

在市场体制中,经济主体多元化、经济决策多元化。各经济主体根据自己掌握的市场信息自主决策,政府不再像高度集权的计划经济那样以行政方式直接管理经济,而是通过市场间接地对各经济主体进行宏观调控,并且调控多采用经济手段,而不是行政手段。政府宏观调控的经济手段就是通过政府财政的收与支来影响多元经济主体的经济行为。很显然,宏观调控作用的广泛程度、细致程度、效率高低都依赖于对财政收支信息掌握的深度与广度。因此,对政府财政收支的统计核算便成为市场体制下国民经济管理不可缺少的重要工具。具体而言,政府财政统计核算体系至少有以下几大重要作用:

第一,反映政府收支的全部规模,从整体上测定政府参与经济活动的广度与深度。

第二,反映各级政府收支的筹措和使用过程,收支的结构及相互关系。

第三,反映通过政府进行的资源分配状况,分析政府支配经济资源的能力与作用。

第四,分析政府经济管理业务活动(在政府财政统计核算体系中称为政府业务活动)对国民经济的影响。

第五,为政府制定财政政策、预算政策、税收政策、社会保障政策等提供科学的定量依据。

第六,为政府的宏观调控提供财政方面的充分的有效信息。

第七,与国民经济核算体系分工协调的政府财政统计核算体系可以为国民经济核算账户提供可靠的政府活动数据。

正因如此,发达国家在重视国民经济核算体系的同时,也十分重视政府财政统计核算体系,并将两者有机地结合应用,成为政府决策和制定政策的高精度的支持依据。

(二)政府财政统计核算体系的基本原理

1. 政府财政统计核算体系的理论基础

政府财政统计核算体系的建立与宏观经济理论特别是宏观财政理论的兴起和发展息息相

关。1936年凯恩斯出版了《就业、利息和货币通论》,建立了包括宏观财政理论在内的宏观经济学,提出了关于政府干预经济的一整套理论和政策。在此基础上,西方经济学家又发展建立了现代公共财政学。政府财政统计核算体系就是以现代公共财政学(Modern Public Finance)为理论指导创立起来的。

现代公共财政学认为,所有的经济活动主体可分为两类:公共经济部门(Public Sector)和私人经济部门(Private Sector)。公共经济部门是指政府,私人经济部门是指居民住户和私人企业。现代公共财政学就是专门研究政府经济行为的科学。现代公共财政学关于公共部门的定义、公共部门范围的界定,以及公共财政支出理论、公共财政收入理论、公共财政职能理论,直接为政府财政统计核算体系所吸收,形成了政府财政统计核算体系一整套概念范畴和分类体系,公共财政理论所阐述的政府经济行为模式则为政府财政统计核算体系从数量方面描述政府财政收入来源、支出使用及两者之间的关系奠定了理论框架。

2. 政府财政统计核算体系的核算范围

科学地确定核算范围是任何统计核算的基本出发点。为了能完整地反映政府经济管理活动的数量,政府财政统计核算体系界定其核算范围为广义的政府经济管理业务活动。

那么,什么叫政府?怎样的机构可以划为政府?

出于经济核算的目的,不能从政治的角度、法律的角度为政府下定义,而应该从经济管理的职能这一角度来定义政府。政府财政统计核算体系认为政府管理经济的职能有两项:一是主要通过向个人和集体提供非市场性的服务和转移收支来执行社会公共政策;二是其资金主要来源于对其他单位、机构或部门的强制性征款。按照政府财政统计核算体系的定义,凡是执行上述两项职能的机构便是所谓的政府。广义的政府是指执行政府职能的整个不同层次的组织机构,具体包括中央政府、省或地区政府、地方基层政府、超国家当局和事业型企业(Departmental Enterprises)。这里的超国家当局是指欧盟这样经过有关国家协议,有权在一国征款和开展其他经济活动的实体;这里的事业型单位与我国的事业单位不同,是指主要从事向政府单位提供商品和劳务的非法人单位,它们往往有少量经营盈余,也可以向社会出售商品和劳务,但规模很小,如政府所属的印刷厂、政府的内部招待所等。

以上述两大职能为界定依据,邮政、铁路等都不属于广义的政府,尽管它们由政府投资和控制,但它们提供的是市场营利性商品和服务;货币当局也不属于广义的政府,因为货币机构都有市场性经济来源;而社会保障基金属于广义的政府,因为它由政府强制规定征收,服务于非市场的社会福利。

3. 政府财政统计核算体系的核算对象

用什么来科学地反映政府经济管理业务活动的数量,这便是确定政府财政统计核算体系的核算对象。

政府对国民经济的管理调控,主要不是通过政府本身资产的积累,也不是通过政府生产了多少数量的劳务。比如,政府做出一项降低所得税或增加扶贫拨款的决策,然而为这一决策投入的人力、物力并不多,体现在这一决策上的政府服务增加值并不大,但减税和增加拨款却会对经济产生巨大影响。又如,政府决定新建一栋办公大楼,也许造价会很高,但对经济却没有多大影响。因此,政府是通过补贴、借款、负债、征税、购买等活动对经济进行间接的宏观管理,这些活动就是政府的财政收入与支出活动。连续不断的财政收支形成了收支流量,这连续不断的财政收支流量便描述了政府经济管理、宏观调控的活动数量。因此,政府财政统计核算体系界定:政府财政收支流量为其核算对象。政府财政统计核算体系不核算政府部门的生产、流通、消费和积累。

从统计学的基本原理可知,流量有总流量、净流量和部门间流量。财政收支净流量是政府内某些组成部分收支冲抵的结果。显然,净流量会损失政府收支变动的部门信息,不能完整地反映政府调控管理经济活动的情况。任一总体的部门间流量的合计恒等于零,统计学的这一原理告诉我们,广义的政府内部各政府之间的收支流量在汇总时会纷纷抵消,这样部门间流量对反映政府业务活动就没有多大意义。而总流量能够更多地反映政府经济管理活动的信息。因此,政府财政统计核算体系界定:其核算的对象是政府财政收支总流量。因此,在核算中,政府财政收入与财政支出均以总额反映,不以净额反映。

4. 政府财政统计核算体系核算的方法原则

(1) 单一的平衡账户结构

由于政府财政统计核算体系只是核算政府财政收支总流量,而不关心这些收入流量或支出流量在经济性质上是属于生产还是消费或投资,或者是属于产出还是投入。因此,政府财政统计核算体系不需像国民经济核算体系那样,设立生产、投资、投入、产出等多个账户,而只是设置一个单一的收付式平衡账户。账户的上半部分记录财政收入流量,账户的中间部分记录财政支出流量,账户的下半部分记录政府的融资流量。由于只有一个账户,政府财政统计核算体系采用单式记账的方式记录每一项收支,即所有各项收支都只列示一次。因此,账户只有一个平衡项目——赤字或盈余,这正是政府需要融资的数额,也正是财政核算中极其重要的指标。政府财政统计核算体系的政府财政账户,即政府业务总表如表10-6所示。

表10-6　　　　　　　　　　　政府业务总表(简表)

序 号	项　目	金　额
1	总收入与赠与(1 = 2 + 5)	
2	总收入(2 = 3 + 4)	
3	经济性收入(3 = 3.1 + 3.2)	
3.1	税收收入	
3.2	非税收收入	
4	资本性收入	
5	赠与	
6	总支出和贷款减还款(6 = 7 + 10)	
7	总支出(7 = 8 + 9)	
8	经济性支出	
9	资本性支出	
10	贷款减还总额	
11	赤字/盈余总额(11 = 1 − 6)	
12	融资总额(12 = 13 + 14 = −11)	
13	国外	
14	国内	

由表 10-6 可见,政府财政统计核算体系的单一账户形式不是采用复式预算的表式而是采用单式预算的表式,但在内容项目上比单式预算增加了多种性能分组。这样整个账户充分反映了财政收入、财政支出和赤字融资的金额,完整地描述了政府财政运行全过程。整个账户一目了然,既弥补了复式预算多块表式、整体零碎、不完整的欠缺,又克服了单式预算统收统支、反映情况过于笼统的缺点。可见,这种单一平衡账户,结构确实非常简单,但对核算政府财政收支总流量来说却是十分有效的。

为了增强核算的严谨性,也可以尝试设置一两个与政府财政收支对应的账户,采用复式记账的方法登记各项收支。值得注意的是,这新设的账户不会增加多少政府收支的信息,但增加了许多核算的工作量。

(2) 分级独立核算制

政府财政统计核算体系采用分级独立核算制,即各级政府内部的各个部门、各个单位都分别独立编制自己的一套政府财政统计核算体系报表,然后通过一种专门的汇总方法得到每一级政府的政府财政统计核算体系,以及它们的财政收入与支出总流量。这一分级统计、层层汇总的核算体制具有两方面的意义:第一,这些分级的收支总流量详细反映了各级政府的税收结构和通过政府进行资源分配的状况,这就使政府财政统计核算体系既能服务于整个国民经济的宏观调控,又能满足各级政府管理的需要;第二,通过各级政府之间的交易与转移流量,可以进一步分析政府间职能的划分、财政收入的划分、事权与支出的划分,以及分析政府间的补助等诸多政府间的财政关系。

(3) 权责发生制

财政统计的会计核算基础通常有两种,即现金收付制和权责发生制。《政府财政统计手册(1986)》规定,对交易的记录原则是现金收付制。现金收付制是指在实际收到或实际支付现金时再进行记录。传统观点认为,"资金"对政府的行为最具约束力,因此政府的注意力应集中于现金的收入与支出上。在现金收付制的情况下,现金交易的记录时间可能严重偏离经济活动的发生时间。

在政府活动中,有时交易的发生与货币收支并不完全一致。有时款项已经收到,但交易并未发生;或者款项已经支付,但并不是为本期政府活动而发生的。例如,2017 年政府收到现金 1 000 元的税收,其中一部分是过去拖欠的税收,一部分是 2017 年应缴的税收,还有一部分是预收的 2018 年的税收,只有第二部分反映的是 2017 年的政府活动。

为了使记录时间与经济活动的发生时间相符,真实地反映特定核算期间政府活动的状况和结果,《政府财政统计手册(2001)》将记录原则由现金收付制改为了权责发生制。在权责发生制下,流量在经济价值被创造、转换、交换、转移或消失时确认,即在经济交易活动或事项发生的时期确认,而无论是否收到或支付了现金,或者是否应收或应付现金。凡是当期已经实现的收入和已经发生或应当负担的费用,不论款项是否收付,都作为当期的收入和费用;凡是不属于当期的收入和费用,即使款项已在当期收付,也不作为当期的收入和费用。

(4) 汇总原则

由于政府财政统计核算体系核算的是政府财政收支总流量,因此在汇总过程中就应消去所有部门间流量。但政府财政统计核算体系是以单式记账的单一账户为核算框架,它不像复式记账的多个账户体系,在合并汇总时部门间收支流量逐个剔除。因此,在汇总各政府的货币收支时,必须剔除涉及政府范围内所有单位之间的收支流量,只将政府与政府以外的国民经济其他部门涉及的"外部"收支进行综合汇总。

由此，在汇集广义政府的货币收支流量时，需进行三个层次的汇总：首先，进行每个政府内部的汇总，剔除政府内部各机构之间发生的所有收支；接着，进行同一级所有政府的汇总，剔除同级政府之间发生的所有收支；最后，将各级政府汇总成整个广义的政府，剔除各级政府之间发生的所有收支。

5. 政府财政统计核算体系核算的主要内容

政府财政的所有活动可视为两种流量的综合：一种为流入政府的流量，另一种为政府流出的流量。在实际核算中，每一种流量都表现为具体的内容，或者是商品和劳务，或者是货币，或者是负债。

在政府财政活动中，有的活动包含着两个方向的流量。比如财政购买，商品和劳务流入政府，同时货币从政府流出。然而，有相当多的财政活动只有一个方向的流量而没有任何对等的回收。例如征税，只有货币流入政府而没有任何东西同时从政府流出。又如捐赠、转移支付、免除债务等，都是如此。这种单向不对称流量，对方没有提供相应的对等物，也没有特定的可计量的产品和劳务、负债或福利作为对支付者的回报。为了进行对称分析，政府财政统计核算体系构造了一个特殊的范畴：无有（None）。"无有"被定义为单向不对称流量的对等物。这样，对征税而言，就是货币流入政府，无有从政府流出。有了"无有"这一范畴，就能将政府财政的所有活动都视为流入政府和流出政府两种流量的综合体。政府财政统计核算体系又将负债具体分为其他部门定期合同负债和政府定期合同负债两项。于是，财政流量具体就由商品和劳务、货币、无有、其他部门定期合同负债和政府定期合同负债五类组成。

将流入政府和流出政府的上述五类具体流量建立一张矩阵表，如表 10-7 所示。这样就构造了按流入量和流出量划分的全部政府财政活动图表。

表 10-7　　　　　根据流入与流出政府的流量种类划分政府财政活动

出入	商品与劳务	货币	无有	其他部门定期合同负债	政府定期合同负债
商品与劳务	以货易货	购买	以商品或劳务形式收到的转移、赠款或礼品	用商品与劳务偿还货款	用合同债务或债务工具支付购买
货币	销售，收费，财产收益	—	收到税款，赠款或礼品	偿还货款	借款
无有	用商品和劳务提供礼品；提供公共商品与劳务	给予转让，礼品和赠款	—	取消对部门的贷款或将贷款作为礼品送给其他部门	将政府债务作为礼品送给其他部门
其他部门定期合同负债	商品和劳务在定期合同信贷支持下的销售或商品劳务形式的贷款	贷款	收到的其他部门债务礼品	贷款的再融资	用政府债务将企业资本化——用政府债务发生提供贷款
政府定期合同负债	用商品与劳务分期偿还——政府债务发行销售	分期偿还	取消政府债务或将其作为礼品送给政府	用政府债务发生偿还贷款	借款的再融资

6. 政府财政统计核算体系的分类体系

任何综合性的统计核算都是建立在科学的分类体系基础上的。政府财政统计核算体系根据核算的内容和目的,仔细鉴别了政府经济管理各种活动的共性,把成千上万种个别活动归并为具有相对同质性和差异性的多层次大小类别,建立了适应其统计和分析需要的分类体系,从而为政府财政活动的统计调查整理、统计核算和统计分析完成了一项重大的基础性工作。

政府财政统计核算体系对政府财政活动提出了六组分类标志。

(1) 收入与支出。政府财政统计核算体系根据政府财政运行最基本的特征,将各种财政流量分为流入政府的收入流量和流出政府的支出流量。这是指最通常的会计意义上的收入与支出,是对政府流量最基础的分类。

(2) 偿还与非偿还。政府收入可以有多种来源,如征收税款、接受赠与、收取手续费、出售政府的储备资产等,还可以举债。购买或销售商品和劳务、征税、赠与都是不需要偿还的,举债、还债则引起金融债权债务流量和不需偿还的非债务流量。这一分类实际上是把财政活动划分为不具偿还性质的非金融流量和具有偿还性质的金融流量。

(3) 经济性和资本性。对于不需偿还的非债务流量,无论是销售、购买或捐赠,其对象既可以是在生产过程中使用期超过1年的资本性商品,也可以是使用期在1年以内的经常发生的开支。这样,经常性和资本性就成为又一组分类标志。

(4) 有回酬和无回酬。对不需偿还的非债务流量,还可从另一个角度分析:税收和捐赠是单向无回报交易,而商品和劳务的购买与销售则有货币做对等回报。这样,财政活动中的不需偿还流量又可分成有回酬与无回酬两类。

(5) 金融资产和负债。对于需偿还的金融债权债务流量,可以进一步区分出两种情况:一种是政府发行债券,从其他机构贷入资金,形成政府的金融负债;二是政府购入证券或将资金贷出,形成政府的金融资产。因此,金融资产或负债便构成了第五组分类标志。

(6) 公共政策和流动性管理。政府持有或处置金融资产无非有两个目的:一是为了执行公共政策,二是为了清偿债务或增强偿债能力。执行公共政策是政府向社会提供的非市场性服务,是政府的本职工作,不以盈利为目的。而对用于偿债的金融资产,当然是流动性越强越好,盈利越多越好,政府财政统计核算体系中称之为"流动性管理",也叫"清偿能力管理"。因此,对政府的金融资产,根据管理目的的不同,可分成两类:服务于公共政策的金融资产和服务于流动性管理的金融资产。

政府财政统计核算体系仔细剖析了政府财政活动的各种特点,十分周详地建立了六组分类标志。其中,"收入与支出""偿还与非偿还"适用于区分所有的财政流量,"有回酬与无回酬""经常性与资本性"仅适用于为不需偿还的财政流量分类,"金融资产与负债"分类仅适用于所有需偿还的流量,"公共政策和流动性管理"则适用于涉及金融资产的流量。这一看起来有点复杂的分类体系可由表10-8概括和描述。这一科学的分类体系为政府财政统计核算体系建立财政总量指标体系,并为进一步建立财政运行分析框架奠定坚实的基础。

7. 政府财政统计核算体系的主要总量指标

在科学分类的基础上,将性质或功能作用相同的流量归并,就形成了政府财政统计核算体系描述政府财政活动的总量指标体系,具体由6个流量指标(收入、赠与、支出、贷款减还款、赤字或盈余、融资总额)和1个存量指标(债务总额)组成。

表 10-8　　　　　　　　　　　政府财政收支分类分析框架

收　入		支　付	
收入	非偿还 　有回酬 　　经济项目 　　　收费 　　　非工业品销售 　　　财产收入 　　　部门企业的营业盈余 　　资本项目 　　　资本品销售 　有无报酬 　　经济项目 　　　税收 　罚金、没收款 　私人捐赠	支出	非偿还 　有回酬 　　经济项目 　　　工资与薪金 　　　商品与劳务的购买 　　　利息 　　　部门企业的营业亏损 　　资本项目 　　　资本品获得 　无报酬 　　经济项目
捐赠	经济性捐赠 　资本项目 　资本捐赠		经济性捐赠 　资本项目 　资本捐赠
偿还 　金融资产 　　政府过去借出款的偿还：1. 证券出售 　　　　　　　　　　　　2. 债务 　　　　　　　　　　　　3. 国外 　　　　　　　　　　　　4. 国内		净借出	偿还 　政府借出总值：1. 金融资产 　　　　　　　　2. 证券购买 　　　　　　　　3. 债务 　　　　　　　　4. 国外 　　　　　　　　5. 国内
资金筹措			
政府存款			
净减少		净增加	
货币持有			
借入款： 　债务 　国外 　国内 　非银行 　货币存款银行 　中央银行		分期偿还： 　债务 　国外 　国内 　非银行 　货币存款银行 　中央银行	
划在政府外的项目			
在政府的存款 货币发行			

（1）两个政府财政收入范畴的指标：收入与赠与

什么是财政意义上的收入？流入政府的流量是否就构成财政意义上的收入？这是需要认真分析的。

流入政府的流量由不需偿还的销售收入、税收收入、捐赠和需偿还的债权债务收入组成。其中债务收入是借来的钱，本质上不是政府的"收入"，在管理时还必须考虑如何偿债。因此，债务收入不属于政府财政意义上的收入，只有不需偿还的收入才构成政府的财政收入范畴，因为只有它们才是真正意义上的政府收入，并且在使用管理上不须考虑偿还因素。

在政府非偿还收入中，除了来自其他政府的赠与外，别的收入（征税、收费、罚没、居民或单位捐赠等）都是本级政府所能决定、影响或本级政府管理所能辐射的。据此，政府财政统计核算体系定义了赠与和收入这两个指标。赠与专指来自其他政府或国际机构的非偿还的、无回酬的非强制性收受。收入则被定义为非偿还收入中扣除赠与后余下的部分。这就是说，来自非政府的捐赠不属于赠与，而属于收入。赠与又可进一步细分为国内赠与、国外赠与等，它们一起组成政府财政收入范畴中的赠与板块。收入又可进一步细分为收费、税收、罚没、个人捐赠等，它们共同组成政府财政收入范畴中的收入板块。

(2) 两个政府财政支出范畴的指标：支出和贷款减还款

什么是财政意义上的支出？流出政府的流量是否就构成财政意义上的支出？这也是需要认真分析的。

流出政府的流量由不需对方偿还的购买商品、捐赠、转移等交易和需要对方偿还的购入金融资产的交易（贷出资金、购买证券）组成，这些流出政府的流量按功能和作用可分为两类：用于执行公共政策和用于流动性管理。执行公共政策是政府治理国家、管理经济的根本职能，而政府的很多公共政策就是通过政府支出来执行的，由于政府活动的非市场性，这些支出都不以盈利为目的。因此，政府为执行公共政策的支出才构成政府的财政支出范畴。政府流动性管理支出的目的是增强清偿债务的能力，不是为贯彻公共政策，而且这一支出通常是为了获利，因此，流动性管理支出不属于政府财政支出的范畴。

那么，哪些支出是为了执行公共政策，哪些支出是为了流动性管理？政府不需偿还的交易，即购买商品、捐赠、转移等支出，都是一些管理经济的具体措施，都不是为了增强偿债能力，因此都是实施公共政策的支付。政府需要对方偿还的购入金融资产的交易则有两种可能：比如政府为居民提供住房贷款，这是执行公共政策；而社会保障基金用保障结余购入股票债券是为了增强以后支付保障的能力，这是用于流动性管理。可见，为执行公共政策的政府支付由两种不同性质的流量组成：全部不需偿还的交易和部分需偿还的交易。根据这两类不同的性质，政府财政统计核算体系定义了支出和贷款减还款两个指标。

支出是指政府所有不偿还的支付，具体又可进一步细分为购买商品和劳务、转移等，它们都是一些不涉及债权债务的支出，共同组成政府财政支出范畴中的支出板块。

贷款减还款是政府财政统计核算体系中一个十分独特的指标。它是指政府为执行公共政策而拥有的对其他单位的债权。政府的债权也就是其他单位应该偿还政府的债务，因此它是一种需偿还流量。为公共政策服务的需偿还流量包括收入流量和支出流量。例如，政府为一部分居民提供的住房贷款，这是政府的支出流量；另一部分居民归还住房贷款，这是政府的收入流量。又如，出于稳定经济的考虑，政府购买某个处于困难之中的关键企业的债券，这是政府的支出流量；而当该企业渡过困难，经营好转，政府又出让该债券，这是政府的收入流量。贷款减还款就是政府的这一支出流量减去收入流量，公式为：

$$贷款减还款 = 政府为公共政策[(贷出款项 - 归还贷款)] \\ + [(购买债券或股票 - 出售债券或股票)]$$

贷款减还款的特别之处在于将政府出售债券、股票或收到其他单位归还该贷款的收入与政府支出合并在一起,形成一个指标,而不是将这一收入归并于收入范畴。如果从会计意义上看,这一指标既含支出,又含收入,含义混杂。从财政流量的角度看,这一指标单纯反映了政府为执行公共政策而带来的金融资产的变动,含义"纯洁"。这种含义"纯洁"的指标显然有助于分析政府公共政策的作用与影响。

政府财政支出范畴中的贷款减还款板块,就是由政府为公共政策购入或售出的各种股票和债券、各种贷出或收回的贷款组成。

(3) 赤字(盈余)和融资总额

将财政支出范畴的两个指标之和,减去财政收入范畴的两个指标之和,就得到描述政府财政运行的关键指标:赤字(盈余)。公式为:

$$赤字(盈余) = (收入 + 赠与) - (支出 + 贷款减还款)$$

赤字需要弥补,盈余需要安排,这就是融资。所以,政府财政统计核算体系指出,融资总额与赤字(盈余)数额相等,符号相反,公式为:

$$赤字/盈余 = -融资总额$$

按性质归类,融资属于需偿还流量。而政府财政统计核算体系又将偿还流量分为功能和作用完全不同的两类:服务于公共政策的流量和服务于流动性管理的流量。前一类流量已界定为财政支出范畴,后一类流量便是融资。因此,政府财政统计核算体系为"融资"下了一个科学而确切的定义:融资是指全部政府需偿还流量中服务于流动性管理的部分,表现为政府将来要归还的债务变化和政府流动性持有量的变化。这样就从功能和作用的角度明确区分了财政支出范畴和融资范畴。这就澄清了一个模糊认识:人们往往认为融资的意义就是用于支出。实际上,融资本身并不安排支出,并不执行公共政策,只是为已安排的支出借款和还债。

从功能角度界定了什么是融资,也就明确了融资核算的内容。通俗地说,融资就是如何借债、还债,如何为了更"好"地借债、还债而向别人放债、讨债。这就是所谓的流动性管理:使自己的金融资产和负债的流动性处于良好状态。可见,政府融资不只是借钱负债,而且包括为增强清偿能力而进行的金融投资。这说明融资的手段就是增加或减少政府的金融资产或负债,就是改变政府的流动性持有量。因此,对赤字而言,政府融资就是增加将来需偿还的债务和减少其流动性持有;对盈余而言,政府融资就是减少将来需偿还的债务和增加其流动性持有。这样,政府融资的内容就明确了它应包括国内外净借款、货币与储蓄持有量的变化,以及为流动性管理购置的其他部门债权的变化,它们共同构成了政府财政的融资板块。

由此可见,政府财政统计核算体系中,政府与其他任何部门发生的任何借款负债,都是融资。但政府的贷款却分为两种处理:(1) 为流动性管理的贷款计入融资;(2) 为执行公共政策的贷款计入贷款减还款。这样,这后一部分贷款就发生了与借款的不对称处理。因此,政府财政统计核算体系中的贷款减还款的特殊性不表现为它是以与借款的不对称性处理为特征的。这一不对称处理看似有悖于会计的一般原则,但这正是政府财政统计核算体系处理技巧的高明之处。因此,这对财政核算和财政分析是非常必要且十分有效的。如果拘泥于对称处理,就应将执行公共政策的贷款计入融资,或将为执行公共政策的借款计入收入。这便混淆了财政支出或收入与融资的本质差别,进而使赤字(盈余)的内容含混不清,结果是扭曲了对政府财政运动状况的描述。

(4) 债务总额

这是政府财政统计核算体系中唯一一个存量指标。流量的变动导致存量的变化，政府贷款减还款和融资活动最终导致政府负债总量的变化。债务总额就是用以反映这一变化的结果。因此，政府财政统计核算体系定义，债务总额是指政府在过去一段时间的业务活动中逐渐累积并预备将来偿还的负债总量。这是反映一国政府资产状况的重要指标。

政府债务有各种类型：流动性、到期日、持有人类型、适销性等。不同类型的债务对经济发展的影响极为不同，这些内容就构成了政府财政统计核算体系核算中的债务板块。

将上述六大分类标志、七大总量指标和六大核算板块结合，便形成了政府财政统计核算体系完整的核算框架和功能强大的分析框架，能为分析政府财政运行状况的各主要方面提供科学的定量数据。表10-9概括了这一综合框架（流动部分）。在此基础上，为了满足更特殊的要求，政府财政统计核算体系还进一步设计了更详细的分类。

表10-9　政府财政统计核算体系内流量核算与分析的综合框架

		收入		支出	
不需偿还	有报酬	经常性 收费 非工业品销售 财产	资本性 资本的销售	资本性 资本的购置	经常性 工资和薪金 商品和劳务的购买 利息
	有报酬	经常项目 税收 罚没收入 经常性捐赠	资本性 来自非政府的资本转移 资本性捐赠	资本性 资本转移	经常性 经常性转移
需偿还	金融资产	为流动性管理而销售	为公共政策销售归还以前政府的贷款	为公共政策购置政府贷款总额	为流动性管理而购置
	金融负债	借款		分期偿还	

二、广义政府范围的界定和汇总方法

科学地确定核算范围是任何统计核算的基本出发点。要度量政府的业务活动，测定政府的财政收支，首先碰到的问题就是：什么是政府？哪些机构属于政府？它们的哪些活动应予以统计？而哪些机构和活动又不归属于政府？这就需要科学地确定政府的范围。在完成了政府财政统计核算体系总体设计后，科学地界定政府的范围是整个编制工作面临的关键问题。

（一）政府财政统计核算体系中的广义政府概念

定义一个政府，可以从多个角度进行。国民经济核算体系同时从法律、政治和职能三个角度定义了政府，认为：政府是唯一通过政治过程建立的、在一特定区域内对其他机构单位拥有立法、司法和行政权的法律实体。政府的主要职能是确保向社会和居民住户提供货物和服务，并利用税收和其他收入在资金上给予支持；通过转移支付对收入和财富进行再分配，并且从事非市场生产。

由于政府财政统计核算体系是核算政府经济管理活动的数量的,如果从政治的角度、法律的角度来界定政府,就会将政府的政治活动也计入经济管理活动,模糊和淡化了政府经济管理活动的规模和数量。因此,政府财政统计核算体系特别注重政府经济管理的职能,将焦点聚集在政府经济业务活动这一点上,仅从经济管理职能这一角度来定义政府。政府财政统计核算体系认为,政府管理经济的职能有两项:一是主要通过向个人和集体提供非市场性的服务和转移收支来执行社会公共政策,二是其资金主要来源于对其他单位、机构或部门的强制性征款。政府财政统计核算体系定义,凡是执行上述两项职能的机构便是政府。职能的执行是通过开展各种各样的活动而体现的,因此,政府财政统计核算体系实际上是以一个机构开展的活动的性质来界定政府。如果一个机构从事执行政府职能的活动,它就是政府,而不论其是否冠以"政府"的头衔;如果一个机构不从事执行政府职能的活动,它就不属于政府,即使其挂着"××政府机构"的牌子;如果一个机构既从事执行政府职能的活动,又从事非政府职能的活动,核算时就须将它一分为二,从事政府职能的部分归为政府,从事非政府职能的部分归入其他相应的部门。这样,政府财政统计核算体系的广义政府实际上是一个"纯"的执行经济管理职能的政府,这一政府发生的收支便能科学地反映经济管理业务活动的数量。

可见,政府财政统计核算体系中的广义政府是一个特殊的专门的统计总体范畴,它与日常生活中人们熟悉的现行政府不完全是一回事,与国民经济核算体系中的一般政府部门也不完全是一回事。确定广义政府的范围就是确定政府财政统计核算体系的统计总体范围,就是按政府财政统计核算体系定义的政府划定归属来定义政府的机构和活动。如果以现行政府为基础,确定广义政府的范围,就是将一些不属于政府财政统计核算体系广义政府的机构或活动从现行政府中剥离,将现行政府以外属于广义政府的机构和活动加入广义政府中。

(二) 政府财政统计核算体系内广义政府的划分准则

根据定义,政府财政统计核算体系不是以法律地位、财产地位、行政组织地位来划定政府的,也不是以所有权和控制权来确定政府下属的部门和机构的。划分政府的准则有两条:(1) 通过提供非市场性服务来执行社会公共政策;(2) 资金来源于强制性征收。这两条准则必须同时具备,缺一不可。一个机构若同时具备这两条准则,它就属于广义政府;一项活动若同时符合这两条准则,它就是政府的经济管理活动,就应在政府财政统计核算体系中予以核算。

在以这两条准则为标准对一个单位或活动进行具体划分时,第二条准则比较明确,一般不会发生难以判断的情况。第一条准则中"提供非市场服务"的"非市场"的所指也很明确,就是指不以营利为目的;而其中的提供公共服务和公共政策,则表述高度原则和概括,在具体划分时不易把握。政府财政统计核算体系进一步提出了政府职能的具体内容,以作为具体鉴别政府范围时的判断标准,这也同时丰富了政府财政统计核算体系的分析功能。政府财政统计核算体系将政府执行的职能分为以下四类:

1. 一般政府服务

一般政府服务是指国家政府需要的与对个人和企业的劳务无关的活动。它包括全部财政服务、一般人事政策、集中购买和供应服务、外事活动、国防活动及社会治安。政府财政统计核算体系认为,将这些活动包括在政府的职能中,是因为这些服务是一个国家保持良好的经济管理状态所必不可少的,它们不能分配到具体的受益人组别中去。

2. 公共和社会服务

公共和社会服务是指直接向社会、家庭和个人提供的服务。它包括教育服务、保健服务、社会保障和福利服务、住房服务、社区开发、卫生服务及文化娱乐服务。

3. 经济服务

经济服务包括与经济管理和提高运行效率有关的政府支出。它包括以下政府目标：发展经济、调整地区不平衡、创造就业机会等。例如，一般政府机构向工业提供的服务有科研、贸易促进、地质勘探结果以及特种产业集团的检查和管理。

4. 其他职能

其他职能包括公共债务的利息支出和经销成本，以及向政府其他机构的一般性转移。利息支付反映了过去的支出是通过借款而不是税收筹集资金的。这些支付与当前的活动无关，因而不能视为某种特定的劳务。向政府其他机构的一般性转移同样不能认为是政府的某种服务支出。

根据以上准则，我们就能做出种种鉴别。例如，现行政府进行的工商业活动都不属于广义政府，因为这属于市场性活动；又如，慈善机构也不属于广义政府，他们虽然也提供非市场公共服务，但他们的筹资方式和管理方式都与政府不同，其资金主要来源于私人自愿捐赠，而不是强制性征收；再如，政党和工会、妇联这样的社会团体属于广义政府，因为他们都提供非市场性公共服务、执行社会公共政策，而其经费的主要来源是政府的拨款，即来自政府的强制性征收。

（三）广义政府与其他机构部门的鉴别

以上述准则为依据，政府财政统计核算体系从大类上鉴别了广义政府与其他机构部门的联系与区别。

1. 广义政府与社会保障计划

执行社会保障计划的机构，各国有不同的名称和设置，有的叫社会保障部，有的叫社会保险基金管理委员会等。不论叫什么名称，它们都属于广义政府，是广义政府的一个部门。其原因如下：

（1）社会保障计划其实是一种强制性的社会计划，政府的一些社会项目如失业救济等主要由社会保障计划实行。这就像执行其他各级政府的职能一样，社会保障计划中的支出与相同目的政府支出没有什么区别，都是通过提供非市场性服务来执行公共政策。

（2）社会保障计划的资金来源于政府的强制性征收，实际上是一种类似工资税，社会保障的融资方式也与政府的融资方式一致。它投资某种股票或债券虽然也是为了获取最大盈利，但目的是维持自己一定的资产地位，以与自己负债到期的结构相匹配，以保证到期的各种社会保障在市场经济体制中具有重要意义，它是政府编织的一张社会安全网，对收入分配、生活保障、健康安全、通货膨胀和通货紧缩都会产生重大影响。如果不将社会保障计划体系包括在政府核算中，就不能全面衡量政府对经济和货币的影响作用。因此，政府财政统计核算体系将各级社会保障计划归入它所在的同一级政府中。

2. 广义政府与金融机构

政府与金融机构的往来对财政政策的制定与执行起着关键的作用。将这两个部门区分开来有着十分重要的现实意义。政府财政统计核算体系定义的金融部门包括以下内容：

（1）货币当局。

（2）存款银行，即任何吸收活期、定期或储蓄存款的机构（包括政府吸收存款的负债机构）。

（3）保险公司和养老金基金。

(4) 其他金融机构,即从事在市场上负债和获得金融资产的单位,如开发银行、抵押银行、金融和投资公司等。由于金融机构都有市场性为源,因此它们都不属于广义政府。

货币当局的职能是发行基础货币,控制信贷规模,管理国家货币储备,对货币体系实行宏观监控。这些职能通常由中央银行或类似的机构承担,但出于各种原因,有些国家的这一职能是由政府本身部门承担的,或者,货币当局本身就是政府的一个部门、一个机构。国民经济核算体系认为货币当局执行的政策也是公共政策的一部分,因此,将货币当局归入政府而不归入金融机构。政府财政统计核算体系认为政府有政府的职能,金融部门有金融部门的职能。金融在现代经济中的作用和影响是由从货币发行到信贷、到金融市场交易等一个完整的体系体现的,如果将货币当局划离金融机构而不归入政府,既割裂了金融机构的作用,又混淆了政府与金融的职能。因此,在政府财政统计核算体系鉴别的政府四大类职能中,并无金融服务这一项,这说明政府财政统计核算体系认为金融服务不是政府的职能而是金融机构的职能。因此,货币当局不属于广义政府,应将其从现行政府中划出,归并于金融部门。

对开发银行、投资银行这一类政策性银行,尽管其自有资金中有很大一部分是来自政府,有些甚至完全属于政府或受政府控制,但它们的经营方式基本上与商业银行一样,因此也不属于广义政府而归属于金融机构。

由于政府财政统计核算体系将政府职能与金融职能彻底分开,现行政府单位的承兑活期、定期或储蓄存款负债等金融活动就全部从政府部门划出而并入金融机构。在核算时,政府财政统计核算体系就将这些活动的流程改变为通过金融机构处理。

但需注意的是,政府财政专设的住户贷款基金不属于金融机构。因为它是政府为执行公共住户政策而设立的专门基金,它不接受任何存款,政府资金是其唯一的来源。虽然它发放贷款并收回偿还贷款,但不以营利为目的。因此,住房贷款基金属于政府的一个机构。

3. 广义政府与为住户服务的非营利机构部门

为住户服务的非营利机构部门是指学校、医院、博物馆、公共体育设施、国家歌剧院等服务于住户的不以营利为目的的机构单位。它们都为住户提供非市场性服务。根据经费来源的不同,这些机构单位可分为两类:一类为公立单位,即从投资建造到日常服务活动,所需经费全部或主要来自政府,政府还可能参与这些机构收取会费,或对不能完全收回其成本的服务机构或出版机构给予一定的补贴,政府对这些机构的管理包括有效地确定政策以及具体的经营准则等;另一类为所有经费均来自私人捐赠的单位。前一类单位属于广义政府,因为它们不仅提供非市场性服务,而且资金实质上来源于政府强制性征收。因此,公立学校、公立医院、国家博物馆、公立图书馆等都属于政府财政统计核算体系的广义政府。后一类单位不属于广义政府,因为它们的经费来源于私人捐赠。

4. 广义政府与事业型企业

事业型企业不是指我国的事业单位,而是政府财政统计核算体系专门定义的一类机构单位。它们是政府附属的工商性质的单位。其特征为:(1) 是非法人单位;(2) 是与其他政府部门或机构密切结合在一起的企业;(3) 持有少量的营运盈余;(4) 主要向其他政府单位提供商品和劳务活动,也向社会出售商品和劳务,但其规模很小。政府招待所、政府印刷厂等都是典型的事业型企业。军火工厂、海军船坞等也属于事业型企业。因为事业型企业主要是为政府服务的,实际上已构成政府活动的一个组成部分。因此,政府财政统计核算体系将事业型企业全部划归广义政府。但在核算时需注意,事业型企业对社会销售部分,只有销售收入与经营成本之间的差额才记入政府财政统计核算体系,因为只有该差额才汇入政府的可支配收入或构成政府为执行公共政策的支出。

5. 广义政府与非金融公共企业

非金融公共企业是指政府拥有或政府控制的单位或法人机构,它们大规模地向社会出售工业或商业性的商品和劳务。尽管它们可能完全由政府投资或由政府控股,但它们具有安全的市场性,因此不属于广义政府。

6. 广义政府与超国家当局

如何处理类似欧共体的超国家当局？因为这类机构可能有政府的职能,但又不归某国所有,是否应属于广义政府,或者是划为国外部门？政府财政统计核算体系认为,不靠收税获得资金而靠捐助或政府认股或贷款的国际机构不应归并到超国家当局的范围。出于国际收支平衡的目的,如不包括非本国超国家当局征税及该超国家当局的资金在该国的支出,将低估一国税收、支出总额,因此,政府财政统计核算体系将国家当局划归广义政府,将所有来自或对超国家当局的支付都记入广义政府。在计算经济总额时,要注意避免重复计算,不应将这种交易既算作政府部门又算作国外部门。在统计时将超国家当局的所有交易单独列出,有利于避免重复计算。若没有超国家当局,国内政府与国家政府的内涵则是一致的。

表 10-10　　　　　　　　　　广义政府与其他部门的划分界限

部门	其他部门		广义政府		
● 非金融法人 ● 企业及准法人企业部门	私人企业 大部分股份不为政府所有或控制	公共企业 大部分股份属政府所有或控制,大规模向公众销售商品劳务,或具有法人资格	事业型企业		
			辅助性或小规模向公众销售	具有管理性质的商品劳务销售(护照)	其他政府职能所附带的销售(博物馆明信片)
金融机构部门	货币当局	全体	无		
	存款银行 所有吸收活期存款的机构,包括政府吸收活期存款的负债机构		无		
	保险公司和养老金基金 除社会保障计划、全部由政府投资的政府雇员养老金基金外的全部机构		社会保障计划	全部由政府投资的政府雇员养老金基金	
	其他金融机构 有权选择资产负债的形式或吸收短期、定期存款的机构		仅使用政府资金从事贷款的机构,不以短期、定期存款形式吸收负债,其收入自动流向政府的储蓄机构		
服务于居民住户的私人非营利机构	主要不是由政府提供资金和不受政府实际控制的非营利机构		主要是由政府提供资金并受政府实际控制的非营利机构		
国外部门	● 在国内不征税的国际组织 ● 在国内征税的超国家当局的交易		与超国家当局在国内征税的交易相对应的未达账户		

综上所述,政府财政统计核算体系的广义政府由以下单位或机构组成,它们就是政府财政统计核算体系划定的政府范围：

(1) 主要执行非工商业性职能的现行政府各部门、各机构和组织。

(2) 由政府征收、控制或者提供资金,为社会大部分部门安排社会保障计划的机构。

(3) 全部由政府投资的为政府雇员提供养老基金的组织。

(4) 在有限的范围内从事工商业活动的非法人机构,为满足国内政府的某种需要或对公众小规模地销售活动而执行一些辅助职能的机构(即事业型企业)。

(5) 少数金融实体,包括资金全部来自政府的贷款机构和不是以储蓄及定期存款的方式向社会实行负债,其收入自动流向政府的贷款机构如政府住房贷款基金。

(6) 为居民或企事业服务,其资金全部或大部分来自公共当局,并由公共当局控制的其他非营利性机构或主要为政府服务的机构。

(7) 在一个以上国家的区域内有权征税的超国家当局。

(四) 政府财政统计核算体系对广义政府的分类

从纵向来看,广义政府由以下几部分组成：(1) 中央政府;(2) 在一国之内的州、省或地区政府;(3) 地方政府,包括市县政府、地方教育委员会;(4) 在一国内具有征收税和政府支出职能的超国家当局。

从横向来看,广义政府可划分为(以中央政府为例)：一个国家中央政府包括所有政府部门、办公室、行政机构和中央政府的其他机构与组织,包括中央政府附属的事业型企业、非营利机构及中央政府驻地区或地方办事处。

一般而言,中央政府与地方政府的区别在于,只有中央一级政府的决策机构才能制定和执行为实现国家总的经济目标的各项政策,其他各级政府并不把国家的经济政策都作为其目标,并且,中央政府可以取得中央银行的信贷,其行为不受资金约束,不存在内部流动性的问题,而多数地方政府则受此限制。

在全国范围内实行的社会保障计划应是中央政府的一部分,尽管有些社会保障计划是单独组织和管理的,有些是由中央政府直接管理的。因为从其性质上看,社会保障计划与政府的职能有关,它在中央政府中与其他项目的关系日益加强,其目的是执行反经济周期的财政政策。而区域或地方的社保计划则相应包括在各级地方政府中。

三、政府财政统计核算体系与国民经济核算体系的区别和联系

由国际货币基金组织主持制定的政府财政统计核算体系和由联合国创导编制的国民经济核算体系,是市场经济体制下描述宏观经济运动的两套核算体系。政府财政统计核算体系以经济运行中处于最高统率地位的政府为核算主体,详细核算政府通过财政收支治理国家、管理经济的活动情况,为政府编制预算,制定财政、税收、社会保障等政策并进行政策分析提供科学的定量依据。政府财政统计核算体系也为关心公共财政对经济活动影响的各市场主体提供了一个完整的综合分析框架。国民经济核算体系以参与经济活动的所有单位和个人即国民为核算主体,详细核算社会再生产中的各种实际流量、资金流量和存量,为分析和评估宏观经济运行,为生产、分配、使用的各种决策和政策制定提供了一个包罗广泛的数据库。

对现代经济这么一个高度复杂、极其庞大的超级大系统,现在还没有可能建立起一个能涵盖一切、满足全社会每一个方面需求的万能核算体系。人们还只能根据不同的目的和具体分

析要求,设计建立多个核算体系。有的体系致力于核算社会再生产的综合活动,有的体系则侧重于核算国民经济的某个专门领域。

政府财政统计核算体系和国民经济核算体系就是这样两个既分工又协作,既有区别又有联系,各有其适应性和优势领域的经济核算体系。概括而言,国民经济核算体系核算几乎覆盖整个经济活动,因此更具综合性,而越是综合的东西越是在专门研究中具有局限性;政府财政统计核算体系核算在政府这样一个专门领域中自成体系,因此更为专门化,但由于政府在国民经济中处于领导和调控地位,政府财政统计核算体系对全局分析也有相当大的权威性和影响力。

可见,比较政府财政统计核算体系与国民经济核算体系的联系和差别,不仅对于研究各种核算体系的一般理论具有理论意义,而且,由于"政府"是国民经济核算体系中的一个机构部门,称为"一般政府"部门,研究国民经济核算体系中的"一般政府"与政府财政统计核算体系中的"广义政府"的联系和差别更具有核算操作上的实际意义,具体表现在以下几个方面:(1)可以澄清两个体系测算结果之间令人混淆的关系;(2)可以为从同一基本来源收集数据编制的国民经济核算体系和政府财政统计核算体系提供交叉检验;(3)研究政府财政统计核算体系与国民经济核算体系之间换算的具体方法,可以实现两套核算体系数据的相互转换;(4)可以减轻因从同一来源收集数据而发生的重复劳动。

(一) 政府财政统计核算体系与国民经济核算体系的区别

1. 核算目的不同

国民经济核算体系是为核算国民经济的整体运行而设计的,因此,它以整个社会再生产为主线,全面核算再生产的条件、过程与结果,全面测定生产、收入、分配、使用和资产负债的总量。政府财政统计核算体系是为度量政府管理经济的行为、分析其对国民经济的影响而设计的,因此,它不须覆盖整个经济生活,而是在政府这个专门范围内自成一体。它以政府财政资金运动为主线,侧重于核算政府实际发生的货币收支。

核算目的不同是国民经济核算体系与政府财政统计核算体系最根本的区别,由此引出了以下多方面的不同。

2. 理论基础和指标体系不同

国民经济核算体系以社会再生产理论为指导,而政府财政统计核算体系以公共财政理论为指导。

在不同理论指导下,为了不同的核算目的,政府财政统计核算体系与国民经济核算体系各自形成了一套完整的体系。政府财政统计核算体系指标以政府财政收支为主线,详细描述了生产、分配、使用的全过程。两套体系的指标有着不同的指标名称、指标内容和计算口径。

3. 主体界定不同

国民经济核算体系与政府财政统计核算体系对核算主体的不同界定表现在以下三个方面:

第一,由于国民经济核算体系核算的是整个国民经济的运作,因此它以经济活动的所有参与者作为核算主体,具体分为政府、住户、非金融公司、金融公司、为住户服务的非营利机构和国外六大机构部门;而政府财政统计核算体系只是核算政府的财政收支活动,因此政府便成为唯一的核算主体。

第二,定义政府的角度不同。国民经济核算体系从政治和法律的角度出发定义机构单位,因此它定义的政府是指通过政治过程建立的，在特定区域内对其他机构单位拥有立法、司法和行政权的法律实体。作为机构单位，政府的主要职能是确保向社会和住户提供货物和服务，并利用税收和其他收入在资金上给予支持，通过转移支付对收入和财富进行再分配，并从事非市场生产。政府财政统计核算体系是从政府的职能角度出发，认为政府管理经济的职能有两项：一是通过向个人和集体提供非市场性服务和转移收支来执行公共政策；二是其资金主要来源于对其他单位、机构或部门的强制性征款。政府财政统计核算体系定义，凡是执行上述两项职能的机构便是政府。

第三，对政府范围的具体界定略有差别。从上述第二点可见，国民经济核算体系和政府财政统计核算体系对政府职能的界定是相同的，因此两者的政府都包括中央政府、州或省政府、地方政府和社会保障基金。但国民经济核算体系并不以政府职能为标准进行界定，因而将货币当局划入政府；政府财政统计核算体系强调政府职能与金融机构职能之间的安全独立性，将货币当局和政府所接受的（即其他部门存在政府的）活期、定期和储蓄存款都归入金融机构。政府财政统计核算体系将超国家当局在每一成员国国内的非总部活动与政府合并在一起，国民经济核算体系却不将其归入本国政府而归入国外部门。

4. 核算内容不同

国民经济核算体系核算的是国民经济整体综合状况，因此它全面统计货币流量、实物流量和资产存量。具体到国民经济核算体系中的"一般政府"部门，总产出、中间消耗、增加值、实物税、实物赠与、金融资产负债和非金融资产（如政府大楼等）都是重要的核算内容。政府财政统计核算体系只是专门核算政府的财政收支，因此它只统计实际发生的货币流量；实物流量只是在备忘录中加以记录，并不在账户中核算；资产存量仅限于核算政府的未偿债务，不涉及政府的非金融资产。

5. 核算方法不同

政府财政统计核算体系与国民经济核算体系在三个方面表现出核算方法上各自的独特性：

第一，账户结构不同。政府财政统计核算体系采用单一的平衡账户结构，这是由于政府财政统计核算体系只核算政府财政收支总流量，并不关心流量在经济过程中是代表增加值还是中间消耗，是属于分配流量还是属于使用流量，即并不关心流量在经济过程中的意义。而国民经济核算体系设置了生产账户、收入分配和使用账户、资本账户、金额账户、其他资产变化等多个账户，并将这些账户连接成一个有机的账户体系。这是因为国民经济核算体系需核算国民经济整体的运行状况，需统计生产、分配、使用多个总量指标。

第二，记账方法不同。政府财政统计核算体系只采用单一的平衡账户，因此以单式记账法记录每一项收支，整个账户只有一个平衡项目——赤字或盈余。而国民经济核算体系采用多个账户组合的账户体系，其账户采用复式结构。在记录时，也就采用复式记账或四式记账原则。每一笔交易同一部门记录两次，两个部门记录四次，因此便有了多个平衡项目。

第三，汇总方法不同。政府财政统计核算体系为了反映政府财政与国民经济其他方面之间的内部流量，只将政府与政府之外的国民经济其他部门往来的"外部"交易收支进行综合汇总。而国民经济核算体系在汇总合并时，政府内部的交易只在交易双方都属于同一个账户的情况下才予以抵消，只有这样，才能确保政府和其他部门都符合生产、收入、使用三方面等价。

6. 项目处理方法不同

第一，国民经济核算体系与政府财政统计核算体系都有将某些交易做改变流程的处理，但两者处理的对象不同。政府财政统计核算体系将政府单位所进行的涉及承兑活期存款、定期存款或储蓄存款负债,或履行货币当局职能的任何交易的流程改为通过金融机构部门处理。而国民经济核算体系则将雇主的社会缴款如社会保障缴款、养老金缴款等的流程改为通过住户处理。

第二,由于政府财政统计核算体系在核算政府债权变动时专门设立了"贷款减还款"这样一个特殊项目并对它进行特别处理,因此,政府财政统计核算体系核算通过政府债权与债务变动表现的金融流量是以不对称性为特征的。即将贷款减还款划归支出,而将借款划归融资。国民经济核算体系的"一般政府"部门账户中则没有类似的特殊做法,所有金融交易都将来源与使用对称处理,即将贷款与借款都归于融资。

第三,对一些具体项目的具体处理不同。例如,对政府专卖利润,政府财政统计核算体系将其全部计入税收;国民经济核算体系则将政府从专卖所得的经营盈余减去商业单位的正常边际利润的差额计入税收。又如,对免去归还的贷款,国民经济核算体系处理为赠与,而政府财政统计核算体系处理为贷款减还款。

政府财政统计核算体系与国民经济核算体系存在众多不同,但并不表明两个体系之间缺乏共同的基础;相反,它们在几个最关键、最基本的方面具有广泛的一致性。

(二) 政府财政统计核算体系与国民经济核算体系的主要联系

1. 核算主体的交叉重复性

政府财政统计核算体系与国民经济核算体系对政府的定义虽然有所不同,但两者界定的政府范围中有很大一部分是重合的。如果将超国家当局从政府财政统计核算体系的广义政府中独立出来,将货币当局从国民经济核算体系的一般政府中分离,那么剩下的中央政府、州或省政府、地方政府这三大主体在两个体系中是完全相同、完全一致的。

2. 基本概念的一致性

国民经济核算体系与政府财政统计核算体系在经济核算的许多基本概念上的意见完全一致。比如,对生产、分配、消费、投资、常住单位、机构部门等基本范畴,两个体系采用完全相同的核算客体。

3. 核算客体的同一性

政府财政统计核算体系与国民经济核算体系虽然在核算内容上有现金与实物、流量与存量等方面的差别,但两者所核算的关于政府的经济活动本身是唯一的,并不会因为核算内容和方法的不同而发生变化。可见,政府财政统计核算体系的广义政府与国民经济核算体系的一般政府有着完全相同的核算客体。

4. 基础分类的同质性

如果将核算主体和主体进行交易的分类不断细分,直至分到各自最基本的单元,那就能看到政府财政统计核算体系与国民经济核算体系在最低一级的分类层次上有着高度一一对应的同质性关系。比如将财产税细分再细分,政府财政统计核算体系与国民经济核算体系便都有遗产税、继承税、赠与税这样完全同质的基本分类。

第三节 国民经济数据公布的国际标准

一、国际货币基金组织的数据公布标准

国际货币基金组织实际上是世界的中央银行,掌管国际货币体系,通过实行合理的经济政

策来稳定世界经济的发展。在国际货币基金组织中,统计部是一个较大的部门,占有很重要的地位。该统计部的一项重要工作就是研究、制定国际上可接受的统计方法和标准,并通过技术支持和培训推进这些标准的实施。

(一) 数据公布标准产生的背景

自进入20世纪90年代以来,世界一些地区金融危机频繁爆发。1994年末,墨西哥发生了严重的金融危机,导致国际金融市场剧烈动荡。国际货币基金组织作为一个以稳定成员国汇率、维持成员国国际收支平衡为主要职能的国际机构,由于没有掌握墨西哥经济金融的统计数据,对危机爆发前金融市场出现的危险征兆未能察觉,危机爆发后,国际货币基金组织不知所措。危机持续一个多月之后,国际货币基金组织才制定出援助计划和墨西哥经济调整方案。

1997年东南亚金融危机首先从泰国爆发,并迅速波及亚洲其他国家乃至整个世界。东南亚金融危机的爆发使国际货币基金组织再次认识到,经济缺乏透明度是新兴市场经济国家发生金融危机的主要原因,只有在信息充分、制度健全、执法严格的情况下,市场经济才能更好地运作。

上述两次金融危机给国际货币基金组织一个深刻教训,也对其职能提出了挑战。在总结经验教训的基础上,国际货币基金组织认为,在新的国际经济、金融形势下,必须制定统一的数据发布标准,使各成员国按照统一程序提供全面、准确的经济金融信息。国际货币基金组织的数据公布标准由此应运而生。

(二) 数据公布标准的三个层面

国际货币基金组织制定的数据发布标准分为两个层面。1996年3月,国际货币基金组织颁布了数据公布特殊标准(SDDS),要求参加国报告主要宏观经济和金融数据,以及生产和发布这些数据的过程及对数据的诠释,并对数据发布的频率、时效性、诚信度、公开性和透明度等方面做了具体规定,指明只有满足了这些要求的国家才可加入。数据公布特殊标准主要适用于已经或寻求进入国际资本市场的国家,由于这一标准要求较高,参加国基本上是具有良好统计基础的国家。

为此,1997年12月,国际货币基金组织又颁布了数据公布通用系统(GDDS)。与数据公布特殊标准不同的是,数据公布通用系统在加入方面没有严格的条件限制,只要求参加国承诺用数据公布通用系统作为统计体制发展的框架。加入数据公布通用系统也不要求参加国提供统计数据,而只是描述该国统计体制的现状,并根据数据公布通用系统的总体框架提出改进统计体制的计划。之后,国际货币基金组织根据每个国家的不同情况给予技术援助和培训,帮助参加国逐步改革原有的统计体制,最终达到国际社会接受的统计标准。数据公布通用系统适用于所有成员,特别是适用于统计基础比较薄弱的发展中国家。从某种意义上说,数据公布通用系统是数据公布特殊标准的基础,或是通往数据公布特殊标准的桥梁。在数据公布特殊标准的推进过程中,2012年12月,国际货币基金组织又针对已参与数据公布特殊标准且具有系统性金融部门的成员进一步制定了更高的标准,即SDDS Plus,称为SDDS增强版。

(三) 制定数据公布标准的目的

数据公布通用系统是国际货币基金组织为其成员的统计体制制定的一个综合框架。国际货币基金组织通过技术援助帮助数据公布通用系统的参加国逐步改进现有统计体制，最终达到与国际接轨。实际上，数据公布通用系统适用于国际货币基金组织所有成员国。而数据公布标准的第二个层面数据公布特殊标准适用于已经或寻求进入国际资本市场的国家，旨在敦促参加国频繁和及时地公布数据。对于所有的数据公布特殊标准参加国，都可申请加入SDDS增强版。申请加入SDDS增强版的程序与数据公布特殊标准相同。

国际货币基金组织颁发数据公布特殊标准的目的是规范国际货币基金组织成员国经济和金融统计数据的生产与发布，从而提高各国统计数据的质量、增加统计的透明度、提高各国统计数据的可比性。根据国际货币基金组织的有关条款，是否加入数据公布通用系统、数据公布特殊标准或SDDS增强版，成员国可以自主选择，国际货币基金组织没有硬性规定，但是加入与不加入实际上是衡量一个国家统计国际化的标尺，也是一个国家在提供经济、金融统计时，在公开性和透明度等方面对国际社会的承诺。

二、数据公布标准的主要内容

数据公布标准的两个层面（一是数据公布通用系统即GDDS，二是数据公布特殊标准及其增强版即SDDS增强版），主要涉及五大经济部门，即实际部门、财政部门、金融部门、对外和社会人口部门，具体内容包括数据的范围、频率和及时性，公布数据的质量，公布数据的完整性，以及公众获取四个部分。对其每一项内容，数据公布通用系统、数据公布特殊标准和SDDS增强版都提出了较为严格的要求，并列举了2~4种良好做法，作为各国数据编制和公布系统的目标。目前，数据公布通用系统和数据公布特殊标准已更新到2013版。SDDS增强版建立于2012年，2013年发布了预版，目前最新的官方版本为2014版。2015年，为了优化GDDS，又提出了e-GDDS标准。以下介绍的数据公布标准的内容均为最新版本的内容。

（一）数据公布通用系统、数据公布特殊标准、SDDS增强版和e-GDDS的主要内容

1. 数据的范围、频率和及时性

（1）数据公布通用系统的基本要求（见表10-11和表10-12）

表10-11　　　　　　数据公布通用系统的数据规范（综合框架）

核心框架	范围、分类和分析框架	受鼓励的扩展	频率	及时性
国民账户	编制和公布全套的名义国民账户总量和实际国民账户总量以及平衡项目，得出国内生产总值、国民总收入、可支配总收入、消费、储蓄、资本形成、净贷款、净借款。编制和公布有关的部门账户以及国家和部门的资产负债表		年度	10~14个月
中央政府操作	编制并公布交易和债务的综合数据，需强调：(1) 包括所有的中央政府单位；(2) 使用适当的分析框架；(3) 建立一整套详细的分类标准（税收和非税收收入、经常性和资本性支出、国内及国外融资），并适当细分（根据债务持有人、债务工具和币种）	广义政府或公共部门操作数据，在那些地方政府或公共企业操作具有重要的分析作用或政策意义的国家尤其受鼓励	年度	6~9个月

续　表

核心框架	范围、分类和分析框架	受鼓励的扩展	频率	及时性
广义货币概览	编制并公布综合的数据,需强调:(1)包括所有的存款公司(银行机构);(2)使用适当的分析框架;(3)建立对外资产和负债、按部门分类的国内信贷以及货币(流动性)和非货币债务构成的分类标准		月度	2~3个月
国际收支	编制并公布综合的国际收支主要总量数据和平衡项目,包括:货物和服务的进口和出口、贸易差额、收入和转移、经常项目差额、储备和其他金融交易、总余额,并适当进行细分	国际投资头寸和总体经济外债数据(如果这些数据具有重要的分析和政策意义)	年度	6~9个月

表 10-12　　　　　　　　数据公布通用系统的数据规范(数据类别和指标)

数据类别	规定性指标	鼓励性指标	频率	及时性
实际部门				
国民账户总量	按现价生产法计算的国内生产总值及其组成部分或按现价支出法计算的国内生产总值及其组成部分	国民总收入、资本形成、储蓄	年度(鼓励季度)	6~9个月
生产指数	制造业或工业指数 初级产品或其他指数(视情况而定)		月度(视情况而定)	6~12周
价格指数	消费者价格指数	生产者价格指数	月度	1~2个月
劳动力市场指标	就业、失业,工资/收入(视情况而定)		年度	6~9个月
财政部门				
广义政府操作		广义政府或公共部门操作数据(对地级政府或公共企业操作具有重要的分析作用与政策意义时鼓励编制)	年度	6~9个月
中央政府操作	收入、支出、余额和融资,视具体情况细分(根据债务持有人、债务工具和币种)	利息支付(作为支出的一部分单独列示)	季度(鼓励月度)	1个季度(鼓励一个月)
中央政府债务	内债和外债(视情况而定),适当细分(按币种、期限、债务持有人和债务工具)	政府担保债务	年度(鼓励季度)	1~2个季度
金融部门				
存款性金融公司概览	广义货币(如 M3) 国内债权,分为:广义政府净债权、非金融公共部门债权国国外资产净额	狭义货币总量(如 M1、M2)	月度	1~3个月

287

续 表

数据类别	规定性指标	鼓励性指标	频率	及时性
中央银行概览	基础货币		月度	1~2个月
利率	短期和长期政府债权利率,政策性利率	货币市场或银行间利率及一套存贷款利率	月度	要求不严
股票市场		股票指数(视情况而定)	月度	要求不严
对外部门				
国际收支	经常账户(商品、服务、收入、经常转移),资本账户,金融账户(直接投资、组合投资、其他投资、储备资产),净误差和遗漏	金融账户中,单独发布金融衍生品数据、资产和负债	年度(十分鼓励季度)	6个月
对外债务	公共部门和公共部门担保的外债(按期限分类)	公共部门和公共部门担保的外债(按金融工具分类)	季度	3~6个月
	公共部门和公共部门担保的外债债息偿还表	按本金和利息分类	半年度	1~2季度
	没有公共部门担保的私人外债	没有公共部门担保的私人外债债息偿还表	年度	6~9个月
官方储备资产	官方储备资产总额	与储备有关的负债	月度	1~4周(鼓励一周)
		国际储备和外汇流动性数据模块	月度	1~3个月(鼓励1个月)
商品贸易	总进口和总出口	较长时间的主要商品的分类	月度	8~12周
国际投资头寸(IIP)	资产与负债,分为:直接投资、组合投资(股票和债券)、其他投资、储备资产(仅包含在资产中)	资产和负债的分类按照国际货币基金组织最新版本的《国际收支手册》(BPM)金融账户中单独发布的金融衍生品数据、资产和负债数据	年度	6~9个月
汇率	即期汇率		每天	
社会—人口部门				
人口	人口特征:人口规模和构成(从调查、普查和等级制度中得到)	按年龄、性别、地区分类的人口数据	年度(每10年普查一次)	3~6个月(年度更新数据);9~12个月(普查数据)
	增长动态:人口统计——出生、死亡、移民	死亡率、毛出生率、生育率、预期寿命		
教育	教育投入(按财力、人力、物力资源分类)	所有的数据类别按照地区分类;教员特征:专职、非专职;住户的教育支出	年度	在学年开始后的6~12个月

续 表

数据类别	规定性指标	鼓励性指标	频率	及时性
医疗卫生	公共和私人医疗卫生系统目前可得到的人力、财力和物力资源指标。包括对医疗卫生服务的公共支出、医疗保健设施、受过培训的人员数量	私人（住户部门）的医疗卫生服务支出（按地区分类）	年度（流行性传染病的频率更高）	参考期结束后3~6个月
贫困	收入贫困：收入或消费低于最低标准的人口或住户的数量和比例，最低消费	有关住户或人均收入（消费）的指标；低消费的发生率；对城市和农村人口或对主要地区、州、省分别进行贫困估计	3~5年	在调查结束后的6~12个月
	其他贫困指标：营养不良的迹象、地方性疾病、教育成果、缺乏基础服务	按地区或年龄和性别分类的指标	3~5年	在调查结束后的6~12个月

① 统计范围

数据公布通用系统将国民经济活动划分为五大经济部门：实际部门、财政部门、金融部门、对外部门和社会人口部门。对每一部门选定一组能够反映其活动实绩和政策以及可以帮助理解经济发展和结构变化的最为重要的数据类别。系统提出了五大部门综合框架及相关的数据类别和指标编制、公布的目标，鼓励以适当的、反映成员需要和能力的频率和及时性来开发并公布指标。选定的数据类别和指标分为规定的和受鼓励的两类。

规定的数据类别包括：A. 来自综合框架中的核心部分，如实际部门的国民账户总量、财政部门的中央政府预算总量、金融部门的广义货币和信贷总量、对外部门的国际收支总量；B. 追踪分析统计类目，如实际部门的各种生产指数、财政部门的中央政府财政收支和债务统计、金融部门的中央银行分析账户、对外部门的国际储备和商品贸易统计；C. 与该部门相关的统计指标，如实际部门的劳动市场和价格指数统计；D. 社会人口数据，包括人口、保健、教育、卫生等方面的统计。

除规定的数据类别以外，数据公布通用系统鼓励成员发布更多的统计信息，以增强成员经济实绩和政策的透明度。例如，实际部门列出储蓄、国民总收入指标，财政部门列出利息支付和偿债预计统计等。

数据公布通用系统将选定的数据类别分为规定性和鼓励性两类，目的是给予成员一定的公布统计数据的灵活性。鼓励性类别数据是要成员争取发布的，条件不具备的可以暂不发布。后面注明"视具体情况"，对于数据类别下的某些构成要素，成员认为不符合其实际的，可以不编制发布。

② 公布频率

公布频率是指统计数据编制发布的时间间隔。某项统计数据的公布频率需要根据调查、编制的工作难度和使用者的需要来决定。数据公布通用系统对列出的数据类别的公布频率做了统一规定。例如，数据公布通用系统要求国民账户体系、国际收支平衡表按年公布，广义货币概览按月公布，汇率则每日公布。

③ 公布及时性

公布及时性是指统计数据公布的速度。统计数据公布的及时性受多种因素制约，如资料整理和计算手续的繁简、数据公布的形式等。数据公布通用系统规定了间隔的最长时限,如按季度统计的 GDP 数据规定在下一季度内发布,按月度统计的生产指数规定在 6 周至 3 个月内公布。数据公布通用系统对于规定的发布周期和发布及时性还列出了一些灵活处理和变通的办法。

(2) 数据公布特殊标准的基本要求(见表 10-13)

表 10-13　　　　数据公布特殊标准:统计范围、频率和及时性

数据类别	规定性指标	鼓励性指标	频率	及时性
实际部门				
国民账户	按现价生产法计算的 GDP 及其组成部分或按现价支出法计算的 GDP 及其组成部分	国民总收入(GNI)、储蓄(S)	年度(鼓励季度)	1 个季度
生产指数	工业指数、初级产品或者部门产品(视情况而定)		月度(视情况而定)	6 周(鼓励 1 个月)
		先行指标,如工业生产、零售销售额以及通胀预期	月度或季度	1 个月或 1 个季度
价格指数	消费者价格指数、生产者价格指数或者批发价格指数	生产者价格指数	月度	1 个月
劳动力市场	就业指标、失业指标、工资/收入指标(视情况而定)		季度(视情况而定)	1 个季度(视情况而定)
财政部门				
广义政府操作	收入、支出、余额(赤字/盈余)、融资总量[分类成国内融资(银行、非银行)、国外融资]	利息支付(单独列示,表示支出的一部分),公共企业融资	年度	2 个季度
	如果国内融资和国外融资分类不可行,则可以分为到期工具或者发行货币			
		广义政府债务总额(名义)分为:债务工具、票面价值、债权人住所、备忘项目;广义政府债券和贷款分为以市场价值计算的到期证券和债券证券总额		
中央政府操作	收入、支出、余额(赤字/盈余)、融资总量[分类成国内融资(银行、非银行)、国外融资]	利息支付(单独列示,表示支出的一部分),公共企业融资	月度	1 个月
	如果国内融资和国外融资分类不可行,则可以分为到期工具或者发行货币			
中央政府债务	总债务及其分类;到期债务;(国内、国外)居住权;金融工具;货币发行(非中央政府的债务由中央政府担保,视情况而定)	债务清偿预测:中长期债务利息和分期偿还的预测;对未来四个季度的情况,每个季度预测一次、年度预测;短期债务偿还预测的季度数据	季度	1 个季度

续表

数据类别	规定性指标	鼓励性指标	频率	及时性
金融部门				
存款性金融公司概览	广义货币下,国内债权分为:广义政府净债权、其他住户部门的债权、国外资产净额、国外债务总额	狭义货币下,其他住户部门的债权分为:其他金融公司,其他非金融公司,除以上之外的住户部门	月度	1个月
中央银行概览	基础货币下,国内债权分为:广义政府净债权、非金融公共部门债权、所有其他住户部门的债权;国外资产净值;国外债务总额	其他住户部门的债权,分为:其他金融公司,其他非金融公司,除以上之外的其他住户部门	月度(鼓励按周)	2周(鼓励1周)
利率	短期和长期政府债权利率,政策性利率	具有代表性的存款利率	每天	
		金融稳健性指标:法定第一类资本/风险性资产;不良贷款扣除特定损失准备后的净额/资本;不良贷款/贷款总额;资产回报率;流动资产/短期负债;外汇净额/资本	季度	1个季度
股票市场	股票指数(视情况而定)			每天
对外部门				
国际收支	经常账户(商品、服务、收入、经常转移),资本账户	按照国际货币基金组织最新版本的轨迹收支平衡表和国际投资头寸手册中的标准来分类	季度	1个季度
	金融账户分为:境外直接投资、证券投资、其他投资、储备资产、净误差与遗漏	在金融账户中,单独报告金融衍生品的数据,资产和负债		
对外债务	公共部门和公共部门担保的外债(按期限分类)	公共部门和公共部门担保的外债(按金融工具分类)	季度	1个季度
官方储备资产	官方储备总额,分成:外币储备金、IMF储备头寸、特别提款权、黄金、其他储备资产		月度(鼓励按周)	1周
商品贸易	商品进口和商品出口	较长时间间隔的主要商品细分	1个月	8周(鼓励按4～6周)
国际投资头寸(IIP)	资产:境外直接投资、证券投资(股票和债券)、其他投资、储备资产;负债:外国在本国直接投资、证券投资(股票和债券)、其他投资	按照国际货币基金组织最新版本的国际收支平衡表和国际投资头寸手册中的标准对资产和负债进行分类;在资产与负债账户中,单独报告金融衍生品数据	季度	1个季度
汇率	即期汇率,3～6个月的远期市场汇率(视情况而定)		每天	
人口[①]	人口总数	主要分类:年龄、性别	年度	

---

① 在数据公布特殊标准中,社会人口部门只需要公布人口总数。

① 统计范围

数据公布特殊标准将国民经济活动划分为四大经济部门，即实际部门、财政部门、金融部门、对外部门，鼓励公布人口总量数据，但只作为附表。与数据公布通用系统一样，数据公布特殊标准对每一部门各选定一组能够反映其活动实绩和政策以及可以帮助理解经济发展和结构变化的最为重要的数据类别。选定的数据类别分为：必需的、受鼓励的和视相关程度的三类。

必需的数据类别包括：A. 综合统计框架，如实际部门的国民账户、财政部门中的广义政府或公共部门的运作、金融部门中银行体系的分析账户以及对外部门中的国际收支账户；B. 跟踪性数据种类，如实际部门中的生产指数、财政部门中的中央政府的运作、金融部门的中央银行分析账户等；C. 与部门有关的其他数据种类，如实际部门的劳动市场和价格统计、金融部门中的利率和对外部门中的汇率。

除必须公布的数据外，特殊标准还提供了一些受鼓励的指标和"视相关程度"指标。例如，国民账户中的储蓄和国内总收入是受鼓励的指标，股票市场中的股票价格指数为"视相关程度"指标。与数据公布通用系统数据分类目的相似，数据公布特殊标准将选定的数据类别分为必需的、受鼓励的和视相关程度的三类，目的也是给予成员国一定的公布统计数据的灵活性。其中，"受鼓励的"数据是要求成员国争取发布的，但条件不具备的可以暂不发布。"视相关程度的"数据即成员国认为该项统计不符合本国实际的，可不编制发布。

② 公布的频率和及时性

数据公布特殊标准在数据公布频率和及时性上提出了相当高的要求，目的是为了使成员国以最高的频率、最强的时效性向社会公布统计信息，从而加强社会公众对经济运行的理解和把握。

(3) SDDS 增强版的基本要求

SDDS 增强版是在数据公布特殊标准的基础上建立的，SDDS 增强版一共包括 27 个数据类别。其中，SDDS 增强版的参加国除了需要公布数据公布特殊标准规定的 18 个数据类别外，还需要公布 9 个额外的数据类别。对于 SDDS 增强版中与数据公布特殊标准相同的 18 个数据类别，这里不再赘述，此处只介绍 9 个额外的数据类别。

这 9 个额外的数据类别分别在 4 个国民经济部门中。在实际部门中，SDDS 增强版规定了 1 个额外的数据类别——部门资产负债表。在财政部门中，SDDS 增强版规定了 2 个额外的数据类别——广义政府操作和广义政府债务总额。虽然广义政府操作也包含在数据公布特殊标准中，但是，在 SDDS 增强版中，对该数据类别的范围、频率和及时性的规定更加详细。在金融部门中，SDDS 增强版规定了 3 个额外的数据类别，分别是：其他金融机构概览、7 个金融稳健性指标以及债券。在对外部门中，SDDS 增强版规定了 3 个额外的数据类别，分别是：协调组合投资概览（Coordinated Portfolio Investment Survey，CPIS）、协调直接投资概览（Coordinated Direct Investment Survey，CDIS）以及外汇储备币种构成（Currency Composition of Official Foreign Exchange Reserves，COFER）。其中，外汇储备币种构成只需要提交给国际货币基金组织，不需要对外公布。

(4) e-GDDS 的基本要求[①]

e-GDDS 框架围绕四个维度（数据特征、质量、访问和完整性）构建，旨在为宏观经济、财务

---

① http://dsbb.imf.org/Pages/GDDS/WhatIsGDDS.aspx#purpose.

和社会人口数据的整体发展提供指导。该框架考虑了各国经济的多样性和许多统计系统的发展要求。

数据维度包括覆盖率、周期性(即汇编频率)和及时性(即传播速度)。数据维度涉及2种相互关联的数据类型的开发、生产和传播:(1) 4个经济和金融部门(实体、财政、金融和外部)各自的综合框架;(2) 各部门的指标以及社会人口数据。

关于综合框架,e-GDDS 的目标是鼓励根据国际方法制作和传播覆盖范围最广的数据。它提供了特定的总量和余额来说明,但重点放在完整的数据集上,而不是具体的指标上。

除了综合框架外,e-GDDS 还确定了3种类型的数据类别和指标:(1) 综合框架(如国民账户国内生产总值)所得出的总结措施;(2) 允许在综合框架内跟踪主要措施的数据(如实际GDP 的工业生产指数);(3) 与该行业相关的其他数据(如金融部门的利率)。

除了推荐核心综合框架、数据类别和指标作为首要任务外,e-GDDS 还包含鼓励扩展(从核心)。例如,国际投资头寸(IIP)是对外部部门的鼓励性扩张(以国际收支为核心框架),非保证私人外债是鼓励扩大公众和公开担保的外债数据类别。

电子政务发展局根据各国编制和传播数据的现行做法,针对其中的良好做法提出了建议,总结了综合框架、数据类别和指标所推荐的覆盖率、周期性和及时性的良好做法。

2. 公布数据的质量

统计质量是一个难以界定、不易评估的概念。为了便于检查,数据公布通用系统、数据公布特殊标准选定了两条规则作为评估统计数据质量的标准:

(1) 成员提供数据编制方法和数据来源方面的资料:资料可以采取多种形式,包括公布数据时所附的概括性说明、单独出版物以及可以从编制者处得到的文件;同时鼓励成员国准备并公布重要的关于数据质量特征的说明(如数据可能存在的误差类型、不同时期数据之所以不可比的原因、数据调查的范围或调查数据的样本误差等)。

(2) 提供统计类目核心指标的细项内容和与其相关的统计数据的核对方法,以及支持数据交叉复核并保证合理性的统计框架。为了支持和鼓励使用者对数据进行核对和检验,规定在统计框架内公布有关总量数据的分项,以及有关数据的比较和核对。统计框架包括会计等式和统计关系。比较和核对主要针对那些跨越不同框架的数据,例如,作为国民账户一部分的进出口与作为国际收支一部分的进出口的交叉核对。

与数据质量密不可分的是制订和公布改进数据的计划。所准备和公布的改进计划应包含所有有数据缺陷的部门。统计当局应表明下述立场中的一个:(1) 针对已发现缺陷的改进计划;(2) 最近实施的改进措施;(3) 国家认定不需再改进。

3. 公布数据的完整性

为了实现向公众提供信息的目的,官方统计数据必须得到用户的信赖;同时,统计使用者对官方统计的信任感归根结底是对官方统计数据编制机构的客观性和专业性的信任。而统计机构的工作实践和程序的透明度是产生这种信任的关键因素。因此,为了监督统计数据的完整性,数据公布通用系统、数据公布特殊标准规定了4条检查规则:

(1) 成员必须公布编制统计数据的条件和规定,特别是为信息提供者保密的规定。统计机构进行统计所依据的条件和规定可以有多种形式,如统计法、章程和行为规则,其中,所包含的条件和规定可以针对统计单位与上级部门之间的关系、收集数据的法律权限、向公众发布所收集数据的要求等。为信息提供者保密是形成使用者对官方统计客观性信任的关键所在,数据公布通用系统、数据公布特殊标准建议在国家的统计立法和统计主管官员权限中反映出来,或者明文规定官方必须为个人调查答卷保密。

(2) 关于数据公布前政府机构从内部获取数据的说明。数据公布通用系统要求开列数据编制机构以外的、可以在数据发布前获得数据信息的政府人员名单及职位。

(3) 政府部门在数据公布时的评述。列出数据发布后哪些政府部门有资格进行评论,因为政府部门的评述不一定像官方统计编制机构那样具有很强的客观性,政府部门对数据的评论往往带有政治偏见。这样做的目的是让公众了解这些评述的出处。

(4) 必须提供数据修正方面的信息,并提前通知统计方法的重大修改。为了增加统计数据编制机构做法的透明度,本项规范要求提供关于过去所做的修正以及今后可能修正的主要原因的信息。关于统计修正的主要原因的信息包括进行修正所遵循的原则和以往修正数据的幅度;在公布修正原则和修正后的数据之前,应先制定修正原则,然后相应地修改数据。在建立统计制度的过程中,统计方法会发生变化。事先通知可采取多种形式,至少应该在最后一次公布未修改数据时做简短说明,这种说明应指出将要做出何种修改以及从哪里可以获得更详细的信息。

4. 数据共享

数据公布通用系统、数据公布特殊标准和 SDDS 增强版为此制定了两项规划:

(1) 成员要预先公布各项统计的发布日程表。预先公布统计发布日程表既可方便使用者安排利用数据,又可显示统计工作管理的完善性和表明数据编制的透明度。数据公布通用系统鼓励成员国向公众公布发布最新信息的机构或个人的名称或地址。

(2) 统计发布必须同时发送所有有关各方。官方统计数据的公布是统计数据作为一项公共产品的基本特征之一,及时且机会均等地获得统计数据是公众的基本要求。因此,数据公布通用系统、数据公布特殊标准和 SDDS 增强版规定应向所有有关方同时发布统计数据,以体现公平的原则。发布时可先提供概括性数据,然后提供详细的数据,当局应至少提供一个公众知道并可以进入的平台,数据一经发布,公众就可以公平地获得各自所需的数据。

(二) 数据公布通用系统与数据公布特殊标准、SDDS 增强版以及 e-GDDS 的比较

1. 数据公布通用系统、数据公布特殊标准和 SDDS 增强版的相同点

作为国际货币基金组织所制定的数据公布标准的两个层面,数据公布通用系统与数据公布特殊标准和 SDDS 增强版的目的都是向成员国提供一套在数据采集和披露方面的指导标准,使各国在向公众提供全面、及时、容易获得和可靠的数据方面有共同的依据。

不管是数据公布通用系统、数据公布特殊标准还是 SDDS 增强版,它们都从数据特征、质量、诚信度和公开性这 4 个方面对数据的生产和公布制定标准,因此,数据公布通用系统、数据公布特殊标准和 SDDS 增强版的框架结构是一致的。可以清楚地看出,这三者并不是单纯地要求参加国公统计数据,还要求对数据的生产和公布过程进行说明。因此,国际货币基金组织的数据标准不仅约束数据的公布,而且约束数据的生产,对提高统计数据的质量非常有帮助。

2. 数据公布通用系统、数据公布特殊标准和 SDDS 增强版的主要区别

(1) 数据公布通用系统和数据公布特殊标准的区别主要有三点:

① 数据公布通用系统和数据公布特殊标准强调的重点不同

由于参加数据公布特殊标准的国家通常都有良好的统计基础和完备的统计系统,数据质

量已经不是主要问题，因此数据公布特殊标准强调的是频率和时效性。由于参加数据公布通用系统的国家基本上是统计基础比较薄弱的国家，因此，数据公布通用系统强调的是数据质量和生产数据的过程。

② 加入的条件不同

数据公布特殊标准要求参加国在加入时必须满足它所设定的各项标准。但数据公布通用系统在加入条件上没有硬性的规定，只要求参加国承诺用数据公布通用系统作为国家统计发展的框架。数据公布通用系统也不设定任何期限去要求参加国在某一时间前一定要达到某种标准。

③ 提供给国际货币基金组织的报表内容不同

数据公布特殊标准要求参加国提供经济和金融的核心统计数据，以及生产和公布这些数据的说明。数据公布通用系统则不要求提供数据，只要求提供有关描述现行统计数据生产和发布方面的信息和短期、中期的改进计划。

(2) 数据公布特殊标准与其增强版的区别主要有三点：

① 数据特征不同

与数据公布特殊标准相比，其增强版的要求更加严格。SDDS 增强版要求参加国公布更广泛、频率更高和及时性更强的经济金融数据。SDDS 增强版是在数据公布特殊标准的基础上建立的，除了增加的额外 9 个数据类别，其他 18 个数据类别对参加国的要求相同。

② 加入条件不同

所有国际货币基金组织成员都可申请加入数据公布特殊标准及其增强版。但是，与数据公布特殊标准相比，加入其增强版的条件更加严格；国际货币基金组织成员不仅需要满足数据公布特殊标准的各项要求，而且必须至少满足 SDDS 增强版所规定的 9 个数据类别中的 5 个，其他 4 个数据类别必须在 2019 年年底之前达到要求。由于有额外的 9 个数据类别，因此与数据公布特殊标准参加国相比，SDDS 增强版参加国的义务更广泛：编制额外的 9 个数据类别及其相关指标；按照 SDDS 增强版对这 9 个数据类别的范围、频率和及时性的要求在国家概要数据页面(NSDP)上公布数据。

③ 参加国的比较

与数据公布特殊标准相比，SDDS 增强版建立的主要目标是拥有重要金融系统的经济体。目前，加入 SDDS 增强版的国家有 8 个，分别是美国、法国、德国、意大利、荷兰、葡萄牙、西班牙以及瑞典，这些国家均属于发达经济体。加入数据公布特殊标准的 63 个经济体中，23 个属于发达经济体。

3. 数据公布特殊标准与 e-GDDS 的区别

(1) e-GDDS 没有设定具体的未来日期，参与者必须完成现有做法的改进。

(2) e-GDDS 的重点是通过提供一个评估需求进行数据改进和为此目的确定优先级的流程来提高数据质量。因此，e-GDDS 元数据可以确定国家当局在短期和中期内的改进计划，以及实施这些计划的相关需求。这与数据公布特殊标准形成对比，后者的重点是国家通常已经达到高数据质量标准的数据传播。

(3) 除了数据公布特殊标准涵盖的宏观经济和财务数据(实际、财政、金融和外部部门)之外，e-GDDS 还涵盖社会人口数据(人口、健康、教育和贫困)。这 4 个社会人口数据类别各有一套推荐的良好做法，并且是由国际货币基金组织和世界银行与其他国际机构合作制定的。

本章小结

1. 社会核算矩阵是以矩阵的形式反映国民经济核算体系,是对一定时期内一国(地区)各种经济行为主体之间发生的交易数额的全面而又一致的记录,是国民经济核算体系的平衡报表、图示法、等式和矩阵形式4种表达方式之一。它在投入产出表的基础上增加了非生产性部门,以二维表的形式全面反映了整个经济活动的收入流和支出流,反映生产部门之间、非生产部门之间以及非生产部门与生产部门之间的联系。

2. 社会核算矩阵从哲学、经济学和统计学这三个角度来看,有三个基本原理:具有对称性和等和性特点;采用单一登录方式,属于复式平衡表,具有规模可调性、顺序可调性、总体性、定格放大的功能等十条基本性质;能为组织经济数据提供全面和连续的框架,用于模型的建立,尤其是复杂的多部门经济模型,如CGE模型等,为制定和监控一国的经济发展政策提供依据。

3. 社会核算矩阵的编制步骤

(1) 建立一个部门集结的宏观合成社会核算矩阵,为下一步细分社会核算矩阵提供一致的宏观经济框架。

(2) 根据想要分析的问题,对部分账户进行细分。

4. 宏观社会核算矩阵的分解就是社会核算矩阵中账户的细化,是宏观社会核算矩阵中的部分数据以子矩阵的形式代替;在一个典型的社会核算矩阵中加入金融部门,可将社会核算矩阵演变为金融社会核算矩阵(Fin-SAM)。

5. 社会核算矩阵的平衡与更新方法主要有RAS法、改进的RAS法、MCE法。

6. 政府财政统计核算体系是一个逻辑严密、协调一致的经济核算体系,一个反映经济运行状况的宏观数据库。与国民经济核算体系不同,国民经济核算体系以国民为主体进行核算,政府财政统计核算体系则以政府为主体进行核算;政府财政统计核算体系有着独特的重要作用。

7. 政府财政统计核算体系定义的广义政府是一个"纯"的执行经济管理职能的政府,这一政府发生的收支能科学地反映经济管理业务活动的数量。

8. 政府财政统计核算体系与国民经济核算体系的区别和联系

(1) 政府财政统计核算体系与国民经济核算体系的主要区别:核算目的不同、理论基础和指标体系不同、主体界定不同、核算内容不同、核算规则不同、核算方法不同、项目处理方法不同。

(2) 政府财政统计核算体系与国民经济核算体系的主要联系:核算主体的交叉重复性、基本概念的一致性、核算客体的同一性、基础分类的同质性。

9. 自进入20世纪90年代以来,世界一些地区金融危机频繁爆发,国际货币基金组织的数据公布标准由此应运而生。国际货币基金组织制定的数据发布标准分为两个层面:数据公布特殊标准和数据公布通用系统。数据公布特殊标准要求较高,参加国基本上是具有良好统计基础的国家。数据公布通用系统适用于所有成员,特别适用于统计基础比较薄弱的发展中国家。从某种意义上说,数据公布通用系统是数据公布特殊标准的基础,或是通往数据公布特殊标准的"桥梁"。

10. 数据公布通用系统将国民经济活动划分为五大经济部门。对每一部门各选定一组能够反映其活动实绩和政策以及可以帮助理解经济发展和结构变化的最为重要的数据类别。系统提出了五大部门综合框架及相关的数据类别和指标编制，还有公布的目标，鼓励以适当的、反映成员国需要和能力的频率和及时性来开发和公布指标。选定的数据类别和指标分为规定的和受鼓励的两类。

11. 数据公布特殊标准将国民经济活动划分为四大经济部门，鼓励公布人口总量数据，但只作为附表。与数据公布通用系统一样，数据公布特殊标准对每一部门各选定一组能够反映其活动实绩和政策以及可以帮助理解经济发展和结构变化的最为重要的数据类别。选定的数据类别分为：必需的、受鼓励的和视相关程度三类。

12. 数据公布通用系统与数据公布特殊标准的比较：两者的框架结构是一致的；两者的区别主要有三点，一是强调的重点不同，二是加入的条件不同，三是提供给国际货币基金组织的报表内容不同。

思考与练习

1. 什么是社会核算矩阵？它有什么作用？简述社会核算矩阵的编制原理。
2. 概要叙述社会核算矩阵的10条性质。
3. 试说明国家宏观核算矩阵(Sino-SAM)的内容及其具体编制过程。
4. 编制的社会核算矩阵为什么要进行更新与平衡？
5. 社会核算矩阵的更新与平衡有哪些方法？各种方法有什么不同？我们通常使用什么方法对社会核算矩阵进行更新与平衡？
6. 社会核算矩阵与可计算的一般均衡模型(CGE)之间有什么联系？
7. 试述政府财政核算的一般原理。
8. 政府财政统计核算体系核算的基本内容是什么？
9. 政府财政统计核算体系核算中的债务总额主要包括哪些内容？
10. 什么是广义政府？
11. 广义政府与其他机构部门有哪些区别和联系？
12. 政府财政统计核算体系和国民经济核算体系之间主要有哪些区别和联系？
13. 某地区以2013年的财政预算内决算表资料为基础，参考各预算外机构的会计资料编制了下表。

预算内财政收入过渡表　　　　　　　　　　　　单位：万元

项　　目	金　　额
总收入与赠与	182 359
总收入	152 693
经常性收入	152 693

续表

项　　目	金　　额
税收收入	104 038
1. 所得税	28 558
2. 国内商品和劳务税	62 309
3. 财产税	9 902
4. 其他税	3 272
非税收收入	48 655
1. 企业家与财产收入	31
2. 管理费、收费、非生产性和附带性销售	46 561
3. 罚没收入	2 063
赠与	29 666

预算内财政支出过渡表

单位：万元

项　　目	金　　额
总支出及贷款减还款	183 147
总支出	172 085
经常性支出	144 991
1. 商品与劳务	98 263
2. 补贴与经常性转移	46 728
资本性支出	27 094
1. 固定资产购置	21 958
2. 资本性转移	5 136
贷款减还款	11 062

预算内财政融资过渡表

单位：万元

项　　目	金　　额
融资总额	788
国内债务	788
1. 国内其他债务	5 385
2. 流动性现金、存款	−4 597

根据上述给定的资料，试编制该地区广义政府的财政业务总表、财政收入与赠与表、财政支出及贷款减还款表。

参 考 文 献

[1] European Commission, International Monetary Fund, Organisation for Economic Co-operation and Development, United Nations, World Bank. *System of National Accounts 2008*, Preface pp. xlvii～lvi, New York, 2009, ISBN978-92-1-161522-7.

[2] 联合国、欧盟委员会、经济合作与发展组织、国际货币基金组织和世界银行编,中国国家统计局国民经济核算司、中国人民大学国民经济核算研究所译:《国民经济核算体系—2008》。

[3] 许宪春:《关于我国国民经济核算体系的修订》,《全球化》2014年第1期。

[4] 许宪春:《我国国民经济核算工作的回顾与展望》,《统计研究》2002年第7期。

[5] 陈梦根:《SNA2008实施与国家统计发展战略》,《统计研究》2012年第3期。

[6] 李金华、李苍舒:《SNA2008对中国住户核算理论的若干启示》,《经济学动态》2011年第11期。

[7] 刘伟:《SNA2008对非金融资产的修订及影响分析》,《统计研究》2010年第11期。

[8] 魏和清:《SNA2008关于R&D核算变革带来的影响及面临的问题》,《统计研究》2012年第11期。

[9] 谢俊云:《SNA2008与SNA1993的比较研究》,《广东商学院》2012年。

[10] 联合国等编,国家统计局国民经济核算司译:《国民经济核算体系——System of National Accounts 1993》,中国统计出版社1995年版。

[11] 国家统计局国民经济核算司编著:《中国国民经济核算》,中国统计出版社2004年版。

[12] 钱伯海:《国民经济核算原理》,中国经济出版社2001年版。

[13] 许宪春:《中国国内生产总值核算》,北京大学出版社2000年版。

[14] 许宪春:《中国国内生产总值核算——现状、问题和改革设想(修订版)》,中国统计出版社2001年版。

[15] 郑菊生、卞祖武:《国民经济核算体系原理》,上海财经大学出版社2000年版。

[16] 赵彦云:《国民经济核算教程》,中国统计出版社2000年版。

[17] [德]彼得·冯德利:《经济统计学》,德国联邦统计局1997年版。

[18] 陈允明:《国民经济统计概论》,中国人民大学出版社2000年版。

[19] 何静:《环境核算经济的最新国际规范》,《中国统计》2014年第6期。

[20] 高敏雪、许健、周景博:《资源环境统计》,中国统计出版社2004年版。

[21] 上海市统计局核算处课题组:《上海实施环境资源核算的实践探索》(2004)。

[22] 雷明:《地区绿色投入产出核算》,《统计研究》2004年第6期。

[23] 王德发、肖永定:《上海市工业绿色增加值的试算及其与传统意义上增加值的比较》,《统计研究》2004年第2期。

[24] 王德发:《综合环境与经济核算体系研究》,《财经研究》2004年第5期。

[25] 王德发、阮大成、王海霞:《工业部门绿色GDP核算研究——2003年上海市能源—环境—经济投入产出分析》,《财经研究》2005年第2期。

[26] 王德发:《和谐社会的经济总量:绿色GDP——上海市环境与经济核算应用研究》,《当代中国:转型、发展、和谐》(中),上海人民出版社2005年版。

[27] 王德发：《环境与经济综合核算体系研究报告》，上海市哲学社会科学"十五"规划中长期课题(课题序列号：01AJB004)，2005年6月6日。
[28] 王德发、阮大成、王海霞：《上海市工业部门能源—环境—经济投入产出研究》，《中国2004投入产出理论与实践》，中国统计出版社2005年版。
[29] 中国社会科学院环境与发展研究中心：《中国环境与发展评论》第二卷，社会科学文献出版社2004年版。
[30] 郑玉歆：《环境影响的经济分析》，社会科学文献出版社2001年版。
[31] William D. Nordhaus, "The Future of Environmental and Augmented National Accounts：An Overview", *The November 1999 Survey of Current Business*.
[32] "Overall Appraisal of Environmental Accounting in the United States", *The November 1999 Survey of Current Business*.
[33] 日本企划厅经济研究所：《环境保护支出核算的第二次试算与废弃物核算试算》，2000年6月20日。
[34] [日本]良永康平：《德国投入产出表的新展开——环境投入产出表的设想与分析》，《论德国投入产出分析》，关西大学出版社2000年版。
[35] 高敏学：《环境统计与环境核算》，中国统计出版社2000年版。
[36] 刘军、孙中震：《美国的环境核算：综合评价》，中国统计出版社2000年版。